"十三五"国家重点图书出版规划项目
2018年主题出版重点出版物

中国文化发展

1978~2018

CULTURAL DEVELOPMENT
IN CHINA

胡正荣 等 / 著

社会科学文献出版社
SOCIAL SCIENCES ACADEMIC PRESS (CHINA)

出版者前言

习近平同志指出，改革开放是当代中国最鲜明的特色，是我们党在新的历史时期最鲜明的旗帜。改革开放是决定当代中国命运的关键抉择，是党和人民事业大踏步赶上时代的重要法宝。2018年是中国改革开放40周年，社会各界都会举行一系列活动，隆重纪念改革开放的征程。对40年进行总结也是学术界和出版界面临的重要任务，可以反映40年来尤其是十八大以来中国改革开放和社会主义现代化建设的历史成就与发展经验，梳理和凝练中国经验与中国道路，面向全世界进行多角度、多介质的传播，讲述中国故事，提供中国方案。改革开放研究是新时代中国特色社会主义研究的重要组成部分，是应该长期坚持并具有长远意义的重大课题。

社会科学文献出版社成立于1985年，是直属于中国社会科学院的人文社会科学专业学术出版机构，依托于中国社会科学院和国内外人文社会科学界丰厚的学术和专家资源，坚持"创社科经典，出传世文献"的出版理念、"权威、前沿、原创"的产品定位以及出版成果专业化、数字化、国际化、市场化经营道路，为学术界、政策界和普通读者提供了大量优秀的出版物。社会科学文献出版社于2008年出版了改革开放研究丛书第一辑，内容涉及经济转型、政治治理、社会变迁、法治走向、教育发展、对外关系、西部减贫与可持续发展、民间组织、性与生殖健康九大方面，近百位学者参与，取得了很好的社会效益和经济效益。九种图书后来获得了国家社科基金中华学术外译项目资助和中共中央对外宣传办公室资助，由荷兰博睿出版社出版了英文版。图书的英文版已被哈佛大学、耶鲁大学、牛津大学、剑桥大学等世界著名大学收藏，进入了国外大学课堂，并得到诸多专家的积极评价。

从 2016 年底开始，社会科学文献出版社再次精心筹划改革开放研究丛书的出版。本次出版，以经济、政治、社会、文化、生态五大领域为抓手，以学科研究为基础，以中国社会科学院、北京大学、清华大学等高校科研机构的学者为支撑，以国际视野为导向，全面、系统、专题性展现改革开放 40 年来中国的发展变化、经验积累、政策变迁，并辅以多形式宣传、多介质传播和多语种呈现。现在展示在读者面前的是这套丛书的中文版，我们希望借着这种形式，向中国改革开放这一伟大的进程及其所开创的这一伟大时代致敬。

社会科学文献出版社

2018 年 2 月 10 日

主要作者简介

胡正荣　博士,中国教育电视台总编辑,中国传媒大学原校长;教授、博士生导师。中国电视艺术家协会副主席、国务院学位委员会新闻传播学学科评议组召集人、中国人民外交学会理事、中国国际交流协会理事。

主要研究领域为传播学理论、媒介政策与制度、传播政治经济学、新媒介与国际传播等;讲授课程有新闻传播学理论研究、传播学、媒介研究等。主持"传播学"国家级精品课、国家级教学团队和中国传媒大学"发展中国家国际传播硕士项目"。主持国家社科基金重大招标项目1项,国家级、省部级和大型横向科研项目40余项;出版著作数十部,中文、英文论文230余篇,发表成果近300万字。曾任美国哈佛大学肯尼迪政府学院客座研究员(2005)、英国威敏大学勒沃霍姆访问教授(2006)、英国威敏大学荣誉博士(2011);应邀在IAMCR等多个国际顶级传播学会会议上发表主旨演讲。兼任新加坡Media Asia、韩国Journal of Communication Research、英国Global Media and Communication、香港《传播与社会学刊》、《现代传播》等国内外期刊编委,亚洲媒介信息与传播中心(AMIC)顾问委员。2000年被评为教育部"跨世纪优秀人才",2001年获国务院政府特殊津贴,2006年获"新世纪百千万人才工程"国家级人选;中宣部、中组部2017年文化名家暨"四个一批"人才国际传播人选。

内容提要

文化是一个国家、一个民族的灵魂。文化兴国运兴，文化强民族强。中华民族生生不息、绵延发展，历经挫折又不断浴火重生，正是因为有中华文化的有力支撑。中国曾在先秦、唐宋等时期创造了一座座文化高峰。今天，在改革开放40周年的时间节点上，需要对中国文化的发展进行一个阶段性的总结，需要对中国近代以来特别是改革开放40年来所取得的成就、存在的不足进行系统的梳理和分析，并从历史的经验与教训中寻找未来的趋势。

全书即以此为主题，分为十二章。第一章对40年来中国文化发展的历程、重大成就、问题不足、未来趋势等进行了深入系统的研究，第二章至第十二章分别从中国的文化体制与文化政策、公共文化服务、文化遗产事业、文化产业、文化企业、文化市场、文化消费、文化贸易、对外文化交流、文化科技、设计与工艺美术等十一个方面进行了专题研究。各章作者均为国内该领域的大家、名家，共同为中国文化领域的研究者、从业者奉献了一份"学术大餐"。

本书认为，经过40年的改革探索，中国走出了一条富有中国特色社会主义文化发展道路，在多个方面取得了突破性进展与成就，也形成了独特的发展模式。40年来，中国的文化体制机制改革逐步深化，中国特色社会主义文化发展道路形成；公共文化服务渐成体系，创造出了公共文化服务的中国经验和中国模式；现代文化市场体系日趋成熟，文化投资势头强劲；传统文化遗产开发逐步融入现代社会；文化科技深度融合；文化贸易蓬勃发展，形成了以开放促发展的独特路径；高层支持、官民并举、多方参与的对外文化交流格局已经形成。我国的文化发展形成了传统文化大放异彩、新文化生产和生活方式正在酝酿、文化软实力有了很大提升的局面。

目录

第一章　中国文化发展40年　　　　　　　　　　　　　　胡正荣　李继东　001

　　一　改革开放40年中国文化发展的理念变迁

　　二　改革开放40年中国文化发展的简要历程

　　三　改革开放40年中国文化发展的主要成就及重大突破

　　四　中国文化发展的趋势与展望

第二章　中国文化体制改革与政策变迁40年　　　　　　　齐勇锋　黄　威　027

　　一　中国文化体制改革的萌动阶段（1978~1992年）

　　二　中国文化体制改革的探索阶段（1993~2002年）

　　三　中国文化体制改革的试点阶段（2003~2006年）

　　四　中国文化体制改革的全面推进阶段（2007~2008年）

　　五　中国文化体制改革的精细化发展阶段（2009~2012年）

　　六　中国文化体制改革的纵深发展阶段（2013年至今）

第三章　中国公共文化服务体系建设40年　　　　　　　　吴理财　解胜利　059

　　一　中国公共文化服务体系建设40年的理念演进

　　二　中国公共文化服务体系建设40年的逻辑变迁

　　三　中国公共文化服务体系建设40年取得的实践成效

　　四　中国公共文化服务体系建设的未来展望

第四章　中国文化遗产事业发展40年　　　　　　　　　　　　　　单霁翔　085

　　一　改革开放40年中国文化遗产事业的发展成就

　　二　改革开放40年中国文化遗产事业的基本经验

第五章　中国文化产业发展40年　　　　　　　　范周　101

一　改革开放40年中国文化产业发展历程概述

二　改革开放40年中国文化产业业态发展成果概述

三　改革开放40年中国文化产业"走出去"发展概述

第六章　中国文化企业发展40年　　　　　　　　陈少峰　131

一　从政策改革看中国文化企业的发展

二　中国文化企业的市场运行概况

三　中国文化企业的业态布局

四　中国文化企业的融合发展

五　中国文化企业的未来展望

第七章　改革开放与中国现代文化市场体系的供给侧建构　　魏鹏举　171

——基于制度与资本的视野

一　制度性供给视野的中国现代文化市场体系建构

二　多元资本与中国现代文化市场体系的建构

结语：关于在新时代健全中国现代文化市场体系的若干思考

第八章　中国文化消费40年　　　　　　　　彭英柯　195

一　探索阶段（1978~1991年）

二　市场经济起步阶段（1992~2001年）

三　全面市场化阶段（2002~2008年）

四　战略性发展阶段（2009~2018年）

第九章　中国文化贸易 40 年　　　　　　　　　　　李小牧　224

　　一　改革开放40年中国对外文化贸易的发展成就

　　二　改革开放40年对外文化贸易的中国模式

第十章　中国对外文化交流 40 年　　　　　　　　李嘉珊　248

　　一　改革开放40年中国对外文化交流所取得的成就

　　二　改革开放40年中国对外文化交流事业的基本经验

第十一章　中国文化科技发展与融合 40 年　　　　蒋伟　272

　　一　文化科技概念的提出与深化

　　二　文化科技创新体系的概念

　　三　文化科技的主要技术框架及代表性技术

　　四　改革开放40年文化科技发展的主要进展

　　五　新时代文化科技的发展愿景

第十二章　中国设计与工艺美术发展 40 年　　　　于炜　304

　　一　中国设计与工艺美术40年发展历程

　　二　中国设计与工艺美术40发展动因与观念演进

　　三　中国设计与工艺美术40年发展态势与问题

　　四　中国设计与工艺美术未来展望

推荐阅读书目　　　　　　　　　　　　　　　　　　　345

索　引　　　　　　　　　　　　　　　　　　　　　　346

Chapter 1	**Forty Years of Cultural Development in China**	001
HU Zhengrong LI Jidong		
Chapter 2	**Institutional Reform and Policy Evolution**	027
QI Yongfeng HUANG Wei		
Chapter 3	**Supplying Public Cultural Services**	059
WU Licai XIE Shengli		
Chapter 4	**Protection of Cultural Heritage**	085
SHAN Jixiang		
Chapter 5	**Cultural Industry Development**	101
FAN Zhou		
Chapter 6	**Cultural Enterprises**	131
CHEN Shaofeng		
Chapter 7	**Reform, Opening-up and Supply-Side Market Construction**	171
WEI Pengju		
Chapter 8	**Consumption of Cultural Goods and Services**	195
PENG Yingke		
Chapter 9	**Trade in Cultural Goods and Services**	224
LI Xiaomu		
Chapter 10	**International Cultural Exchange**	248
LI Jiashan		
Chapter 11	**Culture, Science and Technology**	272
JIANG Wei		
Chapter 12	**Design and the Arts**	304
YU Wei		
Index		346

第一章　中国文化发展40年

胡正荣　李继东[*]

导　读：回首中国文化走过的这40年，其基本发展轨迹与中国经济等领域是相似的。40年来，中国从富起来到强起来，正是沿着改革和开放这两条相互交织、相互促进、相互影响的主线，以开放促进改革，以改革回应开放，改得越深开得越广。但文化发展历程有其独特性，从政治主导向政治、经济和社会多重属性、价值共存，从作为社会主义精神文明建设的一部分向中国特色社会主义文化发展体系的建构，从单一的事业属性向事业与产业并举的方向发展。其关键变化节点是历届党的代表大会、相关全会及其重大文化决策，[①]因为这不仅体现了每一届中央领导集体的施政特点，也成为中国文化发展的航标。本文对40年来中国文化发展的理念变迁、发展历程、主要成就及重大突破进行了梳理，把40年来中国文化的发展分为四个阶段，并分别对其特点进行了阐述，最后对中国文化发展的趋势进行

---

[*] 胡正荣，博士，中国教育电视台总编辑，教授、博士生导师；主要研究领域为新媒介、国际传播、文化产业等。李继东，传播学博士，艺术学博士后，教授、博士生导师，教育部社科人文重点研究基地中国传媒大学国家传播创新研究中心（原广播电视研究中心）副主任；主要研究领域为传播理论与历史、传播政策与制度、国际传播、营销传播等。中国传媒大学传播研究院博士生蒋东旭、吴茜，社会科学文献出版社博士后科研工作站博士后张琮对本章亦有贡献，做了大量的文献梳理工作。

[①] 改革开放以来中国共产党历届三中全会回顾，http://dangshi.people.com.cn/n/2013/0828/c85037-22722184.html。

了分析与展望。本文认为,经过40年的改革探索,中国走出了一条富有中国特色社会主义文化发展道路,在多个方面取得了突破性进展与成就,也形成了独特的发展模式。

一 改革开放40年中国文化发展的理念变迁

发展理念关乎文化发展的全局、根本、思路和方向,也关系到如何看待文化及其价值功能,发展理念又随着中国特色社会主义现代化建设和改革开放的进程而变化。40年来的中国文化发展实际上就是中国特色社会主义文化发展道路探索、明确、巩固与提升的历程,也是其主体性逐步彰显、完善的过程。其中,坚持中国共产党的领导是根本,明确历史使命是方向,(与政治、经济)协调发展是手段,这三者共同构成了中国文化发展的三个关键要素(见图1-1)。

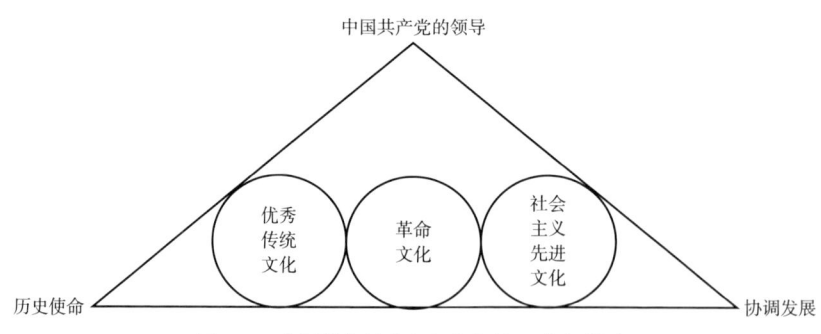

图1-1 中国特色社会主义文化的要素与特点

改革开放初期,文化发展作为精神文明建设的重要组成部分,开始突破单一政治价值的定位。在随后的改革过程中,其经济价值、社会价值和国际价值逐步彰显。从中国共产党十一届三中全会起,党和国家的工作重心转移到经济建设上来,1983年开始的文化事业单位体制改革,拉开了挖掘文化市场价值的序幕。十二届六中全会通过的《中共中央关于社会主义精神文明建设指导方针的决议》进一步明确指出，以经济建设为中心，坚定不移地进行经济体制改革，坚定不移地进行政治体制改革，坚定不移地加强社会主义精神文明建设，并且使这三个方面互相配合，互相促进。这体现了政治、经济、文化协调发展的理念。

从党的十四大到十五大，文化内涵与功能得以进一步丰富、完善，特别是文化的产业属性得以彰显，并提出建设中国特色社会主义文化。1992年邓小平发表"南方谈话"以及中共十四大和十四届三中全会的召开标志着我国社会主义现代化建设和改革开放进入了新的阶段，社会主义市场经济体制的基本框架确立，文化的经济功能得以彰显，开始发展文化产业。特别是党的十四大报告确立了建设中国特色社会主义理论并明确提出要完善文化事业的有关经济政策。同年，国务院办公厅综合司编著的《重大战略决策——加快发展第三产业》一书出版，书中提到"文化产业"，这是我国政府主管部门第一次明确使用"文化产业"的概念。[①] 基于此，党的十五大报告首次提出了社会主义初级阶段建设中国特色社会主义文化的内涵和如何建设社会主义初级阶段中国特色社会主义文化的问题，这成为我国文化发展中具有承前启后的重要节点。从这个时期开始，中国特色社会主义文化开始朝着更加完整、全面的方向发展，集中体现在文化服务于党和国家政治、经济建设的同时，也将自身的价值凸显出来。2000年10月，"文化产业"写入中国共产党第十五届五中全会通过的《中共中央关于制定国民经济和社会发展第十个五年计划的建议》，文件要求完善文化产业政策，加强文化市场建设和管理，推动文化产业发展。

从中共十六大开始，文化事业和文化产业分类发展，文化建设成为社会主义现代化体系建设的重要组成部分，文化软实力成为综合国力竞争的重要因素之一。2002年党的十六大报告提出了经济建设、政治建设、文

---

① 刘爽:《文化体制改革与政策创新——我国文化体制改革政策研究（2000~2010年）》，上海交通大学硕士学位论文，2011。

化建设三位一体的社会主义现代化体系建设理论，首次将文化建设纳入其中，将文化建设放在党和国家全局工作重要战略地位。同时，明确了文化产业和文化事业分类发展、分开指导。由此，开始深化文化单位内部改革，并培育文化市场体系。而党的十七大报告则将文化视为国家竞争力的重要指标，要提高国家文化软实力，十七届六中全会通过的《推动社会主义文化大发展大繁荣若干重大问题的决定》首次提出建设社会主义文化强国，其根本任务是社会主义核心价值体系建设，并将文化改革发展成效纳入科学发展考评体系之中。这是党"对文化发展有了崭新的定位，再也不把文化看做一种经济工具、一种政治意识形态的工具，而是正如联合国20世纪80年代所说的，'文化既是发展的目标，也是评价发展水平、发展质量的指标'"。①

党的十八大报告提出扎实推进社会主义文化强国建设，加强社会主义核心价值体系建设，全面提高公民道德素质，丰富人民精神文化生活，增强文化整体实力和竞争力。十八届三中全会通过的《中共中央关于全面深化改革若干重大问题的决定》进一步指出，紧紧围绕建设社会主义核心价值体系、社会主义文化强国来深化文化体制改革，加快完善文化管理体制和文化生产经营机制，建立健全现代公共文化服务体系、现代文化市场体系，推动社会主义文化大发展大繁荣。

党的十九大报告提出，坚定文化自信，推动社会主义文化繁荣兴盛，并全面深入地阐释了中国特色社会主义文化的内涵、历史地位与责任。中华优秀传统文化、革命文化、社会主义先进文化成为构成中国特色社会主义文化的共同主体，推动物质文明与精神文明协调发展，服务人民，服务社会主义建设，建构了中国特色社会主义文化的理论。

---

① 周熙明：《为何当前提出"文化强国"战略》，2017年10月28日，http://theory.people.com.cn/GB/82288/112848/ 112851/16059953.html。

二 改革开放40年中国文化发展的简要历程

1. 探索中国特色社会主义文化发展之路，以经济建设为中心的价值指向（1978~1992年）

1978年，党的十一届三中全会的召开标志着"文革"极"左"路线的结束和"拨乱反正"工作的开始。但在"文革"刚结束的那一段时间，仍存在思想的"左倾"行为，集中体现为"两个凡是"。为了扭转这样的倾向，邓小平在全国第四次文代会上在肯定"百家争鸣、百花齐放"方针的同时宣布了一项重大文艺政策调整："不继续提文艺从属于政治"。这个阶段已经明确提出了文化体制改革的任务和目标，即"文艺为人民服务、为社会主义服务"的"二为"方向，将文化的功能从辅助阶级斗争转向为社会主义现代化建设服务、为满足人民的精神文化需求服务。1980年2月召开的全国文化局长会议明确提出，坚决地、有步骤地改革文化事业体制与经营管理制度。

《1981年国务院政府工作报告——当前的经济形势和今后经济建设的方针》提出："教育、科学、文化、艺术、卫生、体育事业的发展规模和发展水平。这是一个社会文明与否和文明程度的标志。任何社会都要发展它所需要的这方面的精神文明。"[①] 此时，决策层已经认识到文化的重要性，而到了1982年文化的主体性开始得以彰显，文化发展被提高到国家规划的议事日程。《1982年国务院政府工作报告——关于第六个五年计划的报告》提出："第六个五年计划期间，文学艺术、电影、电视、广播、新闻、出版、图书馆、博物馆、文化馆等各项文化事业都将有相应的发展……发展这些产品的生产首先是为了建设社会主义精神文明……各项文化艺术事业和学术研究，都要坚持为人民服务、为社会主义服务的方向，继续贯彻百花齐放、百家争鸣的方针，继续肃清十年动乱所遗留的错误影响，反对资产阶级自由化，反对封建

---

① 《1981年国务院政府工作报告——当前的经济形势和今后经济建设的方针》，2017年2月10日，https://item.btime.com/news/365ep1lds5o9qo9nh7hcfttpi3m。

主义、资本主义堕落腐朽的文化。"①此次政府工作报告除了明确了文化政策的指导方针，还对电影、广播电视、印刷品的内容及数量提出了目标。第六个五年计划是整个国民经济和社会发展的全面的计划，它既包括建设物质文明，也包括建设精神文明。《1983年国务院政府工作报告》提出，文艺体制需要有领导、有步骤地进行改革。

1984年10月，党的十二届三中全会通过《中共中央关于经济体制改革的决定》，确定社会主义经济是"公有制基础上的有计划的商品经济"，改革的重点逐渐从农村转向城市，以搞活国有企业为中心环节全面展开，文化等领域的改革也开始启动。

1986年，党的十二届六中全会要求文化事业必须把社会效益作为最高标准，在保证文化事业社会主义性质的同时，初步进行文化管理体制改革。此后，直至1992年，党的文化改革主要针对市场经济发展的需要，对政策和措施进行局部调整。精简文艺部门和团体设置，推行承包责任制改革，在艺术表演团体实行"双轨制"等经营方式改革，在文化事业单位探索推进企业化改革，建立健全文化市场管理体系。总体上看，这一阶段突破了单纯依靠国家办文化的模式，逐步实行国家、集体和个人共同办文化的体制，实施文化事业改革，重在增强事业单位内在活力，促进文化事业自身发展。②

由此可见，1983~1992年，党的政策重点在经济建设上，作为党的事业和社会主义精神文明建设一部分的文化发展侧重于将文化作为经济建设的辅助工具。同时，为了适应经济建设的需要，也对文化体制进行了初步的改革。

2. 开启文化体制改革，建设有中国特色的社会主义文化（1992~2002年）

1992年邓小平同志视察南方的重要谈话和党的十四大的召开，标志着我国改革开放和现代化建设进入了一个新阶段。深化改革，扩大开放，发

---

① 《1982年国务院政府工作报告——关于第六个五年计划的报告》，2006年2月23日，http://www.gov.cn/test/2006-02/23/cowtent_208652.htm。
② 张传民:《中国特色社会主义文化发展道路研究》，山东大学博士学位论文，2014。

展社会主义市场经济，既为文化发展奠定了基础、注入了活力，同时也促进了文化自身的体制改革。文化体制改革探索进一步深入。党的十四大确立了社会主义市场经济体制的改革目标，十四大报告明确提出："坚持为人民服务、为社会主义服务的方向和百花齐放、百家争鸣的方针。积极推进文化体制改革，完善文化事业的有关经济政策，繁荣社会主义文化。要重视社会效益，鼓励创作内容健康向上特别是讴歌改革开放和现代化建设的具有艺术魅力的精神产品。加强新闻、出版、广播、电视和文学艺术等方面的工作。"

党的十四届三中全会通过的《关于建立社会主义市场经济体制若干问题的决定》标志着中国社会主义市场经济的改革方向和基本内容正式确立。十四届六中全会通过的《中共中央关于加强社会主义精神文明建设若干重要问题的决议》提出了文化体制改革的任务和一系列方针，决议指出，改革文化体制是文化事业繁荣和发展的根本出路。其目的在于增强文化事业的活力，充分调动文化工作者的积极性，多出优秀作品，多出优秀人才。改革要符合精神文明建设的要求，遵循文化发展的内在规律，发挥市场机制的积极作用。文化产品具有不同于物质产品的特殊属性，对人们的思想道德和科学文化素质有重要影响。要坚持把社会效益放在首位，力求实现社会效益和经济效益的最佳结合。①

1997年，党的十五大进一步提高文化的主体性地位，提出建设中国特色社会主义文化体系。十五大报告指出，中国特色社会主义文化，就其主要内容来说，同改革开放以来我们一贯倡导的社会主义精神文明是一致的。文化相对于经济、政治而言，精神文明相对于物质文明而言。只有经济、政治、文化协调发展，只有两个文明都搞好，才是中国特色社会主义。此后，文化的作用由辅助经济建设，到与经济建设同等重要，文化的主体性进一步确立。

---

① 《中共中央关于加强社会主义精神文明建设若干重要问题的决议》，2001年4月30日，http://www.people.com.cn/GB/shizheng/252/5089/5106/5182/20010430/456601.html。

2000年10月，中国共产党第十五届五中全会通过的《中共中央关于制定国民经济和社会发展第十个五年计划的建议》提出，"推动信息产业与有关文化产业结合"，"深化文化体制改革，建立科学合理、灵活高效的管理体制和文化产品生产经营机制。继续实行支持文化事业发展的有关政策，增加对重要新闻媒体和公益文化事业的投入。加强文物保护工作。完善文化产业政策，加强文化市场建设和管理，推动有关文化产业发展"。在这个文件里，"文化"一词共出现了29次，比《中共中央关于制定国民经济和社会发展"九五"计划和2010年远景目标的建议》多10次，对文化问题的关注不仅在数量上显著提高，"文化"一词也融入了新内涵。同时，该文件要求完善文化产业政策，加强文化市场建设和管理，推动有关文化产业发展。这也是第一次在中央层面提出了"文化产业"这一概念，标志着文化产业纳入到了国家决策层面，文化体制改革也由此步入纵深处。

在这之前，与文化相关的概念主要涉及文化观念、文化制度建设、文化生活、文化教育、科学文化、社区/企业/校园文化等，这类文化政策概念体现了将文化视为工具的理解。一方面文化服务于制度建设，另一方面文化也服务于"以经济建设为中心"这一改革开放的核心任务。工具性的理解使得文化自身的价值并没有获得足够的重视与体现，提及文化往往体现了对其他优先任务的服务功能。具有强烈指向意义的是"文化产业"一词出现在《中华人民共和国国民经济和社会发展第十个五年计划纲要》中。区别于其他产业的市场化，这一次文化本身被认定为重要的市场配置资源要素，有了明确的整体规划和理论阐释，文化本身的产业属性被开发出来，并成为之后文化产业大发展的一个历史起点，各种文化市场在此之后逐渐被培育与发展，党和国家的角色开始从文化的生产主体变成了文化市场的管理主体。这一时期的文化政策一方面是为了促进经济发展，深化对文化体制的改革；另一方面是为了逐步提高文化的重要性，将文化"辅助"经济建设提升为文化建设和经济建设同等重要，并逐步深挖文化的价值属性，为接下来构建社会主义核心价值体系打造基础。

3. 促进文化事业与文化产业协调发展，建设文化强国，提高文化软实力（2002~2012年）

党的十六大报告中"文化"一词出现了84次，其中"文化建设和文化体制改革"作为独立的部分加以阐述。报告明确提出文化体制改革的目标、方向和任务，并首次将文化分为文化事业与文化产业。在文化市场化的核心目标之下，围绕这一目标表述的文化体制改革，重点是将文化的市场主体地位凸显出来，成为推动经济发展的重要要素，特别是"把深化改革同调整结构和促进发展结合起来，理顺政府和文化企事业单位的关系，加强文化法制建设，加强宏观管理，深化文化企事业单位内部改革"的表述，更加明确了文化体制改革的具体方法，兼具纲领性与指导意义。这是我们党的文化思想的又一次重大的理论突破，它标志着我们党对文化建设的认识不再仅仅停留在作为观念形态的文化上，而是根据对如何建设社会主义文化的崭新认识，进入了一个全面建设有中国特色文化的新阶段。①

2003年，中共十六届三中全会提出了文化体制改革的总目标，对文化体制的阐述更加全面和细化，分别提出了文化事业和文化产业的改革方向。文化体制改革的一大亮点是将文化、社会、经济发展纳入经济社会发展总体规划和科学考核评价体系，切实在财政、税收、信贷、价格等方面为试点省市和单位提供了政策的保障。在此推动下，北京、上海、重庆、广东、浙江、深圳、沈阳、西安、丽江9个省市的文化试点单位改革取得积极成果。

2003年12月，国务院办公厅印发了《关于文化体制改革试点中支持文化产业发展和经营性文化事业单位转制为企业的两个规定的通知》，开启了演出、报刊和出版发行、印刷、广电、广告、影视节目制作与发行、影院建设与经营等国有经营性文化事业单位转企改制、进行产业化运营之路。2004年4月和2005年1月，国家统计局先后发布了《文化及相关产业分类》和《文化及相关产业分类统计指标体系》，这两个文件是对贯彻落实中共十六大关

---

① 胡惠林：《文化政策学》，太原：书海出版社、山西人民出版社，2006。

于文化建设和文化体制改革的要求而做的具体回应。这两个文件对文化产业进行了定义，并在统计学范畴上对文化产业做了划分，使得文化政策的制定在经济领域有了合法依据。文化产业这一新的产业形态在国家产业体系中有了一席之地，从根本上改变了文化在历史上的观念性和新中国成立后文化作为发展其他领域的工具性地位，这也在一定程度上改变了人们对文化的理解，从"观念"的文化到"产业"的文化，这种影响极其深远，这之后的国内文化市场日渐繁荣，人们对文化产品的消费也成为新的生活方式。

2004年，"解放和发展文化生产力"首次在党的十六届四中全会中提出，具体体现于《中共中央关于加强党的执政能力建设的决定》。决定是对文化发展本质认识的深化，鼓励和支持"文化产业'走出去'"，鼓励本国的文化产业参与国际竞争，并吸收外来文化，推动中华文化更好地走向世界，提高国际影响力。同年，文化部对文化单位转企改制进行了部署，深入贯彻落实九部门发布的《关于支持转企改制国有文艺院团改革发展的指导意见》，对阶段性的成果进行巩固，主要包括取得阶段性成果的改革任务、在经营性文化单位的转企改制、保留事业性质文化单位的内部机制改革、文化市场的综合执法改革、文化行政部门的职能转变几个方面。

2005年，党的十六届五中全会首次提出，要"逐步形成覆盖全社会的比较完备的公共文化服务体系"。一手抓公益性文化事业，一手抓经营性文化产业，形成了中国特色社会主义文化建设的"双轮驱动"。建构社会主义公共文化服务体系，作为我国文化建设的一项战略性工作，促进文化产业与文化事业之间平衡发展。对文化事业的发展规律的本质把握体现了党和国家对自身使命的清晰认识和对文化事业重视程度的不断提升，文化政策更加全面。

2006年11月10日，胡锦涛出席中国文联第八次全国代表大会、中国作协第七次全国代表大会并讲话，胡锦涛指出："谁占据了文化发展的制高点，谁就能够更好地在激烈的国际竞争中掌握主动权。""没有先进文化的积极引领，没有人民精神世界的极大丰富，没有全民族创造精神的充分发挥，一个国家、一个民族不可能屹立于世界先进民族之林。"这次讲话明确了文化的任务和此阶段文化工作的主题，是马克思主义文艺理论中国化的最新成果，集中体现了中国共产党人新的文化自觉。同年9月，中央制定了《国家"十一五"时期文化发展规划纲要》，作为新中国成立以来由中央制定的第一个专门部署文化建设的规划纲要，对文化事业发展进行了全面规划。纲要以构建民族"文化精神"为首要任务，强调公共文化服务，重点发展文化九大门类，"确定未来五年文化发展的指导思想、方针原则和目标任务，进一步繁荣发展社会主义文化，推动文化与经济、政治、社会的协调发展"。同年10月，《中共中央关于构建社会主义和谐社会若干重大问题的决定》全面分析了形势和任务，研究了构建社会主义和谐社会的若干重大问题，"构建和谐社会"成为纲领性意见。其中一个重要观点就是建设和谐文化。从文化建设的角度来看，这三个文件可以说贯彻了一条主线——中国共产党在建设中国特色社会主义的历史进程中、在全面建设小康社会的历史进程中形成新的文化自觉。

2007年10月，党的十七大报告提出，"提高国家文化软实力，使人民基本文化权益得到更好保障"，将保障人民的基本文化权益提高到一个新水平，充分说明我们党对人民群众文化需求的重视。文化软实力，作为国家软实力最重要的组成部分，是满足人民群众日益增长的精神文化需求和国家发展战略的需要。建设文化软实力是实现科学发展、社会和谐的基本要求。此次"国家文化软实力"的提出，表明中国共产党开始从国家层面推动发展文化软实力。社会主义核心价值体系则是文化软实力的核心，胡锦涛同志在党的十七大报告中指出："建设社会主义核心价值体系，增强社会主义意识形态的吸引力和凝聚力。"这是对文化发展作出的重大战略部署，形成强有力的精神支柱和精神力量，以此推动社会主义文化大发展大繁荣。

2010年10月，党的十七届五中全会通过的《中共中央关于制定国民经济和社会发展第十二个五年规划的建议》明确提出，"十二五"时期要基本建成公共文化服务体系，推动文化产业成为国民经济支柱产业，要"以科学发展为主题，以加快转变经济发展方式为主线"，深化文化体制改革，继续解放和发展文化生产力；加快推进公益性文化单位改革。随后，《中华人民共和国国民经济和社会发展第十二个五年规划纲要》提出了"文化大发展大繁荣"的目标，指出要"坚持社会主义先进文化的前进方向，弘扬中华文化，建设和谐文化，发展文化事业和文化产业，满足人民群众不断增长的精神文化需求，充分发挥文化引导社会、教育人民、推动发展的功能，增强民族凝聚力和创造力"。同年，党的十七届六中全会审议通过了《中共中央关于深化文化体制改革推动社会主义文化大发展大繁荣若干重大问题的决定》，这是中国共产党成立以来第一次由党的中央委员会全体会议研究部署文化体制改革、探析文化体制变革，为文化建设提供了理论武器和实践指南。决定在深入总结文化改革经验的基础上，提出建设社会主义文化强国的奋斗目标，对党在中国特色社会主义文化建设中的责任担当进一步确立和强化，进一步巩固了文化建设的战略定位。党的十七届六中全会对文化建设的论述，标志着我国文化建设进入了一个新的发展阶段，文化体制改革进入了快速发展的时期。

4. 增强文化自信，开启中国特色社会主义文化发展的新时代（2012年至今）

2012年，党的十八大报告提出了文化强国战略。"文化是民族的血脉，是人民的精神家园。全面建成小康社会，实现中华民族伟大复兴，必须推动社会主义文化大发展大繁荣，兴起社会主义文化建设新高潮，提高国家文化软实力，发挥文化引领风尚、教育人民、服务社会、推动发展的作用。"党的十八大报告从四个方面论述了文化强国战略：加强社会主义核心价值体系建设、全面提高公民道德素质、丰富人民精神文化生活、增强文化整体实力和竞争力。十八大从实现"两个一百年"奋斗目标的高度，提出建设社会主义文化强国的战略任务。"必须走中国特色社会主义文化发展道路"，"关键是增强全民族文化创造活力"。文化强国对内体现为国民素质的提高、中华民族凝聚力的提升，对外则体现为中华文化影响力的增强。文化强国战略的提出意味着文化从服务于局部转变为服务于国家整体战略，增强了文化的主体性，在理论层面完成了从文化自觉向文化自信的跨越。

党的十八届三中全会通过的《中共中央关于全面深化改革若干重大问题的决定》明确了全面深化改革的目标、重大问题和举措。2013年12月30日，中央全面深化改革领导小组成立，下设文化体制改革等6个专项小组。2014年2月28日，习近平总书记主持召开中央全面深化改革领导小组第二次会议，审议并通过了《深化文化体制改革实施方案》，明确了目标、环节和体系建设等，要紧紧围绕培育和弘扬社会主义核心价值观、建设社会主义文化强国这一个核心目标，突出"激发全民族文化创造活力为中心"这一环节，要加快构建现代公共文化服务体系、现代文化市场体系、优秀传统文化传承体系、对外文化传播和对外话语体系、文化政策法规体系五个体系，以实现中国特色社会主义文化制度更加成熟定型，营造有利于多出精品、多出人才的良好环境，满足人民群众日益增长的精神文化需求等目的。要与经济等领域的统筹协调，破解文化市场体系、管理体制和公共文化体系等重大问题，列出了25项、104条重要改革举措和工作项目及落实的时间节点，以实现整体、系统和协同发展。

党的十九大则明确了中国特色社会主义新时代文化建设的基本方略，强调文化自信的基础性地位，突出创新的重要性。在中国特色社会主义新时代，文化建设的地位更加凸显。习近平在十九大报告中提出，"要坚定文化自信，推动社会主义文化繁荣兴盛"，进而指出："文化是一个国家、一个民族的灵魂。文化兴国运兴，文化强民族强。没有高度的文化自信，没有文化的繁荣兴盛，就没有中华民族伟大复兴。要坚持中国特色社会主义文化发展道路，激发全民族文化创新创造活力，建设社会主义文化强国。""中国特色社会主义文化，源于中华民族五千多年文明历史所孕育的中华优秀传统文化，熔铸于党领导人民在革命、建设、改革中创造的革命文化和社会主义先进文化，植根于中国特色社会主义伟大实践。"

十九大关于文化建设的表述，是我国文化理论的重大突破，将文化建设的各项工作统一到中华民族伟大复兴的使命中来，具有开创新时代、新局面的重大意义。新时代文化建设的目标就是坚持中国特色社会主义文化发展道路，激发全民族文化创新创造活力，建设社会主义文化强国。①

三 改革开放40年中国文化发展的主要成就及重大突破

经过40年的改革探索，中国走出了一条富有中国特色的社会主义文化发展道路，在多个方面取得了突破性进展与成就，也形成了独特的发展模式。

（一）文化体制机制改革逐步深化，中国特色社会主义文化发展道路形成

文化兼具意识形态、公共和商业等多重属性，而且源远流长、影响深远，往往成为一种非正式制度。改革开放以来，中国共产党的全部理论和实践活动就是坚持和发展中国特色社会主义，这也是40年来文化发展的主旨。改革开放发展和繁荣了中国特色社会主义文化，从"双百""二为"的强化、事业单位改革到事业与产业分类发展、全面深化改革，建设中国特色社会主义文化始终是40年来中国文化发展的方向。这条文化发展道路遵循的是由增量到存量、由局部到全面、先易后难、循序渐进的改革发展方式。

在所有制方面，以公有制为主体、多种所有制形式共同发展，这得益于非公有资本被准许进入文化领域，为文化发展带来资本活水。在文化发展体系建设方面逐步形成了文化事业和产业协调发展的格局，文化单位分别以分离改制、整体改制和股份改制的多种形式进行了改革探索，明确文化产业的市场主体地位。而公益性文化事业单位转换机制获取新的发展动力，明确自身定位和宗旨，建构和完善了公共文化服务体系。政府文化职能逐步转变，服务型政府的理念也在文化领域开始确立。国有文化资产监管机制建立健全，

---

① 祁述裕:《党的十九大关于文化建设的四个突出特点》，2017年12月1日，http://theory.people.com.cn/n1/2017/1201/c40531-29680137.html。

进一步确保国有资产保值增值。① 文化发展需要在文化系统内部获得足够的结构性的内生驱动力，同时需要与经济建设、政治建设、社会建设和生态文明建设协调发展，共同为国家整体实力的提升、人民的美好生活需求作出贡献。

（二）公共文化服务渐成体系，创造了公共文化服务的中国经验和中国模式

改革开放以来，国家不断加强顶层设计，保障公共文化服务的制度体制更加系统；人力物力保障体系更加稳定完善，国家财政对于公共文化事业的投入日益增强；公共文化的基础设施建设全面展开，初步形成覆盖全国的公共文化服务网络；投资主体日趋多元化；公共文化事业的区域布局更加均衡。

覆盖城乡的公共文化服务体系已初步建立，形成了以公共图书馆、文化馆、博物馆、乡镇（街道）综合文化站、村（社区）综合性文化服务中心建设为重点，以流动文化设施和数字文化设施为补充，统筹规划，均衡配置，推动各级公共文化设施基本达到国家建设标准。同时，加强贫困地区的流动服务点建设，配备流动文化服务设备器材，实现流动服务常态化。"三馆一站"公共文化服务设施全部免费开放，基本实现了"县有公共图书馆、文化馆，乡有综合文化站"的建设目标；广播电视村村通、文化信息资源共享、农家书屋等重大文化惠民工程也实现了基本覆盖，公共文化服务能力和普惠水平不断提高。国家统计局公布的《文化事业建设不断加强，文化产业发展成绩显著——改革开放40年经济社会发展成就系列报告之十七》中提到，2017年全国共有44521个群众文化机构，比1978年增加37628个，增长5.5倍，1979~2017年年均增长4.9%。博物馆4721个，比1978年增加4372个，增长12.5倍，年均增长6.9%。公共图书馆3166个，比1978年增加1948个，增长1.6倍，年均增长2.5%。同时，截至2017年底，全国广播综合人口覆盖率为98.7%，比1985年提高30.4个百分点，全国电视综合人口覆盖率为99.1%，比1985年提高

---

① 参见本书第二章《中国文化体制改革与政策变迁40年》。

30.7个百分点。全国居民家庭彩色电视机拥有量从1990年平均每百户16.2台，到2017年平均每百户122.2台，增长6.5倍，1991~2017年年均增长7.8%。①

建立健全了公共文化服务多元供给体系。通过引导和鼓励社会组织、市场主体、文化志愿者以及个体文化骨干参与公共文化服务，构建了多元主体参与的公共文化服务供给体系；通过协调推进现代文化和传统文化、大众文化与高雅文化，形成了多样化的公共文化服务内容体系；通过"送"文化和"种"文化相结合、阵地服务和流动服务并举，完善数字化网络化服务平台，建立了公共文化服务的多种供给方式。

文化事业费用投入大幅提高，形成了以政府为主导，以公共财政为支撑，把公共文化产品和服务项目、公益性文化活动纳入公共财政经常性支出预算的模式。据统计，2017年全国文化事业费已达到855.8亿元，占国家财政总支出的0.4%，与1978年的4.4亿元相比，增长192倍。分区域的发展离不开地方财政的支持，地方一般公共预算文化体育与传媒支出持续增加，公共文化服务建设稳步推进。2016年，地方一般公共文化体育与传媒支出2915亿元，比2012年增长40.5%，其中东部地区1284亿元，增长47.2%；中部地区562亿元，增长54.8%；西部地区859亿元，增长29.1%；东北地区210亿元，增长20.7%。②

（三）现代文化市场体系趋于成熟，文化投资势头强劲

改革开放以来，文化发展全靠国家财政支持的理念发生彻底扭转，文化体制改革不断深化。在以结构化调整为主线的道路上，无论是微观市场的活跃程度还是宏观市场上的竞争强度都不断提升，更加有序、合理、开放的市场格局逐步建立。尤其是我国加入WTO后，现代文化市场体系中不可缺少的对外文

---

① 国家统计局社科文司：《文化事业建设不断加强，文化产业发展成绩显著——改革开放40年经济社会发展成就系列报告之十七》，《中国信息报》网络版，2018年9月14日，http://www.zgxxb.com.cn/xwzx/201809140006.shtml。
② 国家统计局社科文司：《文化事业建设不断加强，文化产业发展成绩显著——改革开放40年经济社会发展成就系列报告之十七》，《中国信息报》网络版，2018年9月14日，http://www.zgxxb.com.cn/xwzx/201809140006.shtml。

化贸易渠道也同时打开，国外多元文化产品进入中国市场，而中国优秀传统文化也有了向世界展示的机会。一个既有内也有外的现代文化市场体系初具规模。

40年的发展对中国建立自己的现代文化市场体系给予了足够的时间。现代文化市场体系的起点是文化体制改革。1978年，财政部批准了《人民日报》等8家新闻单位实行"事业单位，企业化管理"；1985年，上海广电局开始在电台、电视台内部实行经济承包责任制。更多的文化从业者开始从市场经济层面去思考文化发展、企业经营及市场规律这三方面的关系。1996年，广州日报报业集团成立，开始了传媒市场化的探索；1999年，上海世纪出版集团成为全国首家出版集团。这些文化企业集团的出现体现了集约化经营的路线，与此同步的是文化体制改革中不可缺少的一部分文化事业单位的改革。

《文化部"十三五"时期文化发展改革规划》指出，完善的现代文化市场体系包括完善多层次的文化产品市场、建立完备高效的文化要素市场、构建以信用管理为核心的监管体系、提升文化市场综合执法能力（见图1-2）。这四大要素离不开文化市场信用体系建设工程、网络文化市场建设工程、文化市场综合执法能力提升工程、全国文化市场技术监管与服务平台建设和推广工程。

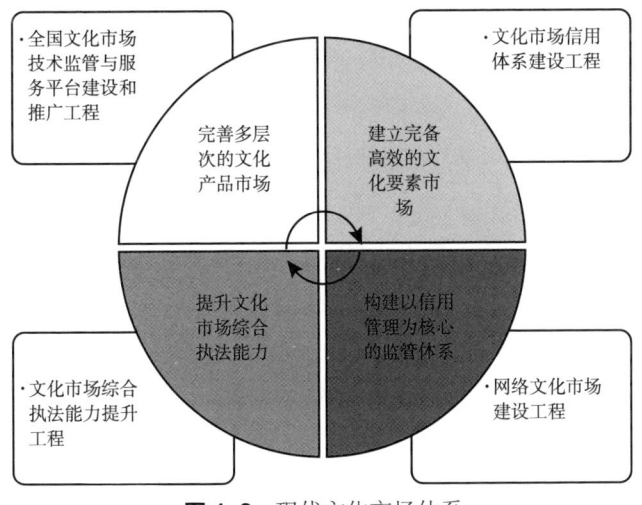

图 1-2 现代文化市场体系

文化领域的投资在文化改革发展40年中也有极其鲜明的特色。报纸、出版、广播电视、电影等领域的国有文化企事业单位在"集团化"转型以后，也纷纷涉足资本市场。从2003年文化体制改革试点工作正式启动以来，资本运作成为文化企业转型以后面对的重要战略机遇。电广传媒收购深圳荣涵公司股权，上海新华发行集团通过上海联合产权交易所成功实现49%的股权转让，为其他文化单位的改革提供了有益借鉴。国有文化企业的上市也在2004年实现了零的突破：北京青年报社控股的北青传媒在香港联交所正式挂牌交易，成为国有文化企业境外上市第一股。2006年上海新华发行集团通过华联超市顺利实现借壳上市，成为中国出版发行行业第一家A股上市公司。2007年，新华传媒向解放日报报业集团定向增发，实现集团主要经营性资产上市。在《文化产业振兴规划》中有关国有文化企业跨地区、跨行业、跨所有制、跨行政级次重组政策的指导下，时代出版传媒与黑龙江出版集团重组黑龙江省新华书店、中国出版集团与宁夏回族自治区人民政府联合重组黄河出版传媒集团、辽宁出版集团等联合收购蓝猫动漫股权等文化企业与资本结合的案例，彰显了传统国有文化企业迸发出新的活力。在地区封锁被打破、文化资本要素自由流动的情况下，上市融资成为更多文化企业的重要经营方式。

在传统媒体与新兴媒体融合深入的情况下，资本层面的资源整合成为新兴媒体发展的前提和保障。电广传媒实施"平台+内容"战略，在完成对江苏物泰等一批新媒体并购以后，新媒体的全生态链版图开始构建；凤凰传媒为更好进入互联网影视领域，入股PPTV和学科网、博瑞传播等项目。文化投融资动作更加频繁。国有文化资本的市场化行为还在继续，文化产业投融资机制也正在建立，新兴业态的出现让引入的资本更好地转换成内生动力。面对日益激烈的市场竞争，文化企业还将采取更多的竞争战略。

（四）传统文化遗产开发融入现代社会，投入与合作并举

中国文化改革发展40年也是中国传统文化得以复兴和传承的40年，传统文化的传承不仅是一个文化问题，而且是一个社会问题，传承是创新的基

础，创新才是传承的目的。我们对传统文化进行反省、选择，然后努力寻找现代社会文化发展的方式和道路。文化遗产便是一个重要的方面。文化遗产工作的前提是保护，1982年颁布《中华人民共和国文物保护法》，2002年重新修订，为文化传承提供了有力的保障。同时第二次（1981年）、第三次（2007年）全国文物普查基本厘清了我国文物的现状。2006年，我国开始设立文化遗产日（每年6月第二个星期六），文化遗产的保护不再只是政府和相关机构的责任和工作，而是变成了全民的共识，使文化遗产的保护和知识传播深入到社会生活的更多细节。

除了物质文化遗产，非物质文化遗产的保护也刻不容缓。2002年启动的非物质文化遗产普查保护工作，将工艺美术列入重点保护对象。2005年，国务院办公厅发布《关于加强我国非物质文化遗产保护工作的意见》。2011年发布的《非物质文化遗产保护法》正式将非物质文化遗产保护合法化。文化部、国家民委、中国文联发起并编撰关于非物质文化遗产的国家社科基金重大项目——十部《中国民族民间文艺集成志书》。从现有的非物质文化遗产的保护来看，既有对中国书画、名窑瓷器、雕刻剪纸、传统武术的保护，也有对各种民俗文化活动的保护。进入21世纪的第二个十年，政府从机制和体制上大力扶持非物质文化遗产，以持续的扶持代替"运动式"的投入，这些都让有形的和无形的文化遗产受到更好的保护与利用。

文化遗产也已经成为文化项目"走出去"中最重要的代表。有中国特色的文化遗产在联合国总部、纽约艺术馆等平台上进行深度传播，这是在全球范围内的展示，也是更好地促进文化"走出去"的重要方式。

（五）对外文化贸易蓬勃发展，形成了以开放促发展的独特路径

中国对外文化贸易走过了蓬勃发展的40年，政策从无到有，消费市场从弱到强，出口规模从小到大，结构从散到优，主体从单一的国企到民企、国企并行，文化产品和服务在国际市场上得到了世界人民的认可，形成了以开放促发展的独特路径。由此，中国对外文化贸易总量在不断增加，贸易产品

层次日益丰富，生产内容逐步创新升级，文化企业逐渐成为文化市场的支柱。在以开放促发展的进程中，文化贸易领域的市场化一步步推进，文化贸易市场主体更富活力，大多数的国有文化企业实行股份制改革，建立了现代企业制度，完善了法人治理结构，同时民营文化企业也纷纷加速国际化进程，在国家文化市场竞争中不断强大。据统计，2017年中国文化产品和服务进出口总额1265.1亿美元，同比增长11.1%。其中，文化产品进出口总额971.2亿美元，同比增长10.2%；文化服务进出口总额293.9亿美元，同比增长14.4%。[1]

近年来，促进文化产业、文化贸易发展的相关政策文件密集出台，如《关于支持文化企业发展若干税收政策问题的通知》《关于金融支持文化产业振兴和发展繁荣的指导意见》《文化产品和服务出口指导目录》等都为中国对外文化贸易的发展带来了极大的促进作用。由开放带来的市场化机制促进内部改革和行业升级，同时由内部改革反促文化贸易领域市场化加速，这一机制也使得中国的对外文化贸易不断加速发展。

（六）高层支持、官民并举、多方参与的对外文化交流格局已经形成

改革开放以来，对外文化交流进入了空前发展的新阶段，文化交流主体日益多样，对外文化交流与合作逐步扩展到各个层级和领域，合作形式更加丰富多彩，逐步形成高层支持、官民并举、多方参与的对外文化交流格局。据统计，截至2017年底，我国已与157个国家签署了文化合作协定，累计签署文化交流执行计划近800个，初步形成了覆盖世界主要国家和地区的政府间文化交流与合作网络。[2] 同时，欢乐春节、上海国际艺术节、北京国际音乐节、吴桥国际杂技艺术节等一批知名文化交流品牌，彰显了中华文化的独特

---

[1] 商务部：《2017年文化产品和服务进出口总额同比增长11.1%》，搜狐网，2018年2月12日，https://www.sohu.com/a/221898374_99999600。
[2] 中华人民共和国文化和旅游部：《中华人民共和国文化和旅游部2017年文化发展统计公报》，2018年6月1日，http://www.cfen.com.cn/sjpd/hg/201806/t20180601_2914527.html。

魅力。对外文化交流不仅为"一带一路"倡议的实施奠定了坚实的民意基础，而且紧密贴合时代发展和国家对外战略布局。

四 中国文化发展的趋势与展望

（一）坚持以人民为中心的发展思想

习近平总书记指出："人民对美好生活的向往，就是我们的奋斗目标。"而党的十九大报告明确了我国社会的主要矛盾已经转变，中国特色社会主义新时代的主要矛盾是人民日益增长的美好生活需要和不平衡不充分发展之间的矛盾，而文化需求是人民美好生活需求的重要组成部分。因此，中国特色社会主义文化发展必须要把以人民为中心作为工作理念和导向，坚持文化发展为了人民、发展依靠人民、发展成果由人民共享的发展理念。要充分发挥人民群众在文化建设中的主体作用，尊重人民群众在文化建设中的首创精神和参与热情，引导群众在文化建设中自我表现、自我教育、自我服务、自主创业。还要为人民监督和评价文化建设与发展提供便捷的渠道和制度保障，这不仅有利于提高文化服务效能，还能更好地把握人民多样的文化需求。

（二）开启创新发展和创造转化的发展主线

在全球文化高度互通、多种因素相互交织的情况下，错综复杂的经济、政治环境，更需要科学的、合理的并且适应时代发展的文化创新发展理念，尤其是应从全球人类命运共同体的高度来看待文化问题。一国的文化传承与创新要具有本土特色，符合当地民众的审美，要保留其特殊性来获得其他民族和地区人们的喜爱。这种特殊性不是简单的文化本土主义，而是依托于民族自信所生发出的一种美学综合体。

经济全球化是趋势，但文化却很难实现全球化，而只能是走向全球市场。因为文化无法像18世纪中期的蒸汽机那样从英国推广到南北美洲，也无法像19世纪中后期的汽车、电话那样实现人类历史上的第一次全球化浪潮，更无法像20世纪后半叶至21世纪初的信息技术那样引发了"地球村"的现象。文化是传统与现实紧密联系在一起的产物，中国文化需要在中国的传统、在中国特色社会主义发展道路的基础上不断创新，实现超过制度差异性、历史局限性、文化特殊性的本民族文化的复兴。

文化作为一种无形资产，它凝结于电影、电视、动漫产品、图书等文化产品当中，在进入全球市场流通时，怎样使其成为文化财富被他国民众所接受成为未来的难题。过去，丝绸、瓷器兼具物质和文化特性的产品凭借良好的质地和精美的设计被欧洲上流社会所接受和追捧，直到现在仍作为珍品来收藏。过去，我们也有优秀的文学作品流传海外，被翻译成多种语言来传播。在大众消费时代，我们已经赋予文化产品太多的消费价值，但是无形的文化价值才是拥有竞争力的关键。文化和创意相结合产生的创造性转化和创新性发展，将使得文化改革不拘泥于消费市场，不受限于传统工艺，而是能够在坚守本民族特色时为文化提供面对不同历史时期、不同地区范围的存在价值，既要让国内民众重新拾获传统知识和思想，又能让其他国家民众在接受时找到存在于人类历史长河中的共同内涵。

贸易和经济只能满足全球市场所需，而文化交融才能真正走进不同社会。无形的文化资产存在于制造业、服务业和生活消费行为中，只有创新文化发展理念，以传承的本民族特色文化为中心，才能用创造性和创新性打破物理空间的局限，实现未来文化之路的自新与自信。

（三）全民主动参与、自主创新已蔚然成风

经过40年的发展，文化已经进入高速发展阶段。从最初的政府主导，到后来文化体制改革，再到现在以企业化为主导的文化市场繁荣，如何更好地把握文化发展的规律成为这个时代的主题。在未来的趋势中，更多的文化产品走向人类的日常生活，并且长期渗入社会运转体系当中。同时，随着互联网等新兴技术的发展，公众的社会主体意识、参与意识和交互意识都在增强，因此，全民主动参与、自主创新已成为一种趋势，无论是传统文化形式的传

承创新，还是新型文化形态的出现，都将是民众参与的结果。正如习近平同志在党的十九大报告中所指出的，"要坚持中国特色社会主义文化发展道路，激发全民族文化创新创造活力，建设社会主义文化强国"。唯有创造全民参与的空间，方能更好地激发全民族的创造创新活力。

作为一种稀缺性资源，文化需要适应大众化的需求，如传统手工艺品，如果只是存在于博物馆，则是对文化资源的浪费。重现昔日传统文化的辉煌，刺激普通民众的消费欲望，需要的是对于传统手工艺品的进一步改造，让最大众化的手工艺者去创造，才能让文化服务大众，才能创造更繁荣的文化生活。这才是大众参与文化创新的最大意义所在，把握好现代意义的创新，才能有民族主体意识的创新，也才能让文化下一阶段的发展之路更顺利。

（四）文化市场结构将呈现垄断竞争的趋势

文化发展中的文化事业和文化产业虽有交叉，但其实质又有很大不同。文化事业发展更多依赖政府财政扶持，而文化产业的发展则更需要市场的考验。经过40年的发展，大型文化集团的转型已经基本完成，同时一批有较强资本支持的民营文化企业也迅速扩大市场份额。所以，在经过40年的发展后，已经有部分文化企业具备产品定价以及确定市场规则的实力。那么，在未来的文化市场发展过程中，市场资源将会越来越多地被市场垄断者获得，这样，存在于市场中的小型创业企业以及创客工作室将面对更加激烈的市场竞争。

从生产、流通、消费这三个主要环节来分析文化产业链。在生产环节，文化产业的特殊性就在于需要大量高度原创的内容作为无形资产凝结于产品当中，而且这种高度原创的内容一定是较容易复制并进行大量生产的，这便需要小型或者体制更加灵活的企业加入产业链的生产端，让已有的文化资源与创意设计相结合，这也是所谓的创造价值的活动。但未来文化发展中的垄断竞争，将会降低参与市场的可能性，这同时会影响到流通、消费环节，对于流通的企业来说垄断竞争将会降低中小型企业的议价能力，而在消费环节，垄断竞争将会影响消费者的选择权利。未来文化发展必然面对垄断竞争的难题，这种市场矛盾将会成为中国文化产业未来发展的主要阻力。

（五）文化与科技深度融合

随着数字技术、信息技术、网络技术的应用进程不断深入，文化资源的转化技术、表现技术、呈现技术和传播传承系统平台将加速创新，支持文化资源采集、加工、获取、整备、管理、保护、保存、应用的系列技术与标准将更加规范。

共性关键技术创新步伐将加大，文化产品的加工、供给、分发、保护等关键技术将有所突破，形成一批面向互联互通及应用的系统化技术解决方案和网络化运营服务平台，创新一批公共文化服务新业务、新渠道、新模式。同时，文化与装备制造、消费品工业设计、城乡建筑、信息服务、旅游等跨界深度融合的新型业态将不断涌现，这些技术和新型业态将有利于增强文化的影响力和竞争力。

总　结

党的十一届三中全会以后，中国文化由为政治服务、以阶级斗争为纲转向为经济建设服务，开启文化体制改革的历程，文化的主体性逐步彰显，中国渐渐步入文化强国、价值强国的新阶段，党和政府的角色也开始从文化的全能主体变成了文化市场的管理主体。在扎实推进社会主义核心价值观建设的基础上，40年的文化改革发展带来的是：基层公共文化服务更加健全，现代文化市场体系已经形成并发展成熟，各文化领域的投资趋于理性化、合理化，居民的文化消费水平逐年提高。在这样的背景下，我国的文化发展形成了传统文化大放异彩、新文化生产和生活方式正在酝酿、文化软实力有了很大提升的局面。

中国已步入中国特色社会主义新时代，文化建设也步入了一个全面发展的新阶段，坚持中国特色社会主义文化发展道路，激发全民族文化创新活力，建设社会主义文化强国，这不仅关乎中华文化自身的发展，更与中华民族的伟大复兴紧密相连，还肩负着向全世界贡献中国智慧、建构更加美好世界的重任。中华文化任重道远但前景光明。

附表：改革开放后重大文化政策一览

颁布时间	政策文件	政策内容
1979年10月	《全国第四次文代会决议》	邓小平在会上肯定了毛泽东的"百家争鸣，百花齐放"的方针。同时宣布了一项重大文艺政策调整：不继续提文艺从属于政治
1982年3月	《国务院政府工作报告》	此次政府工作报告除了明确文化政策的指导方针，还对电影、广播电视、印刷品的内容及数量提出了目标
1983年3月	《国务院政府工作报告》	文艺体制需要有领导、有步骤地进行改革
1986年9月	《十二届六中全会决议》	全会要求文化事业必须把社会效益作为最高标准，在保证文化事业社会主义性质的同时，初步进行文化管理体制改革
1992年10月	《中国共产党十四大报告》	明确提出文化体制改革目标
1996年9月	《中共中央关于加强社会主义精神文明建设若干重要问题的决议》	提出了文化体制改革的任务和一系列方针
1997年10月	《中国共产党十五大报告》	会议认为，精神文明相对于物质文明而言，只有经济、政治、文化协调发展，只有两个文明都搞好，才是中国特色社会主义
2000年10月	《中共中央关于制定国民经济和社会发展第十个五年计划的建议》	第一次在中央正式文件里提出了"文化产业"这一概念，要求完善文化产业政策，加强文化市场建设和管理，推动有关文化产业发展
2002年10月	《全面建设小康社会，开创中国特色社会主义事业新局面》（中国共产党十六大报告）	报告明确提出文化体制改革的目标、方向和任务，并首次将文化分为文化事业与文化产业
2003年9月	《中国共产党十六届三中全会决议》	提出了文化体制改革的总目标，对文化体制改革阐述得更为全面，分别提出了文化事业和文化产业的改革方向

续表

颁布时间	政策文件	政策内容
2004年4月和2005年1月	《文化及相关产业分类》和《文化及相关产业分类统计指标体系》	两个文件对文化产业进行了定义，并在统计学范畴上对文化产业作了划分，使得文化政策的制定在经济领域有了合法依据
2004年9月	《中共中央关于加强党的执政能力建设的决定》	鼓励本国的文化产业参与国际竞争，并吸收外来文化，推动中华文化更好地走向世界，提高国际影响力。同年，文化部对单位转企改制进行了部署
2005年9月	《中国共产党十六届五中全会决议》	逐步形成覆盖全社会的比较完备的公共文化服务体系。一手抓公益性文化事业，一手抓经营性文化产业，形成了中国特色社会主义文化建设的"双轮驱动"
2006年9月	《国家"十一五"时期文化发展规划纲要》	新中国成立以来由中央制定的第一个专门部署文化建设的规划纲要，对文化事业发展进行了全面规划
2006年10月	《中共中央关于构建社会主义和谐社会若干重大问题的决定》	"构建和谐社会"成为纲领性意见。其中一个重要观点就是建设和谐文化
2007年10月	《中国共产党十七大报告》	提出"国家文化软实力"的概念
2011年	《国民经济和社会发展第十二个五年规划纲要》	制定了"文化大发展大繁荣"的目标
2011年9月	《中共中央关于深化文化体制改革推动社会主义文化大发展大繁荣若干重大问题的决定》	提出建设社会主义文化强国的奋斗目标，进一步巩固了文化建设的战略定位
2012年10月	《中国共产党十八大报告》	从四个方面论述了文化强国战略：加强社会主义核心价值体系建设、全面提高公民道德素质、丰富人民精神文化生活、增强文化整体实力和竞争力
2015年	《关于加快构建现代公共文化服务体系的意见》	体现了对现代公共文化服务体系建设进行了顶层设计的意识
2017年10月	《中国共产党十九大报告》	十九大关于文化建设的表述，是我国文化理论的重大突破，在四个方面为未来我国文化建设指明了方向

第二章 中国文化体制改革与政策变迁 40 年

齐勇锋　黄　威[*]

导　读：中国共产党第十九次全国代表大会报告《决胜全面建成小康社会　夺取新时代中国特色社会主义伟大胜利》从意识形态领导权、社会主义核心价值观、思想道德建设、社会主义文艺、文化事业和文化产业等五个方面全面阐释了未来我国文化体制改革和文化建设的主要内容，进一步确立了文化体制改革和文化建设在整个中国特色社会主义现代化建设布局中的重要地位，也为将来文化体制改革和文化政策发展指明了方向。本文梳理了中国文化体制改革和文化政策发展的历程和取得的主要进展，对改革开放 40 年来中国文化体制改革与文化政策的历史演进和轨迹进行思考，希冀更全面地理解文化建设在中国特色社会主义现代化建设布局中的战略意义。

---

[*] 齐勇锋，历史学博士，中国传媒大学二级教授、博士生导师，文化部中国艺术研究院文化高端智库研究员；兼任国家发改委经济体制与管理研究所学术委员会特邀委员、中央文资办学术委员会委员、光明日报学术委员会委员、太湖国际文化论坛常务理事，清华大学、中央财经大学、上海交通大学等高校兼职教授，北京市西城区文化顾问；主要研究领域为文化经济、文化战略、文化政策与文化投融资等。黄威，中国传媒大学博士后科研流动站。

改革开放是建设有中国特色社会主义的必由之路,也是推动我国文化发展的强大动力。我国改革开放后的文化体制改革大体经历了六个发展阶段。

一 中国文化体制改革的萌动阶段（1978~1992年）

1978年12月,中国共产党召开了十一届三中全会,此次会议的召开是新中国成立以来一次意义深远的伟大转折。从此,我国进入改革开放和社会主义现代化建设的新时期。与此相适应的是,我国文化体制改革开始启动,文化建设也进入一个新的发展阶段。

（一）改革开放对文化体制改革提出了新要求

新中国的文化体制是在新民主主义革命时期解放区文化体制的基础上、参考苏联模式建立的,是与当时的社会主义计划经济体制相适应的。这种文化体制具有国有资本为单一投资主体,管办不分、政企不分、政事不分、政资不分,条块分割,城乡二元结构和以意识形态为指导、以行政手段配置资源的显著特点。应当肯定的是,这种高度集中的文化体制在历史上曾发挥了积极作用,由此产生了许多优秀作品。然而,低效率的行政性的资源配置方式,加上"文革"等频繁的政治运动的干扰破坏,导致了文化产品、文化服务供给的严重不足;短缺经济和低工资政策则极大地抑制了人民群众对文化产品、文化服务的消费能力。如果说,这一时期广大人民群众对物质产品的消费处于相对的"短缺状态",那么,对精神文化产品的消费则是处于一种"饥渴状态"。

改革开放是一场伟大而深刻的革命。经济领域的改革突破了传统计划体制的羁绊,市场机制的引入和所有制结构的变化使我国的经济基础、社会结构和生活方式开始发生变化。经济、社会和生活的变化,要求文化体制也要进行相应的变革,这就促使文化产品的生产机制从国家单一提供方式向多种、混合提供方式转变，以适应经济体制改革、经济发展和文化发展的要求，满足人民群众对文化娱乐生活的渴求，同时为改革开放提供良好的文化舆论环境。1982年召开的全国文化局长会议认为，"艺术表演团体的体制和管理制度方面的问题很多，严重影响了表演艺术的发展和提高，需要进行合理的改革。"《1983年国务院政府工作报告》提出："文艺体制需要有领导、有步骤地进行改革，改革的目的是促进社会主义文艺的繁荣。"

（二）文化体制改革开始启动

1. 广告业、文化娱乐业蓬勃兴起

在经济体制改革开始的同时，我国的文化体制也开始发生变革，广告业、文化娱乐业首先冲破传统体制的束缚而转变为经营性的文化行业。

1979年1月，《天津日报》率先刊登了天津牙膏厂的广告，同时上海电视台也播出了第一条电视广告；同年9月，中央电视台播出了第一条外国商业广告（美国威斯汀豪电器）。1982年，中国广告协会成立，国务院颁布《广告管理暂行条例》，广告经营与宣传活动纳入法治化轨道，广告业逐渐发展成为一个重要的文化服务行业。

文化娱乐业的兴起被公认为我国文化产业发展的起点。1979年，广州东方宾馆开设了国内第一家音乐茶座，成为新中国文化市场兴起的标志，并且也被公认为我国文化产业发展的起点。20世纪80年代中后期，我国公众文化消费方向越来越偏向娱乐性、多样化、可参与性。当时在社会公众中产生重大影响的文化形态，如风行一时的卡拉OK、崔健的摇滚乐、明星演唱会等，几乎都是娱乐性、消遣性的文化消费。国内大小城镇，尤其是率先改革开放的沿海地区，各种由社会资本投资和举办的文化娱乐设施、文化演出如雨后春笋般地出现，打破了国有电影院、剧场一统天下的局面。1988年，文化部、国家工商行政管理局发布《关于加强文化市场管理工作的通知》，文化部在国务院机构改革中设立了文化市场司，标志着我国"文化市场"得到国家的认可而合法化。

2. 出版发行体制改革开始起步

为解决"文革"以来由于单一国有体制造成的出版业货源不足、发行不畅,群众"买书难、看书难"等突出问题,1978年8月,国务院批转国家出版局《关于加强和改进出版工作的报告》。1980年12月,国家版权局发布《建议有计划有步骤地发展集体所有制和个体所有制的书店、书亭、书摊和书贩的通知》,开放社会资本进入发行领域。这一举措促进了民营资本在发行领域的迅速发展,并逐步形成了二元发行结构,一边是传统的新华书店主渠道,另一边是市场化的民营渠道(二渠道)。这种初步形成的多种所有制的发行体制,促进了我国出版市场的发展和繁荣。

3. 国有文化单位尝试市场化经营

随着经济体制改革的深入,文化领域开始借鉴经济体制改革的做法,探索企业化经营,出现了"以文补文""多业助文""承包经营责任制"等多种经营模式。1978年,财政部批准《人民日报》等新闻出版单位实行"事业单位,企业化管理"的经营模式。1987年,沈阳市电影公司对所属12家电影院实行"三挂钩"承包经营。同年,文化部、财政部、国家工商行政管理局联合颁布《文化事业单位开展有偿服务和经营活动的暂行办法》,鼓励文化事业单位利用存量人才、技术和设备等条件,开展有偿服务,补充事业经费的不足。文化工作者的生存意识、商品意识、竞争意识显著增强。1988~1991年,全国"以文补文"纯收入用于文化事业的支出金额累计达27.1亿元,占全国文化事业总支出的28%。"以文补文"成为当时我国文化建设多渠道投资体系中的一条重要渠道。

4. 推动四级政府办广电网络

为改变我国广播电视基础设施落后、覆盖率低的局面,适应现代传播技术的发展趋势,1983年,全国广电工作会议提出"四级办广播、四级办电视、四级混合覆盖"的政策,调动省、地、县地方政府投资办广播电视的积极性,促进了我国广播电视的迅猛发展。1992年上半年,上海抓住浦东加快改革开放的大好时机,成立了东方电视台、东方电台两家具有独立法人资格的广电机构,与上海有线电视台、上海人民广播电台、上海电视台一起形成五台竞争的格局。打破了上海广电业一家独大的垄断局面，竞争机制的形成显著提高了各广电机构节目的数量和质量。

5. 开放民营资本办院团

1988年，国务院批转文化部《关于加快和深化艺术表演团体体制改革的意见》，1989年，中共中央下发《关于进一步繁荣文艺的若干意见》，意见提出：国家主办的全民所有制艺术表演团体要少而精，这些院团应当是代表国家和民族艺术水平的，或带有实验性的，或具有特殊的历史保留价值的，或是少数民族地区的；大多数艺术表演团体由社会各种力量主办，实行多种所有制形式。这些条令和政策的颁布标志着我国民营演出团体由此进入恢复增长时期。

6. 国家财政转变文化投资机制

随着改革开放以来经济体制改革的深化，我国财政逐步转变投资机制，在文化领域开始探索新的投资方式和分类改革模式。1984年，文化部设立中国孔子基金会，国家财政开始探索以基金方式扶持公益性文化事业发展。1989年1月，财政部发文：根据事业单位是否有"稳定的经常性业务收入"，将预算内事业单位区分为"全额预算管理""差额预算管理"和"自收自支管理"三种类型，标志着"预算内事业单位"在性质不变的情况下被分为"公益性""准公益性"和"经营性"三种类别，这一举措为进一步推动文化体制分类改革进行了有益探索。

总体来看，在改革开放初期，文化体制围绕以经济建设为中心，以经济体制改革为重点的战略方针，进行了相应的改革尝试，在对文化市场的认知与实践等方面取得了积极的成果。但限于当时的改革阶段和认识水平，这一时期的文化体制改革还存在着较大的盲目性和局限性：一是文化体制改革缺乏理论指导，各项改革措施缺乏系统性的规划，没有明确的改革目标；二是国有文化单位的改革措施如承包经营责任制等，大多是借鉴经济体制改革的做法，相当于经济体制改革在文化领域的延伸；三是文化体制改革还是浅层次的、外围性的，没有触及产权制度、宏观管理体制，以及文化核心领域的传媒体制改革。

有些改革措施,如"以文补文""多业助文"等,由于尚未对公益性文化事业和经营性文化产业加以区分,从而产生了明显的负面效应。这些问题都表明当时我国文化体制改革还处于起步阶段,需要进一步进行积极的探索。

中国文化体制改革萌动阶段大事记见表2-1。

表2-1 1978~1992年中国文化体制改革萌动阶段大事记

时间	大事记	意义
1979年10月	邓小平代表党中央在中国文学艺术工作者第四次代表大会上的祝词为我国新时期文化事业的发展提出了一系列指导方针	为我国文化体制改革奠定了基础,指明了方向
1982年	国务院颁布《广告管理暂行条例》	广告经营与宣传活动纳入法治化轨道,逐渐发展成为一个重要的文化服务行业
1988年	《关于加强文化市场管理工作的通知》正式提出"文化市场"的概念	确定了文化市场管理的任务、范围、原则和方针
1988年	中共中央下发《关于进一步繁荣文艺的若干意见》	提出国家主办的全民所有制艺术表演团体要少而精
1989年	国务院批准在文化部设置文化市场管理局	标志着我国文化市场管理体系的建立

二 中国文化体制改革的探索阶段(1993~2002年)

1992年,邓小平同志视察南方的重要谈话发表和党的十四大的召开,标志着我国改革开放和现代化建设进入一个新的阶段。深化改革、扩大开放、发展社会主义市场经济的举措,既为文化发展奠定了基础、注入了活力,也促进了文化体制改革的深化。这一阶段,我国文化体制改革在探索中取得了新的成果。

(一)对文化体制改革的认识不断深化

党的十四大提出建立社会主义市场经济体制,确立了我国经济体制改革的方向。与此同时,文化体制的发展也必须与经济社会发展相适应,实现由行政配置资源向市场配置资源的发展模式转变。

1996年,党的十四届六中全会通过的《中共中央关于加强社会主义精神文明建设若干重要问题的决议》指出:"改革文化体制是文化事业繁荣和发展的根本出路。"强调改革要符合精神文明建设的要求,遵循文化发展的内在规律,发挥市场机制的积极作用,区别情况,分类指导,理顺国家、单位、个人之间的关系,逐步形成国家保证重点、鼓励社会兴办文化事业的发展格局。

2000年10月,在中国共产党十五届五中全会通过的《中共中央关于制定国民经济和社会发展第十个五年计划的建议》中,第一次提出"文化产业"的概念,要求完善文化产业政策,加强文化市场建设和管理,推动相关文化产业的发展。这一条令的颁布为此后按照"文化事业"和"文化产业"的分类推进文化体制改革提供了依据。从对文化市场的认可到对文化产业的肯定,表明党和政府对市场经济条件下文化建设的规律性有了深刻的认识,也表明市场在我国文化资源配置中开始发挥重要作用,从而为利用市场机制推动文化体制改革开辟了新的途径。

2001年,中共中央批转中宣部、国家广电总局、新闻出版总署《关于深化新闻出版广播影视业改革的若干意见》,总结了近年来文化体制改革的经验和教训,提出文化体制改革要以发展为主题,以结构调整为主线,以集团化建设为重点和突破口,着重在宏观管理体制、微观运行机制、政策法律体系、市场环境、开放格局五个方面积极进行探索创新,进一步壮大实力,增强活力,提高竞争力。该文件还对市场经济条件下文化体制改革的重要性、必要性和改革基本框架进行了表述,为此后党的十六大报告关于文化体制改革的论述提供了参考。

20世纪90年代中期我国为加入WTO而进行的多边谈判的最后阶段以及2001年正式加入WTO,都标志着我国开始进入全方位的对外开放阶段,由此文化建设也面临一系列新的机遇和挑战:第一,加入WTO意味着我国文化建设的外部环境发生了重大变化。按照我国政府的承诺，我国的电影院线建设将允许外资加入，并且在音像、图书和报刊的分销领域，增加国外文化产品的进口数量。这样的举动无疑也是一把双刃剑，其中引进外资有利于我国利用国际资本，实现文化发展的国际化，但也对民族文化产业制造了压力和挑战。第二，加入WTO为我国学习借鉴国外优秀文化成果提供了更多的机会，拓宽了我国对外文化交流的渠道，也为我国实施文化"走出去"战略、扩大中华文化影响力创造了新的机遇。但西方文化及其价值观可能对中华民族的文化传统形成冲击。第三，加入WTO将促使我国加快文化体制改革举措，完善文化政策法规体系，以提高中华文化的国际竞争力。总体来看，加入WTO机遇与挑战并存，但从长远来看对我国是机遇大于挑战，如何"抓住机遇，迎接挑战"成为进一步推动我国文化体制改革的外部动力。

（二）文化体制改革在探索中前进

1. 组建国有文化产业集团的探索

为应对加入WTO的挑战，通过资源整合扭转我国文化市场微观主体规模小、竞争力差的状况，借鉴经济体制改革的经验，组建文化产业集团成为这一阶段文化体制改革的重点。1996年1月，全国首家报业集团《广州日报》报业集团宣告成立，随后，《羊城晚报》《南方日报》报业集团相继成立，它们在引领中国报业改革风气的同时，逐步形成了开拓全国市场的能力。1999年，全国首家出版集团上海世纪出版集团成立，下属13家出版单位。1999年9月17日，国务院办公厅转发了信息产业部和国家广电总局《关于加强广播电视有线网络建设管理意见的通知》，要求"在省、自治区、直辖市组建包括广播电台和电视台在内的广播电视集团"。国家广电总局的有关文件也一再强调要大力推动组建广电集团、倡导三台合一、整合系统资源、实现集约经营等。随后，广播电视"三台合一"模式开始出现，并逐步发展形成规模。目前，国有及国有控股的报业集团39家、期刊集团2家、出版集团

22 家、发行集团 5 家、广电集团 12 家、电影集团 6 家。这 80 多家国有文化产业集团集中了我国文化领域中的大量优质资产，是我国发展文化产业的"国家队"。

2. 国有文化事业单位改革开始启动

1996 年，中共中央办公厅、国务院办公厅发布《中央机构编制委员会关于事业单位机构改革若干问题的意见》，提出将"政事分开"放到首位，推动各类事业单位在市场经济体制下逐步转变为独立法人参与市场运行，取消事业单位机构的行政级别；打破条块分割，推进事业单位社会化，适度发展民办事业单位；建立事业单位登记管理制度。在文化领域，国有文化事业单位普遍建立岗位责任制以及竞争上岗制度，推行干部人事制度、劳动人事制度、收入分配制度等内部管理机制改革，增强文化事业单位经营活力。广电系统事业单位开始进行"台网分离、制播分离"体制改革，从此，国有文化事业单位改革开始向在体制上将事业和产业分离运作的方向发展，一批民营文化企业开始进入广电节目制作、网络建设等领域。

3. 外资进入我国文化市场和出版发行分销领域

早在我国尚未正式向外资开放图书发行领域时，外资就曾经试探性地进入我国市场。1995 年，新加坡泛太平洋股份有限公司与云南省新华书店共同投资兴建云南图书大厦，是较早进入中国出版物发行市场的外资之一。20 世纪 90 年代末，一些国外资本以风险投资的方式，参与到一些民营网络书店与实体书店的运营中。除了直接投资，国际资本还通过版权贸易和出版物进口等方式进入中国市场。外资的涌入带动了国内企业的投资，使我国印刷业获得了快速发展，技术升级速度明显加快。与此同时，民营发行力量在迅速发展中逐渐向出版业渗透，形成了一批兼具编辑策划能力和发行渠道的文化公司，出版发行的集团化改革也提高了我国出版业的集中度。2001 年我国正式加入 WTO，出版发行分销领域成为文化领域中率先对外开放的一个。随后进行的引进外资及其先进管理经验等，对促进我国图书、报刊、音像以及新媒体产业的迅速发展起到了推动作用。

4. 实施和完善文化经济政策

由于文化产品和服务有公共性的特点，所以世界上绝大多数国家对此都实行程度不同的财税优惠政策。改革开放初期，由于国家财政困难，政府对文化发展的投入不足。1991年6月，国务院批转文化部《关于文化事业若干经济政策意见的报告》，提出适当增加文化事业的基本建设投资、设立"优秀剧（节）目创作专项资金"等11条经济政策。1996年9月，国务院下发《关于进一步完善文化经济政策的若干意见》，提出开征文化事业建设费、鼓励对文化事业捐赠、继续实行财税优惠政策、建立健全专项资金制度等四项政策措施。同时，实施"万里边疆文化长廊工程""广播电视村村通工程"等公共文化工程项目，着力改善农村和沿边少数民族地区文化基础设施落后的状况，在一定程度上缓解了文化事业发展资金需求的矛盾。我国公共文化建设的财政保障机制由此开始逐步形成。

这一阶段的文化体制改革主要围绕经济体制的转型进行，对文化发展如何与市场经济结合这一主线进行探索，并取得了一些积极的成果。然而，由于这一时期处于我国经济体制改革的攻坚阶段，全面推进文化体制改革的工作还没有提上日程，因此此时的文化体制改革仍然是探索性的，还存在一些局限性：一是在文化体制改革的理论建设方面虽然取得了一定进展，但还不系统、不全面；二是主要依靠行政性手段组建的国有文化产业集团，普遍存在着组织松散、大而不强，以及"事业单位，企业化管理"的二元结构弊端；三是文化事业单位改革，由于缺乏适应文化行业特点的配套政策而难以深入，普遍存在着机制不活、人浮于事、经费困难、效益低下的问题，所以未取得实质性的进展；四是在文化市场方面，条块分割、行政壁垒、国有经济垄断等问题依然严重；五是在宏观管理方面，行政干预、管理"越位"和"不到位"的问题仍十分突出。如何继续推进文化体制改革，解放和发展我国的文化生产力，还有待从理论和实践上继续进行深入的探索。

中国文化体制改革探索阶段大事记见表2-2。

表 2-2　1993~2002 年中国文化体制改革探索阶段大事记

时间	大事记	意义
1996 年	中共十四届六中全会通过《中共中央关于加强社会主义精神文明建设若干重要问题的决议》	为我国文化体制改革提出了新的任务和方针
1996 年 9 月	国务院下发《关于进一步完善文化经济政策的若干意见》	提出开征文化事业建设费、鼓励对文化事业捐赠、继续实行财税优惠政策、建立健全专项资金制度等四项政策措施
1999 年 9 月	国务院转发信息产业部和国家广电总局《关于加强广播电视有线网络建设管理意见的通知》	要求"在省、自治区、直辖市组建包括广播电台和电视台在内的广播电视集团"，"三台合一"的模式开始出现
2000 年 10 月	《中共中央关于制定国民经济和社会发展第十个五年计划的建议》	第一次在中央正式文件里提出了"文化产业"这一概念，对于文化体制改革具有重大的意义
2001 年	《关于深化新闻出版广播影视业改革的若干意见》	总结了当时我国文化体制改革的经验教训，并提出了以后的改革方向和内容

三　中国文化体制改革的试点阶段（2003~2006 年）

2002 年 11 月，党的十六大提出了关于文化发展和文化体制改革的一系列新思想、新论断，形成了新的文化发展观。新的文化发展观是与社会主义市场经济体制相适应的发展观，是与和谐社会建设要求相统一的发展观。按照党的十六大关于深化文化体制改革的要求，2003 年 6 月，中宣部在北京召开全国文化体制改革试点工作会议，研究部署文化体制改革试点工作。北京、上海、重庆、广东、浙江、深圳、沈阳、西安、丽江 9 个省市（见表 2-3）以及 35 个宣传文化单位参加了改革试点，从理论和实践的结合上进行探索，为制定文化体制改革总体方案、全面推进文化体制改革做准备。

（一）文化体制改革理论的新突破

文化与市场的关系，一直是改革开放以来我国文化体制改革面临的主要课题。进入 21 世纪以来，我国的经济社会发展以及所面对的国际国内环境发

表 2-3　9 个试点省市改革措施概览

试点地区	文化体制改革措施	意义及影响
北京	①培育文化市场主体（重点是文艺院团转企改制）；②推动新闻出版改革和加强科学管理；③圆满完成中央交给北京市的改革试点任务，培育形成北京儿童艺术剧院、朝阳区文化馆、北青传媒股份有限公司等知名文化市场主体，建立统一高效的北京市文化市场行政执法机构；④落实改革配套政策，期间为转制文化单位和新设文化企业减免企业所得税近 19 亿元（包括中央在京改革试点单位）；⑤在公共文化服务方面，积极推动文艺、出版、广播、电视、电影、文博等事业的发展，完善公共文化服务网络；⑥在文化建设投入方面，北京市投入增量文化建设扶持资金近 50 亿元	在跨领域重组和整合资源方面取得重要进展，培育形成一批新型文化市场主体；改革逐步以事业为主过渡到事业和产业并重的阶段
上海	①国有文化事业单位成功"转企改制"；②非公有资本成为文化建设投资的重要力量，特别是在文化休闲和网络游戏等行业，民营资本成为主体；③文化管理体制改革迈出实质性步伐，初步实现了从"办"向"管"、从管"微观"向管"宏观"为主的转变；④建构完善的公共文化服务体系：建立健全公共文化服务网络，丰富公共文化服务内容，提高服务质量，建立有效的资金投入机制；⑤打造新的文化产业服务平台，为参与国际文化竞争营造良好环境；⑥塑造文化市场新主体：形成了以上海文广新闻传媒集团、上海大剧院艺术中心、上海电影集团、上海世纪出版集团、上海新华发行集团、上海城市舞蹈集团等为代表的文化产业或产业集团群体	上海文化体制改革始终坚持"围绕发展搞改革、深化改革促发展"，在宏观方面不断完善文化管理新体制；有效、有序、有扶、有放推进文化单位转企改革，形成文化市场主体新格局；上海文化产业迅速发展，实力迅速增强
重庆	①推进政府职能转变，基本实现政事、政企分开，管办分离；②建立健全国有文化资产管理体制，实现政资分开；③全面推进文化市场综合执法工作，从体制上解决了多头执法、交叉执法的问题；④整合资源，做大做强国有文化企业；⑤组建"红岩联线"，积极探索市场经济条件下大力发展革命文化事业的新路子	文化宏观管理体制改革取得突破，文化单位的微观运行机制进一步搞活，文化市场综合执法体系基本形成，文化发展的活力进一步增强
广东	①经营性文化单位转企改制；②媒体宣传与经营"两分开"；③文化企业资产重组和股份改造；④文艺院团体制改革；⑤建设国有经营性文化资产管理体制和运行机制；⑥全面推进公共文化服务，重点扶持文化产业发展；⑦深化文化宏观管理体制和机制的改革，系统构建起适应市场经济体制的文化宏观管理制度，积极推进文化市场综合执法机构的组建工作；⑧推进文化行业的分类改革，全面完成了经营性文化事业单位的转企改制；⑨探索国有文化资产监督管理体制	优化资源，整合组建，重塑了市场主体；创新经营机制，盘活文化资源，做大做强文化产业，提升了广东文化产业的竞争力

续表

试点地区	文化体制改革措施	意义及影响
浙江	①积极稳妥地推进管理体制的改革；②积极打造和培育新型市场主体：推进国有文化单位的改革，塑造新型国有文化市场主体，积极引导民营文化企业主体的培育和发展；③发展文化产业，为浙江经济超越瓶颈约束，实现产业提升、结构转型，创造新的经济增长点和支柱产业；④推动公共服务事业的发展，落实人民群众的文化权利	文化产业快速发展，为浙江经济超越瓶颈约束，实现产业提升、结构转型，创造新的经济增长点；为建设平安浙江、实现浙江省经济、政治、文化、社会四位一体和谐发展提供公共文化支撑
深圳	①成立了跨部门的10个文化体制改革工作推进组，分工明确，责任到位；②以院团改革为起点，促进管办分离，转换运行机制，推进政府职能由办文化向管文化转变；③推进三大集团的组建和发展——深化深圳报业集团、深圳电视台两个试点单位的体制改革，组建广电集团和发行集团；④在保证先进文化前进方向的前提下，突出抓好文化产业；⑤在改革中重点加快文化产业的发展；⑥发展公益性文化事业，以增加投入、转换机制、增强活力、改善服务为重点，逐步建设覆盖全市的比较完备的公共文化服务体系	文化与经济的日益融合成为深圳创造力迸发的源泉；文化事业与文化产业两轮驱动，互相促进，协调发展
沈阳	①理顺宏观管理体制，构建文化体制新格局；②推进经营性文化单位"事转企"，初步培育了市场主体；③创新机制，深化公益事业单位改革；④改革公益性事业单位内部机制；⑤全市宣传文化管理体制进一步理顺，一批新型市场主体得到重塑，新闻媒体、公益性文化事业和经营性文化企业等单位的内部机制不断创新	文化事业日益繁荣，文化产业取得新的发展，文化体制改革试点工作扎实稳步地向前推进
西安	①经营性文化事业单位转企改制全面完成；②文化企业与资本平台战略合作迈出新步伐：市委市政府将歌舞剧院、话剧院、儿童艺术剧院、市豫剧团、说唱艺术团、出版社、电影公司、新华书店，整体移交西安曲江新区管委会管理；③文化市场综合执法改革成效明显，合并成立市文化广电新闻出版局；④公益性文化事业单位改革取得重要进展：图书馆、群艺馆、博物院实行全员聘用和岗位管理制度；电视台、广播电台实行人事、收入分配和社会保障制度改革，全面引入竞争激励机制；日报社编采与经营两分离，报业发行公司完成转企改制；⑤区县文化体制改革加快推进；⑥公共文化服务体系日益完善；⑦形成曲江新区、高新区、经济开发区、浐灞生态区等各具特色的七大文化产业板块，培育了广播影视、新闻出版、文化娱乐、文化旅游、广告、会展等六个重点行业，涌现了曲江文化产业投资（集团）有限公司、关中民俗艺术博物院、大唐西市等一批龙头文化企业	文化产业成为西安率先发展的五大主导产业之一，打破现有的运行体制，实现跨部门、跨行业、跨领域、跨地区的资源整合，文化产业蓬勃发展。

续表

试点地区	文化体制改革措施	意义及影响
丽江	①确定了丽江市民族歌舞团、丽江市电影公司、有线电视网络公司、丽江古城博物院（木府）、丽江日报社、丽江电视台和东巴博物馆等国有文化单位作为改革试点单位；②全市范围文化事业单位全面开展体制改革工作，核心是按文化单位的属性全面进行体制改革和机制调整，从市到县对文化管理机构进行了调整和理顺；③突出体制和机制创新，积极推进文化体制改革，依托独具特色的民族文化，以旅游为平台，力促文化产业发展，促进文化事业繁荣，探索出了一条以"自然为本、特色为根、文化为灵魂、市场为导向"的发展道路，实现了社会效益和经济效益的双丰收，有力地促进了当地经济社会的发展及和谐社会建设	文化产业呈现出蓬勃发展的良好势头，文化成为丽江城市品牌及社会经济发展的重要支撑，文化产业成为丽江新兴的支柱产业

生了一系列的变化。伴随着计划经济体制向市场经济体制的转变，文化赖以生存和发展的经济基础、体制环境、社会条件和传播方式都发生了深刻的变化。人民群众消费结构的升级换代和全面建设小康社会的新形势对文化体制发展提出了新要求。

加入WTO为我国全方位对外开放的文化发展新格局增添了新的压力和动力，这也迫切要求我们转变文化发展的方式和体制模式，以此来加快文化体制改革，推动经济、社会、文化的全面发展。对此，党中央审时度势，在纵观国内外文化发展趋势的基础上，提出一系列新理论和新论断。其基本要点：一是文化产品具有商品和意识形态的双重属性，发展文化产业来满足人民群众多元化、多样化、多层次的文化需求，是市场经济条件下实现文化发展的重要途径之一；二是公共文化建设是实现公民文化权利、建设和谐社会的主要途径，公共文化建设存在市场"失灵"问题，主要靠政府投入发展；三是深化文化体制改革是解放和发展文化生产力，增强国家文化软实力的必然选择；四是人民群众是文化建设的主体，要开放文化市场的准入，鼓励非公资本依法进入文化领域，形成全社会参与文化建设的新格局；五是推动"三个创新"，即"在时代的高起点上推动文化内容形式、体制机制、传播手段创新，解放和发展文化生产力，是繁荣文化的必由之路"；六是文化体制改革的目标是通过破解管办不分、政企不分等传统体制的弊端，建立"党委领导、政府管理、行业自律、企事业单位依法运行的新型文化体制"。

（二）文化体制改革试点取得重要进展

1. 开放文化市场投资准入门槛，调动全社会文化建设的积极性

自2003年6月文化体制改革试点以来，文化部、新闻出版总署、国家广电总局等有关部门相继发布了一系列文件，对非公有资本开放了出版和报刊发行、影视节目制作与发行、影院建设与经营、非新闻类广播电视节目制作等投资领域。2005年4月，国务院颁发《关于非公有资本进入文化产业的若干决定》，明确和规范了关于鼓励、允许、限制和禁止非公有制资本进入文化产业若干领域的界限。为了更有效地利用外商投资机会发展我国文化产业，同时也能保障我国的文化安全，同年8月，文化部等五部委发布了《关于文化领域引进外资的若干意见》，对外资进入我国文化市场的范围和持股比例进行了规范。

2. 分类指导，重塑市场主体

文化体制改革分类指导的主要做法：按照区别对待、分类指导的原则，对公益性文化事业改革和发展要增加投入、转换机制、增强活力、改善服务；对经营性文化产业改革和发展要创新体制、转换机制、面向市场、壮大实力，形成符合社会主义市场经济规律、文化发展规律的文化生产与服务的微观运行机制。各试点地区根据2003年12月国务院办公厅印发的《关于印发文化体制改革试点中支持文化产业发展和经营性文化事业单位转制为企业的两个规定的通知》文件精神，积极推动报刊和出版发行、印刷、演出、广电、广告、影视节目制作与发行、影院建设与经营等国有经营性文化事业单位的转企改制，全部进行产业化运营。

3. 推动文化市场流通体系改革与建设

按照试点工作的部署要求，为培育市场流通主体，破除长期以来我国文化市场运营中存在的国有经济垄断、政府管理条块分割等弊端，促进文化资源和要素的自由流动与优化组合，形成各类市场主体广泛参与、公平竞争的

统一、开放、有序的运营氛围，为文化事业和文化产业发展创造良好的市场环境，各试点地区在对民营和外资开放市场的同时，也积极推动了文化市场流通体系改革，着力发展连锁、物流等新型文化流通组织建设。

4. 改革政府文化行政管理体制，加强市场监管和文化立法

为适应文化产业融合的发展趋势，按照中央指示，试点地区尝试将文化、新闻出版、广电三个政府主管部门合并办公，综合行使文化管理职能。同时将工商、税务和各文化部门的执法队伍整合为综合执法机构。这两项措施，对于解决文化行政管理体制方面的政出多门、职能交叉、条块分割，以及市场监管中的"越位"和"缺位"等突出问题，起到了积极的作用，同时也为未来国家和省级政府文化行政管理和市场监管体制改革积累了经验。

5. 完善文化政策法规体系

中央和有关部门先后出台支持经营性文化事业单位转企改制的条令文件来扶持文化产业发展，推进文化市场综合执法，加强农村文化建设，鼓励和引导民营资本进入文化产业。还积极推动中华文化"走出去"等有关政策，公布享受财税优惠政策的试点地区和单位名单，各地区也制定了一些优惠政策，配合和推进改革发展的顺利进行。与此同时，经修订后的《著作权法》和《电影管理条例》《出版管理条例》《营业性演出管理条例》等一系列法律和规章的颁布，进一步加快了我国文化立法工作的进程，使我国文化管理逐步进入法治化的轨道。

这一阶段的文化体制改革试点工作在破除传统文化体制的羁绊、建立与社会主义市场经济发展和精神文明建设相适应的新型文化体制方面取得了重要进展。此次试点工作有以下几个鲜明的特点。一是有明确的理论依据与指导。党中央集中全党和全国人民的建议与智慧，提出了科学发展观，四个建设，构建社会主义和谐社会、和谐文化，新文化发展观，党的文化执政能力，三个创新、分类改革等一系列新的思想理论和指导方针，为新时期我国文化体制改革指明了方向。二是以发展为主题，围绕重塑市场微观主体的中心，在国有经营性文化事业单位转企改制中人员分流、退休和社会保障等配套政

策方面，以及文化经济政策、文化市场体系建设、政府宏观管理和市场监管体制、文化投融资体制等诸多方面进行综合配套改革，取得了积极的进展。三是文化体制改革与市场开放紧密结合。诸多文化产业领域逐渐开放，改变了以往国有资本为单一投资主体的文化市场封闭局面，调动了全社会参与文化建设的积极性，促进了文化体制改革和文化市场的发展和繁荣。四是试点工作汲取了我国经济体制改革的经验和教训，既强调解放思想，大胆探索创新，同时又要求从实际出发，区别对待、分类指导、积极稳妥，不搞"一刀切"，充分考虑到文化体制改革的特殊性、复杂性，因此取得了预期的改革成果。由于试点工作进行的时间较短，一些更深层次的问题，如政府宏观管理体制改革、国有文化资产管理和运营体制改革等问题尚未取得实质性进展，接下来有待进一步探索。

中国文化体制改革试点阶段大事记见表2-4。

表2-4 2003~2006年中国文化体制改革试点阶段大事记

时间	大事记	意义
2003年	《完善社会主义市场经济体制若干问题的决定》发布	进一步明确了我国文化体制改革的目标
2004年	《中共中央关于加强党的执政能力建设的决定》指出，要"深化文化体制改革，解放和发展文化生产力"	我国对文化体制改革的认识得到了进一步深入
2005年4月	国务院颁发《关于非公有资本进入文化产业的若干决定》	明确了鼓励、允许、限制和禁止非公有资本进入文化产业的相关规定
2005年8月	文化部等五部委发布《关于文化领域引进外资的若干意见》	对外资进入我国文化市场的范围和持股比例进行了规范
2005年12月	出台《关于深化文化体制改革的若干意见》	首次阐述了我国文化体制改革的基本框架，第一次允许文化企业可以通过吸收社会资本来实现投资主体多元化的股份制改革
2006年	中央办公厅、国务院办公厅下发《国家"十一五"时期文化发展规划纲要》	对"十一五"时期文化发展的指导思想、方针政策、目标任务做出全面阐述，对进一步加快文化建设、推动文化体制改革作出部署

四 中国文化体制改革的全面推进阶段（2007~2008年）

按照2005年12月发布的《中共中央、国务院关于深化文化体制改革的意见》和2006年3月全国文化体制改革工作会议的部署，文化体制改革在总结试点经验的基础上，分三个层次在全国展开。第一层次是在北京、上海等9个先行试点地区，由点到面全面推进；第二层次是在其余大部分地区先试点，后推开；第三层次是在西藏等个别地区先进行调研，待条件成熟时再开始试点。伴随着三个层次试点的部署，我国文化体制改革由此进入全面推进阶段。

（一）文化体制改革全面推进的进展情况

1. 文化体制改革在全国范围内全面展开

除西藏等少数地区外，全国各省、自治区、直辖市已陆续召开文化体制改革工作会议，结合本地实际，制定符合实际的改革实施方案，并对将开展的文化体制改革进行了具体安排。

2. 文化经济政策进一步完善，文化产业结构明显优化

对于文化经济政策与文化产业结构的优化完善，主要采取了两项措施：一是调整音像制品等的增值税和营业税税率。自2007年1月1日起，国家税务总局决定将音像制品与电子出版物的增值税税率由17%下调至13%，解决了长期以来税率偏高、出版产业税率不统一的问题；同时对电影发行单位的发行收入和科普单位的门票收入等免收营业税。二是设立专项资金支持新媒体等方向的文化创意产业发展。2007年5月，国家发改委发布了2007年数字电视研究开发及产业化的内容，其中，对于文化产业方向的财政专项资金扶持超过1亿元。这不仅有利于发展文化产业新兴业态，更能促使文化产业结构进一步优化。

3. 出版体制改革迈出新的步伐

按照中央的部署，在文化体制改革时期，出版体制成为文化体制改革的

重点。除了各级人民出版社、民族出版社以及个别高校出版社外，大部分出版社从"事业单位，企业化管理"向企业全面转型。为优化出版结构，在出版体制转企过程中，同时有计划、有步骤地进行出版社之间的联合与重组。少数具有竞争优势的出版集团，还尝试进行股份制改造，进而在资本市场上市融资。

4. 文化产业在利用资本市场发展壮大方面取得了新突破

继 2004 年北青传媒在香港联交所上市以及 2006 年上海新华传媒在上海证券交易所买壳上市后，2007~2008 年，阿里巴巴、新华文轩在香港联交所上市，粤传媒、辽宁出版传媒、安徽出版社（时代出版）分别通过股份制改造在国内 A 股市场成功上市。值得注意的是，辽宁出版传媒也是我国第一家经主管部门批准，编辑内容和经营业务实现整体上市的大型出版企业，并且挂牌交易当天就以 329.53% 的涨幅名列"两市"第一，受到投资者的追捧。这对于相关文化传媒企业整体上市，利用资本市场的投融资和结构调整功能来加快发展我国文化产业，具有强烈的示范意义和重要的推动作用。

5. 文化产业在获得银行金融支持方面取得实质性进展

从供给和消费的对比情况来看，文化产品的生产和再生产都有很大的不确定性，作为高收益、高风险的行业，文化产业具有风险投资的性质和轻型化的资产结构特点，因而长期以来难以得到银行的金融支持，成为文化产业发展的一大难题。2007 年，北京市文化创意产业促进中心与金融界展开合作，探索银行支持文化创意产业发展的具体途径和新方式，交通银行北京分行同意以版权质押形式给予文化创意企业小额贷款，北京银行同意给予全市文化创意产业 50 亿元授信额度，到 2008 年，完成实际贷款 8 亿多元。

6. 出台《外商投资产业指导目录（2007 年修订）》，规范外商在我国文化产业的投资

随着我国文化市场有限度地对外开放，国际文化传媒公司迅速抢滩我国文化市场，有些跨国公司甚至采取"打擦边球"的方式进入我国尚未开放的文化领域。2007年10月，国家发改委、商务部联合发布《外商投资产业指导目录（2007年修订）》，在文化方面，又进一步明确了鼓励、限制、禁止外商投资的行业和领域。这不仅有利于我国利用外资发展文化产业，同时还能规范外商的投资行为，切实保障我国的文化主权和文化安全。

不难看出，这一阶段的文化体制改革是在试点的基础上有所深化的，并且取得了若干积极的成果。这一阶段文化体制改革的特点：一是继续完善文化经济政策和相关配套措施，优化改革的政策环境，为全面推进文化体制改革创造条件；二是通过制度创新，着力探索和解决改革发展中面临的难题，如银行信贷问题、经营性文化事业单位的转企改制和企业上市融资问题等；三是把全面推进改革与重点领域的试点紧密结合，以重点领域试点突破带动整体的改革，从而促进我国公共文化事业、文化产业的快速发展和产业结构、区域结构的不断优化。

中国文化体制改革全面推进阶段大事记见表2-5。

表2-5 2007~2008年中国文化体制改革全面推进阶段大事记

时间	大事记	意义
2007年	国家发改委、商务部联合发布《外商投资产业指导目录（2007年修订）》	进一步规范外商在我国文化产业的投资行为

五 中国文化体制改革的精细化发展阶段（2009~2012年）

自2009年起，随着改革经验的增加，文化体制改革逐渐进入精细化的阶段。文化产业对整个国民经济发展的推动作用越来越大，经济结构调整成效也越来越显著。在第三产业，尤其是文化产业，经历了2008年的金融危机冲击后越发显现出蓬勃的生机。经过试点试验，国家对于整个文化体制改革的全局把握日益成熟，取得了一系列新成就；在文化建设的内涵方面进行了理论深化，对文化产业与文化事业的战略地位有了更高层次的认可；国家的文化软实力也得到进一步提高，中国的国家形象在世界人民的心中一改从前，全新的奋发、进取、改革、创新的中国形象日渐鲜明。

1. 提出文化产业要成为国民经济支柱产业

文化产业未成为"战略性支柱产业"，源于我国当代文化建设的基本国情，即"四个不相适应"：文化建设成果与人民群众日益增长的精神文化需求不相适应、文化体制建设与日益完善的社会主义市场经济体制不相适应、文化建设没有完全适应及应用当代科学技术、文化贸易现状与我国对外开放的不断扩大不相适应。正是由于这四点，我国要进一步深化文化体制改革、调整文化产业发展方式和优化结构，就要将文化产业提升到经济发展的战略地位，只有这样，才能在全球文化经济竞争中取得发展的新机遇。

2010年10月，党的十七届五中全会通过了《中共中央关于制定国民经济和社会发展第十二个五年规划的建议》，明确提出"十二五"期间要基本建成公共文化服务体系，推动文化产业成为国民经济支柱产业，要"以科学发展为主题，以加快转变经济发展方式为主线"，在深化文化体制改革的同时，继续解放和发展文化生产力；加快推进公益性文化单位改革。"十二五"规划进一步强调了文化产业在国民经济发展中的重要作用，文化产业作为国民经济发展中一支重要的产业力量，被关注度一直很高，且其本身以科学发展观为指导，不仅有助于释放文化产业发展的潜力，更有利于在文化体制改革的过程中继续保持文化建设的科学性。《中共中央关于制定国民经济和社会发展第十二个五年规划的建议》还要求深入推进经营性文化单位转企改制，继续认真推进文化市场管理体制改革，不断推动社会主义文化市场规范发展，建立健全国有文化资产的管理运行机制，加快完善版权法律政策体系等。并且还对文化体制改革过程中遇到的主要问题也作了科学指导，进一步细化政策和法律环境要求，为早日实现文化产业成为国民经济支柱性产业创造了更宽广的平台。

2. 推动社会主义文化大发展大繁荣

2011年10月，党的十七届六中全会通过《中共中央关于深化文化体制改革推动社会主义文化大发展大繁荣若干重大问题的决定》，提出建设社会主义文化强国的战略目标，并指明社会主义文化大繁荣大发展离不开创新这一动力源泉，文化创新也离不开"百花齐放、百家争鸣"的文化大发展大繁荣。

首先，社会主义文化大发展大繁荣根本的一条就是创新文化意识。而文化产业意识的确立是当前文化发展理念的最重要创新。邓小平同志提出"科学技术是第一生产力"，指明科技对经济发展的贡献是巨大的。所以将科技与文化发展相结合，既是发展文化产业的最佳路径，也是科学理念指导的结果，在科学技术引领下的文化创新才最具有原创性和生命力。其次，推动社会主义文化大繁荣还应做到体制机制的创新。要建立健全有序的文化市场体系，顺应现代文化的发展趋势，为文化企业和单位提供宽松、稳定、顺畅的发展渠道。再次，建立完善的公共文化体系，以政府为主导，以基本性、便利性、公益性、均等性为要求，建设文化基础设施，推进文化惠民工程，建立中国特色的社会公共文化体系。最后，要坚持群众路线，积极引导、鼓励和支持贴近群众生活的、喜闻乐见的文化作品创作。

以深圳市的文化发展为例：深圳市结合自身城市特点，注重旅游产业的质量和效益，选取旅游业的高端部分，将对自然资源的传统观光旅游转化为旅游与度假休闲相结合的模式，并在旅游项目中加入创新元素——主题公园。通过深圳的范例可以看出，挖掘文化与自然资源，对现有自然资源加以文化渲染，形成鲜明的特色，经过对文化的创新发展研究，适度放大文化价值，增加经济效益，证明从理念到实践的创新都能够大力促进文化产业的发展，实现文化建设的飞跃。足见必须有创新，才能带来社会主义文化的大繁荣大发展。

3. 建设社会主义文化强国

中共十七届六中全会明确提出了建设社会主义文化强国的重要战略目标，指出要推动社会主义先进文化更加深入人心，并推动社会主义物质文明与精神文明双向发展，不断开创全民族创造力与活力，形成社会文化生活更加丰富多彩、人民基本文化权益得到更好的保护、科学文化素质和思想道德素质全面提高的新局面。建设社会主义文化强国，就是建设中华民族共有的精神家园，是为人类文明进步作出贡献；建设社会主义文化强国以我国深厚的文化底蕴和丰富的文化资源为基础，是坚持和发展中国特色社会主义的内在要求；建设社会主义文化强国，是实现2020年文化改革发展奋斗目标的一个重要步骤。

历史告诉我们，民心所向才是治国之道，一个正确的价值观能够凝聚民心。中华民族的伟大复兴也是如此，我们需要党的领导和社会主义核心价值体系来聚拢人心，形成凝聚力。因此建设社会主义文化强国，一定要突出社会主义核心价值体系的建设。社会主义核心价值体系是兴国之要，是社会主义先进文化的精髓，决定着中国特色社会主义的旗帜和方向。建设社会主义文化强国，核心价值体系是精神主线，"任何文化都是其所包含的精神价值与承载精神价值的物质基础和传播形态之间的有机统一"。当代中国，社会主义核心价值体系是"魂"，国民教育体系、公共文化服务体系、文化产业体系等各种形式的"体"承载着"魂"，"魂"与"体"在文化建设的实践中得到统一。

2011年12月，中办、国办下发《国家"十二五"时期文化改革发展规划纲要》（以下简称《纲要》），在总结"十一五"期间我国文化建设的成果与不足的基础上，分析了我国文化发展的机遇与挑战，并指出文化领域正在发生广泛而深刻的变革，以及在这种变革局势下中国特色社会主义文化建设面临的问题，要推动我国成为社会主义文化强国。《纲要》提出要继续坚持以马克思主义为指导，坚持社会主义先进文化的前进方向，为人民服务，坚持以人为本和"三贴近"原则，继续坚持把社会效益放在第一位，坚持社会效益与经济效益的有机统一，坚持改革开放，着力推进文化体制机制改革创新。《纲要》制定了一系列文化发展目标，分别从社会主义核心价值体系建设、构建公共文化体系、发展文化产业、文化体制机制改革、文化产品创作生产、传播体系建设、文化遗产保护传承与利用、对外文化交流与合作以及文化人才队伍建设等几个方面来实现。《纲要》还明确了要从以下几个方面保障这些目标的实现：第一，政府投入保障政策，提高政府在文化建设领域的投入力度，建立合理的政府投入保障机制,以确保公共财政对文化建设的积极作用;第二,继续完善文化经济政策,将社会资本引入文化产业,鼓励创新,提高对民间文化企业及组织的扶持力度;第三,继续坚持中国文化"走出去"战略,完善对外文化贸易的各项优惠政策,支持文化企业走出国门,参与全球性竞争,宣传中华优秀文化;第四,继续完善产权保护政策;第五,建立健全文化市场的法律法规,规范文化市场秩序。

中国文化体制改革精细化发展阶段大事记见表2-6。

表2-6 2009~2012年中国文化体制改革精细化发展阶段大事记

时间	大事记	意义
2009年4月	文化部与中国银行签订《支持文化产业发展战略合作协议》	培育打造一批较具竞争力与影响力的文化企业与项目
2009年9月	国务院发布《文化产业振兴规划》	提出文化产业已上升为国家战略性产业
2010年	中共十七届五中全会通过《中共中央关于制定国民经济和社会发展第十二个五年规划的建议》	提出"十二五"时期要基本建成公共文化服务体系,推动文化产业成为国民经济支柱性产业
2011年10月	通过《中共中央关于深化文化体制改革推动社会主义文化大发展大繁荣若干重大问题的决定》	提出了"建设社会主义文化强国"的战略目标和"增强国家文化软实力,弘扬中华文化,努力建设社会主义文化强国"的战略任务;提出了"社会主义核心价值体系是兴国之魂"的重要论断和推进我国文化改革发展的极端重要性和紧迫性;提出了社会主义文化建设的基本任务和推进我国文化改革发展的指导思想
2011年12月	中共中央办公厅、国务院办公厅下发《国家"十二五"时期文化改革发展规划纲要》	指出文化领域正在发生广泛而深刻的历史变革,以及这种变革形势下中国特色社会主义文化建设面临的问题和不足,要推动我国成为社会主义文化强国

六 中国文化体制改革的纵深发展阶段(2013年至今)

党的十八大以来,在以习近平同志为核心的党中央的坚强领导下,按照中央全面深化改革的总体部署，高举文化改革旗帜，聚焦"四梁八柱"，锐意攻坚克难，推动文化体制改革在新的起点上纵深拓展，取得了一大批开拓性、引领性、标志性的制度创新成果，文化体制改革主体框架基本确立。这些成果的达成，进一步激发了文化创新创造的活力，促进了文化事业和文化产业的繁荣发展，同时也增强了人民群众的文化获得感和幸福感。

1. 以习近平总书记重要讲话精神为引领，把握改革正确方向，明确了改革的主体框架

国家先后制定《深化文化体制改革实施方案》《国家"十三五"时期文化发展改革规划纲要》，并出台"两个效益"相统一、媒体融合发展、新闻单位采编播管人事管理制度改革、采编和经营两分开、文艺评奖改革、构建现代公共文化服务体系、实施中华优秀传统文化传承发展工程、国际传播能力建设等40多个文件，细化了改革的时间表、路线图、任务书，搭建起了文化制度体系的"梁"和"柱"。同时在此基础上，建立任务台账、加强督察问效，规定重点任务进展"一月一反馈""一季一督察"，及时跟踪效果及整改，确保各项改革任务落地生根。

2. 始终把社会效益放在首位，建立健全社会效益和经济效益相统一的体制机制

正确处理社会效益和经济效益的关系，是社会主义市场经济条件下文化建设必须把握好的重大问题，也是一条贯穿改革全过程的主线。充分考虑文化特点与功能定位，统筹文化宏观管理体制与微观运行机制改革，努力构建把社会效益放在首位、社会效益和经济效益相统一的体制机制。

中办、国办印发的《关于推动国有文化企业把社会效益放在首位、实现社会效益和经济效益相统一的指导意见》明确提出"社会效益指标考核权重应占50%以上"，"探索建立党委和政府监管有机结合、宣传部门有效主导"的国有文化资产管理体制等重大举措，将"两个效益"相统一的原则转化为具体制度设计。同时，分类推进国有文化企业改革，积极开展国有控股上市文化公司股权激励试点、国有文化企业职业经理人制度试点，建立健全有文

化行业特色的现代企业制度。

探索建立可量化、可操作的社会效益考核指标。对北京、上海、安徽、福建、湖北、云南、陕西等7个省市和部分在京出版社,分领域开展社会效益评价考核试点工作。其中,作为试点省份之一的安徽省,不断创新"双效益"业绩考核机制,从坚持正确导向、文化创作生产、公共文化服务、社会责任等方面,明确社会效益考核内容与指标,坚持正确导向指标不设分值,出现严重问题实行"一票否决",文化企业负责人薪酬与社会效益同升降。

制定《关于实施网络内容建设工程的意见》,把理论传播、新闻传播、文化传播的建设与管理全面覆盖到网络,规范引导网络文化健康发展,最大限度地激发网络空间正能量。探索实行特殊管理股制度,在互联网新闻信息服务、网络视听、网络出版等领域开展试点,形成法律框架下互联网传媒企业管理的基础性制度安排。同时还制定《关于印发文化体制改革中经营性文化事业单位转制为企业和进一步支持文化企业发展两个规定的通知》等系列政策文件,以及综合性、专门性文件30多个,涉及文化体制改革综合配套政策及电影、戏曲、出版、书店、动漫、小微企业、对外文化贸易等多个方面,构建了有利于"两个效益"相统一的文化经济政策框架。文化立法步伐加快,颁布了《网络安全法》《电影产业促进法》《公共文化服务保障法》等,自此,我国文化领域的法律从原来的4部增加到7部。

3. 把握媒体发展新趋势,构建坚持正确导向、适应融合发展的媒体传播格局

要建设文化媒体传播新格局,就要积极适应媒体格局深刻调整、舆论生态深刻变化的新形势,坚持党管媒体的原则,尊重新闻传播规律,创新手段方法来加快构建现代传播体系,提高新闻舆论传播力、影响力、引导力、公信力。

制定《关于推动传统媒体和新兴媒体融合发展的指导意见》,以"中央厨房"建设为龙头推动媒体间的深度融合,一批新型主流媒体和媒体集团涌现。人民日报社为加快完善"中央厨房"机制,改造"策采编发"流程,强化业态创新技术,打造全媒人才,推进深度融合成效显著。截至2016年12

月,人民日报、新华社、中央电视台"央视影音"客户端下载量分别达到1.5亿次、1.8亿次、5.5亿次,网上传播力与影响力皆有明显提升。深化新闻媒体内部改革,制定《关于严格实行新闻媒体采编和经营分开的通知》,规范采编和经营两分开,严禁将新闻报道与经营活动挂钩。开展打击新闻敲诈和假新闻的专项行动,规范新闻从业人员行为信息管理,清理整顿中央新闻单位驻地方机构,撤并驻地方机构1181个,清退违规人员1435人。新华通讯社全面实现国内分社采编、经营两分开,彻底解决采编、经营"交叉"的问题,进一步提高了新闻报道的质量。坚持依据法规管网治网,推动形成良好的网络舆论氛围。并且出台了《网络安全法》《关于加强网络信息保护的决定》《关于促进移动互联网健康有序发展的意见》等法律及文件,使得互联网管理的基础性法律法规不断完善。落实"两个所有",强化"两微一端",加大网络空间治理力度。2016年以来,共清理网上色情低俗信息1800余万条、虚假和谣言信息900余万条、涉侵权盗版有害信息370余万条,使得网络空间更清朗、底色更明亮。

4. 激发文化创新活力,文化产业持续健康发展

2012~2016年,文化产业增加值由1.81万亿元增长到3.03万亿元,首次突破3万亿元大关;文化产业占GDP的比重从3.48%提高到4.07%,首次突破4%。在整体经济增长压力较大的背景下,文化产业保持两位数的增长速度,展现出了蓬勃的生机与活力。

十八大以来,各地和有关部门为适应经济发展新常态,开始着眼于供给侧用劲发力,积极构建现代文化产业体系和文化市场体系,提高文化产业发展的质量和效益,努力推动文化产业成为国民经济支柱性产业。

完善文化产品创作生产扶持引导机制。为此出台了《电影产业促进法》《关于支持电影发展若干经济政策的通知》《关于支持戏曲传承发展若干政策的通知》等法律与政策性文件,改革国家艺术基金、国家出版基金、电影精品专项资金、文化产业发展专项资金等运行机制,加大对优秀产品的扶持与引导力度。制定《关于全国性文艺评奖制度改革的意见》,将全国性节庆活动中文艺评奖压缩87.5%、常设全国性文艺评奖压缩75.4%，文艺评奖的权威性大大提高。

发展壮大文化市场主体。推动国有文化企业跨地区、跨行业、跨所有制兼并重组，加快培育实力、竞争力强的骨干企业。从第九届"文化企业30强"整体情况来看，2017年，"文化企业30强"的规模实力、市场竞争力和盈利能力都在不断增强，其中，主营业务收入为3515亿元、净资产为4318亿元、净利润为381亿元，与2012年相比，分别增长了120%、155%、69%。

推动"大众创业、万众创新"，"专""精""特""新"的小微文化企业"铺天盖地"地涌现出来。根据国家工商总局的数据，截至2017年6月，全国文化及文化相关产业企业数量超过322万户，同比增长22.4%，增速比全国企业数量平均增长速度高3.1个百分点。

深化文化投融资体制改革。推动文化资源与多层次资本市场有效对接，更好地发挥资本平台促进文化企业发展的"乘数效应"。截至2017年4月，沪深两市文化产业上市公司数量达103家，约占A股上市公司总数的3.21%，这些文化产业上市公司形成特色鲜明的"文化板块"。全国中小企业股份转让系统启动以来，在"新三板"市场挂牌的文化企业有690家，约占"新三板"挂牌企业总数的6.2%。

培育文化产业发展新动能。为紧密对接"互联网+"战略，实施"文化+"行动，积极推动文化与科技、教育、信息、旅游、体育、建筑设计及相关制造业等深度融合。2016年，以"互联网+"为主要形式的文化信息传输服务业营业收入同比增长超过30%，全国备案上线的网络电影达5556部，40家主要网络文学网站推出作品1454.8万部。

扩大和引导文化消费，支持大中城市建设文化娱乐综合体，加强艺术街区、特色书店和小剧场等公共文化活动区域建设，鼓励有条件的地方适当补贴居民文化消费。据统计，截至2018年6月，全国银幕总数达到4.5万块，超过美国和加拿大银幕数量的总和，跃居世界第一。

5. 补齐文化短板，促进基本公共文化服务标准化、均等化

中共中央办公厅、国务院办公厅印发《关于加快构建现代公共文化服务

体系的意见》,首次把标准化、均等化作为重要制度设计和工作抓手,确定了14个小类共22条基本公共文化服务具体标准;颁布《公共文化服务保障法》,首次以法律形式规范和界定了各级政府及有关部门在公共文化服务中的责任与义务,将公共文化建设纳入法治化、规范化的轨道。

制定《关于推进基层综合性文化服务中心建设的指导意见》,把乡镇和村级的党员教育、科学普及、普法教育、体育健身等资源与设施整合起来,把各类重点文化惠民工程整合起来,建设基层综合性文化服务中心,推动基层的文化资源互联互通、共建共享。制定《"十三五"时期贫困地区公共文化服务体系建设规划纲要》,精准扶贫,用绣花的精准功夫,把资金、资源更多地向贫困地区适当倾斜,推动贫困地区与全国同步实现文化小康。有关部门统筹安排财政资金,实施"百县万村"综合文化中心工程建设,在集中连片的特殊困难地区和国家扶贫开发工作重点地区扶持建设1万个村综合文化服务中心;2016年,又启动贫困地区民族自治县、边境县村综合文化服务中心覆盖工程,推动贫困地区民族自治县、边境县村级文化中心全覆盖。

6. 加快"走出去"步伐,努力讲好中国故事,提升中华文化国际影响力

十八大以来,国家先后印发《关于进一步加强和改进中华文化"走出去"工作的指导意见》《关于加快发展对外文化贸易的意见》《关于加强"一带一路"软力量建设的指导意见》等文件,统筹对外文化交流、传播和贸易三方面,鼓励讲好中国故事,传播好中国声音,中华文化"走出去"力度空前加大。

加强对外话语体系建设,紧扣"中国梦"的宣传阐释,用鲜活故事生动阐释中国发展道路的深刻内涵和独特优势。《习近平谈治国理政》以22个语种、25个版本在海内外发行625万册,中国理念、中国制度、中国方案得到越来越多的国家和地区的理解与认可。

拓展对外文化交流,用好中医药、中国美食、中国园林、中国功夫等中华文化名片,打造对外交流品牌,增进中华文化亲和力、感染力,打响知名度。截至2016年底，我国已和"一带一路"沿线的60多个国家全部签订了政府间文化交流合作协定；已在140个国家建立了511所孔子学院、1073个孔子课堂，建成海外中国文化中心30个、中国馆14个。

加强国际传播能力建设，打造外宣旗舰媒体，由此中国国际电视台（中国环球电视网）成功启播。人民日报社实现主要英文社交媒体平台全覆盖、脸书公共账号粉丝量达3000万、推特账号粉丝达260万；近五年新华社稿件在世界主要通讯社互引统计中位居榜首；中央电视台海外频道用户达4亿户，分布在全球168个国家和地区。

推进对外文化贸易，扩大我国文化产品和服务的国际市场份额，提高我国文化产品和服务的国际竞争力。2016年，我国文化产品出口额为786.7亿美元，文化体育和娱乐业对外直接投资39.2亿美元，比2012年增长18.6倍；2016年，图书版权输出1万种，输出和引进品种比例由2012年的1∶1.9提高到2016年的1∶1.6。

中国文化体制改革纵深化发展阶段大事记见表2-7。

表2-7　2013年至今中国文化体制改革纵深化发展阶段大事记

时间	大事记	意义
2014年2月	中央全面深化改革领导小组第二次会议召开，会议审议通过了《深化文化体制改革实施方案》	新一轮文化体制改革开始进入全面实施阶段
2014年3月	国务院印发《关于加快发展对外文化贸易的意见》	对加快发展对外文化贸易、推动文化产品和服务出口作出全面部署，从四个方面提出了扶持对外文化贸易发展的政策措施
2014年3月	文化部、中国人民银行和财政部联合下发《关于金融支持文化产业振兴和发展繁荣的指导意见》	提出建设文化金融合作部际会商机制、完善文化金融中介服务体系、加大财政对文化金融的扶持力度、重视金融支持小微文化企业发展等政策措施
2014年3月	《国务院关于推进文化创意和设计服务与相关产业融合发展的若干意见》发布	对推动文化产业成为国民经济支柱性产业和促进经济持续健康发展发挥了重要作用

续表

时间	大事记	意义
2014年6月	财政部、国家发改委、国家新闻出版广电总局等七部门发布《关于支持电影发展若干经济政策的通知》	指出电影产业与科技、金融产业融合发展的未来路径
2014年	《关于大力支持小微文化企业发展的实施意见》发布	提出增强创新发展能力、打造良好发展环境、健全金融服务体系、完善财税支持政策、提高公共服务水平等支持小微文化企业发展的政策
2015年3月	《关于推动传统媒体和新兴媒体融合发展的指导意见》发布	以"中央厨房"建设为龙头，推动媒体深度融合
2015年9月	中共中央办公厅、国务院办公厅印发《关于推动国有文化企业把社会效益放在首位、实现社会效益和经济效益相统一的指导意见》	分类推进国有文化企业改革，探索建立健全有文化行业特色的现代企业制度
2016年11月	全国人大常委会表决通过《电影产业促进法》	将长期以来中国电影产业改革发展的成熟经验上升为法律，为未来电影产业持续健康繁荣发展提供了有力的法制保障
2016年11月	《关于进一步加强和改进中华文化走出去工作的指导意见》发布	加强和改进中华文化走出去工作，提高国家文化软实力
2016年12月	中共中央全面深化改革领导小组第三十次会议审议通过《关于加强"一带一路"软力量建设的指导意见》	指出"软力量"是"一带一路"建设的重要助推器

参考文献

齐勇锋:《改革开放30年文化体制改革评述》，载张晓明、胡惠林、章建刚主编《2008年中国文化产业发展报告》，北京：社会科学文献出版社，2008。

齐勇锋、黄威、梅声洪、马明:《深化文化体制改革与国有文化经济战略性调整》，中央文资办、中国社会科学院文化研究中心文化产业重大课题研究项目，2013。

齐勇锋、黄威、梅声洪:《国有文化经济战略性调整研究》，《东岳论丛》2014年第4期。

黄威:《文化资本、工具理性与公共文化服务》,《中国经贸导刊》2017 年第 6 期。

黄威:《国有文化企业混合所有制发展问题研究》,《黑龙江社会科学》2017 年第 3 期。

黄威:《公共文化服务供给侧改革研究》,《学习与探索》2017 年第 6 期。

王国平:《现代传媒产业塑就与探颐》,北京:中国社会科学出版社,2008。

张瑞才、范建华:《中国特色社会主义文化建设的理论与实践》,北京:社会科学文献出版社,2012。

曾小华:《文化·制度与社会变革》,北京:中国经济出版社,2004。

《文化事业单位体制改革税收优惠及相关政策指引》,北京:中国税务出版社,2011。

丁和根:《中国传媒制度绩效研究》,广州:南方日报出版社,2007。

张殿元:《中国报业传媒体制创新》,广州:南方日报出版社,2007。

陈少峰、朱嘉:《中国文化产业十年(1999~2009)》,北京:金城出版社,2010。

陈劲松:《社会主义新时期我国文化体制改革的历程》,《江淮文史》2008 年第 5 期。

庞仁芝、徐彬:《党的十六大以来文化体制改革综述(上、下)》,《珠海市行政学院学报》2012 年第 1 期。

胡洪斌:《改革开放以来中国文化体制改革研究的回顾与前瞻》,《江汉大学学报》(社会科学版)2012 年第 1 期。

文宗瑜、袁媛:《经营性国有资产管理》,北京:经济科学出版社,2010。

李松森、曲卫彬:《国有资产管理体制改革探索》,大连:东北财经大学出版社,2010。

白宗亲:《中国事业单位资产管理改革研究》,北京:经济科学出版社,2010。

第三章 中国公共文化服务体系建设40年

吴理财 解胜利[*]

导　读：改革开放40年，我们不仅取得了伟大的经济发展成就，也促进了精神文化事业的大发展大繁荣，进而提高了国民的制度自信和文化自信，文化的振兴繁荣主要得益于改革开放40年来公共文化服务体系的发展完善。回顾中国公共文化服务体系建设40年的历程，可以发现公共文化服务体系建设的理念演进和逻辑变迁。从文化福利到文化权利再到文化治理的理念演进，推动了文化事业建设从文化统治到文化管理再到文化治理的现代转型，形成了现代公共文化服务体系建设的中国模式。经过40年的发展，公共文化服务制度体系的顶层设计不断完善；公共文化服务基础设施进一步夯实；确立公共文化服务经费和人员保障机制，形成了稳定的人力物力保障体系；建立公共文化服务多元供给体系，显著提升了公共文化服务效能。新时代公共文化服务体系的发展方向是进一步提高公共文化服务建设

---

[*] 吴理财，华中师范大学政治与国际关系学院教授、博士生导师，中国农村综合改革协同创新研究中心（国务院农村综合改革工作小组办公室研究基地）主任，湖北经济与社会发展研究院（城乡一体化湖北协同创新中心）副院长；入选教育部2010年"新世纪优秀人才支持计划"，民政部"全国基层政权和社区建设专家委员会专家委员"、文化部"国家公共文化服务体系建设专家委员会委员"、北京大学中国政治学研究中心兼职研究员，兼任安徽省农村社会学会副会长；主要研究领域为地方政治、乡村治理、文化治理。解胜利，华中师范大学政治与国际关系学院博士生，中国农村综合改革协同创新研究中心研究人员。

的国际化水平,在文化交流中增强文化自信;拓展公共文化服务的治理性功能,在文化治理中促进社会和谐;坚持以人民为中心的指导思想,加快建成现代公共文化服务体系;以"文化+"理念推进公共文化服务多维创新,促进经济、文化、社会互促共融。

改革开放以来,中国共产党坚持"两手抓,两手都要硬"的发展方针,在大力促进物质文明发展的同时,也积极推进精神文明建设和公共文化事业的发展。中国公共文化事业在这40年间取得了巨大进步,特别是在2005年党的十六届五中全会通过的《中共中央关于制定国民经济和社会发展第十一个五年规划的建议》中明确提出建设"公共文化服务体系"以后,我国公共文化服务体系建设进入快车道。2013年11月,党的十八届三中全会通过的《中共中央关于全面深化改革若干重大问题的决定》进一步提出"建立健全现代公共文化服务体系"。经过最近十多年的快速发展,已经彻底改变了公共文化服务全面落后于发达国家的状况,到2020年完成"基本建成覆盖城乡、便捷高效、保基本、促公平的现代公共文化服务体系"的目标指日可待。

尽管我国提出"公共文化服务体系"的概念并不长,但是它不是建立在空中楼阁之上,而是建立在改革开放以来公共文化事业不断发展的基础之上。也就是说,从确立改革开放的基本国策、确立基本实现现代化的国家目标之后,国家各项事业开始步入正轨,公共文化事业也在现代化的目标指引下不断发展。所以说,前30年的公共文化事业建设也是我国公共文化服务体系建设的有机组成部分。经过40年来的探索,"我们走出了一条保障十三亿人基本文化权利的中国道路,创造出了公共文化服务的中国经验和中国模式"[1]。

在这一过程中,指导公共文化服务体系建设的理念不断演进,公共文化服务体系建设的逻辑不断变迁,公共文化服务体系建设的具体内容、具体活

---

[1] 李国新:《对我国现代公共文化服务体系建设的思考》,中国人大网,2016年4月6日,http://www.npc.gov.cn/npc/xinwen/2016-04/06/content_1986532.htm。

动、具体服务，也不断适应不同时期的经济社会发展水平和文化服务供给能力。40年的公共文化服务体系建设是动态调整和与时俱进的过程，也是创新发展和因地制宜发展的过程。分析总结我国公共文化服务体系建设40年所取得的成就，不仅有利于反思已有工作的不足，也有利于总结经验、推动我国公共文化服务体系建设实现新的跨越，早日建成现代公共文化服务体系。

一 中国公共文化服务体系建设40年的理念演进

任何事物的发展变化都会受到不同时期人们在对事物功能和地位的认识的基础上所形成的理念的影响和制约。人们对公共文化事业在不同社会发展时期也具有不同的认知理念，这些不同理念既反映了当时社会发展的物质水平，也影响了公共文化事业的建设水平和建设模式。改革开放40年，人们对公共文化服务事业的发展理念经历了一个从"文化福利"到"文化权利"，再深化到更具包容性的"文化治理"的演进过程。[①]

（一）文化福利理念：集体主义的遗迹

在我们的日常话语中经常把福利和单位联系起来，也就是我们常说的"单位福利"，这一话语肇始于集体主义时期单位制的确立，同时也彰显单位制下个体获得劳动报酬的形态和身份认同的来源。在集体主义时期，中国城市地区的单位福利制度是基于国家或集体组织的单位工作形态而建立起来的一套与特定身份相关联的福利体系。彼时的单位最显著的特征是它提供近乎全面的福利，包括分配住房和食物、免费医疗、教育养老和文化生活等在内的、历经从"生"到"死"整个生命历程的物质和精神文化产品，但是这种福利也仅限于具有单位身份的成员，并且在单位成员之间形成清晰的等级制福利待遇。尽管改革开放前（乃至改革开放以后的一段时期）的福利是低水

---

① 吴理财：《把治理引入公共文化服务》，《探索与争鸣》2012年第6期。

平的，但这种全覆盖的方式还是在包括国企在内的体制内成员中形成了一种"国家包办福利"的理念。在这种体制下，发展文化事业也是由国家向民众提供福利的想法十分盛行。

改革开放后针对单位福利制度的市场化改革也渐次展开，但这一改革比较缓慢，直到20世纪90年代末才基本完成。相对农村社区以"包产到户"的土地改革迅速瓦解农村集体主义的体制来说，城市社区特别是单位社区依然在住房、医疗、养老和文化等主要福利形式上享受国家的支持和补贴，所以把文化服务视为国家福利的理念依然存留于社会意识之中。文化福利的话语和表述尽管鲜见于当时的政策文本，但它作为一种理念却不仅影响着普通民众的文化需求意识，也制约着政府文化部门的文化供给态度和方式。也就是说在集体福利时期，民众对文化的福利缺乏主动的参与性，一切以国家的文化政治需要来决定文化福利的供给，个体只是被动的参与者和接受者。

随着集体主义福利制度的逐渐消解和新的政府服务理念的引入，文化福利的内涵增加了新的维度，进入21世纪之后，人们更多地把公共服务等同于公共福利，作为其中之一的公共文化服务便等同于"文化福利"。对于"文化福利"合理性的论证又主要基于人们的文化需要，认为生活在社会之中的人不但具有经济方面和政治方面的需求，而且还有文化方面的需求，民众文化需求所获得的满足程度便构成人们的文化福利。一旦把公共文化服务视为一种"文化福利"，那么，公共文化服务的实际运作往往也会像我国其他公共福利制度一样，难以克服自身这样一个"惯习"：只注重政府的供给乃至"包办"，也就在某种程度上再次复归集体主义的窠臼，其结果却造成供给与需求的错位甚至脱节。

深圳市在全国较早推行公共文化服务，"文化福利"的说法也最早见于有关深圳市公共文化服务的新闻报道之中，后来逐渐被国内其他媒体、政府官员、学者所采用。这种政策话语正好契合了集体主义的福利记忆和精神理念，文化福利的理念一时成为公共文化服务建设的指导理念。但是，在我国作为文化福利的公共文化服务，往往缺失民众必要的民主参与（其他公共服务同样存在这个问题);在相应的制度设计上,一个较为严重的问题就是缺乏民众公共文化需求的表达机制和民主参与的环节。更为糟糕的是,在某些政府官员看来,公共文化服务作为一种公共福利,是政府的"民本"作为甚至是"恩赐",人民只能被动地接受它。这种理念在一定程度上制约着现代公共文化服务体系的建设和发展。

(二)文化权利理念:个体主义的崛起

除了把公共文化服务视为"文化福利"以外,如今越来越多的人把它当做公民应该享有的一项基本权利。从理论上说,这比把它简单地视为"文化福利"要进步了许多。文化权利理念在中国的普及可以看做个体主义在当代中国社会崛起的表征,它是两种力量汇合的产物,一方面是市场经济的深化激发了个体权利意识的生长,另一方面是国家法治化建设的深入,使得来自西方的文化权利话语结合公民宪法权利获得了社会的广泛认同。

所谓公民文化权利,一般是指公民依法享有进行文化选择、享受文化成果、参与文化活动、开展文化创造以及对自己文化艺术创造所产生的精神上和物质上的利益享有被保护权等多方面的权利。① 国内学者大多引用国际公约来论述作为公民的一项基本文化权利的公共文化服务。《经济、社会、文化权利国际公约》第十三条和第十五条明确规定了人人有权享有的文化权利,特别是第十五条第一款规定:"本公约缔约各国承认人人有权:(甲)参加文化生活;(乙)享受科学进步及其应用所产生的利益;(丙)对其本人的任何科学、文学或艺术作品所产生的精神上和物质上的利益,享受被保护之权利。"因而,许多学者认为,为公民提供公共文化服务是公民的文化权利要求,而不能简单地看做政府提供的一种福利。国家层面直至 2006 年 9 月颁布的《"十一五"时期文化发展规划纲要》才首次引入有关"文化权利"的论述,提出"以实现和保障公民基本文化权益、满足广大人民群众基本文化需

---

① 王京生:《文化战略与大国责任——对中国和平发展的文化解读》,《马克思主义研究》2006 年第 9 期。

求为目标"，将政府的职能由主要办文化转到公共文化服务上来。"文化权利"超越"文化福利"成为公共文化服务建设新的指导理念。

但公民的文化权利的话语和理念实质是一种个体化的东西，这种个体化的东西，如果没有一定的公共意识和公共精神的规约、育导，往往会滑向自利的一端，成为一种公共性的消解力量。在当下，一些人只是一味地强调"权利"，而忽视承担与之相应的"责任"，造成了权利与责任的失衡。在当下中国的特殊语境中，"权利"往往被工具化使用，它不是积极的主张，而是消极等要的"东西"。一方面，文化权利作为一种个体化的"东西"加以认同；另一方面，文化无疑是一个公共性的范畴，公共文化服务也具有公共性特点，用个体化的文化权利来论述公共性的文化服务，在逻辑上似乎有些别扭和怪异。把公共文化服务视为公民应该享有的基本权利，无疑是具有误导性的，至少是不全面的，它们都没有把握住公共文化服务的实质和主旨。公共文化服务的主旨，不是这个服务本身以及它提供了什么样的"公共文化产品"，而是通过它建设文明健康的公共文化生活，也就是通过公共文化生活的复兴重建个人的权利与共同体社会之间相互支持、相互依赖的共生互荣关系。所以"文化权利"理念依然没有把握住当代中国建设现代公共文化服务体系的实质内涵。

（三）文化治理理念：合作主义的兴起

随着治理理论的兴起和传播，治理理念被引入各个领域指导研究和实践，特别是在加快推进"国家治理体系和治理能力现代化"的背景下，文化治理的理念获得了广泛的认可和使用。因此，把"治理"引入公共文化服务领域，从文化治理的高度重新审视公共文化服务，就会发现，公共文化服务既是文化治理的一种形式，也是文化治理的一项内容。公共文化服务的实质就是建构公共性，在一个公共性日趋衰落的转型社会中，它将发挥越来越重要的社会治理功能。以文化治理理念指导公共文化服务体系建设也就要求以治理理论中的核心原则合作主义来促成公共文化服务建设中内外部资源的整合和多元主体的参与，进而以公共性的建构来确保社会合作机制的持续再生产。

文化治理强调文化参与和合作的重要性，大大深化了实现人民基本文化权利的内涵，拓展了公共文化服务的内容。文化治理理念包括文化治理主体的多元化、文化治理方式的多样化和文化治理目标的多重化。治理主体的多元化就是主张政府、事业单位、非营利组织、专家、公民之间在平等合作的关系框架下，社会各方共同参与公共文化事务管理和服务，强调政府要通过与社会各方沟通、互动，共同推动公共文化服务体系建设。治理方式的多样化就是在公共文化服务中不能只局限于政府手段，还可以引入市场和社会手段，同时也要鼓励多种方式的相互结合，以提供多层次多种类的公共文化产品和服务。治理目标的多重化就是说文化治理不只是治理文化进而提高公共文化服务水平这一单一目标，而是有政治、经济、社会等多重目标指向，也即是通过公共文化服务，可以达到"文化引导社会、教育人民、推动发展的功能"。

文化治理的理念相对文化福利和文化权利来说是个更具包容性的概念，具有合作性治理特征的文化治理顺应了公民参与意识的崛起、社会力量的壮大和国家现代化不断推进的多重因素的发展，以文化治理理念指导公共文化服务体系的建设才能加快推进国家文化治理体系和治理能力现代化的形成，以文化的力量促进社会的和谐进步和民族的文化自信。

二 中国公共文化服务体系建设40年的逻辑变迁

改革开放以来，我国文化事业的发展受历史因素和国际的影响，导致公共文化服务建设在不同的时期呈现不同的发展逻辑。从早期沿袭改革开放前单一的、政府主导的、自上而下的"文化统治"，到对文化事业进行市场化瘦身而只实行单纯的"文化管理"，再逐步走向包括政府、社会组织、文化企业和个体互动合作的"文化治理"。这一逻辑变迁也意味着在今后的公共文化服务体系发展中要摒弃过去强制性、单向度的"文化统治"的逻辑，超越传统的管理文化事业的文化行政或文化管理逻辑，更加注重多元行动主体以互动合作的方式实现对文化的治理。

（一）文化统治：政治的逻辑

新中国成立之后，中国全面学习苏联，实行高度统一的政治经济体制，国家和社会的各个领域都被新的集权体制加以全面控制，政治主导着社会的运转。按照马克思主义经典作家的论述，文化作为上层建筑是进行意识形态教育和控制的主要阵地，也是无产阶级进行统治的重要手段。文化的政治属性不仅体现在国家通过文化的政治教育作用认同现有政权，更要通过政治文化教育而生产出不断革命的新接班人，直到达到文化政治的顶峰，进行"文化大革命"。而与此同时，文化本身的审美、娱乐、沟通等功能都被遮蔽和掩盖，政治的逻辑主导了当时文化事业的发展。民众参与文化活动大都是在一种被组织、被主导的状态下进行的，很多时候国家具体决定了民众可以参与的文化内容和形式、范围和时空。也就是说，一切文化活动的开展都服务于现实政治。

尽管改革开放以后，我国的各项工作都在拨乱反正后确立了新的发展方向和指导思想，但是由于历史惯性的巨大影响，体制转换需要一个较长的历史过程，特别需要转变的是已经被文化统治主导教育了几十年的民众思维和认知逻辑。所以，直到20世纪80年代末，文化统治的逻辑才开始有所转变。也就是改革开放后的十多年时间内，我国文化事业发展的主导逻辑依然还是文化统治的逻辑——文化在整个社会建设中仍然从属于政治，文化依然被作为可以起到"重塑灵魂的作用"的工具，国家把防止资本主义文化的腐蚀和入侵作为这一时期主要的文化政治目标，民众依然在文化内容的选择上面临诸多限制。与这一逻辑相一致的，国家在这一时期包办和主导着文化事业的发展。

由革命年代发展形成的文化统治模式，尽管在凝聚人心、提高革命意识方面具有很大的作用，但是这种控制性的文化发展模式在某种程度上窒息了一个民族的文化创新发展能力。改革开放后，随着我国文化事业的发展，以及和世界其他国家交流的深入，政府逐渐认识到过度强化文化的政治属性，导致国家文化竞争力不强，民众也对单向度的文化管控越来越难以忍受。所以，以政治的逻辑进行文化统治的模式来发展文化事业已经落后于时代的要求，亟待变革。

（二）文化管理：行政的逻辑

改革开放以后，我国各项事业逐步走向正轨，以官僚制为主体的政府现代化管理体制不断健全和完善，特别是20世纪90年代开始对文化事业进行市场化改革以后，以经济建设为中心的国家方针的确立，也淡化了前期文化统治的色彩，文化事业的发展地位也就从政治的领域下降到行政的领域，也即国家开始以行政的逻辑对文化市场和文化事业进行管理和规范。文化事业的发展不仅不再具有特殊性，甚至成为弱势发展部门，文化事业的发展在这一时期也受到了制约而不能满足人民群众日益增长的精神文化生活需要。

文化管理就是国家文化行政组织遵循文化发展的规律，为实现预期的文化发展目标，通过建立规章制度和规划对社会文化事业和文化市场进行组织、指挥、协调、监督和控制的管理过程。这种文化管理过程始终贯穿着行政的逻辑，也就是行政化管理是在行政系统内部以等级森严、封闭性、命令—控制、向上负责的运作模式确保行政管理的效能和稳定；在外部则严格以法律和制度对文化事业和文化市场进行监督和管理。这一时期，政府仍然通过自身的文化单位向社会提供一定的文化服务，而文化单位内部也是以行政的逻辑进行生产和管理。对文化市场的管理更多是进行行业监管，还没有意识到文化市场在提供公共文化服务方面的潜力。

规范的行政管理尽管本身也是政府现代化的重要特征，但文化管理以行政的逻辑运行却可能带来诸多问题。首先是以行政逻辑运行的文化管理只注重内部的层级制运行，缺乏民众的参与，导致政府文化管理和服务出现迟缓、被动、前瞻性缺乏等问题；其次是文化内部生产组织以行政的逻辑进行生产和管理，导致效率低下，服务内容和群众的需求不相匹配；再次是对文化事业的市场化改革更多是出于减轻财政负担的目的，所以对文化市场主体也只是进行简单的管理，而没有有意识地把文化市场也纳入公共文化服务体系中。所以，这一时期以文化管理来发展文化事业只能提供较低水平、内容单一的文化服务，对社会的文化引导处于初级的、比较低的水平。

（三）文化治理：治理的逻辑

进入21世纪，随着民众文化需求的提高和民众参与意识的觉醒，文化管理的模式无法有效应对新时期的文化发展要求以及民众对美好生活的新需要、新期待，这个时候文化治理就应运而生。治理理论尽管在20世纪90年代就已在西方社会兴起并得到实践，但是把治理引入中国的文化领域却是进入21世纪以后的事。文化治理具有比治理本身更丰富的内涵，也就是说，它不仅要用治理的逻辑来治理文化事业，还要以文化为载体和内容来治理社会多方面事物，也就是利用和借助文化的功能用以克服与解决国家发展中的政治、经济、社会等问题。①

文化治理在当代中国语境和情景中具有多重逻辑内涵：首先，公共文化服务涉及资源分配、社会整合、政治认同，以及这些过程的象征化、美学化和合理化，而所有这些无疑都属于文化治理的议题。套用行政语言来说，通过公共文化服务，可以达到"文化引导社会、教育人民、推动发展的功能"。其次，公共文化服务包含权力关系的议题，主要体现在政府（供给者）与民众（消费者）之间的关系上，通过公共文化服务实质上促进了二者关系的互动和重新建构。一方面，政府通过公共文化服务这种软性治理的方式，使得民众在享受公共文化服务之中潜移默化地增强了对政府的合法性认同，达到了政治整合的效果；另一方面，民众在享受公共文化服务、参与公共文化生活的同时，也从中自然而然地生长出公民的公共理性或公共精神，达到社会整合的目的。再次，公共文化服务涉及政府、社会和市场多元主体关系以及

---

① 胡惠林：《国家文化治理：发展文化产业的新维度》，《学术月刊》2012年第5期。

这些关系的协调和合作，也体现了现代多元合作治理的精神。最后，公共文化服务也有赖于政府体系内部的资源整合和功能协调，促进政府自身治理结构的转变，形成合作、共赢的政府治理结构。

以治理的逻辑推进文化事业的发展，不是放弃国家对文化的领导权，而是以群众愿意接受和参与的方式来进行文化引领，也不是抛弃对文化事业和市场的管理，而是要整合资源，赋权于社会，以更有效的方式进行文化生产和服务。所以对公共文化服务体系进行文化治理，不仅赋予了公共文化服务更高的使命，也对公共文化服务发展提出了更高的要求。在全球化时代既要通过公共文化服务提高全民族的文化素质，促进民族文化复兴，也要以公共文化服务促进我国文化产业的发展，使我国文化产品在全球文化市场中具有较高的竞争力。在现代化的进程中，还要完成对文化服务机构的升级改造，以更高的效率和水平为民众提供优质的公共文化服务，使民众在感受文化精髓和享受文化服务的过程中树立文化自信，增强国家认同。

三　中国公共文化服务体系建设40年取得的实践成效

（一）顶层设计不断完善，公共文化服务渐成体系

公共文化事业的发展在 20 世纪 90 年代遇到瓶颈期，主要是因为国家以经济建设为中心，大力对经济发展进行顶层设计而忽视了对文化事业的顶层设计。进入 21 世纪以来，在新的发展形势下，着眼于构建具有鲜明中国特色和现代特征的公共文化服务体系的目标，根据新的发展理念，国家不断加强顶层设计，为公共文化服务的发展提供系统的制度保障，形成了较为完备的公共文化服务体系。

党的十六届五中全会明确提出要"加大政府对文化事业的投入，逐步形成覆盖全社会的比较完备的公共文化服务体系"；公共文化服务体系建设开始进入顶层设计的轨道，随后，《国家"十一五"时期文化发展规划纲要》发布，其中"公共文化服务"专辟一章，标志着国家开始对公共文化服务进行

顶层设计规划。2007年6月16日，胡锦涛主持召开中共中央政治局会议，专门研究公共文化服务体系建设问题，一个多月之后，《关于加强公共文化服务体系建设的若干意见》正式出台，标志着公共文化服务体系的构建驶上了快车道。党的十七大把建设覆盖全社会的公共文化服务体系确定为全面建设小康社会的重要战略目标。十七届六中全会把"覆盖全社会的公共文化服务体系基本建立，努力实现基本公共文化服务均等化"作为2020年文化改革发展的重要目标之一，要求"推进国家公共文化服务体系示范区创建"，明确了公共文化服务体系建设在当前我国文化建设中的战略性地位，同时也以国家公共文化服务体系示范区创建来引领全国公共文化服务体系的建设热潮。《国家"十二五"时期文化改革发展规划纲要》出台，再一次将"覆盖全社会的公共文化服务体系基本建立，城乡居民能够较为便捷地享受公共文化服务，基本文化权益得到更好保障"写在基本目标之中。党的十八届三中全会明确提出"构建现代公共文化服务体系"的战略任务。2015年，中共中央办公厅、国务院办公厅出台《关于加快构建现代公共文化服务体系的意见》、国务院办公厅出台《关于推进基层综合性文化服务中心建设的指导意见》、文化部等7部门联合发布《"十三五"时期贫困地区公共文化服务体系建设规划纲要》等文件，不断完善顶层设计，为全国公共文化事业的发展提供了有力保障。同时，国务院办公厅转发文化部等部门《关于做好政府向社会力量购买公共文化服务工作的意见》，引导社会力量参与公共文化服务体系建设。《国家基本公共文化服务指导标准》正式印发，为公共文化服务体系标准化建设制定了标准。2016年，文化部继续深入贯彻落实中共中央办公厅、国务院办公厅《关于加快构建现代公共文化服务体系的意见》，完善顶层设计，切实推进基本公共文化服务标准化、均等化和社会化。制定《文化志愿服务管理办法》《文化馆管理办法》《各级公共图书馆业务规范》《各级文化馆业务规范》和《关于推进县级文化馆、图书馆总分馆制建设的指导意见》，不断提升公共文化服务能力和水平。2016年12月，《中华人民共和国公共文化服务保障法》正式颁布，首次以法律的形式明确各级人民政府是承担公共文化服务工作的责任主体，规定了政府在公共文化设施建设和公共文化服务组织、管理、提供、保障中的职责。该法作为文化领域具有"四梁八柱"性质的奠基性和纲领性法律，也标志着公共文化服务制度已经形成。

把公共文化服务体系建设放在文化建设的顶层位置来抓，凸显了党和政府在新的历史条件下高度的文化自觉。针对公共文化服务体系发展中具有普遍性的问题、难题，国家不断出台相应的法律法规和政策机制，并作出超前的规划设计，形成了较为完善的制度保障体系，彰显了国家在治理现代化进程中的制度自觉。日渐完善的制度机制也加快推进了公共文化服务在价值取向、建设理念、治理能力、服务内容和服务方式等方面的现代化，实现了公共文化服务体系的整体提升。

（二）确立公共文化服务经费和人员保障机制，形成稳定的人力物力保障体系

基本的经费和人员保障是开展公共文化服务的基础条件。改革开放以来，随着我国经济的快速发展，国家可用于公共文化服务体系建设的人力物力资源也不断增多，特别是近几年随着公共文化服务体系制度化建设水平的提高，我国还建立了公共文化服务经费和人员保障机制，形成了较为稳定的公共文化服务人力物力的保障体系，为公共文化服务体系效能的发挥奠定了坚实的基础。

以政府为主导，以公共财政为支撑，把公共文化产品和服务项目、公益性文化活动纳入公共财政经常性支出预算是公共文化服务体系建设的重要原则。近年来文化事业费稳步增长，2016年全国文化事业费达770.69亿元，比上年增加87.72亿元，增长12.8%，比2012年增长60.5%；全国人均文化事业费2016年达到55.74元，比上年增加6.06元，增长12.2%；文化事业费占财政总支出的比重为0.41%，比上年提高0.02个百分点（见图3-1）。可以说，我国文化事业费无论是总量还是人均文化事业费都在稳步提升，国家公共文化服务保障法也明确规定"国务院和地方各级人民政府应当根据公共文化服务的事权和支出责任，将公共文化服务经费纳入本级预算，安排公共文

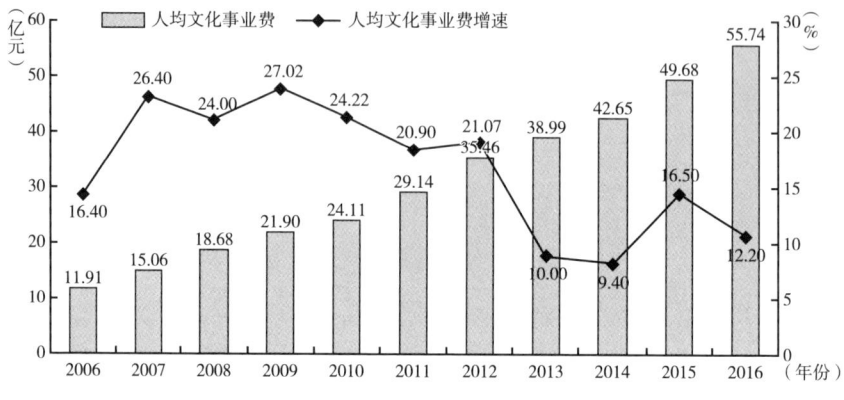

图 3-1 2006~2016 年群众人均文化事业费及增速情况

资料来源：《中华人民共和国文化部 2016 年文化发展统计公报》。

化服务所需资金"。这也标志我国已经建立了稳定的经费投入机制。

据统计，2016 年底，纳入统计范围的全国各类文化（文物）单位为 31.06 万个，比上年增加 1.15 万个；从业人员为 234.81 万人，增加 5.37 万人。其中，各级文化文物部门所属单位为 66029 个，增加 319 个；从业人员为 66.10 万人，增加 1.56 万人（见图 3-2）。

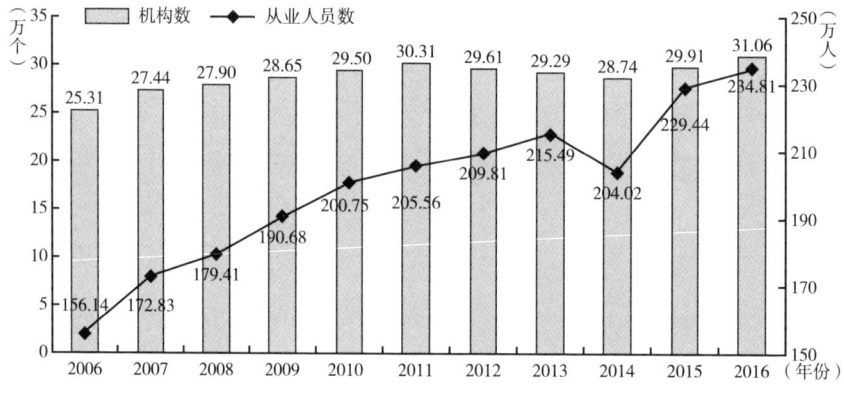

图 3-2 2006~2016 年全国文化单位机构数及从业人员数

资料来源：《中华人民共和国文化部 2016 年文化发展统计公报》。

截至 2016 年底，全国共有艺术表演团体 12301 个，比 2015 年增加 1514 个，从业人员为 33.27 万人，增加 3.08 万人；其中各级文化部门所属的艺术表演团体为 2031 个，占 16.5%，从业人员为 11.52 万人，占 34.6%（见表 3-1）。可以看出，目前我国已经形成了较为稳定和充实的公共文化服务工作队伍。

表 3-1　2007~2016 年全国艺术表演团体基本情况

年份	机构数（个）	从业人员数（人）	演出场次（万场）	国内演出观众人次（万人次）	总收入（万元）	演出收入（万元）
2007	4512	220653	92.7	75895.6	829045	203757
2008	5114	208174	90.5	63186.8	933685	204842
2009	6129	184678	120.2	81716.9	1121669	288214
2010	6864	185413	137.1	88455.8	1239255	342696
2011	7055	226599	154.7	74585.1	1540263	526745
2012	7321	242047	135	82805.1	1968802	641480
2013	8180	260865	165.1	90064.3	2800266	820738
2014	8769	262887	173.9	91019.7	2264046	757028
2015	10787	301840	210.8	95799	2576483	939313
2016	12304	332920	230.6	118137.7	3112276	1308991

资料来源：《中华人民共和国文化部 2016 年文化发展统计公报》。

（三）公共文化服务基础设施进一步夯实，形成较为完备的服务网络

公共文化服务基础设施网络是提供公共文化服务与产品的重要载体和平台。近年来，各级政府切实履行公共文化服务职能，不断加强现代公共文化服务体系建设，着力补齐文化民生短板，努力保障人民群众基本文化权益，以公共图书馆、文化馆、博物馆、乡镇（街道）综合文化站、村（社区）综合性文化服务中心建设为重点，以流动文化设施和数字文化设施为补充，统筹规划，均衡配置，推动各级公共文化设施基本达到国家建设标准。同时加强贫困地区的流动服务点建设，配备流动文化服务设备器材，实现流动服务

常态化。截至目前，已初步建立起了覆盖城乡的公共文化服务体系。"三馆一站"公共文化服务设施全部免费开放，基本实现了"县有公共图书馆、文化馆，乡有综合文化站"的建设目标；广播电视村村通、文化信息资源共享、农家书屋等重大文化惠民工程也实现了基本覆盖，公共文化服务能力和普惠水平不断提高。

截至2016年底，全国共有公共图书馆3153个，比上年增加14个；全国公共图书馆实际使用房屋建筑面积达到1424.26万平方米，比上年增长9.4%；全国平均每万人公共图书馆建筑面积103平方米，相比2015年增加7.2平方米；图书总藏量90163万册，增长7.5%；全国人均图书藏量0.65册，相比2015年增加0.04册（见图3-3）；电子图书达88798万册，增长6.9%；阅览室座位数为98.60万个，增长8.3%；计算机21.16万台，供读者使用的电子阅览终端13.49万台，增长6.5%。

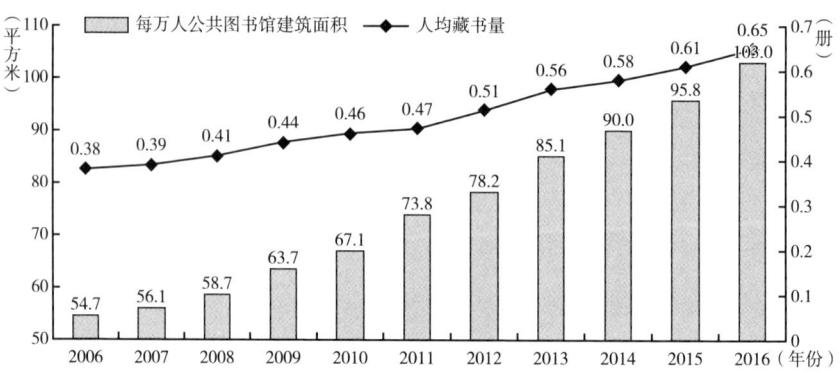

图3-3 2006~2016年全国公共图书馆人均资源情况

资料来源：《中华人民共和国文化部2016年文化发展统计公报》。

2016年全国公共图书馆发放借书证5593万个；总流通人次66037万，增长12.1%；书刊文献外借册次54725万，增长7.5%；外借人次24892万，增长7.8%。全年共为读者举办各种活动140033次，增长22.3%；参加人次7138万，增长20.8%。

2016年全国文化部门所属艺术表演团体共组织政府采购公益演出13.90

万场，观众1.17亿人次；利用流动舞台车演出11.31万场次，观众10381万人次；中央直属院团全年开展公益性演出1335场，其中赴老少边穷地区演出241场，面向老红军、留守儿童等演出132场，社会效益有力彰显。

截至2016年底，全国共有群众文化机构44497个，比2015年增加206个，其中乡镇综合文化站34240个；全国群众文化机构实际使用房屋建筑面积3991.01万平方米，比上年末增长3.7%；藏书2.74亿册，增长4.4%；计算机37.73万台，增长4.4%；对公众开放的阅览室117.63万平方米，增长7.7%；全国平均每万人群众文化设施建筑面积288.64平方米，比2015年提高8.69平方米（见图3-4）。从2007年开始实施的农家书屋项目，经过十年的发展，现在已建成60多万家农家书屋，向农村配送图书达到10亿多册，农民人均图书拥有量从0.13册到1.25册，增长了10倍，彻底解决了农民看书难看报难的问题，成为文化惠民的重要体现。

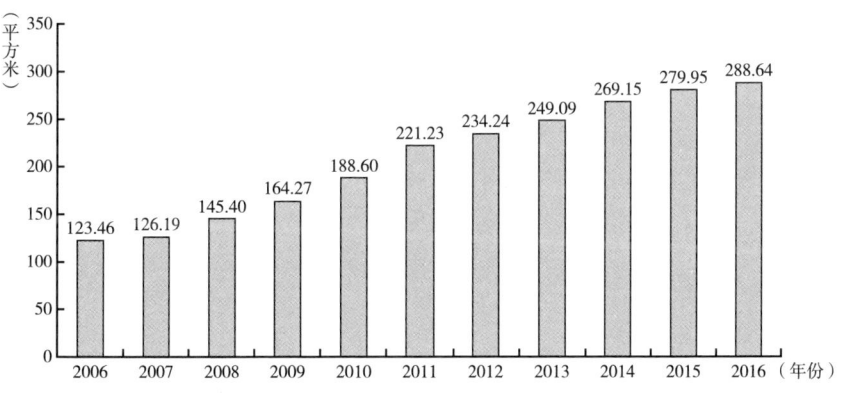

图3-4 2006~2016年全国平均每万人群众文化设施建筑面积

资料来源：《中华人民共和国文化部2016年文化发展统计公报》。

截至2016年末，全国共有美术馆有462个，比上年增加44个；全年共举办展览6146次，比上年增长16.8%，参观人次3237万，增长4.8%；截至2016年末，全国共有文物机构8954个，比上年末增加278个；其中，博物馆4109个，占45.9%；博物馆文物藏品3329.38万件，占文物藏品总量的

74.7%；2016年全国文物机构共安排基本陈列12203个，比上年增长12.4%；举办临时展览12420个，比上年增长5.2%；接待观众101269万人次，比上年增长9.5%；博物馆接待观众85062万人次，增长8.9%，占文物机构接待观众的84.0%。①

经过改革开放40年的发展，现代公共文化服务体系设施建设取得巨大成就，服务阵地标准化建设不断推进，人均文化设施面积和人均藏书量稳步增加，流动服务设备逐步健全，流动服务愈加精准，显著增强了群众享受公共文化服务的便利性和可及性。

（四）建立公共文化服务多元供给体系，显著提升了公共文化服务效能

为了满足人民群众日益增长的多样化的文化需求，激发社会活力，提高公共文化服务的精准化和均等化，近年来文化部门积极推进建立现代化的公共文化服务多元供给体系，包括多元化的供给主体、多样化的供给内容和多种化的供给方式。通过引导和鼓励社会组织、市场主体、文化志愿者以及个体文化骨干参与公共文化服务，构建了多元主体参与的公共文化服务供给体系；通过协调推进现代文化和传统文化、大众文化与高雅文化，形成了多样化的公共文化服务内容体系；通过送文化和种文化结合、阵地服务和流动服务并举，完善数字化、网络化服务平台，建立了公共文化服务的多种供给方式。公共文化服务多元供给体系的建立显著提升了公共文化服务的效能，也有效促进了公共文化服务的社会化、均等化发展。

1. 供给主体多元化

譬如，四川泸州市大力引入社会力量，创新公共服务内容，"积极探索新型社区公共文化服务模式，探索推动民营书店开办阅读书吧，引入艺术学校进社区开办各类免费培训，扩大社区开展公共文化服务的资金、技术、手段

---

① 以上数据来自《中华人民共和国文化部2016年文化发展统计公报》。

和资源的渠道，让民营资本参与公共文化服务体系建设，转变理念，提升基层公共文化服务能力，追求社会效益的最大公约数"①。

浙江台州市近年来也在积极推进公共文化服务供给主体的多元化。临海、温岭、黄岩、路桥等县（区）在基层文化工作中，公共服务的供给逐渐由政府包办向社会参与、志愿服务转型。以政府引导或奖励的形式扶持培育民间文化团体，吸引民间资本、公益团队等社会力量进入文化服务领域。实践证明，这一模式让群众成为社会文化的创造者和享受者，提高了基层公共文化设施的综合利用水平。②

作为公共文化建设的重要内容，文化志愿服务也得到蓬勃发展。"截至2015年，已有24个省、275个地级市组建了文化志愿服务机构，各类文化志愿服务团队有6700多支，登记在册的文化志愿者人数突破百万，接近全国基层文化队伍总量的三分之一。"③

目前各地方政府综合运用政府与社会资本合作、公益创投等多种模式，支持企业、社会组织和个人提供公共文化设施、产品和服务，推动有条件的公共文化设施社会化运营，文化类社会组织、文化类企业和文化类志愿服务团体不断增加，全国各地已基本建立政府、市场和社会多元化的公共文化服务供给体系。多元化的供给主体不仅形成了不同层次的文化供给，也显著提高了公共文化服务效能。

2. 供给内容多样化

改革开放以来，随着社会的发展和对外交流的深入，人们的需求也因个人的发展和社会的进步而不断多元化。针对这一现实，文化部门也不断开拓创新，积极引入多种文化形态，形成多样化的文化内容供给，满足不同群体

---

① 《建设川南文化中心，优化公共文化服务——泸州市公共文化服务体系建设创新发展启示》，《文化月刊》2016年第21期。
② 陈洪晨：《激发多元社会力量活跃公共文化服务——台州市探索基层公共文化服务"4C"模式》，《文化月刊》2017年第5期。
③ 《我国登记在册文化志愿者超百万》，新华网，2015年1月20日，http://news.xinhuanet.com/edu/2015-01/20/c_1114065881.htm。

的多元文化需求。

新疆生产建设兵团第六师五家渠市积极丰富公共文化服务内容,"通过内聘外请方式开办市民文化大讲堂,每月举办1~2场,内容涵盖年俗文化、养生文化等10余个系列,让百姓真正成为群众文化活动的参与者和受益者。采取政府搭台、群众唱戏的方式,鼓励支持街道戏剧社、书画社、诗友社、合唱团等60多个群众文化团体常年开展活动。师、市还充分挖掘红色文化、知青文化、戍边文化、地域文化、社区文化、校园文化、广场文化"①。

安徽安庆市文化部门对公共文化服务内容供给坚持丰富而又均衡的原则,有效满足了群众文化需求。文化部门"在主题策划和节目挑选上坚持高标准、严把关,注重演出的思想性、艺术性、趣味性、群众性,使广大市民在欣赏节目、参与活动的同时,受到教育和启迪。'广场文艺天天演'的内容丰富多彩、雅俗共赏,既有时尚优美的歌舞类演出,又有浓郁地方特色的黄梅戏表演;既有诙谐幽默的小品演出,又有惊险刺激的杂技表演;既有专业的剧团演出,又有精彩的群众表演,是广大市民喜闻乐见的群众性文艺演出"②。

各地方政府都能积极主动地丰富文化供给内容,在积极发展现代文化的同时,自觉保护和发展本民族的传统文化,在为普通群众提供普惠的大众文化的同时,也积极引导高雅文化的普及和发展,形成了立体多层次的文化内容体系。

3. 供给方式多元化

除了最基本的阵地服务,很多城市还积极拓展服务方式,推动流动服务和网上服务的发展,促进公共文化服务供给方式多元化,努力实现公共文化服务的均等化、数字化。

"根据鄂尔多斯地广人稀,农牧民一家一户分散居住的实际情况,鄂尔多斯市建立了流动文化馆、流动图书馆和流动博物馆;2012年,市政府投资

---

① 高华生、王爱华:《培植亮点创新模式打造品牌——六师五家渠市创建国家公共文化服务体系示范区工作纪实》,《文化月刊》2017年第5期。
② 齐文斗、吴程生:《"反弹琵琶"奏新曲广场文化添神韵——"广场天天演"为安庆市国家公共文化服务体系示范区创建添光增彩》,《文化月刊》2017年第5期。

4000多万元，统一订制111辆机动文化车和灯光、音响、乐器等配送到全市各公共文化单位，为发展流动文化服务提供了有利条件。"①大力发展流动文化服务，使流动文化服务成为内蒙古鄂尔多斯文化建设的一个亮点。文化车的诞生与发展，为鄂尔多斯公共文化服务体系注入了活力，丰富了公共文化服务形式，为公共文化服务的均等化建设起到了重要作用。

湖北黄石市为保障边远地区群众的文化需求，在2年时间内，为市县两级"三馆"以及乡镇文化站配置了流动电影放映车、图书车、演出车。市图书馆已建立24个图书流动服务点，每年开展流动服务近200次。市群艺馆和县级文化馆经常深入各村镇社区、厂矿企业、学校、军营，每年组织流动演出、流动展览近百场，把文化惠民活动延伸到城乡每个角落。②

通过全国文化信息资源共享工程、数字图书馆推广工程等工程，以及边疆万里数字文化长廊等项目，使群众获得数字文化资源的手段更加便捷。很多地方整合数字文化资源，形成了更丰富和便捷的服务平台。上海通过打造"文化上海云"，把市、区、社区三个层级的公共文化服务纳入总门户平台，让海量的公共文化信息形成公共文化大数据。重庆市创建了"公共文化物联网"，集中配送全市公共文化资源、产品、活动。在"互联网+"的时代，公共文化服务数字化水平的不断提高不仅能为群众提供更加丰富的文化产品，也提高了文化产品的可获得性。

四 中国公共文化服务体系建设的未来展望

（一）坚持以人民为中心的指导思想，加快构建现代公共文化服务体系

"人民对美好生活的向往，就是我们的奋斗目标。"习近平总书记提出以

---

① 旺楚格：《加强公共文化服务标准化均等化和协调机制建设》，《鄂尔多斯文化》2014年第1期。
② 罗光辉：《"六化"驱动构建公共文化服务体系》，《政策》2014年第6期。

人民为中心的发展思想，也是我国构建现代公共文化体系的基本准则。党的十八届三中全会明确提出要加快"构建现代公共文化服务体系，建立公共文化服务体系建设协调机制，统筹服务设施网络建设，促进基本公共文化服务标准化、均等化"。现代公共文化体系的建设目标正是站在新时代的起点上，进一步落实好以人民为中心的文化服务宗旨，建立以政府为主导，以人民为中心，体现标准化、均等化，符合时代发展需要的公共文化服务体系。

首先，要把以人民为中心作为公共文化服务体系建设的工作理念，在今后的公共文化服务工作中，坚持以人民为中心的工作导向，坚持公共文化建设为了人民、公共文化建设依靠人民、公共文化建设成果由人民共享的基本公共文化服务理念。这就要求公共文化内容的创作人员，要把深入生活、扎根人民作为创作的源头活水，只有深入群众、向人民学习才能创作出表达人民心声，契合人民期待的优秀作品。同时还要对我们的基层公共文化服务人员加强教育和培训，提高服务意识和服务技能，把为人民服务的理念入脑入心，把为人民服务的技能学牢学实，让人民群众在享受便利温馨的公共文化服务中切实感受到自己的主人翁地位。

其次，要充分发挥人民群众在公共文化建设中的主体作用，尊重人民群众在文化建设中的首创精神和参与热情，引导群众在公共文化建设中自我表现、自我教育、自我服务。努力创新公共文化服务方式，搭建各类文化展示平台，吸引广大群众积极参与文化学习，鼓励文化能人自我表现，提高基层特别是农村文化自我发展能力；提高人民群众参与公共文化服务的组织化水平，发挥各类社会组织的力量，特别是文化志愿者组织的积极作用，实现公共文化服务供给主体多元化，形成群众参与、群众同建、群众共享的良好局面；加强人民群众对公共文化服务机构的民主管理，加快推进公共文化服务机构建立法人治理结构，吸纳社会各界代表和群众广泛参与，构建以公益目标为导向、内部激励机制完善、外部监管制度健全的治理结构和运行机制。

最后，还要为人民监督和评价公共文化服务提供便捷的渠道和制度保障，群众的监督和评价不仅是督促公共文化服务机构提高服务效能的有效途径，还是人民不断反馈公众文化需求，进一步改进公共文化服务方式和创新服务内容的重要方式。只有始终坚持以人民为中心的指导思想，才能从根本上实现并维护好人民的文化权益，最终提高整个民族的文化素质和道德水平。

（二）拓展公共文化服务的治理功能，在文化治理中促进社会和谐

从文化治理的高度重新审视公共文化服务，可以发现公共文化服务涉及资源分配、社会整合、政治认同，还涉及政府、社会和市场多元主体以及这些关系的协同和合作。公共文化服务的重要社会治理功能就是引导社会、教育人民和推动发展。很多创建城市都以文化治理的理念指导当地的公共文化服务体系建设，通过引入社会和市场的力量加入公共文化服务产品的生产和供给中，推动公共文化服务的资源整合和组织机构优化。但是对公共文化服务的社会治理功能关注较少，没有认识到文化服务在提高公民素质、培育政治认同以及促进社会和谐方面的隐性治理作用。"一些地方已经从文化治理的角度，认识到公共文化服务体系建设的重要性，但仍有一些地方对公共文化服务体系建设的重大意义理解肤浅、片面，认为公共文化服务就是'唱唱跳跳'、图个热闹。"[1]

上海市注重加强居民自治，开展社区文化活动中心居民自治模式调研，推进居民参与本社区公共文化事务的管理和建设，引导居民实现自我管理、自我教育、自我服务、自我监督。[2] 这是为数不多的几个认识到公共文化服务可以达成社会治理效用的创建城市。

在以后的公共文化服务体系建设中，应该更加注重通过公共文化服务这种软性治理的方式，使民众在享受公共文化服务时潜移默化地加强对政府的

---

[1] 蒋芳、李春惠、张钦、杨一苗、孙丽萍、陈俊：《公共文化服务体系：从"福利"到"治理"》，《瞭望》2015年6月23日，http://www.wenming.cn/whhm_pd/yw_whhm/201506/t20150623_2688806.shtml。

[2] 《2013：上海市公共文化服务发展报告》，东方文创网，2014年1月20日，http://shcci.eastday.com/c/20140120/u1a7897090.html。

合法性认同,达到政治整合的效用,同时在微观层面通过公共文化营造社区,促进社区认同,培育社区精神,最终达到社会的整合与和谐。

(三)以"文化+"理念推进公共文化服务多维创新,促进经济、文化、社会互促共融

如果说"互联网+"是以技术创新为主的跨越边界的产业融合的话,"文化+"则是在相关事业和产业经济中注入文化元素,或者以文化的力量促进其他内容的升级发展。在国家现代公共文化服务体系建设过程中,应积极以"文化+"的理念推进公共文化服务多维创新,拓展公共文化服务体系的内涵和功能,促进经济、文化、社会互促共融和协调发展。

以"文化+产业"促进文化产业与公共文化服务的双赢发展。2015年1月12日,中共中央办公厅、国务院办公厅出台的《关于加快构建现代公共文化服务体系的意见》提出:"鼓励有条件的公共文化机构挖掘特色资源,加强文化产业创新产品开发,创新文化产品和服务内容。……积极发展与公共文化服务相关联的教育培训、体育健身、演艺会展、旅游休闲等产业,引导和支持各类文化企业开发公共文化产品和服务,满足人民群众多层次的文化消费需求。"整合文化资源,贴近群众需求,加快文化创意与公共文化服务的融合已经成为当前构建现代公共文化服务体系的发展要求。国家公共文化服务体系建设应积极落实这一意见,以"文化+产业"的理念来推进公共文化服务体系创建,促进公共文化服务和经济发展的双赢。

以"文化+扶贫"开拓精准扶贫的文化路径。中央提出加强扶贫工作,但是要想从根本上脱贫,必须坚持经济扶贫和文化扶贫相结合,其中加强文化的精准扶贫便是题中应有之义。增强文化精准扶贫的造血功能,才能激发贫困地区公共文化建设和经济建设的内生动力。"文化扶智"和"文化扶志"是公共文化服务助力精准扶贫工作的两种主要方式。"文化扶智"就是通过公共文化服务培育贫困地区民众的市场意识,提高他们应对市场经济的能力,向贫困居民提供发家致富所需的知识和技术。"文化扶志"就是打破贫困地区

民众教育水平低、科学知识缺乏、文化设施匮乏、传统落后观念和生活方式的束缚，培育他们自我脱贫的意志和精神。所以，精准扶贫既要让贫困居民在物质上脱贫，更要在精神上"扶志"，要"富口袋与富脑袋"齐头并进。文化扶贫关键是要提高贫困地区人民的素质，从文化和精神层面上给予贫困地区以帮助，使其尽快摆脱贫困。要通过补齐文化短板、缩小地区之间公共文化的差距，让贫困地区的公共文化服务跟上全国的步伐。要下大力气推进贫困乡村的公共文化服务体系建设，用文化的力量助推脱贫，实现文化育民、文化乐民、文化富民。

（四）提高公共文化服务建设的国际化水平，在文化交流中增强文化自信

在全球化时代和"一带一路"倡议的大背景下，公共文化服务体系建设也应该不断提高国际化水平，积极和国际社会开展文化对话与交流，这样可以吸取发达国家的经验，为我国公共文化服务体系建设提供借鉴，也可以通过文化的"引进来"和"走出去"战略，促进中外文化交流，为群众提供更丰富的文化产品和服务。

在国家现代公共文化服务体系建设过程中，虽然有城市提到了公共文化服务的国际化问题，但是不够深入，没有形成有效的机制和完整的国际化战略。比如，深圳福田区在打造"十大文化功能区"、强力推进国家公共文化服务体系示范区创建工作中，"将持续提升福田文化活动国际化水平和特质，增加福田在国际主流艺术界的表现力和出镜率。加强与国际友好城市的艺术交流合作，特别是要加强与香港文化艺术界的交流"[①]。可以看出，深圳作为中国国际化程度比较高的城市也只是简单提到了和国外城市的文化艺术交流，并无系统的规划。辽宁沈阳提出"群众文化活动项目设计均按照国际标准，比肩国内一流，以专业化、年轻化、时尚化、国际化为目标，将群众文化活动

---

① 朱良骏:《提升国际化水平特质》,《深圳特区报》2014年9月28日, http://sztqb.sznews.com/html/2014-09/28/content_3018490.htm。

向中青年、青少年延伸"。① 说明沈阳注意到了在某些项目上要实现公共文化服务标准的国际化。沧州市在创建国家公共文化服务体系示范区过程中"依托中国吴桥国际杂技艺术节、沧州国际武术节两大节庆和'中国工笔画之城'这一荣誉称号，提升沧州文化的对外影响力"②。沧州市通过举办国际性的文化节来吸引外国人参与本地的文化发展，也是一种国际化的文化交流方式。

在接下来的公共文化服务体系建设中，应该积极引导和鼓励各地方政府以国际化的理念和标准规划当地公共文化服务体系，以"一带一路"建设为契机，以《关于进一步加强和改进中华文化走出去工作的指导意见》《关于加快发展对外文化贸易的意见》《关于加强"一带一路"软力量建设的指导意见》等文件精神为指引，不断通过体制机制创新，推动公共文化服务的国际化发展，讲好中国故事，传播中国声音，以更高水平和更加多元的公共文化服务培育当代国民的国际视野，提升中国人的文化自信。

---

① 杨博：《沈阳市公共文化服务体系建设：文化沈阳幸福绽放》，中国文明网，2017年8月31日，http://www.wenming.cn/dfcz/ln/201708/t20170831_4406139.shtml?COLLCC=725763320&COLLCC=1552352901&COLLCC=2345842844。
② 张亚君：《演绎多彩狮城谱写文化乐章——河北沧州积极创建国家公共文化服务体系示范区》，《文化月刊》2017年第7期。

第四章　中国文化遗产事业发展40年

单霁翔[*]

导　读：中国文化遗产事业与改革开放和现代化的发展进程风雨同舟、命运与共。改革开放40年来，中国文化遗产事业呈现蓬勃发展的喜人局面，迎来了历史上最为辉煌的发展时期。40年来，中国文化遗产事业的发展成就主要包括基础工作不断深入，文化遗产事业能力建设持续增强；不可移动文物保护卓有成效，文化遗产保护成果惠及民众；博物馆事业蓬勃发展，社会综合效益显著增强；对外交流与合作成绩斐然，文物外事工作开创新局面；民间文物收藏日趋活跃，文物市场逐步走上健康发展轨道；全社会参与势头方兴未艾，文化遗产保护的理念逐步深入人心。改革开放40年来，中国文化遗产事业的基本经验主要包括统筹考虑"保护"和"利用"的关系；坚持以人民为中心；着力推动中华优秀传统文化创造性转化、创新性发展；强化中外人文交流，合力构建人类命运共同体。希望这些发展成就和基本经验，能对未来中国文化遗产事业的发展起到重要的启示和指导作用。

---

[*] 单霁翔，研究馆员，毕业于清华大学建筑学院城市规划与设计专业，工学博士；2002年任国家文物局局长，2012年任故宫博物院院长；第十届、第十一届、第十二届全国政协委员，中国文物学会会长；2014年9月，获国际文物修复学会"福布斯奖"；出版《文化遗产·思行文丛》等20余部专著，发表100多篇学术论文。

1978年12月18日,在党和国家面临"向何处去"的重大历史关头,党的十一届三中全会隆重召开,作出了把党和国家的工作重心转移到经济建设上来、实行改革开放的历史性决策,开启了我国社会主义建设的历史新时期。改革开放40年,我国发生了全方位、开创性、深层次、根本性的历史性变革,已进入中国特色社会主义新时代。各项文化事业也从40年前基础薄弱发展至今天形成文化事业和文化产业蓬勃发展、社会主义核心价值观和中华优秀传统文化广泛弘扬、国家文化软实力和中华文化影响力大幅提升的局面。党的十八大以来,习近平总书记"让文物活起来"等系列重要指示,更是直接推动了文化遗产事业的繁荣与快速发展。总结改革开放40年中国文化遗产事业的发展成就和基本经验,对党的十九大后推动社会主义文化繁荣兴盛具有重要意义。

一 改革开放40年中国文化遗产事业的发展成就

中国文化遗产事业与国家改革开放和现代化的发展进程风雨同舟、命运与共。40年来,文物工作者高举中国特色社会主义伟大旗帜,不断解放思想,坚持改革开放,推动科学发展,中国文化遗产事业呈现蓬勃发展的喜人局面,迎来了历史上最为辉煌的发展时期。

(一)基础工作不断深入,文化遗产事业能力建设持续增强

1. 文物法制建设更加完善

1982年《中华人民共和国文物保护法》的颁布是我国文化遗产事业发展的一个里程碑。2002年新修订的《文物保护法》颁布并实施,标志着我国文化遗产保护法制化进程又大大前进一步。40年来,我国基本形成了以《文物保护法》为核心的文物保护法律制度体系。《水下文物保护管理条例》《文物保护法实施条例》《长城保护条例》和《历史文化名城名镇名村保护条例》先后颁布,《大运河遗产保护管理办法》《馆藏文物修复管理办法》等一批规范

性文件出台。随着时代的发展，近年来又出台了一批新的规范和指导意见。2015年国务院公布《博物馆条例》，2016年国务院出台《关于进一步加强文物工作的指导意见》，2016年国务院办公厅转发文化部、国家发展和改革委员会、财政部、国家文物局《关于推动文化文物单位文化创意产品开发的若干意见》等，使文物保护法律制度体系更加完善。

2. **文物资源调查建档工作成效明显**

在1981年第二次全国文物普查的基础上，2007年启动了第三次全国文物普查，历时5年，基本廓清了全国不可移动文物资源的状况。普查结果显示，全国31个省（自治区、直辖市）共登记不可移动文物766722余处，包括新发现文物536001处，复查文物230721处。2017年，第一次全国可移动文物普查全面完成，普查可移动文物1.08亿件（套）、文物收藏单位1.1万多个，基本摸清家底。全国可移动文物登录网建成运行，普查成果展成功举办。文物保护单位"四有"工作扎实推进。全国馆藏文物腐蚀损失调查顺利完成，全国博物馆一级文物藏品建档、全国重点文物保护单位保护状况调研等工作取得重要成果。2006~2010年完成了新中国成立以来最为全面、系统的长城资源调查工作。

3. **文物安全保障机制巩固发展**

40年来，文物保护机构逐步健全。文物执法督察力度逐步加大。2005年以来，连续4年在全国范围内开展文物行政执法专项督察。防范和打击文物领域犯罪活动的力度加大。近年来，建立了文物违法举报中心，开通12359举报专线和网站，实施不可移动文物遥感执法监测。联合执法形成合力，国家文物局与公安部建立打击和防范文物犯罪联合长效工作机制，成立全国文物犯罪信息中心，成功破获一批文物盗窃案件；与海关总署在13个省份开展打击走私文物违法犯罪专项行动；与国家海洋局在11个省份开展文化遗产联合执法巡航专项行动。国家文物局还推进了文物系统博物馆风险等级和安全防护级别达标工作。田野文物技术防范工作初见成效。一批古建筑消防安全设施得到完善。

4. 文物队伍逐步壮大

40年来，全国文物从业人员成倍增长，他们的知识结构、学历结构、职称结构都有了很大改善。文物保护专业技术人员的管理体制日臻完善。建立了有效的人才培训模式，大教育、大培训观念进一步强化，多渠道联合办学的教育培训模式日渐成熟，涉外培训工作深入开展，为文物博物馆事业的发展提供了智力支持和人才保证。

在文物博物馆人才队伍建设方面，队伍渐趋优化，整体素质明显提高。国家文物局发布《全国文博人才发展中长期规划纲要（2014~2020年）》，实施了全国文物博物馆人才培养"金鼎工程"。重点抓文物博物馆职业教育，加大紧缺技能人才培养力度，设立文物博物馆人才培训示范基地，成立文物保护职业教育教学指导委员会，将考古探掘技术、文物保护与修复、文物博物馆服务与管理3个专业纳入《高等职业学校专业目录》，将文物修复师、考古技工等9个职业列入《中华人民共和国职业分类大典》，全方位拓展文物博物馆人才培养途径。故宫博物院建成国内首家博物馆办学模式的业务培训和教育机构——故宫学院，承担文化部、国家文物局等委托培训项目，逐步成为国内文物博物馆行业重要的人才培训基地。

5. 科技的引领和支撑作用日益突出

国家文物局开展中长期科技发展规划战略研究。截至2016年底，国家文物局先后认定了六批30家重点科研基地。一批重点课题被列入首批启动的国家科技支撑计划重点项目。"指南针计划——中国古代发明创造的价值挖掘与展示"专项工作取得阶段性进展。成立全国文物保护标准化技术委员会，推进文化遗产保护标准化建设。截至2017年3月，全国文物保护行业已颁布297项标准，其中包括33项国家标准、72项行业标准。中央编制办批准成立中国文化遗产研究院。

在科技创新方面，对出土饱水竹木漆器、石质文物和壁画彩塑等的保护形成了系统性技术解决方案，在文物风险预控、传统工艺科学化、保护修复装备等共性技术上取得新突破。国家文物局着力开展先进适用技术成果的规模化应用。"文物出土现场保护移动实验室研发与应用"成果荣获国家科技进步二等奖。国家文物局还联合工业和信息化部启动重庆市国家文物保护装备产业基地建设，成立文物保护装备产业化及应用协同工作平台，实施文物保护装备产业标准化示范项目。

6. 行业信息化建设顺利推进

国家文物局数据中心建设持续推进，文物信息资源总量大幅增长。建立了国家、省、文物博物馆单位三级存储的馆藏文物数据库。开展流失海外文物调查工作，建立流失海外文物信息资料数据库。文物行政部门机关办公自动化系统投入运行，不断提高工作效率。政务公开、在线办事和互动交流等初见成效，信息服务水平不断提升。

（二）不可移动文物保护卓有成效，文化遗产保护成果惠及民众

1. 文物保护力度明显加大

国务院核定公布第七批全国重点文物保护单位1943处，全国重点文物保护单位总数达4295处。一大批文物保护单位得到保护修缮，周边环境明显改善。大足石刻千手观音造像、承德避暑山庄及周围寺庙、长城保护重点工程、山西南部地区早期建筑保护工程等顺利完成。故宫整体维修保护项目、"平安故宫"工程、正定古城、应县木塔、武当山古建筑群等重点工程全面推进。文物保护领域得到拓展，工业遗产、乡土建筑、文化景观、文化线路、二十世纪遗产等进入保护视野。大遗址保护全面推进，形成以"六片、四线、一圈"为重点、150处大遗址为支撑的大遗址保护新格局。丝绸之路（新疆段）、西安大遗址片区、洛阳大遗址片区、大运河文化带建设等重点示范项目稳步实施。高句丽遗址、安阳殷墟遗址、隋唐洛阳城遗址和西安大明宫遗址保护工程等产生了良好的社会综合效益。

值得一提的是，军队营区文物保护工作取得进展。军队系统组织相关部门开展军事管理区文物保护的调研和立法工作，开展军队营区文物普查。为加强和规范军队营区文物保护和管理，根据《文物保护法》和部队相关规定，

军队系统发布《关于加强军队营区文物保护工作的通知》，明确军队文物主管部门及各部门职责、文物保护经费来源和法规制度建设，推动军队营区文物保护。

2. 考古工作取得突破

40年来，国家大型基本建设中的考古和文物保护工作不断取得重大突破。国家文物局水下文化遗产保护中心成立，我国首艘水下考古工作船下水作业，北海基地、南海基地、宁波基地、武汉基地加快建设，"南海Ⅰ号""丹东一号"等沉船考古发掘工作有序推进，西沙海域水下考古调查取得进展。

三峡水库、西气东输、青藏铁路、南水北调等涉及国计民生的国家重点工程考古和文物保护工作扎实开展，彰显文化遗产保护成为经济建设的重要组成部分，实现经济建设与文化遗产保护的双赢。辽宁朝阳牛河梁遗址、浙江余杭良渚遗址、山西襄汾陶寺遗址、四川广汉三星堆祭祀坑、河南偃师商城遗址、山西侯马晋侯墓地等重要考古发现，不断深化人们对历史文明进程的认识。人类起源、农业起源、文明探源、城市考古、边疆考古、航空遥感考古等课题研究顺利开展。考古资料整理和出版工作成效显著。

3. 世界文化遗产事业硕果累累

1985年，中国加入《保护世界文化和自然遗产公约》，推动了中国文化遗产事业面向世界。自1987年中国第一批6项遗产进入《世界遗产名录》以来，我国已拥有世界遗产50处，数量居世界第二位。《世界文化遗产保护管理办法》等一批法规颁布实施，保护体系日趋完善。一批体现世界文化遗产类型平衡性和多样性的文化遗产列入《中国世界文化遗产预备名单》。世界文化遗产事业带动了遗产所在地社会、经济和文化的发展，提高了当地民众的生活水平，改善了他们的居住环境，真正给他们带来了实惠。

（三）博物馆事业蓬勃发展，社会综合效益显著增强

1. 博物馆体系日臻完善

我国博物馆数量大幅增加，1978年底全国文物系统博物馆只有349家。

截至2016年底，全国登记注册的博物馆总数已超过4873家；其中，文物部门所属博物馆2818家，其他部门所属行业博物馆758家，非国有博物馆1297家；全国一级博物馆达到130家。博物馆的门类日益丰富，多种类型博物馆竞相辉映。办馆主体呈现多元化，行业、部门举办的博物馆有了很大发展；企业、团体、个人等社会力量兴办的博物馆日渐增多，基本形成了门类丰富、特色鲜明、专题突出、分布广泛的博物馆发展新格局。

2. 藏品保管取得进展

2017年末全国文物机构拥有文物藏品5096.32万件；其中，博物馆文物藏品3938.32万件。绝大部分省级以上博物馆及部分新建的地市、县级博物馆设施齐全，藏品保存、展示环境有了明显改观。全国一级风险单位的博物馆已全部达到安全技术防范标准。随着重大馆藏文物保护修复工程的实施、一批区域性中心库房的建立和文物集中代管制的推行，以及百余项文物保护技术的研发、推广和应用等，使博物馆藏品的科技保护水平大大提高。

3. 社会效益显著提升，社会效益与经济效益相结合

40年来，全国博物馆积极融入社会，基本陈列和专题展览的主题内容、科技含量和艺术感染力都有较大提高。国家文物局积极启动县级博物馆展示服务水平提升工程，全面开展博物馆评估定级，探索建立博物馆纳入国民教育体系的长效机制。目前，全国博物馆每年举办展览超过2万个，举办约11万次专题教育活动，接待观众约9亿人次。博物馆正成为传播先进文化、普及科学知识、弘扬社会正气、塑造美好心灵的生动课堂。

博物馆不仅是文物展示的窗口，各博物馆还着力推动优秀文物资源与现代生活相结合，大力研发文化创意产品，依托技术博览会等推介文化创意产品。一大批博物馆文化创意产品受到消费者的广泛欢迎，在加快文化产业发展、满足人民群众多层次文化需求方面进行了有益尝试。《关于促进文物合理利用的若干意见》等文件印发，促进文化文物博物馆单位文化创意产品开发座谈会召开，国家文物局公布首批92家博物馆文化创意产品开发试点单位，进一步推动了文化产业的发展。

4. 免费开放不断深化

改革开放以来，我国逐步完善博物馆对未成年人、老年人、军人、残疾人等社会特殊群体的门票减免制度。继2004年杭州、北京、广州、苏州、武汉等地的部分博物馆，以及湖北省博物馆、井冈山革命纪念馆、天津博物馆等先后向全社会免费开放后，2008年全国博物馆免费开放工作正式启动。免费开放使更多的公众走进博物馆，加快了博物馆融入社会的步伐。目前，全国共有4246家博物馆向社会免费开放，占全国博物馆总数的87.1%，参观人次比以往同期有较大增长。

（四）对外交流与合作成绩斐然，文物外事工作开创新局面

1. 政府间交流与合作深入发展

40年来，对外交流与合作逐步呈现出多层次、多渠道、全方位的发展势头。文物保护政府间的交流更加深化。合作打击国际间文物走私犯罪活动初见成效。文物保护政府间的交流更加深化，已签署关于防止盗窃、盗掘和非法进出境文化财产双边协定的国家总数达到19个；流失文物返还取得新成果，从美国、法国、澳大利亚等国成功追索返还文物100余件，促成60件甘肃大堡子山遗址被盗掘流失珍贵文物回归。中国与韩国、希腊、墨西哥、哥伦比亚、尼日利亚等国签署合作谅解备忘录或双边协定。中意文化遗产保护中心合作项目取得重要成果。对外援助项目取得积极进展。中柬、中蒙、中肯合作项目获得相关国家政府和国际组织好评。面向亚非国家的文化遗产保护培训项目持续开展，涉外合作研究和培训项目不断增多，质量不断提高。

2. 与国际组织的交流与合作日益紧密

40年来，中国先后加入国际博物馆协会、国际古迹遗址理事会和国际文化财产保护与修复研究中心等3个国际组织，以及《保护世界文化和自然遗产公约》《关于禁止和防止非法进出口文化财产和非法转让其所有权的方法的公约》《关于被盗或非法出口文物公约》和《武装冲突情况下保护文化财产公

约》等国际公约,促进了中国文化遗产保护与国际接轨。成功举办第四届文化财产返还国际专家大会、国际古迹遗址理事会顾问委员会和执行委员会会议。国际古迹遗址理事会国际保护中心在西安成立。国际博物馆协会国际博物馆培训中心、国际文物修护学会培训中心落户故宫博物院。我国代表通过竞选担任国际古迹遗址理事会副主席、国际博物馆协会副主席、国际文化财产保护与修复研究中心理事等职务。中国在国际文化遗产保护领域拥有了更多的话语权。

3. 文物出入境展览日趋活跃,亮点纷呈

改革开放之初,中国赴境外文物展览数量每年平均不到3项,2008年增加到每年70多项。截至2008年,中国共有1000余项文物展览走向世界,观众逾亿,这些文物成为中华优秀传统文化的承载者、传播者。特别是在一些重大外事活动中,文物展览作为"外交使者""国家名片"较好地配合国家外交大局,传播中华文化,帮助各国民众深入了解中华民族的悠久历史和文明进程,树立当代中国繁荣昌盛、和谐发展的形象。"文物带你看中国"数字展示系统在驻外中国文化中心及外国博物馆相继落地展示,有效增强了中华文化的国际影响力。同时,我国不断接待、引进来自各个国家和地区的文物展览,拓宽广大民众了解世界文化多样性的渠道。

4. 中外文化遗产保护理念更加融合

这些年来,我们着眼于中国文化遗产事业的长远发展,以更加自信的心态、海纳百川的胸怀,参与国际文化遗产保护理念的交流、碰撞。成功举办了在苏州召开的第28届世界遗产委员会会议、在西安召开的第15届国际遗址理事会大会、在上海召开的第22届国际博物馆协会会员代表大会。成功举办文化遗产保护与可持续发展国际会议、东亚地区文物建筑保护理念与实践国际研讨会、城市文化国际研讨会、东亚地区木结构彩画保护国际研讨会等国际会议;陆续形成《上海宪章》《苏州宣言》《西安宣言》《绍兴共识》《北京文件》《北京宣言》《北京备忘录》等国际文件,进一步丰富国际文化遗产保护理论。故宫博物院凭借自身影响力,自2015年起举办紫禁城论坛、世界

古代文明保护论坛，发起《紫禁城宣言》《太和宣言》，促进国内外博物馆以及文化遗产保护领域的对话与合作。

（五）民间文物收藏日趋活跃，文物市场逐步走上健康发展轨道

1. 文物市场管理逐步规范

40年来，我国建立了较为完善的文物经营资质和文物标的审核管理制度；文物市场经营主体、流通范围趋向多样化，实现由国家统管专营向依法管理的转变，文物市场有序发展。文物拍卖成为社会公众关注的热点之一。2016年印发《文物拍卖管理办法》。网络违法拍卖活动、文物鉴定违法违规广播电视节目等被有效治理。

2. 文物进出境审核得到加强

文物进出境审核机构由改革开放之初的4个逐年增多，基本覆盖了我国主要口岸。审核机构的文物行政执法性质得以明确。文物进出境审核抢救了数以万计的珍贵文物，基本扭转了文物大量流失出境的局面。

3. 抢救流失文物工作取得进展

改革开放为我国开展文物追索、征集工作，推动文物返还国际合作，抢救流失海外的中国文物创造了条件。成功追索走私到英国的中国文物3000多件，追回流失海外14年的北朝石刻菩萨造像，追回流失到丹麦的156件中国文物。此外，发挥国家重点珍贵文物征集专项经费的带动作用，多渠道征集流失海外文物工作取得进展。特别是自2002年以来，先后从海外成功征集了包括北宋米芾《研山铭》、商代重器子龙鼎、《丝路山水地图》等在内的6万余件（套）珍贵文物。

（六）全社会参与势头方兴未艾，文化遗产保护的理念逐步深入人心

1. 文物保护经费投入明显加大

文化遗产事业的发展是综合国力特别是国家经济实力增长的重要体现。随着文化遗产保护理念的深入，国家用于文物保护的投入大幅增加，缓解了

因保护经费不足而产生的矛盾，相关管理制度也进一步完善。文物保护专项经费"阳光工程"得以大力推进，经费使用的公开度、透明度和效益不断提高。《博物馆条例》鼓励社会向博物馆捐款，故宫博物院近年来就接受了众多来自社会有识之士的慷慨捐赠，用于文物保护及利用。

2. 文博社会组织得到发展

改革开放以来，文博社会组织焕发了勃勃生机。国家文物局主管和业务指导的社会组织不断发展。各社会组织规范内部管理，加强自身建设，形成了组织不断壮大、事业和谐发展的良好局面。文博社会组织积极承担社会责任，拓宽了文化遗产保护领域，逐步成为推动文化遗产事业发展的一支重要生力军。一些社会组织不断开阔视野、拓展业务，促进对外及与港澳台地区的交流，推动中华文化走向世界。

3. 文物资源开发工作富有成效

各级文物部门深入挖掘、充分展示文物所凝聚的深刻内涵，将其融入建设社会主义核心价值体系之中，为弘扬中华文化、巩固和发展积极健康的主流意识形态做出努力。积极开展各种形式的文物保护单位、博物馆进校园、进社区活动，加强文物图书、报刊、音像制品的出版发行。推进网络信息化建设，丰富文物工作的表现形式和传播形式，增强文化遗产的感召力和吸引力。注重把文物展览、图书、音像制品推向世界，提升中华文化的软实力和国际竞争力。

4. 文化遗产宣传工作不断深化

40年来，全国文物部门以文化遗产为依托，大张旗鼓地开展丰富多彩的宣传活动，宣传《文物保护法》，普及文化遗产保护知识。国家设立"文化遗产日"，完善重大新闻发布制度，启用中国文化遗产标志，推广文化遗产保护公益歌曲。各级文物部门以"文化遗产日"为契机，不断拓宽宣传思路，面向民众的宣传活动卓有成效。对不断涌现的先进典型给予积极的表彰和奖励，全社会关心、爱护并参与文化遗产保护的热潮不断涌现。展览等项目的有力宣传，进一步激发了人民群众日益增长的文化消费需求，比如大众积极踊跃观展的"故宫跑""首博热",再比如热情关注并在网络热议的文化创意产品等。

二 改革开放40年中国文化遗产事业的基本经验

40年来,我们建设了一个符合我国文化遗产保护特点的法律法规体系、一个适应我国文物资源分布和类型特点的保护管理体制、一个保障广大人民群众基本文化权益的社会服务机制、一支保证文化遗产事业得以持续发展的专业人才队伍。中国文化遗产事业之所以能够取得如此成就,归功于党和国家对文化遗产事业的高度重视和坚强领导,归功于各级党委和政府的具体指导和全力支持,归功于广大人民群众及社会各方面的倾心关注和热情参与,归功于文化遗产界建立并不断完善中国特色文化遗产事业理论体系,并在实践中积累了宝贵的经验。

(一)统筹考虑"保护"和"利用"的关系

十九大报告提出,"加强文物保护利用和文化遗产保护传承"。习近平总书记在国内外诸多重要场合屡屡提及"要系统梳理传统文化资源,让收藏在禁宫里的文物、陈列在广阔大地上的遗产、书写在古籍里的文字都活起来"。这倡导的就是文物要在保护的基础上进行合理利用。实践证明,文物工作方针是指导中国文化遗产事业科学发展的法律准则,保护、利用、管理和传承是相互贯通、相互依存、不可分割的统一整体,必须正确处理好有效保护和合理利用的关系。要坚持科学发展观,对发展经济和改善人民生活给予更多的关注,正确处理文化遗产保护与当地民众发展生产、改善生活的关系,做到统筹兼顾,相得益彰;要增强发展的协调性,妥善处理各种利益关系,充分调动各方面积极因素,在科学保护抢救和管理的前提下合理利用,兼顾整体利益和局部利益、长远利益和当前利益、行业利益和地区利益、社会效益和经济效益;要顺应工业化、信息化、城镇化、市场化、国际化深入发展的趋势，把文化遗产事业融入国家改革开放和发展的洪流之中，努力营造有利于文化遗产事业发展的和谐环境，使文化遗产保护成为全社会的共同行动，促进文化遗产事业全面协调可持续发展。

（二）坚持以人民为中心

十九大报告强调，坚持以人民为中心。文化遗产保护与广大人民群众的利益息息相关，是全社会的共同责任，是全体民众的共同事业。40年间，从党中央、国务院到各地方政府，从文物部门到外交、发展改革、教育、科技、工业和信息化、公安、财政、国土、环保等部门，从文物保护志愿者队伍、文物保护社会组织到普通民众，全社会文物保护意识明显提高，全社会珍爱文化遗产的良好氛围正在形成，文物事业呈现出前所未有的良好态势。我们正处于坚持以人民为中心的改革发展伟大时代，发展文化遗产事业必须注意联合群众和服务群众两个方面。

1. 使人民群众在参与文化遗产保护上"各尽其能"

文化遗产事业是全社会的共同事业，人民群众是文化遗产事业的主体，是推动事业发展的力量基础和源头活水。只有全体民众都积极投入文化遗产事业，维护和实现自身的文化权益，文化遗产保护才能取得真正的成效。要始终坚持政府在文化遗产事业中的主导地位和人民群众的主体作用，充分尊重人民群众的主体地位和主动精神，尊重社会公众对文化遗产工作的知情权、参与权、监督权和受益权，研究制定发挥人民主体作用的政策措施，拓展社会参与文化遗产保护的渠道，调动广大民众和社会各方面的主动性、积极性和创造性。还要拓展社会资金渠道，研究制定社会资金有效进入文物保护领域的政策措施，推动文化遗产事业发展。

2. 使人民群众在共享文化遗产保护成果上"各得其利"

十九大报告指出，中国特色社会主义进入新时代，我国社会主要矛盾已经转化为人民日益增长的美好生活需要和不平衡不充分发展之间的矛盾。随着国家经济发展、社会进步和物质生活的改善，人民群众求知、求乐、求美、求参与、求健康的愿望更加强烈，文化消费的需求日趋旺盛并呈现多样化态势，文化遗产已走进广大民众的生活。人们日益增长的多层次、多样化、多方面的文化需求，为繁荣发展文化遗产事业提供了内在需求和强大动力。要切实把实现好、发展好、维护好最广大人民的根本利益作为文化遗产事业的出发点和落脚点，坚持以人为本，倾听群众呼声、体察人民意愿、顺应群众需求，为人民提供丰富的精神食粮，保障人民群众的基本文化权益；要通过文化遗产保护，改善城乡的生态环境、保持浓厚的文化环境、创造美好的宜居环境，使文化遗产保护成果更好地惠及民众、普及民生；要在有效保护的前提下，更加合理地利用文化遗产资源，发挥文化遗产多方面的功能，为社会发展、经济建设和人民生活服务。

（三）着力推动中华优秀传统文化创造性转化、创新性发展

习近平总书记多次强调，要推动中华优秀传统文化创造性转化、创新性发展。在文化竞争力的诸多构成中，最重要的就是文化创新能力，表现为既能够充分发掘本土传统文化资源的现代价值，又能够吸收借鉴外来文化的优秀成果，并加以创造性的融合，形成先进的文化价值体系和强劲的人文魅力机制，进而形成面向世界、适应时代的民族精神来凝聚整个中华民族的力量。

实践证明，发展中国文化遗产事业的动力是改革、关键是创新。必须进一步解放思想、深化改革，努力提高自主创新能力，为发展中国特色文化遗产事业提供强大动力。我们不断解放思想、实事求是、与时俱进，深化改革、大胆创新，努力适应社会主义市场经济发展的要求，把握文化遗产发展趋势，破除制约文化遗产发展的各种思想障碍；按照建设创新型国家的要求，增强创新意识，焕发创新激情，推进理论创新、制度创新、体制创新和科技创新，着力建设创新型事业，完善文化遗产创新体系。

"文化+"跨界模式是近年来兴起并广受关注的一种创新方式，其独特魅力就在于多方共赢。2016年，国家文物局等五部门启动"互联网+中华文明"三年行动计划，为中华优秀传统文化创造性转化、创新性发展搭建广阔平台。

故宫博物院响应号召，与腾讯合力推动"文化＋科技"的发展，启动了吸引年轻人的表情设计大赛、游戏创意大赛，为年轻人提供了用创意活化传统文化的舞台。此外，故宫博物院也注重联合创意机构开发文化创意产品，一批故宫文化创意产品深受市场欢迎和网络热议，故宫文化随文化创意产品被大众带回家，传统文化融入人们生活。

（四）强化中外人文交流，合力构建人类命运共同体

习近平总书记曾指出，文化因交流而多彩，文明因互鉴而丰富。加强与国际组织之间的合作，是促进我国文化遗产事业发展的一种有效途径和重要方式，也是中国文化遗产事业走向世界的重要标志。这既可为中国的文化遗产保护注入新的理念、增加新的活力，也可增强中国在国际文化遗产保护领域的主动权和话语权。

40年来，文化遗产事业从引入学习国外先进办法、加快追赶国际文化遗产保护先进工作水平到近年来通过"请进来""走出去"，不断增强中国文化遗产保护的国际影响力，得到越来越多国际同人的认可和尊重，共同促进人类文明的繁荣发展。实践证明，中国文化遗产事业的发展离不开世界，国际间文化遗产保护的学习和借鉴是文化遗产事业发展的必要条件。

当今时代，文化越来越成为民族凝聚力和创造力的重要源泉，越来越成为国际间综合国力竞争的重要因素。随着综合国力不断增强，国际地位日益提高，我国已经从国际经济、政治秩序的被动适应者，逐步转变为国际重大事务的主要参与者。这要求我们，一是要进一步对外开放，牢牢把握国际文化遗产保护的发展趋势，开展更有深度和实质性内容的合作与交流，汲取世界文化遗产保护的先进理念，博采众长、推陈出新、辩证取舍、择善而从，推动中国文化遗产事业始终保持蓬勃的生机和旺盛的活力。二是要掌握对外开放的主动权，树立世界眼光，加强战略思维，承担更重要的任务。中国文化遗产事业不仅要顺应世界文化遗产发展潮流，而且要对世界文化的兴盛发展有所作为、有所贡献，增强中华文化的吸引力和感召力，为构建人类命运

共同体贡献力量。

结语：习近平总书记在总结十八大以来发生的历史性巨变之后，也直指文化建设方面的不足在于社会文明水平尚需提高。我们必须清醒地认识到，文化遗产工作在取得辉煌成绩的同时，也还存在一些突出问题。比如，一些法律法规和政策措施的落实还不到位，一些地方一般不可移动文物的消失势头尚未得到有效遏制，文物违法犯罪仍时有发生，文物资源的社会作用尚未充分发挥，文物还需进一步活起来，等等。对此，我们必须不忘初心，牢记使命，切实增强忧患意识和担当意识，戮力同心，守护中华民族文化根脉，以人民为中心，努力满足人民日益增长的美好生活需要，发出中国时代强音，让中华文化展现出永久魅力和时代风采，为建设富强民主文明和谐美丽的社会主义现代化强国，以及实现中华民族伟大复兴的宏伟目标作出新的贡献。

第五章　中国文化产业发展40年

范　周[*]

> **导　读**：文化是民族创造力和凝聚力的重要源泉。40年来，改革开放为文化创新发展提供了良好的氛围和环境，对中国文化产业发展产生了广泛而深刻的影响。从党的十五届五中全会首次提出"文化产业"的概念，将文化产业纳入国家发展计划，到党的十七大提出"推动社会主义文化大发展大繁荣"，将文化产业纳入国家发展战略，再到党的十九大提出"坚定文化自信，推动社会主义文化繁荣兴盛"，中国文化产业的发展与改革开放、国家富强、民族复兴息息相关，助推国家文化软实力和中华文化世界影响力不断提升。

当今，文化成为民族创造力和凝聚力的重要源泉，成为综合国力竞争的重要因素。改革开放40年对中国文化产业的发展产生了广泛而积极的影响，为文化创新和繁荣创造了良好的环境和氛围。从党的十五届五中全会首

---

[*] 范周，博士，中国传媒大学文化发展研究院院长、雄安新区发展研究院院长，教授、博士生导师；兼任文化和旅游部文化产业专家委员会主任、国家发改委"十三五"规划专家委员会委员、文化和旅游部国家文化改革发展研究基地主任、国家艺术基金规划专家委员会专家、《文化和旅游部"一带一路"文化发展规划（2016~2020）》编制课题组组长、全国人大《公共文化服务保障法》起草专家组成员、京津冀文化产业协同发展规划起草组组长；主要研究领域为文化产业、文化政策等。

次将文化产业纳入国家发展计划,到党的十七大提出"推动社会主义文化大发展大繁荣",再到党的十九大提出"坚定文化自信,推动社会主义文化繁荣兴盛",中国文化与改革开放、民族复兴共兴共荣,并助推国家软实力不断提升。

一 改革开放40年中国文化产业发展历程概述

(一)文化产业发展的萌芽期(1978~1991年)

20世纪70年代末到80年代中期,随着"文化大革命"的结束和改革开放政策的提出,中国的国民经济逐渐得到恢复并取得初步的发展,经济体制的改革推动了文化领域和思想领域的变革,中国社会公众开始在思想上冲破极"左"牢笼的束缚,渴望了解新生活、新知识和新观念,社会公众的文化消费需求也开始复苏,文化产业进入萌芽期,取得一定程度的发展。

1. 文化市场兴起,娱乐性文化消费开始出现

文化市场借助于经济推力和文化需求的增长逐步形成。以民营为主的娱乐业和广告业开始起步,并迅速发展,文化娱乐业也被认为是我国文化产业发展的起点。1979年,广州东方宾馆开设了国内第一家音乐茶座,成为新中国文化市场兴起的标志。随即,营业性舞厅等经营性文化活动场所在各大城市争相开业,我国开始出现具有现代意义的文化市场。随着国外盒式录音带和录音机开始涌入中国,以及港台音乐和文化对内地的渗透和影响,内地音像业逐渐起步。1983年,上海和广州首先进行录像的生产和经营,推出了最早的一批流行歌手,建立了最早的文化演出公司,群众的文化消费市场逐步得到恢复。与此同时,广告业开始出现并迅速发展,成为一个独立的文化服务行业并日趋成熟。随着人们逐渐认识到广告对于产品营销的宣传推广和中介作用,电台、报纸、电视台各种媒体投放广告的时间日渐增多,广告的质量、水平也逐步提高。同时,我国抓住1984年洛杉矶奥运会中国实现奥运金牌零的突破这一契机,大力发展体育产业;1990年成功举办了第十一届亚运

会，开始了体育的产业化、市场化运作。但是，我国文化产业在这一阶段还处于探索的初级阶段，规模小，内容单一，在国民经济中所占比重较小，文化产业和市场只是处于萌芽状态，没有形成完全独立的文化产业体系和市场体系。

2. 文化事业单位的企业化转型

这一阶段文化体制改革主要集中在文化事业单位的企业化转型，具体表现在以下几个方面：一是开始调整艺术部门和艺术团体的布局，推动了精简合并。1980年3月，文化部召开了全国文化厅局长会议，讨论和交流了艺术表演团体体制改革问题。二是借鉴经济体制改革的经验，在文化单位推行以承包经营责任制为主要内容的改革，以解决统得过死和吃大锅饭等体制弊端。同时实行了"以文补文""多业助文"等改革措施，以解决文化单位出现的经济困境。三是在文艺与演出领域实行"双轨制"改革，即"国家扶持的全民所有制院团"与"多种所有制的艺术团体"并存发展。其中，国家主办的全民所有制艺术表演团体要少而精，这些院团应当是国家和民族最高艺术水平的代表；大多数艺术表演团体则实行多种所有制形式，由社会各种力量主办。四是在新闻出版单位进行运行机制、发行体制、价格体制和内部体制四个方面的变革，20世纪80年代中期开始全面实行"事业单位，企业化管理"，改变新闻出版部门的"事业"属性，增加了新闻出版单位的活力、服务水平和市场竞争力。到20世纪90年代初期，我国的文化体制改革取得了一定程度的突破，文化发展也取得了可喜的成就，但尚未触及文化体制深层次的矛盾。因而，这一时期的体制改革还是浅层次的改革。

3. 文化意识形态的释放

尽管该阶段文化生产和流通的机制还没有完全从计划经济体制的束缚中解放出来，文化商品无论是数量还是质量都远远不能满足居民的需求。但该时期文化领域的改革与实践，有力地冲击了中国社会公众原有的价值观念，使人们对文化活动的经济属性和产业属性有了更多直观的认识。人们逐渐意识到，文化不仅仅只是政治宣传工具，还是一种娱乐产品、一个经济门类。更重要的是，部分文化行业的产业性质得到政府的认可。在1985年国务院办公厅转发国家统计局的《关于建立第三产业统计的报告》中，文化艺术作为第三产业的一个组成部分被列入国民经济统计的项目，从而确认了文化艺术的商品属性和产业属性。1988年，文化部、国家工商总局联合发布了《关于加强文化市场管理工作的通知》，第一次在政府文件中采用了"文化市场"的概念。1989年，国务院批准在文化部设置文化市场管理局，全国文化市场管理体系开始建立。1991年，国务院批转《文化部关于文化事业若干经济政策意见的报告》，正式提出了"文化经济"的概念。

在文化产业发展的萌芽期，一些与意识形态关系密切的文化行业出现了产业化苗头。虽然文化产业实践活动已经展开，党和政府对文化产业发展逐步从直接限制走向宏观管理，但文化事业依然是党宣传意识形态和进行文化建设的主要途径，对于文化产业发展与主流意识形态传播之间的关系还未形成明确的思路。这一阶段，文化还没有被赋予"产业"地位。

（二）文化产业发展的初步形成期（1992~2001年）

1992年，党的十四大明确提出要建设中国特色社会主义市场经济体制，由计划经济向市场经济转变，充分发挥市场的资源配置作用。市场经济体制的建立为文化产业的健康发展奠定了基础。同年，党中央、国务院发布了《关于加快发展第三产业的决定》，正式把文化产业列入第三产业，把文化部门由财政支出型部门定位为生产型部门，从而为文化产业的发展作了政策上、体制上的准备。文化产业发展由较单纯的"以文补文"开始进入初始发展阶段，主要是文化体制改革取得进展，利用文化资源的意识有了加强，文化产业快速发展，居民文化需求也日益增长，朝着娱乐型、多样化、可参与性的方向发展。

1. 文化体制改革的系统展开

党的十四大提出了"积极推进文化体制改革，完善文化事业的有关经济政策，繁荣社会主义文化"的要求。1993年的《政府工作报告》对文化体制改革做了进一步的部署。在这个宏观背景下，中国文化体制改革的步伐明显加快，开始从"直接管理"向"间接管理"、从"办文化"向"管文化"、从"小文化"向"大文化"转变。例如，天津市对直属艺术表演团体采取了三个层次的管理模式。上海市在1997~2000年的新一轮改革中，对市属艺术院团布局结构和管理模式进行重新定位，把它们分为政府重点投入院团、政府部分资助院团、社会办团、民间职业剧团等四个层面，并在确保重点院团的前提下，鼓励社会办团，规范并发展民间职业剧团。

在探索城市文化经济宏观管理新路子的同时，一些城市也开始大刀阔斧地对文化机构及其队伍进行"消肿"。如上海、哈尔滨、沈阳、天津等城市通过合并、撤销等方式对多余的剧团进行了精简，其中上海还实行全员聘任制的改革，为解决人员能进能出问题迈出了坚实的一步。

2. 文化产业规模扩大，文化产业开始自发增长

1992年以后，文化产业在中国迅猛发展，子行业与日俱增。1999年5月北京市统计局发布的数据显示，文化行业与旅游行业所创造的增加值约为281.2亿元，占全市GDP的14%。[①] 1996年，中国各大中城市的报纸共2202种，与1978年的186种相比，增长近12倍。与居民消费性的、多样化的文化需求相适应，报纸的种类也大大增加了，由原来以党委机关报为主发展到多种报纸并存，出现了经济类、国际时事类、文化类、休闲类、生活服务类等报纸。

尤其值得一提的是，随着信息技术的飞速发展，新的文化产业领域——互联网开始出现。网络经济具有高知识、高技术的特点，是智力密集型、信息密集型产业，也是知识经济时代和信息技术时代的主要经济增长点，发展较为迅速。据调查，1999年，中国上网计算机146万台，互联网用户400万，互联网站点数约9906个。从用户的地域分布看，居前

---

① 王晓方：《谁在说话——中国文化年报（2001年版）》，兰州：兰州大学出版社，2001。

三位的是北京、广东、上海，分别占 21.02%、11.77% 和 8.71%。① 此外，出现了文化企业集团化的趋势，1999 年，上海世纪出版集团经中宣部、新闻出版署批准成立，成为全国第一家出版集团，标志着中国文化产业自发增长已经达到了新的改革临界点。随后，南方报业集团、湖南广电集团相继成立。

3. 文化要素市场逐渐孕育和生长

随着文化体制改革的逐步深入和文化产业的迅猛发展，中国文化市场出现了空前繁荣的局面。主要表现在社会力量和外资参与中国文化产业发展的新格局开始形成，文化资本市场、文化中介市场等文化要素市场逐渐孕育和生长。一方面，在文化体制改革的有力刺激下，社会各界增加了对文化产业的投入。以文化艺术、娱乐、音像书刊发展为例，1997 年国有文化部门创办的文化经营单位只占整个文化经营单位的 10% 左右，而非国有文化部门创办的已占 88.6%。自 1993 年起，北京出现了"民营国营同台竞争"的局面。民营企业家钱程先后于 1991 年和 2000 年与中央乐团、北京市签约，出资承包了北京音乐厅、中山公园音乐堂，大胆探索演出市场规律，在规范秩序、增加演出、收齐场租、广泛吸收社会投资、投资创新性剧目等方面进行了积极的探索，显示了民营资本在激活文化市场和发展文化产业方面的独特功能、地位和作用。1999 年起，上海平均每天都有十多家企业申办中外合资娱乐场所，同时出现了一批集消费与购物休闲为一体的新型综合商厦，如徐家汇的港汇广场、汇金百货、东方商厦等，以一流的商厦硬件作基础，以"错位消费"的经营方式形成了一个声势浩大的文化娱乐消费圈。另一方面，文化中介市场开始兴起与发展。以上海为例，在此期间，上海市建立了多家正规的从事中介服务的文化实体，如上海市演出公司、上海市对外文化交流公司、上海市演出总公司、上海文大演出中心、上海广电演出有限公司等，逐步覆盖了演出市场的大部分领域，向要素市场的专业化、规范化和国际化跨出了一

---

① 张国良：《新闻媒介与社会》，上海：上海人民出版社，2001。

大步。

这一阶段，党和政府对处理文化产业发展与意识形态传播的关系已经逐步从被动走向主动，一元文化主导下多样文化的发展态势已经形成。但因文化市场尚未建立，文化产品显得良莠不齐。

（三）文化产业发展的快速扩张期（2002~2011年）

随着中国加入WTO以及国家文化竞争的日益加剧，文化产业的战略地位得以真正确立，国家集中出台了加快文化体制改革和鼓励各种经济成分共同发展文化产业的政策，发展文化产业成为我国国民经济和社会发展战略的重要组成部分。在党的十六大积极发展我国文化产业政策的指引下，2002~2011年，我国文化产业进入加速发展时期。

1. 文化产业概念正式提出

2002年，党的十六大第一次在党的正式文件中科学地区分了文化事业与文化产业，明确阐述了二者既相互联系又相互区别的辩证关系，强调一手抓公益性文化事业、一手抓经营性文化产业，把文化产业作为文化建设的重要方面凸显出来，这在文化产业发展历程中具有里程碑的意义。2003年9月，文化部发布了《关于支持和促进文化产业发展的若干意见》，将文化产业界定为"从事文化产品生产和提供文化服务的经营性行业"，并将演出、影视、音像、文化娱乐、文化旅游、网络文化、图书报刊、文物和艺术品以及艺术培训等九大行业纳入文化产业的管理范围。[1]2003~2004年，中宣部与国家统计局等有关部门组织开展文化产业统计课题调研，并从经济社会发展全局的角度出发，最终于2004年由国家统计局制定出台《文化及相关产业分类》，对"文化及相关产业"界定为"为社会公众提供文化娱乐产品和服务的活动，以及与这些活动有关联的活动的集合"[2]，包括文化产业核心层、文化产业外围层

---

[1] 王晓红：《我国文化创意产业发展现状及思路》，《时代经贸》2012年2期。
[2] 蔡武主编《筑牢文化自信之基——中国文化体制改革40年》，广州：广东经济出版社，2017。

和相关文化产业层。所以，中国对文化产业的界定是文化娱乐的集合，区别于具有意识形态性的文化事业。2007年，党的十七大报告进一步对文化产业与文化事业进行了论述，并强调要解放和发展文化生产力、提高国家文化软实力。这表明我们党在改革开放的实践中对文化事业和文化产业的认识在逐步深化。2009年我国出台《文化产业振兴规划》，将文化产业上升至国家战略性产业。

2. 文化体制改革顺利推进，卓有成效

2002年，党的十六大提出文化产业与文化事业"两分法"，标志着文化体制改革理论趋于系统化、明晰化。首先，实现政府职能转变，重点是实现三个转变：从管文化、办文化向以管为主转变，从主要管理直属单位向管理系统和社会转变，从主要以行政手段为主向综合运用法律、经济、行政等管理手段转变。其次，构建公共文化服务体系，这是十六大以来我国文化体制改革的重要组成部分。十六大以来，我国逐步形成覆盖全社会的公共服务体系，相继实施"广播电视村村通工程""农村电影2131工程""国家舞台艺术精品工程""全国信息资源共享工程""农家书屋"等。再次，增强微观活力，对经营性文化企业和公益性文化事业进行体制创新和机制创新，如转企改制、事业单位内部改革、实施文化改革试点等。最后，还通过出台政策措施，降低市场准入资格，取消限制，鼓励民间资本投资到文化领域，积极扩大融资渠道，改变长期以来我国文化投融资过分依赖政府、投资主体单一的局面。

3. 现代文化市场体系进一步确立

2003年，文化体制改革试点工作启动，文化市场体系改革进入了全面深化阶段。2003年，中宣部、文化部、国家广电总局、新闻出版总署联合发布的《关于文化体制改革试点工作的意见》明确提出，要加快文化产品市场和生产要素市场建设，发展市场中介组织，形成统一开放、竞争有序的文化市场体系。2011年，党的十七届六中全会进一步强调，"促进文化产品和要素在全国范围内合理流动，必须构建统一开放竞争有序的现代文化市场体系"。总的来说，这一时期，我国文化产品市场体系不断完善，规模进一步扩大，呈

现出门类齐全、层次多样的特点。2011年，全国文化市场经营机构全年营业总收入为1608.33亿元，比上年增长538.71亿元，增速为50.4%。利润总额为547.09亿元，比上年增长125.60亿元，增速为29.8%，文化市场已成为人民群众文化消费的主渠道。[①] 以演出市场为例，随着改革开放的进一步深入，演出市场进一步开放，建立了演出经纪人制度，组建了一批国家、集体、个人性质的演出公司，开放演出组织权。2011年，我国演出市场收入达233.3亿元。其中直接票房收入达120.9亿元，演出综合服务业（包括灯光、音响设备、服装等）产值约59.3亿元，旅游演出被分账收入[②]达44.5亿元，非独立性娱乐演出（不进行单独售票的娱乐演出）收入为8.6亿元。[③]

（四）文化产业发展的全面提升期（2012年至今）

1. 文化产业所有制结构大力调整

党的十七届六中全会明确提出"加快发展文化产业，必须毫不动摇地支持和壮大国有或国有控股企业，毫不动摇地鼓励和引导各种非所有制文化企业健康发展"。2012年以后，国家在积极推动国有文化企业发展的同时，制定了一系列行之有效的政策措施，推动非公有制文化企业的快速发展。社会各界投资文化企业的热情高涨，以公有制为主体、多种所有制共同发展的文化产业所有制结构基本形成，为我国文化产业的长远健康发展奠定了重要的基础。具体表现在以下几个方面。

第一，国有或国有控股文化企业发展成效明显，骨干文化企业总体实力不断增强，发展势头强劲。从2017年发布的第九届"全国文化企业30强"名单看，中国出版集团公司、中国电影股份有限公司、中国国际电视总公司、中国教育出版传媒集团等国有或国有控股文化企业有25家，占总数的80%。[④]

---

① 文化部：《2011年全国文化发展基本情况》，中央政府门户网站，2012年4月11日。
② 旅游演出被分账收入指旅游演出票房收入中没有进入演出行业而进入旅游行业的部分。
③ 文化部文化市场司、中国演出行业协会、道略文化产业研究中心：《2011年中国演出市场年度报告》。
④ 蔡武主编《筑牢文化自信之基——中国文化体制改革40年》，广州：广东经济出版社，2017。

第二，民间投资文化产业热情高涨，非公有制文化市场主体迅猛增加，涌现出一批具有较强实力和竞争力的民营文化企业。党的十八大召开以后，文化主管部门联合相关部门积极推动文化产业领域的"大众创业、万众创新"，支持中小微文化企业发展，充分发挥文化产业推动创新、增加就业的功能。2015年，全国新登记注册的文化娱乐类企业10.4万户，同比增长58.5%，远高于同期全国新登记注册企业（21.6%）的增长速度。① 同时，以百度、阿里巴巴、腾讯为代表的大型企业集团以并购、股权投资、业务合作等方式，全面进入文化产业领域，不断创新"互联网+文化"商业模式，与文化企业进行了横向合并和跨界整合。

2. 文化产业成为国民经济发展的支柱产业

2012年以后，得益于国内外良好的发展环境和条件，我国文化产业经历15年砥砺前行后，呈现出持续增长的强劲势头，实现了全面的提升。2012年我国调整了文化产业统计口径，加入了个体户，文化产业实现了飞跃式的增长。2012~2016年，我国文化产业增加值呈逐年上升趋势，从2012年的1.8万亿元增加到2016年的3.1万亿元，占GDP的比重从2012年的3.48%增加到2016年的4.14%。② 有专家计算了文化产业增量与GDP增量的百分比得出文化产业的贡献率，从2012年开始，文化产业的贡献率就一直在5%以上，2015年达到了6.5%，2016年是5.5%，这表明文化产业在经济中的地位和作用日益上升。经济新常态下，在供给侧结构性改革全面推进之时，文化产业健康持续发展，正在成为经济社会发展的新引擎。③

3. 文化科技创新加快，文化产业结构不断优化

2014年，我国在《文化及相关产业分类（2002）》的基础上，进行了文化产业统计标准的调整，文化产业类别结构由原来的"核心层、相关层、外

---

① 蔡武主编《筑牢文化自信之基——中国文化体制改革40年》，广州：广东经济出版社，2017。
② 范周：《文化产业论纲》，北京：社会科学文献出版社，2016。
③ 《2016年中国文化产业增加值首次突破3万亿元》，《光明日报》2017年5月27日。

围层"调整为"文化产品的生产活动、文化产品生产的辅助生产活动、文化用品的生产活动和文化专用设备的生产活动"四个层次,行业类别由原来的九大类调整为十大类,增加了文化创意、文化新业态、软件设计服务等。这说明随着文化业态的不断融合,新兴业态不断出现,同时我国文化产业不断调整升级,从产业链条的低端向高端不断演进。

值得注意的是,2012年以后,我国文化产业结构最为明显的变化是以互联网为载体的新型文化产业的快速发展。2015年的全国"两会"上,"互联网+"一词在政府工作报告中出现,引发社会各界热议。在"互联网+"的时代背景下,文化产业与其他产业实现更为深入的融合,极大地拉动了电影、电视、新闻出版、演艺等传统文化产业的数字化转型,数字出版、手机游戏、网络文学、自媒体等新兴文化业态不断出现。在国家统计局公布的2017年前三季度全国规模以上文化及相关产业企业营业收入情况中,以"互联网+"为主要形式的文化信息传输服务业营业收入为5503亿元,增长36.0%。① 文化产业结构处于调整变化期。

4. 文化产业规模化、集约化水平提高。

近年来,中央加大规划指导,优化文化产业的空间布局,培育出一批文化产业示范园区(基地),建成一批文化产业强省、强市和区域文化产业集群,初步形成文化产业的规模化、集聚化发展态势。

第一,文化产业园区和基地规划建设得到加强。我国文化创意产业园区从20世纪90年代起步,到2002年末建成48个,2012年达到1457个,2014年达到3500个。2015年工信部下发《关于进一步促进产业集群发展的指导意见》,园区打破自身藩篱向产业集群、集聚区方向发展,数量整体回落,全国正常运作的园区共有2047个。据不完全统计,2016年全国文化产业园区超过2500家,其中国家已命名的文化创意产业各类相关基地、园区超过350

---

① 《2017年前三季度全国规模以上文化及相关产业企业营业收入增长11.4%》,新华网,2017年8月3日。

个。①2017年4月,《文化部"十三五"时期文化发展改革规划》明确提出,"十三五"期间,要培育一批集聚功能和辐射作用明显的国家级文化产业园区。

第二,区域文化产业发展得到促进。在"十二五"时期提出东中西部协调发展的基础上,《文化部"十三五"时期文化产业发展规划》进一步深化区域协同——"以区域发展总体战略为基础,以三大战略为引领,引导各地根据资源禀赋和功能定位,走特色化、差异化发展之路。"从2014年京津冀协同发展战略提出到2015年《推动共建丝绸之路经济带和21世纪海上丝绸之路的愿景与行动》发布,从2016年9月《长江经济带发展规划纲要》正式印发到2017年4月具备"千年大计、国家大事"高度的雄安新区设立,区域发展不再是简单割裂的资源共享。打破界限、联动发展,区域文化发展进入新格局。②

二 改革开放40年中国文化产业业态发展成果概述

(一)新闻出版40年兴起与落寞

中国新闻出版业作为中国改革开放和文化产业发展宣传者、推动者和实践者,已形成一套较为成熟的产业体系。其发展经历了如下四个阶段。

1. 初步发展:思想的解放与内容的多样化

十一届三中全会以后,我党恢复了"解放思想,实事求是"思想路线,将工作重心从阶级斗争转向经济建设。新闻出版业出版物数量和质量大幅度提高,种类开始多样化。1985年文化部设立国家版权局,1987年1月,国务院决定撤销国家出版局,设立直属国务院的新闻出版署,并且继续保留国家

---

① 范周:《2016年文化创意产业园区发展面面观》,中国文化法治网,2017年2月3日,http://www.2016cc/.com/index/article/id/485.html。
② 范周:《深度解读〈文化部"十三五"时期文化产业发展规划〉》,《求是》2017年4月20日。

版权局,保持一个机构、两块牌子的形式。全国各省、自治区、直辖市均建立了新闻出版局,负责图书、期刊、音像出版等相关工作,新闻出版业的管理逐步完善。1979年11月中央宣传部发布《关于报刊、广播、电视台刊登和播放外国商品广告的通知》,批准新闻出版单位承办广告,到1987年底,全国有1126家报纸经营广告业务。① 1985年全国地方出版工作会议明确了出版业由生产型转向生产经营型,图书出版业开始引入民营资本,新闻出版由生产导向型向生产经营型转变,新闻出版业生产经营实行经济核算,自负盈亏。

2. 进一步发展:市场化与产业化。

为响应邓小平的"南方谈话"和社会主义市场经济体制带来的市场变化,全国各地深度报道改革开放的新经验和发展进程。这一阶段的标志性事件是1992年4月新闻出版署召开党组扩大会议和部分省市新闻出版局局长会议,提出加强出版行业的联合,进行出版、印刷、发行企业集团的试点。② 1996年广州日报社率先成立第一家报业集团,但是其体制仍然没有改变。直到2000年辽宁出版集团成立,我国新闻出版业才有了第一个真正意义上政企分开、政事分开的,第一个获得国有资产授权经营的,第一个既坚持文化产品的意识形态属性又遵循市场经济规律、全面实行现代企业制度模式、实施产业发展的出版集团。③ 新闻出版业的服务功能增强,报刊种类增多,各类报纸竞相增刊、扩版,专业报、文摘报也纷纷创刊,如《奥运快讯》等。2001年新闻出版署更名为新闻出版总署。1997年1月2日,国务院发布《出版管理条例》,逐步规范市场秩序。但市场化的道路上出现困境,面对出版收益相比地产开发实在微不足道的现状,一些出版社的资金和资源流向了地产开发。

3. 深化改革:技术创新与"走出去"

这一阶段的关键词是技术、上市、国际化。党的十六大正式提出包括

---

① 赵晶媛:《文化产业与管理》,北京:清华大学出版社,2010。
② 付琦:《我国新闻出版业发展水平影响因素的实证研究》,广西师范大学硕士学位论文,2013。
③ 郝振省、魏玉山:《改革开放三十年新闻出版工作的主要经验与启示》,《出版发行研究》2008年第11期。

新闻出版业在内的文化产业概念，确立了新闻出版业在全面建设小康社会中极为重要的地位和作用。①互联网作为"第四媒体"逐渐普及，推动大众传播开疆拓土，新闻媒体技术更加先进。2006年10月，上海新华传媒股份有限公司发起的"新华传媒"借壳"华联超市"成功上市，成为我国新闻出版发行企业中第一家上市公司，开创了我国文化企业上市和股权分置改革的先例。②2006年启动"中国图书对外推广计划"品牌工程，各地程度不同地推动新闻出版业"走出去"，2007年中国青年出版社在英国伦敦成立全资子公司"中国青年出版社国际有限公司"，中国新闻出版业不仅实现了产品和版权"走出去"，更实现了资本"走出去"，从而初步完成了海外布局。

4. 产业转型：机遇与挑战

2009年至今，新闻出版业由传统出版向数字出版转变："十二五"规划中的表述是"新闻出版业数字化转型"；"十三五"规划中的表述是"新闻出版业数字化转型全面布局"。2016年，《东方早报》和《京华时报》两份都市报先后宣布停刊，一南一北两报停刊成为当年新闻媒体行业的标志性事件之一。传统出版社面对数字化、互联网的冲击，数字化转型并不理想。截至2017年，40余家报纸宣布停刊，新闻出版业的转型升级亟待寻找新思路。

这一阶段，我国新闻出版业在对外开放方面砥砺前行。2011年4月出台《新闻出版业"十二五"时期"走出去"发展规划》，我国新闻出版业在"走出去"的过程中版权输出从2006年的2050项增长到2016年的11133项，版权贸易进出口比例从2006年的6.02∶1缩小到2016年的1.6∶1。2016年，我国出版企业在境外运营的各种分支机构及销售网点达459家。③我国新闻出版业逐渐向国际化、数字化方向发展。

---

① 郝振省、魏玉山：《改革开放三十年新闻出版工作的主要经验与启示》，《出版发行研究》2008年第11期。
② 苑文娟：《加快发展我国新闻出版业的税收政策研究》，财政部财政科学研究所硕士学位论文，2012。
③ 国家新闻出版广电总局：《2016年新闻出版产业分析报告》。

回顾历史，展望未来，新闻出版业发展面临巨大的机遇与挑战。在技术创新的驱动下，新闻出版业的内容和商业模式不断更新转换，新闻出版业应找到新的出路。

（二）广播电视40年发展变革与兴盛

改革开放40年以来，从萌芽到勃发的成长期，广播电影电视产业展现出蓬勃的生命力，其发展历程大致可分为以下三个阶段。

1. 萌芽初起："四级制"创导新起点

1978~1998年广播电视业初步发展，改革开放带来的改变是突破性的，它为我国广播电视带来的是制度上的转变，从而产生了功能上的转变乃至地位上的转变，为中国广播电视产业发展提供了诸多良好机遇。1983年第十一次全国广播电视工作会议首次颁布"四级制"——"四级办节目、四级混合覆盖"，并且明确提出要落实人人、户户都要看到电视听到广播。这些制度的创立带来了我国广电业的大发展、大转折：广播电台的数量如雨后春笋，"宣传导向"与"产业导向"并驾齐驱。在内容转变的影响下，诸多电视台逐步从依靠政府扶持独立出来，拥有了自己的融资方式和经济支撑，并且实现了独立自主、持续创收的增势。"四级制"的创立是一个里程碑，其发展与我国当时国情相契合，并在许多方面取得了突破性的进展。

2. 改革深入："集团化"引领新发展

随着改革开放的深入发展，国内的广播电影电视产业有了一定程度的进步，总体实现普及化，市场竞争逐步加大。同时国内外广播电视业的实力也拉开了差距。1999年，江苏无锡广播电视集团创立，开启了我国广播电视集团化的进程。

2001年我国加入WTO之后，广播电视产业与国外广播电视产业的差距进一步拉大。这一历史性的机遇和挑战都促使广播电视产业必须进行新的转变。2001年中办、国办的有关文件对组建广电集团的指导思想、原则、体制、融资等问题作了全面规定。①而这一改制带来了三种模式同步发展：第一种是湖南、山东模式，广播电视集团（总台）与广播电视局合署办公，领导班子交叉任职，政企、政事职能在内部相对分开；第二种是北京、江苏模式，广播电视集团（总台）与广播电视局"两块牌子、两套人马和两套领导班子"，政企、政事职能分离；第三种是上海模式，文化广播影视集团与文化广播影视管理局"两块牌子、两套人马和两套领导班子"，领导班子中少数同志因工作需要兼职，其他多数同志不得兼职。②"集团化"不仅激发了经营者的热情，也为广播电影电视投融资开辟出多条渠道，成为广播电视产业新增长极。同时，"集团化"促进了广播电视产业的快速增长，为吸纳大量人才，进一步整合社会资源和已有资源，提升广播电视产品的质量，以及广播电视产业进一步做大做强打下了坚实的基础。

3. 技术冲击："数字化"发展新动向

2008年开始，广播电视产业逐渐引入数字化技术。2008年，我国移动多媒体广播电视（CMMB）标准体系建设开始，年底，全国147个城市实现网络覆盖，2009年12月28日，中国网络电视台（CNTV）开播，技术上实现了重点突破。同年，《关于加快广播电视有线网络发展的若干意见》，为日后全国广播电视数字化奠定了坚实基础；2010年，《国务院关于印发〈推进三网融合总体方案的通知〉》发布，强调要进一步推进广播电视网、互联网、电信网实现协调促进，互为补充，为广播电视数字化带来新思路，广播电视数字化程度不断提高。

根据中国广播电视网络有限公司和格兰研究联合发布的数据，截至2016年底，我国有线广播电视用户总数达22829.53万户，有线广播电视实际用户占居民总户数的比重为52.75%，其中：数字电视实际用户数量达20157.24万户，付费数字电视实际用户数量达4996万户。③但随着数字化的进展，互联

---

① 梁山：《中外广播电视集团化比较研究》，《中国广播电视学刊》2002年第12期。
② 梁山：《广播电视集团化发展战略思考》，《中国广播电视学刊》2001年第9期。
③ 国家广播电影电视总局发展研究中心：《2017年中国广播电影电视发展报告》，北京：新华出版社，2017，第372页。

网新生媒体也在迅速成长，人们拥有了更多的观看视频方式，这一竞争力量不仅改变了媒介间的收入比例，也改变了我国媒体产业格局。通过调查分析，2016年，传统电视媒体广告以1.16%的速度增长，而网络收入的增长速度达5.10%。[1]这意味着我国当前的传统媒体正面临重大冲击，新媒体的交互性、多样性、更新速度都对广播电视造成重大威胁。如何实现革新突破成为当前中国广播电视产业必须面对的课题。

（三）动漫发展与突围

作为"新兴的朝阳产业"，我国动漫产业在发展过程中曾经繁荣过也曾经低迷过，具体可分为以下几个阶段。

1. 以产定销，繁荣发展时期

1978年后，我国进入新时期，但改革开放初期，计划经济仍占主导地位，"以产定销"是当时动画产业的主要模式。这一时期我国各地干校美术学生回到美术影片厂，1979年中国第一部彩色宽银幕动画长片《哪吒闹海》诞生。其后，中国动画界陆续创作出《雪孩子》（1980）、《黑猫警长》（1984）等动画作品，动漫作品种类增多，数量增大，剪纸动画片《葫芦兄弟》、木偶动画片等新种类出现。[2]同时，这一时期国外动漫开始引入我国，1980年第一部国外动画片《铁臂阿童木》在央视播出。在国外的技术与精美动漫的影响下，我国也开始成为世界动画加工厂。

2. 市场导向，低迷发展时期

1992年邓小平"南方谈话"推动社会主义市场经济体制初步发展，这一阶段动漫产业初步形成，市场化和产业化发展是动漫产业的主导方向，1993年国家取消动漫收购制度，不再限制动漫的产量，逐步开放市场，包括

---

[1] 国家广播电影电视总局发展研究中心：《2017年中国广播电影电视发展报告》，北京：新华出版社，2017，第374页。

[2] 郑雯：《中国动漫业创新升级的驱动模式研究——以2006~2015年为例》，上海社会科学院硕士学位论文，2017。

《十二生肖》等动画作品推动了动漫产业的市场化进程。

但是，随着我国电视机的迅速普及，国内动漫的创作与生产不能满足人们的需求，国外动漫产品涌入中国，中国动漫产业与国外动漫产业相比明显滞后，我国动漫人才对国外动漫的崇拜导致人才外流。[①] 这一时期，除1999年的《宝莲灯》产生了一定的市场影响外，欧美和日本动漫产品成为市场的主力军，我国动漫产业进入迷茫阶段。

3. 政策发力，恢复发展时期

2004~2011年，是我国动漫产业的恢复发展阶段。这一时期的产业政策对动漫产业发展起到了重要的推动作用。2004年《关于发展我国影视动画产业的若干意见》、2006年《关于推动我国动漫产业发展的若干意见》、2006年《国家"十一五"时期文化发展规划纲要》、2008年《关于扶持我国动漫产业发展的若干意见》等一系列意见、规划和决定相继颁布，政府以"保姆式"的政策为动漫产业保驾护航。2005年国家广电总局继在四大动漫专业院校设置教育基地后，又先后在全国15个企业和单位设立动画产业基地，到2008年出现了东北、华北、西南、中部和长三角五大动画产业经济带。

4. 市场导向，繁荣发展时期

2012年6月，扶持动漫产业部际联席会议办公室发布《"十二五"时期国家动漫产业发展规划》，明确将优化动漫产业布局结构作为未来五年发展的重要任务。这一时期，二次元、IP、融合发展成为动漫产业关键词。《2015年中国二次元用户报告》显示，中国二次元消费者已达2.6亿人，未来国产动漫将向"二次元经济"核心受益区进击。[②] 网络漫画成为IP的源头动力，2017年中国动漫产业受到资本的青睐，如腾讯投资玄机科技近两亿元。动漫游戏、非遗与动漫的融合等，使动漫艺术家推陈出新。同时，我国动漫产业衍生品产值由2009年的129亿元增长到2016年的450亿元，玩具类占衍生品的

---

① 王静：《中国动漫产业政策探析》，东北大学硕士学位论文，2009。
② 艾瑞咨询联合二次元人口普查委员会：《2015年中国二次元用户报告》。

51%。^①2017年出现了第一部成人动画电影《大护法》,中国动漫产业开始进行"全龄化"探索。

(四)文化遗产保护的重视

在文化遗产保护的这40年中,由文物保护向文化遗产保护的转变推动了文化遗产保护的发展。在理论上由"修旧如旧"向历史城市整体性保护转变,在立法上由政府法令转向国家法律法规、中央政府法规、地方政府法规等多层次法律法规制度体系,由传统"收藏"向现代"保护"转变,由单纯性保护遗产主体向包括环境在内的整体遗产地保护体系转变。[②] 文化遗产保护的40年循序渐进,有如下几个阶段。

1. 概念初现:文化遗产初步发展阶段

改革开放伊始,文化遗产还未普及。1981年第二次全国文物普查,涉及9.4万余人,共调查登记不可移动文物40余万处,并先后公布了2351处全国重点文物保护单位,8000多处省级文物保护单位,60000多处市县级文物保护单位。[③]1982年第一部文物保护法《中华人民共和国文物保护法》发布,保护文物开始有法可依,同时这一法律提出"历史文化名城"的概念,1982年2月、1986年12月、1994年1月国务院先后批准公布了第一批、第二批、第三批国家历史文化名城名单。1985年我国加入《世界遗产公约》,这意味着中国同时愿意接受以《威尼斯宪章》为基础的国际文化遗产保护原则。[④]1987年12月,长城成为世界文化遗产,我国开始向世界展现中国的古代文明成就。1988年联合国教科文组织对我国"申遗"成功的六项遗产进行

---

① 国家新闻出版广电总局:《2016年电影产业发展报告》。
② 霍巍、杨锋、谌海霞:《西藏重点文物保护单位的现状、潜在资源分析与保护对策》,北京:社会科学文献出版社,2016。
③ 霍巍、杨锋、谌海霞:《西藏重点文物保护单位的现状、潜在资源分析与保护对策》,北京:社会科学文献出版社,2016。
④ 吕舟:《〈中国文物古迹保护准则〉的修订与中国文化遗产保护的发展》,《中国文化遗产》2015年第2期。

评估时却发现了历史建筑的保护问题,这也是我国文化遗产保护的瓶颈。

2. 政策保障:体系化与法治化并举

1996~2005年,体系化和法治化是这一阶段的主要特征。1992年邓小平"南方谈话"后社会主义市场经济体制初步发展,经济建设推动了人们对历史古城保护和乡土建筑的关注。一方面,我国的文化遗产逐步形成了"文物保护单位""历史文化保护区""历史文化名城"三个层次的体系,1997年3月发布的《关于进一步加强和改善文物工作的通知》利用历史文化街区的保护推动城市总体规划;另一方面,2000年的《中国文物古迹保护准则》、2002年新修订的《中华人民共和国文物保护法》等为新时期文化遗产发展奠定了法律基础。

同时,文化遗产项目工程硕果累累,包括2000年全面开展的三峡库区文物保护工程、西藏三大重点保护工程及后续项目等,文化遗产项目逐渐增多,出现了一些新概念与文化遗产新类型,包括工业遗产等。2002年文化部启动中国口头和非物质遗产的认证、抢救、保护、开发和利用工程,联合国教科文组织于2003年缔结《保护非物质文化遗产公约》,我国对文化遗产保护全面升级,2004年第28届世界遗产委员大会在苏州召开,引起了国内外的关注,人们对文化遗产保护热情高涨。

3. 全民参与:文化遗产保护全面发展

2006年我国开始设立文化遗产日(每年6月的第二个星期六),全民参与,共同保护我国的文化遗产。"文化景观保护""线性保护"成为文化遗产领域在这一阶段的热词。2007年国务院批准《国家文化和自然遗产地保护"十一五"规划纲要》,并提供资金给文化遗产保护,2007年全国共建设13个国家文化和自然遗产地保护项目,总投资是37542万元。[①]2011年发布的《非物质文化遗产保护法》正式将非物质文化遗产保护纳入法治化管理。文化部、国家民委、中国文联发起并组织编撰关于非物质文化遗产保护与开发的

---

① 郝振省、魏玉山:《改革开放三十年新闻出版工作的主要经验与启示》,《出版发行研究》2008年第11期。

国家社科基金重大项目——十部"中国民族民间文艺集成志书"。经过全国 10 余万文艺工作者 25 年的努力,于 2004 年将 298 部省卷、450 册约 4.5 亿字的编撰工作全部完成,并于 2010 年全部完成出版。

随着科学技术在文化遗产保护领域的广泛应用,传统文化的传承与发展进入了一个新阶段。数字敦煌、数字故宫等一系列数字化工程,将我国的传统文化资源进行了数字化保存,永续利用,泽惠万世。深海探测技术在考古界的应用则推动我国水下考古研究和文物挖掘踏上了新台阶。"一带一路"倡议的提出,更突出了文化遗产的社会作用。

2012 年调整中国申报世界遗产的文化遗产预备清单,截至 2017 年 7 月,我国 52 个项目被联合国教科文组织列入《世界遗产名录》,其中世界文化遗产达 32 处。2017 年 12 月 27 日,中国首个文化遗产类外国政府贷款项目落户山西,我国开始提升文化遗产保护的国际影响力。

但是,我国在进行文化遗产开发和保护的同时也面临着挑战。旅游发展压力是首要威胁因素,在世界遗产委员会评估的 20 项世界遗产中,17 项受到旅游发展的压力。[①] 对文化遗产的不恰当修复也是文化遗产受到威胁的因素之一,在对我国古城墙和古建筑的修复时这种情况常有发生。文化遗产是否会成为一种"文化遗憾"?未来,我们在文化遗产的保护方面还有很长的路要走。

(五)文化产业新业态的萌芽

改革开放以来,随着市场化的深入,现代科学技术也在同步发展。2011 年 10 月 18 日,中共中央在《关于深化文化体制改革推动社会主义文化大发展大繁荣若干重大问题的决定》中提出了"推进文化科技创新"的号召,并视其为实现中华民族"大国崛起的文化准备"。[②] 2012 年,科技部会同中宣部、新闻出版总署、文化部、财政部、国家广电总局,组织编制了《国家文化科技创新工程纲要》,各级政府在深入落实政策的同时也促进文化科技产业逐步实现

---

① 世界遗产中心:《2017 年度"世界遗产保护状况"整体情况报告》。
② 杨凤、陈思:《论文化科技创新》,《东北大学学报》(社会科学版) 2013 年第 15 期。

规模化、集约化发展。文化科技融合广度与深度的迅速推进，为文化创新驱动力提供了隐性的社会倒逼机制。融合的积极后果是一大批新兴文化业态应运而生，极大地丰富了人民群众的文化生活空间和参与方式，以3D电影、数字动漫、手机电视、网络游戏、移动终端信息检索、物联网互动全景体验为标志的新兴文化产业革命性地改变了我们所处时代的日常文化存在形态。①

三 改革开放40年中国文化产业"走出去"发展概述

改革开放40年来，增强国家文化软实力、提升中华文化国际影响力、推动中国文化"走出去"、实施文化强国战略已经成为新时代中国特色社会主义文化建设的国家战略。

（一）改革开放40年我国文化"走出去"概述

中国文化"走出去"战略是我国国家文化发展战略的重要组成部分，通过对外文化宣传、对外文化交流和对外文化贸易等途径，扩大中华文化的国际影响力，增强文化产业竞争力，提升国家文化软实力，建设社会主义文化强国。

1. 改革开放40年中国文化"走出去"发展历程

1978年，党的十一届三中全会召开，对外文化工作迎来了发展机遇。1978年9月，国务院下达《关于对外文化交流工作由文化部归口管理》的文件。1982年，五届全国人大五次会议把发展同各国文化交流的内容写入宪法，为我国扩展对外文化交流提供了法律上的保障。1983年，邓小平指出，经济上实行对外开放的方针是正确的，要长期坚持，对外文化交流也要长期发展。1997年，党的十五大报告指出，要坚持以我为主、为我所用的原则，开展多种形式的对外文化交流，博采各国之长，向世界展示我国文化建设的成就，

---

① 董伟：《"文化科技对文化创新驱动力"调研报告》，《艺术百家》2013年第5期。

坚决抵制各种腐朽思想文化的侵蚀。这一时期中国文化"走出去"主要以对外文化交流为主。①

随着改革开放的不断深入，我国的综合国力明显增强，对外文化工作发生了重大变化。2001年，我国正式加入世界贸易组织。2002年，胡锦涛在全国宣传思想工作会议上提出，要大力发展涉外文化产业，积极参与国际文化竞争。"走出去"战略在文化产业领域首次得到具体体现。2011年十七届六中全会通过的《中共中央关于深化文化体制改革推动文化大发展大繁荣若干重大问题的决定》指出，要推动中华文化走向世界，开展多渠道、多形式、多层次对外文化交流，实施文化"走出去"工程，完善支持文化产品和服务"走出去"的政策措施，要培养一批具有国际竞争力的外向型文化企业和中介机构，开拓国际文化市场。这一时期，我国文化"走出去"战略基本形成，形成文化交流和文化贸易的"双轮驱动"模式。②

党的十八大以来，在以习近平同志为核心的党中央坚强领导下，按照中央全面深化改革的总体部署，坚定文化自信，增强文化自觉，社会主义文化强国建设迈出坚实步伐，中华文化"走出去"力度空前。国家先后印发《关于进一步加强和改进中华文化走出去工作的指导意见》《关于加快发展对外文化贸易的意见》《开拓海外文化市场行动计划（2016~2020年）》《关于加强"一带一路"软力量建设的指导意见》等文件，进一步统筹对外文化交流、文化传播和文化贸易。这一时期我国文化企业的国际竞争力逐步增强，形成对外投资与服务贸易新的"双轮驱动"模式，中国文化"走出去"的步伐进一步加快。③

2. 政府出台一系列鼓励和支持对外文化贸易的政策法规

为促进我国文化产品与服务走出国门，政府出台了一系列鼓励和支持

---

① 蔡武：《新中国60年对外文化工作发展历程》，《求是》2009年第8期。
② 刘静、李兴：《对外文化贸易与中国文化"走出去"》，载中华人民共和国文化部对外文化联络局编著《中国对外文化贸易年度报告（2010）》，北京：北京大学出版社，2011。
③ 周玮：《党的十八大以来文化建设成就综述》，新华网，2017年10月4日。

文化企业"走出去"的法规政策，包括宏观战略政策、产业政策、金融政策、贸易政策和版权政策等。先后出台《国家"十一五"时期文化发展规划纲要》《关于促进文化产品和服务"走出去"总体规划》《文化产业振兴规划》《关于进一步加强和改进文化产品和服务出口工作的意见》《关于金融支持文化出口的指导意见》《关于支持文化服务出口等营业税政策的通知》《关于奖励优秀国产影片海外推广工作的通知》《对外投资指导目录》《对外文化贸易实务指南》以及《对外文化贸易和投资合作国别（地区）指南》等政策文件。

3. 打造了一批国家级、国际化、综合性的文化交流和贸易平台

国家搭建了各种平台促进文化交流和贸易。建立了对外文化工作部际联席会议制度；在北京、上海、深圳建立国家对外文化贸易基地；举办中国（深圳）国际文化产业博览交易会、中国北京文化创意产业博览会、中国国际动漫节、上海国际电影节等知名展会和节庆活动；设立国家艺术基金、文化产业发展专项资金等为各类文化企业"走出去"提供资金的支持。对外文化贸易总体布局初步形成。

4. 我国文化"走出去"的主要成就

第一，对外文化交流。我国对外文化交流日趋活跃，"中法文化年""中俄国家年"等一系列大型文化外交活动，极大提升了中国文化的国际影响力。我国已同157个国家签订政府间文化合作协定和近800个年度文化交流执行计划，建立海外中国文化中心30个，初步形成覆盖世界主要国家和地区的政府间文化交流与合作网络。[①]

第二，对外文化贸易。文化贸易是文化"走出去"的重要载体，我国对外文化贸易规模不断扩大。根据商务部的统计数据，我国文化产品进出口总额从2003年的60.9亿美元攀升至2013年的274.1亿美元，年均增长16.2%；2013年，我国文化产品出口额达到251.3亿美元。我国文化服务进出口总

---

① 姜天骄：《文化改革发展：筑牢文化自信坚实根基》，《经济日报》2017年8月22日。

额从 2003 年的 10.5 亿美元增长到 2013 年的 95.6 亿美元，年均增长 24.7%；2013 年，中国文化服务出口额为 51.3 亿美元。①2016 年，我国文化产品和服务进出口总额达 1142.1 亿美元，其中，文化产品出口总额达 786.6 亿美元，实现顺差 688 亿美元；文化服务出口中的文化娱乐和广告服务出口额为 54.3 亿美元，同比增长 31.8%。2016 年文化服务出口占我国服务出口总额的比重为 3.1%，比上年提升 0.7 个百分点。②

第三，对外文化投资。我国文化产业对外直接投资起步较晚，但发展迅速，投资层次稳步提高，海外并购数量呈上升趋势，交易金额不断扩大。文化、体育和娱乐业对外直接投资净额从 2007 年的 510 万美元增至 2013 年的 31085 万美元，增长 61 倍。2003~2013 年，我国文化产业海外并购 44 起。北京聚集俏佳人传媒股份有限公司、中国天创国际演艺制作交流有限公司、北京小马奔腾文化传媒股份有限公司、万达集团等都参与到国外文化企业的并购。2016 年，我国文化体育和娱乐业对外直接投资 39.2 亿美元，同比增长 188.3%。③

（二）文化软实力与我国文化产业"走出去"特点

党的十七大报告首次提出关于提高国家文化软实力的理念。提高国家文化软实力、增强中华文化影响力和竞争力成为我国文化建设的基本目标。据联合国教科文组织统计，自 2013 年起，我国已成为全球文化产品最大出口国，近几年我国主要文化产品出口额仍持续增长，呈现出以下特点。④

第一，文化产品和服务对外出口模式朝着多元化方向发展，对外投资的层次稳步提高。近几年，我国文化企业的出口方式从简单的劳务输出和产品输出，转向版权输出，通过直接投资、收购兼并等方式积极拓展海外文化市

---

① 张晓路：《全球化条件下引导和支持中国文化产业"走出去"》，人民网，2016 年 3 月 2 日，http://ptheory.people.com.cn/n1/2016/0302/c83865-28165982.html。
② 陈恒：《去年我国文化贸易额达 1142.1 亿美元》，《光明日报》2017 年 7 月 28 日。
③ 陈恒：《2016 年我国文化产品出口增长迅速》，《光明日报》2017 年 3 月 10 日。
④ 骆玉安：《关于实施中华文化走出去战略的思考》，《殷都学刊》2007 年第 2 期。

场，海外并购数量呈上升趋势。

第二，国际合作深入发展，联合制作模式越发成熟。为积极有效拓展海外市场，以国际合拍片为代表的国际合作日益增多，中外合拍片的立项数从10年前每年约30部到2015年超过80部。越来越多的电视剧制作企业、演艺企业、动漫企业、游戏企业以及出版企业通过"联合制作"来参与国际分工，共享国际市场。

第三，我国文化企业对外合作领域不断拓展。深圳华强集团利用"文化+科技"的优势，积极推动动漫产品、4D特效电影以及主题公园走出国门。腾讯公司先后在美国、韩国、欧洲、东南亚等地进行了游戏领域的并购和投资，实现了对外文化贸易由产品出口到资本输出的转型升级。

第四，我国文化产品和服务出口范围越发广阔。国际商演是中国演艺"走出去"最为成熟的贸易模式，遍布五大洲。动漫、电视剧等行业的优秀产品进入国际主流市场。图书版权的出口已经扩展到世界几十个国家。动漫产品的主要出口国家也从中东、非洲、南美等欠发达地区转变为欧美等经济和动漫产业发达地区。

第五，国有文化企业集团成为"走出去"的主力军，民营文化企业积极性提高。中国出版集团、中国电影集团、中国动漫集团、中国对外文化集团等国有大型文化集团在"走出去"的过程中优势明显，成绩显著；民营企业在中国对外文化贸易上的贡献也越来越大，北京水晶石数字科技股份有限公司、华谊兄弟传媒集团等成为其中的佼佼者。

第六，文化贸易结构不断优化，成为带动文化产业发展的重要动力。文化贸易发展呈现出服务化、数字化趋势，文化内容、核心技术和标准出口比例大幅提高，文化服务出口比例提高，2013年我国文化产品出口主要以视觉艺术品、新型媒介、印刷品和乐器为主。2016年，影视、动漫、网络游戏等新兴文化产品出口同比增长25%，版权输出达到1万种。①

---

① 陈恒：《去年我国文化贸易额达1142.1亿美元》，《光明日报》2017年7月28日。

（三）"一带一路"倡议与我国文化产业"走出去"

我国倡导的"一带一路"旨在借用古代丝绸之路的历史符号，高举和平发展的旗帜，积极发展与沿线国家的经济合作伙伴关系，共同打造政治互信、经济融合、文化包容的利益共同体、命运共同体和责任共同体。习近平指出，要将"一带一路"建成文明之路，要以文明交流超越文明隔阂、文明互鉴超越文明冲突、文明共存超越文明优越，推动各国相互理解、相互尊重、相互信任，打造人类命运共同体。"一带一路"倡议为文化产业"走出去"提供了更大的发展平台。

"一带一路"倡议提出几年来，通过丝绸之路国际艺术节、海上丝绸之路国际艺术节、丝绸之路（敦煌）国家文化博览会三大平台，以及深圳文博会、上海国际艺术节等综合平台上的"一带一路"文化专题板块，大力宣介"共商、共建、共享"理念；通过举办丝绸之路文化之旅、丝绸之路文化使者等品牌活动，着力提升中华文化在沿线国家的影响力；支持泉州建设"海上丝绸之路艺术公园"，为海上丝绸之路沿线各国辟出专门区域建立国家馆；支持银川建设《中阿合作论坛行动计划》框架下重点项目"中阿友谊雕塑园"等；加强与"一带一路"沿线国家在历史文化遗产等领域的合作。

2016年，丝绸之路文化论坛部长圆桌会议召开并通过了《敦煌宣言》，2017年"一带一路"国际合作高峰论坛召开，标志着"一带一路"文化交流与合作机制化建设迈上了新台阶。[①] 成立了"丝绸之路国际剧院联盟""丝绸之路国际艺术节联盟"等。2017年《文化部"一带一路"文化发展行动计划（2016~2020年）》发布，为"一带一路"文化交流与合作的深入开展绘就了路线图，加快了国内"丝绸之路文化产业带"建设，以文化旅游、演艺娱乐、工艺美术、创意设计、数字文化为重点领域，支持"一带一路"沿线地区根据地域特色和民族特点实施特色文化产业项目，加强与"一带一路"国家在

---

① 李哲：《2016年我国文化"走出去"成果丰硕》，《经济日报》2017年1月4日。

文化资源数字化保护与开发中的合作，积极利用"一带一路"文化交流合作平台推介文化创意产品，推动动漫游戏产业面向"一带一路"国家发展，深化我国与"一带一路"沿线国家的文化产业合作。

2016年，我国与"一带一路"沿线国家和地区文化产品进出口额达149亿美元，占文化产品进出口总额的16.8%。一大批影视剧出口到哈萨克斯坦、吉尔吉斯斯坦、埃及、阿联酋等国；部分国产动画片成为印尼、土耳其、越南等国热门儿童节目。①

（四）我国文化产业"走出去"面临的挑战与展望

经过40年的改革开放，文化产业"走出去"成果显著，但距离党的十九大提出的坚持文化自信、建设社会主义文化强国的目标和要求还有较大差距，我国丰富的文化资源还没有充分转化为"走出去"的文化优势，文化的有效供给仍不能满足国际受众的需求，文化产业的国际竞争力仍然有待提高。我国文化产业"走出去"面临诸多挑战。②

1. 中国文化产业"走出去"面临的挑战

第一，文化"走出去"的目的地过于集中。从地域分布来看，目前我国文化产业"走出去"主要集中在一些发达国家和地区，文化产品主要贸易伙伴是美国、欧盟、东盟，三者进出口总额合计占我国文化产品贸易总额的60%左右。

第二，文化企业"走出去"的水平较低。目前，我国国有大型文化企业多数是由原来的事业单位转制而来，相当一批单位还处在转制过程中，缺乏开拓国际市场的意识和经验，没有参与市场竞争的机制和营销手段，"走出去"的水平还很低，在国际市场竞争中明显处于劣势。

第三，受到西方贸易保护主义和西方意识形态的制约。目前，反全球化思潮在美欧国家愈演愈烈，民粹政治势力逐步抬头，而文化产业本身蕴含价值观和意识形态特性，我国文化产业"走出去"一定程度上受到了西方贸易

---

① 商务部：《为文化企业开展对外贸易与投资营造良好环境》，中国经济网，2017年7月27日。
② 李莹：《中华文化"走出去"的动力源泉是什么》，人民论坛网，2017年8月3日。

保护主义和西方意识形态的制约。

2. 中国文化产业"走出去"的措施与展望

国家先后出台《关于加快发展对外文化贸易的意见》和《开拓海外文化市场行动计划（2016~2020年）》，对我国加快发展对外文化贸易做出了全局性部署：进一步推进文化贸易供给侧结构性改革，加强政策引导，优化市场环境，壮大市场主体，在更大范围、更广领域和更高层次上参与国际文化合作和竞争，推动具有中国特色的优秀文化产品和服务"走出去"，提升中国文化软实力。

第一，进一步加强文化产业"走出去"的体制机制建设。文化产业"走出去"涉及多个部门，建议商务、宣传文化、外交、财税、金融、海关、统计等部门组成文化产品与服务出口贸易协调机构，加强部门间统筹协调，整合各方资源。落实现有各项支持文化产业"走出去"政策，完善支持文化产品和服务出口的政策文件，形成政策合力。搭建拓展具有较强辐射力的国际文化交易平台和渠道。

第二，加强国家和地方两个层面的联动，促进文化服务出口的多样化。国家层面掌握着开展对外文化交流和贸易的优势渠道和广阔平台，各省份有丰富的文化资源和文化产品。加强地方和国家两个层面的联动，实现资源共享、优势互补。依托自由贸易区和海关特殊监管区建设，打造一批文化产品和服务出口园区，在融资、税收、海关通关、境外投资等方面给予文化出口企业更多便利和优惠措施，延伸文化出口产业链条，推动文化服务的跨境交付，促进文化服务出口的多样化。

第三，进一步坚持文化自信，加强文化产品的内容创新。坚持文化自信是"走出去"的动力源泉，加强文化产品的内容创新是提高供给质量的根本，以国际思维讲好中国故事，满足全球化场域下受众的审美需要，提升中华文化向世界输出的生产力、传播力和影响力。

第四，打造具有国际知名度和影响力的文化品牌。培育一批具有国际竞争力的外向型文化企业，形成一批具有核心竞争力的文化产品，打造一批具有国际影响力的文化品牌。鼓励文化企业以国际市场为导向，创作具有自主知识产权和自主品牌的文化精品，尤其在演艺、网络游戏、影视、动漫、娱乐、出版、新媒体等重点领域培育一批具有中国特色和元素、国内一流、国际知名的品牌，逐步扭转我国核心文化产品和服务贸易逆差的状况，全面提升在全球价值链中的地位。

第五，培养和引进文化"走出去"的复合型人才。加强对外文化贸易人才培训，积极与高等院校、文化企业合作，加强各类经营管理人才培训；从发达国家和地区引进一批高层次人才，全面提升中国文化产业人才的国际化程度。

第六，丰富中外合作模式，鼓励企业积极开拓海外市场。鼓励文化企业通过联合开发制作、版权贸易、形象授权等方式拓展海外市场，鼓励以新设、收购、合作等方式在境外开展文化领域投资合作，建设国际营销网络，深度参与国际文化产业分工协作，扩大文化贸易。

第六章 中国文化企业发展 40 年

陈少峰[*]

导　读：中国文化产业在 40 年的发展过程中，坚持改革创新，历经文化体制改革、入世挑战、金融危机的风风雨雨，在产业增长、产业结构、国际贸易、产业集聚区建设等方面取得了举世瞩目的成就。进入 21 世纪，金融、科技、文化等多领域的产业融合趋势赋予中国文化企业新的发展机遇，中国文化企业正在"一带一路""大众创业、万众创新""互联网＋"的时代潮流中追逐更加光明的未来。

回顾改革开放 40 年发展历程，文化产业经历了一个从"无"到有[①]的探索培育过程，直到今天呈现出蓬勃的发展前景，并已成为国民经济的支柱产业。根据国家统计局 2018 年发布的《文化及相关产业分类（2018）》，文化产业是指为社会公众提供文化产品和文化相关产品的生产活动的集合。[②] 基于

---

[*] 陈少峰，北京大学哲学系教授、博士生导师，北京大学文化产业研究院副院长，国家文化产业创新与发展研究基地副主任，民建中央文化委员会副主任，中国文化产业促进会副会长，北京峰火文化创意中心主任，文化和旅游部文化产业专家委员会委员；主要研究领域为伦理学、管理哲学与文化产业。

[①] 以前，主要称之为"文化事业"。

[②] 具体参见《文化及相关产业分类（2018）》，国家统计局网站，2018 年 5 月 9 日，http://www.stats.gov.cn/tjsj/tjbz/201805/t20180509_1598314.html。

《文化及相关产业分类（2018）》所确定的文化产业范围，我们从多个角度梳理中国文化企业的发展历史，并深入分析当前中国文化企业的特征，展望中国文化企业的发展趋势。

一 从政策改革看中国文化企业的发展

中国的经济发展得益于改革开放以来的政策红利，政策改革始终是推动中国产业进步的重要力量。同样，中国文化企业的产生、发展也带有比较明显的政府引导的色彩，正是在政策的调整与优化过程中，中国文化企业经历了从1978年至今的风雨发展历程。根据中国文化企业在不同时期的发展特征，可以把中国文化企业40年的发展历程分为四个阶段。

（一）中国文化企业的出现与探索（1978~1992年）

改革开放之初，人们对文化产业完全是陌生的，文化主要发挥宣传教育功能，人们很难把文化与经济联系在一起。随着市场经济的出现，在广州、上海等最先改革开放的地方，人们开始借助文化要素进行经济营销活动。广州东方宾馆于1980年设立全国第一家音乐茶座，把音乐与茶点消费结合起来。音乐茶座的推出成为我国文化娱乐市场重新兴起的标志性事件。1984年，上海开设了第一家营业性舞厅，这些都是在新体制下产生的新事物，以后营业性舞厅、民间剧团、歌星演唱会、台球、录像放映、卡拉OK、电子游戏等一系列新的文化娱乐方式不断打破禁区进入市场。[①] 随着改革开放的不断深化，人们逐渐意识到文化不仅具有教化的功能，也有娱乐身心的价值，并且文化活动能够与市场相结合带来经济收益。

国家层面对文化市场的意识与建设经历了一个渐进发展过程，1985年，国务院转发国家统计局《关于建设第三产业统计的报告》，把文化艺术作为第

---

① 范建华：《中国文化产业通论》，昆明：云南人民出版社，2013，第95页。

三产业的一个组成部分列入国民生产统计的项目中,文化活动开始进入经济生产的统计视野。1988年2月,文化部、国家工商行政管理局联合发布《关于加强文化市场管理工作的通知》,该通知第一次明确使用了"文化市场"的概念,规定了文化市场管理的规范、任务、原则和方针,这标志着国家层面开始有意识地开发文化活动的经济价值。1991年,国务院批转了《文化部关于文化事业若干经济政策意见的报告》,正式提出"文化经济"的概念,这标志着中国文化产业作为一种独立的产业类型在国家层面上获得了认可并且得到了国家政策的支持,自此,中国文化企业已经孕育而生,开始进入艰辛而卓有成就的探索阶段。

(二)文化体制改革中的文化企业发展(1993~2002年)

1992年是中国市场经济建设的标志性一年,1992年召开的党的十四大正式确立了建设社会主义市场经济体制的改革目标,市场经济建设由此进入了快车道,国家对文化产业的支持力度也不断加大。1996年党的十四届六中全会通过的《中共中央关于加强社会主义精神文明建设若干问题的决议》提出了文化体制改革的任务和一系列方针,文化体制改革是文化产业市场建设的重要环节,是国家有意识地为文化产业扫清制度性障碍,同时有意识地引导文化事业单位向市场经济主体转型,推动文化市场的体制建设。为了更好地引导支持文化产业,1998年8月,文化部文化产业司成立并制定工作规则,这是政府部门第一次设立文化产业专门管理机构,表明文化产业已得到了国家的正式认可。

2000年10月,党的十五届五中全会通过的《中共中央关于制定国民经济和社会发展第十个五年计划的建议》明确提出"文化产业发展"的命题,这是"文化产业"首次被写入中央文件,在我国文化产业发展史上具有标志性的意义。在十四届六中全会对文化体制改革提出指导性方针之后,中国真正意义上的、大规模的文化体制改革是从2000年开始的,《中共中央关于制定国民经济和社会发展第十个五年计划的建议》是一个重要的文化体制改革的分界点，以文化体制改革为首要任务的文化产业探索由此开始进入实践阶段，2001年的政府工作报告再次明确了"深化文化体制改革"的时代要求。伴随着"文化体制改革"的深入推进，国有文化企业改革也拉开了序幕。在改革初期，国有文化企业的首要任务是适应市场竞争机制，增强自身竞争力。2001年底中国加入世界贸易组织这一事件从国际市场推动了中国文化产业的市场转型。

2000年前后围绕培育文化企业进行的文化体制改革主要从三个方面展开：一是进行文化事业单位内部改革，引入竞争机制，改革人事制度，增强活力；二是建立健全文化市场，促进文化市场的繁荣、稳定，初步建立了文艺演出市场、电影电视市场、图书音像市场、旅游娱乐市场等文化市场体系；三是加强文化政策的制定与完善，加大文化管理部门的改革力度，施行对文化事业的宏观调控。①

（三）文化市场的健全与国有文化企业的改革（2003~2012年）

2002年，党的十六大报告指出："发展文化产业是市场经济条件下繁荣社会主义文化、满足人民群众精神文化需求的重要途径。"在党的十六大确立的新一代领导集体的领导与支持下，中国文化产业进入了一个高速发展时期，在已经完成文化市场的初步建设的基础上，从2003年开始文化体制改革进入了深层次、细分化的产业改革阶段。2003年，中宣部、文化部、国家广电总局、新闻出版总署联合下发了文化体制改革试点工作的意见，文化体制改革试点工作正式启动。为了有针对性地支持各类文化产业建设，国家首先从统计分类的角度明确了文化产业的范围。2003年9月，文化部制定并下发的《关于支持和促进文化产业发展的若干意见》中，把文化产业明确地界定为文化产业是指从事文化生产和提供文化服务的经营性行业，并同时指出：文化产业是与文化事业相对应的概念，两者都是社会主义文化建设的重要组成部分。

---

① 包晓光、徐海龙主编《中国当代文化产业导论》，北京：北京大学出版社，2010，第361页。

在此基础上，2004年国家统计局印发了《文化及相关产业分类》的通知，这是中国第一份针对文化产业的统计分类标准，对其后文化产业的研究与实践具有重要意义，便于国家更准确地了解产业运行情况而制定合理政策。

在完成产业统计分类的基础上，国家开始从文化产业的资金、人才、贸易、企业等多个细节入手推动国有文化企业的改革，力图建立一个成熟健全的文化市场。从2004年开始，中国（深圳）国际文化产业博览交易会于每年5月在深圳举行，这有力地支持了文化产品的国际贸易，为中国文化企业"走出去"创造了绝佳的平台。2009年7月，国家正式发布《文化产业振兴规划》，这是中国文化产业改革发展的长期战略规划。在《文化产业振兴规划》的指导下，2010年4月发布的《关于金融支持文化产业振兴和发展繁荣的指导意见》重点解决文化企业融资困难的瓶颈问题，实现金融业和文化产业的对接。2010年6月，文化部下发了《关于加强文化产业园区基地管理促进文化产业健康发展的通知》，2010年8月，文化部制定并颁布实施了我国文化系统第一个人才发展规划——《全国文化系统人才发展规划（2010~2020年）》。2005年之后，有关文化产业的各细分领域的支持文件更加丰富，国家陆续发布了《关于非公有资本进入文化产业的若干决定》《关于进一步加强和改进文化产品出口工作的意见》《关于加强文化产品进口管理的办法》《关于文化领域引进外资的若干意见》《关于文化体制改革中经营性文化事业单位转制为企业的若干税收政策问题的通知》《关于文化体制改革中支持文化产业发展若干税收政策问题的通知》《关于鼓励发展民营文艺表演团体的意见》等政策。[①] 作为这一阶段改革的总结性文件，2011年10月，党的十七届六中全会通过了《中共中央关于深化文化体制改革推动社会主义文化大发展大繁荣若干重大问题的决定》，同时将"保障人民基本文化权益"和"推动文化产业成为国民经济支柱性产业"作为我国文化体制改革的重要目标，提出构建现代文化产业体系，加快发展文化创意、数字出版、移动多媒体、动漫游戏等新

---

① 胡惠林：《文化产业发展与中国新文化变革（1998~2008）》，上海：上海人民出版社，2009，第450页。

兴文化产业。中国文化产业跨越式发展的目标是到2020年成为国民经济支柱性产业，其后国家在2012年发布了《国家"十二五"时期文化改革发展规划纲要》《文化部"十二五"时期文化产业倍增计划》等文件，这充分说明了中国文化产业已经基本完成基础市场的改革建设，开始进入产业增值升级的新阶段。

（四）文化强国与互联网文化企业的兴起（2013年至今）

2012年党的十八大确立了以习近平同志为总书记的新一代领导集体，2013年11月，党的十八届三中全会的会议公报再次强调了"文化强国"的概念。在新时期新阶段，中国文化企业也迎来了新的发展机遇，开始着重自身的转型升级。为了推动传统文化企业向文化创意、互联网文化、数字产业等新兴文化产业领域转型，2014年2月，国务院发布《关于推进文化创意和设计服务与相关产业融合发展的若干意见》；2014年3月，国务院发布《关于加快发展对外文化贸易的意见》；2015年9月国务院发布了《关于推动国有文化企业把社会效益放在首位、实现社会效益和经济效益相统一的指导意见》；2016年9月，文化部发布了《文化部关于推动文化娱乐行业转型升级的意见》。在一系列政策支持下，中国文化企业不断融合新技术、新理念、新模式，涌现了一批优秀的包括互联网文化、数字传媒、创意设计等在内的新兴文化企业。进入"十三五"时期，中国文化企业走上了高品质、高技术、高水平的升级之路，2017年2月发布的《文化部"十三五"时期文化发展改革规划》明确要求推动文化产业结构优化升级，特别是要加快发展动漫、游戏、创意设计、网络文化等新型文化业态，推动"互联网+"对传统文化产业领域的整合。在政策推动下，互联网文化企业作为一种新型文化企业获得了快速发展，传统文化企业开始借助互联网的优势进行转型升级，不断向互联网文化领域拓展业务；同时以百度、阿里巴巴、腾讯为代表的互联网公司也增加了文化产业板块的业务，不再是单纯的互联网科技公司，也开始扮演互联网文化企业的角色，中国互联网文化企业成为中国文化企业在新时期的标志性市场主体。2017年10月，中国共产党第十九次全国代表大会胜利召开，习近平总书记在大会报告中为新时代中国文化产业发展做了明确部署：要求深化文化体制改革，完善文化管理体制，加快构建把社会效益放在首位、社会效益和经济效益相统一的体制机制；健全现代文化产业体系和市场体系，创新生产经营机制，完善文化经济政策，培育新型文化业态；推进国际传播能力建设，讲好中国故事，展现真实、立体、全面的中国，提高国家文化软实力。在习近平新时代中国特色社会主义思想的指导下，中国文化企业迎来了新的发展机遇期。

此外，习近平总书记提出的"一带一路"倡议为中国文化企业的升级创造了难能可贵的发展机遇，尤其有利于中国文化产品"走出去"。2016年12月，文化部发布了《文化部"一带一路"文化发展行动计划》，在"一带一路"合作框架内建立和完善文化产业国际合作机制，加快国内"丝绸之路文化产业带"建设。以文化旅游、演艺娱乐、工艺美术、创意设计、数字文化为重点领域，支持"一带一路"沿线地区根据地域特色和民族特点实施特色文化产业项目，加强与"一带一路"国家在文化资源数字化保护与开发中的合作，积极利用"一带一路"文化交流合作平台推介文化创意产品，推动动漫游戏产业面向"一带一路"国家发展，顺应"互联网+"发展趋势，推进互联网与文化产业融合发展，鼓励和引导社会资本投入"丝绸之路文化产业带"建设。

二 中国文化企业的市场运行概况

虽然中国文化企业从改革开放之初就萌芽发展，但从上述中国文化企业的历史分期可见，中国文化企业从2000年之后才形成一个相对独立的产业主体，在此之前，文化企业只是一个相对抽象的政策理念或相对模糊的经济表述。特别是在2004年的《文化及相关产业分类》发布之后，国家统计局等统计单位才对文化产业进行独立而具体的经济统计，因此，要从市场运作角度分析中国文化企业的发展成就，我们有必要且只能分析2000年后已经具有成熟形态的文化企业，即借助于 2004 年之后的文化产业统计数据，我们主要关心的是近十年来成熟且具有完整形态的中国文化企业的市场运行情况。

（一）中国文化企业的产业成果

21 世纪之前，尚处于萌芽阶段的中国文化企业已经有不错的市场表现，根据《国家发展计划委员会关于发展第三产业扩大就业的指导意见》中的数据，1997 年，仅信息服务业、旅游业、文化、体育产业、科技教育业等与文化产业相关的产业统计，其增加值约占国内生产总值的 5.2%，从业人员约占总就业的 3.7%。[①] 文化产业的发展在沿海经济发达地区，特别是大城市尤为迅猛。以北京、上海、长沙为例，其文化产业 1998 年增加值占全市 GDP 的比例分别是 4.4%、4.3% 和 5.94%，已显现出成为支柱产业的势头。[②]

进入 21 世纪后，在更加开放而完善的产业政策支持下，中国文化企业进入了高速发展期。2006 年在深圳举行的"第二届文化发展战略论坛"上，国家统计局首次发布了我国文化产业的统计数据，本次统计数据是对 2004 年中国文化产业的现状统计；[③] 2008 年我国进行了第二次全国经济普查，其中涉及对文化产业的统计数据，2004 年与 2008 年的统计结果如表 6-1 所示。

表 6-1 2004 年与 2008 年我国文化产业统计情况

统计类别 \ 年份	2004	2008
属于文化产业的单位数量（万个）	34.6	48.51（其中，法人单位 46.08 万个，非法人单位 2.43 万个）
文化产业个体经营户（万户）	36.2	49.69

---

① 胡惠林：《文化产业发展与中国新文化变革（1998~2008）》，上海：上海人民出版社，2009，第 356 页。
② 胡惠林：《文化产业发展与中国新文化变革（1998~2008）》，上海：上海人民出版社，2009，第 357 页。
③ 《国家统计局首次发布我国文化产业统计数据》，网易新闻，2006 年 5 月 22 日，http://news.163.com/06/0522/08/2HND7A6B0001124J.html。

续表

年份 统计类别	2004	2008
文化产业从业人员（万人）	996	1182
文化产业当年增加值（亿元）	3440	7630
文化产业当年增加值占同期GDP的比重（%）	2.15	2.43

在2004~2008年间，国家统计局发布的《2006年我国文化及相关产业发展测算报告》显示，2006年我国文化产业实现增加值5123亿元，按可比价格计算，比2005年增长17.1%，增速比同期GDP增速高6.4个百分点。据测算，2006年文化产业占GDP的比重是2.45%，占比比2004年提高了0.3个百分点，文化产业从业人员有1132万人。[1] 从2004年到2008年，从文化产业实现的增加值角度看，文化产业的增长速度明显高于同期GDP的增长速度；在产业结构[2]方面，文化产业的"核心层"共有从业人员332万人，拥有资产8331亿元，全年实现营业收入5775亿元，实现增加值2512亿元（比2004年增长107.6%）；"外围层"共有从业人员248万人，拥有资产9319亿元，全年实现营业收入6140亿元，实现增加值2181亿元（比2004年增长247.6%）。与2004年相比，"外围层"无论是在人员和资产配置上，还是在营业收入和增加值等方面均有较大的发展。随着文化体制改革的不断深入，经营性单位数量明显增加，截至2008年底，共有经营性单位38万个，占全部法人单位的82.6%；与2004年相比，经营性单位数量增加13万个，

---

[1] 胡惠林：《文化产业发展与中国新文化变革（1998~2008）》，上海：上海人民出版社，2009，第493页。

[2] 国家统计局2004年发布的《文化及相关产业分类（2004）》把文化产业划为三个基本的层次：文化产业核心层、文化产业外围层、相关文化产业层。文化产业核心层主要包括新闻服务，出版发行和版权服务，广播、电视、电影服务，文化艺术服务。文化产业外围层主要包括网络文化服务，文化休闲娱乐服务，其他文化服务。相关文化产业层主要包括文化产品、设备及相关文化产品的生产，文化用品、设备及相关文化产品的销售。国家统计局在2012年发布的新版《文化及相关产业分类（2012）》不再区分文化产业的三个层次。

增长52%,所占比重提高近4个百分点。① 总体而言,从2004年到2008年,中国文化企业尚未成为促进我国经济增长的主要力量,且对社会的文化影响尚未显现。2009年,我国文化产业对GDP增长的贡献率仅为2.91%。在各省份的文化产业对经济增长贡献率中,有29个省份低于10%,且17个省份低于5%。这表明文化企业对当地经济增长贡献率普遍较低,尚未成为经济增长的主要动力。②

在第二次全国经济普查之后,中国文化企业继续保持高速增长,并且在质量、收益、结构等多个方面取得进步。2010~2015年,文化及相关产业法人单位增加值、当年增加值占同期GDP的比重均呈现总体增长趋势,如图6-1所示。③

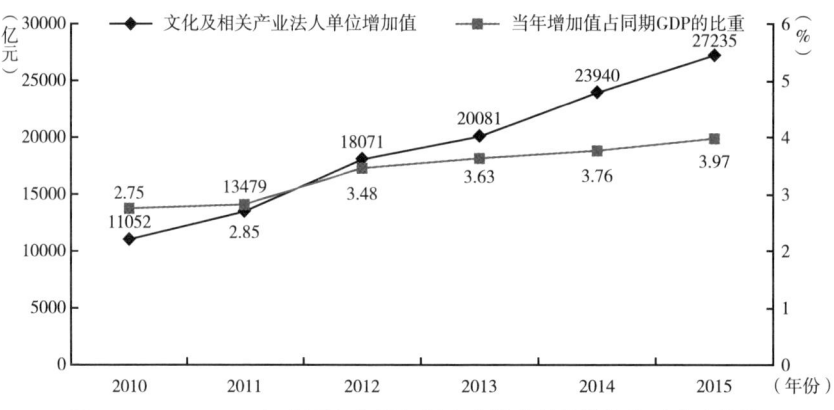

图 6-1 2010~2015年中国文化及相关产业法人单位增加值及占比情况

具体看,2008~2010年,文化产业法人单位增加值年均增长24.2%,增速继续较大幅度高于同期GDP的年均增长速度。近年来,文化企业的产业结构不断优化,2010年,文化服务提供单位的增加值占文化产业法人单位

---

① 数据来自国家统计局发布的《2008年我国文化产业发展情况的报告》,2010年5月14日,http://www.stats.gov.cn/ztjc/ztfx/fxbg/201005/t20100514_16136.html。
② 胡惠林、王婧:《中国文化产业发展指数报告(CCIDI)》,上海:上海人民出版社,2012,第30页。
③ 全部数据来自国家统计局,具体网址参见后文注释。

增加值的比例为53.7%，占比比2004年提高13.7个百分点；而文化产品制造单位、文化产品销售单位的增加值占文化产业法人单位增加值的比例分别为39.7%和5.8%，占比比2004年分别下降8.0个和4.8个百分点。[1]2011年，我国文化及相关产业法人单位增加值为13479亿元，比2010年增长21.96%，文化产业继续保持快速发展的态势。文化产业法人单位增加值占GDP的比重达2.85%，占比比2010年提高0.1个百分点。文化产业结构不断优化，文化服务业发展较快，2011年，文化服务提供单位的增加值占文化产业法人单位增加值的比例为55.9%，占比比2010年提高2.2个百分点。[2]2012年，我国文化产业法人单位实现增加值18071亿元，按同口径计算，比2011年增长16.5%，增速比同期GDP增速高6.8个百分点。2012年文化产业法人单位增加值占GDP的比重为3.48%，按同口径计算，占比比2011年提高0.2个百分点；文化产业对当年经济总量增长的贡献率为5.5%。[3]2013年国家统计局依据第三次全国经济普查资料，对2013年我国文化及相关产业的主要指标进行了测算，2013年我国文化产业增加值为21351亿元，占GDP的比重为3.63%。其中，文化产业法人单位增加值为20081亿元，比2012年增加2010亿元，增长11.1%，增速比同期GDP增速高1个百分点。[4]2014年全国文化及相关产业增加值为23940亿元，比2013年增长12.1%（未扣除价格因素），增速比同期GDP增速高3.9个百分点；占GDP的比重为3.76%，占比比2013年提高0.13个百分点。核算数据表明，文化及相关产业在稳增长、调结构中发挥了积极作用。[5]2015年全国文

---

[1] 数据来自国家统计局，2011年9月16日，http://www.stats.gov.cn/ztjc/ztfx/fxbg/201109/t20110916_16149.html。
[2] 数据来自国家统计局，2012年12月23日，http://www.stats.gov.cn/tjsj/zxfb/201212/t20121203_12909.html。
[3] 数据来自国家统计局，2013年8月26日，http://www.stats.gov.cn/tjsj/zxfb/201308/t20130826_13015.html。
[4] 数据来自国家统计局，2015年1月23日，http://www.stats.gov.cn/tjsj/zxfb/201501/t20150123_673036.html。
[5] 数据来自国家统计局，2015年11月26日，http://www.stats.gov.cn/tjsj/zxfb/201511/t20151126_1281575.html。

化及相关产业增加值为27235亿元，比2014年增长11%（未扣除价格因素）增速比同期GDP名义增速高4.6个百分点；占GDP的比重为3.97%，占比比2014年提高0.16个百分点。核算数据表明，文化及相关产业是当前经济增长的一个亮点，总量持续快速增长，比重日益上升，在推动经济发展、优化经济结构中发挥着越来越重要的作用，朝着成为国民经济支柱产业的方向迈出新的步伐。① 据对全国规模以上文化及相关产业5万家企业调查，2016年，上述企业实现营业收入80314亿元，比2015年增长7.5%（名义增长未扣除价格因素），增速比2015年提高0.6个百分点。文化及相关产业10个行业的营业收入均保持增长，文化服务业快速增长；其中，增长速度达两位数的3个行业分别是：以"互联网+"为主要形式的文化信息传输服务业营业收入为5752亿元，同比增长30.3%；文化艺术服务业营业收入为312亿元，同比增长22.8%；文化休闲娱乐服务业营业收入为1242亿元，同比增长19.3%。②

党的十九大之后，中国文化企业进入了高速度、高质量发展的新时代。据对全国规模以上文化及相关产业5.5万家企业调查，2017年，上述企业实现营业收入为91950亿元，比上年增长10.8%（名义增长，未扣除价格因素），增速比上年提高3.3个百分点，继续保持较快增长。以"互联网+"为主要形式的文化信息传输服务业、文化艺术服务业、文化休闲娱乐服务业、文化用品的生产这四个行业实现了两位数快速增长。③ 进入2018年，文化企业的发展势头良好，2018年第一季度，全国规模以上文化及相关产业5.7万家企业实现营业收入19052亿元，比上年同期增长10.5%（名义增长，未扣除价格

---

① 数据来自国家统计局，2016年8月30日，http://www.stats.gov.cn/tjsj/zxfb/201608/t20160830_1394336.html。
② 数据来自国家统计局，2017年2月6日，http://www.stats.gov.cn/tjsj/zxfb/201702/t20170206_1459430.html。
③ 数据来自国家统计局，2018年1月31日，http://www.stats.gov.cn/tjsj/zxfb/201801/t20180131_1579206.html。

因素），继续保持较快增长。①

由于《国民经济行业分类》的修订和《文化及相关产业分类》的调整，我们无法准确判断第一次经济普查（2004年）以来中国文化产业经济增长的总体态势，进而也无法完整揭示在此期间我国文化企业结构变迁的主要特征。为此，有研究者在具有可比性的25个中类文化产业范围内，利用第一次、第二次、第三次全国经济普查的资料，努力揭示2004年以来这些中类产业经济增长的若干特征。②总体而言，绝大多数中类产业营业收入实现了不同程度的增长，其中40%的中类文化产业增长率相对较高，2008年以后逾75%的中类文化产业营业收入增长趋缓，人均营业收入增长是大多数中类文化产业营业收入增长的首要贡献。③细看中国文化企业的现状与特征，文化用品的生产、工艺美术品的生产、文化创意和设计服务、文化产品生产的辅助生产4个大类的规模相对较大，"高关注度"产业④的规模大致占整个文化产业的一半，同时"新兴文化产业"又占据其中40%的产出份额。⑤"文化内容生产

---

① 数据来自国家统计局，2018年4月30日，http://www.stats.gov.cn/tjsj/zxfb/201804/t20180430_1596889.html。
② 中类文化产业包括新闻服务、版权服务、文艺创作与表演服务、文化用家电的销售、工艺美术品的制作、广播电视电影专用设备的制作、其他文化艺术服务、广播电视传输服务、广播电视电影占用设备的批发、群众文化服务、文化用化学品的制造、文化用纸的制造、印刷专用设备的制造、会展服务、办公用品的制造、广告服务、玩具的制造、乐器的制造、发行服务、出版服务、文化遗产保护服务、图书馆与档案馆服务、摄影扩印服务、文化经纪代理服务、文化研究和社团服务。具体参见史东辉等《第三次经济普查专题研究：中国文化产业结构研究》，北京：社会科学文献出版社，2016，第188页。
③ 史东辉等：《第三次经济普查专题研究：中国文化产业结构研究》，北京：社会科学文献出版社，2016，第194~196页。
④ "高关注度"产业指的是2009年9月发布的《文化产业振兴规划》所提出的重点文化产业：文化创意、影视制作、出版发行、印刷复制、广告、演艺娱乐、文化会展、数字内容和动漫等。"新兴文化产业"指的是2011年10月发布的《中共中央关于深化文化体制改革推动社会主义文化大发展大繁荣若干重大问题的决定》所提到的包括文化创意、数字出版、移动多媒体、动漫游戏等在内的新兴文化产业。
⑤ 史东辉等：《第三次经济普查专题研究：中国文化产业结构研究》，北京：社会科学文献出版社，2016，第227页。

活动"占全国文化产业总产出的 1/6 左右，同时大多数"文化内容生产活动"的产出属于制造业产品。高技术文化产业的就业、资产、营业收入均占全国文化企业总产出的 1/4 左右，而其利润贡献超过 2/5。[①]

（二）中国文化企业的出口状况

2000 年 10 月，中国共产党中央委员会第五次全体会议通过的《中共中央关于制定国民经济和社会发展第十个五年计划的建议》指出："实施'走出去'战略，努力在利用国内外两种资源、两个市场方面有新的突破。"随后，中国文化产品"走出去"蓬勃发展，根据联合国贸易统计（UNCOMTRADE）数据，从 1996~2013 年核心文化产品的出口额来看，中国文化产品出口额呈现波动上升的趋势，出口规模增长较快，其中 1996~2008 年文化产品出口额逐年增加，受国际金融危机的影响，2009 年出现短期下降，但自 2010 年以后出口额仍然呈现上升趋势。[②] 但 21 世纪初期，我国依然是对外文化贸易的"制造大国"，距真正实现"创造大国"尚需时日，处于顺差的文化服务贸易出口也多为初级文化产品，技术含量低，视觉艺术品出口所占文化产品出口比例高，平均超过 70%。[③]

为鼓励中国文化产品出口，并提升出口文化产品的质量，中国政府采取了很多举措。2004 年 4 月，在原文化部直属事业单位中国对外演出公司和中国对外艺术展览中心的基础上组建的中国对外文化集团公司正式挂牌成立。2006 年 8 月 24 日，由北京华谊兄弟影业投资有限公司投资的电影《夜宴》成为首度获得出口信用保险支持而在海外发行的中

---

① 史东辉等：《第三次经济普查专题研究：中国文化产业结构研究》，北京：社会科学文献出版社，2016，第 229 页。
② 张欣怡：《中国文化产品出口的现状、问题与对策研究》，《云南社会科学》2015 年第 4 期，第 68 页。
③ 胡惠林、王婧：《中国文化产业发展指数报告（CCIDI）》，上海：上海人民出版社，2012，第 31 页。

国文化产品。2007年4月，国务院下发了《关于奖励优秀出口文化企业、文化产品和服务项目的通知》。在一系列政策的支持引导下，中国文化产品国际贸易进入了发展的快车道，2007年我国核心文化产品进出口总额达129.2亿美元，比2006年增长26.6%；2007年我国核心文化服务进出口总额达37.2亿美元，比2006年增长20%以上。①

2008年受全球金融危机的冲击，全球贸易萎缩，但中国文化产品出口却表现出色。2008年我国核心文化产品进出口总额达158.4亿美元，比2007年增长22.6%，文化产业和文化贸易呈现出逆势增长的势头。2008年我国核心文化产品出口稳定增长，进口有所下降；文化服务进出口继续增长，在跨境文化服务贸易方面，2008年实现文化服务进出口48.16亿美元，同比增长29.5%。② 2001~2009年，我国文化产品出口基本保持稳步增长态势，其中2006年出现激增，全年出口额为123.6亿美元，同比增长24.4%。2009年出现小幅回落后，2010年我国文化产品出口额大幅增长，出口额为152.9亿美元，同比增长13.1%；在出口产品结构方面，印刷品、视觉艺术品和视听媒介为我国文化产品出口的主要产品，其中印刷品出口额占我国文化产品出口总额的15.2%，视觉艺术品占48%，视听媒介占28.1%。③

随着全球贸易逐渐走出金融危机的阴霾，同时也受益于中国文化企业自身竞争力的提升，我国文化产品贸易在后金融危机时代快速发展，出口产品结构也不断优化，2013年我国文化产品进出口总额达274.1亿美元，其中出口总额为251.3亿美元，是2006年的2.6倍，出口的文化产品以视觉艺术品（工艺品等）、新型媒介（游戏机等）、印刷品、乐器为主；2013年我国文

---

① 数据来自中国政府网站，2008年5月16日，http://www.gov.cn/ztzl/2008-05/16/content_979010.htm。
② 《我国文化产品及服务进出口状况年度报告》发布，《中国文化报》2009年5月22日，第5版。
③ 数据来自中国产业数据报告网，2014年7月1日，http://www.chinairr.org/view/V10/201407/01-158961.html。

服务进出口总额为95.6亿美元；其中出口总额为51.3亿美元，是2006年的3.2倍。文化服务主要以广告宣传服务为主。①联合国教科文组织统计研究所发布的报告《文化贸易全球化：文化消费的转变——2004~2013年文化产品与服务的国际流动》显示：2010年之后中国超过美国成为世界文化产品出口第一大国，2013年中国取代美国成为视觉艺术和工艺品最大的出口国，出口额为494亿美元，占世界总额的33%。②

2014年3月初，国务院正式印发了商务部等有关单位参与起草的《关于加快发展对外文化贸易的意见》，对全国发展对外文化贸易特别是推动文化出口工作做出了全局性部署。目前，中国政府从三个方面入手推动中国文化产品"走出去"：一是搭建贸易促进平台，目前已经搭建的文化产品博览会包括中国（深圳）国际文化产业博览交易会、中国西部文化产业博览会、中国东北（沈阳）文化产业博览会、中国中部（武汉）文化产业博览会、中国北京国际文化创意产业博览会、中国—东盟文化产业论坛、中日韩文化产业论坛等，同时引导企业参加日本东京电玩展、德国科隆游戏展等海外文化产品交易展，这些贸易促进平台有力地提升了中国文化产品的国际影响力；二是加大对文化出口的支持力度，近年来，商务部会同相关部门积极利用财税、金融手段，支持文化贸易企业，2009年商务部会同有关部门印发了《关于金融支持文化出口的指导意见》；2010年商务部等十部门联合发布了《关于进一步推进国家文化出口重点企业和项目目录相关工作的指导意见》，提出了更加全面和完善的政策措施，国家对文化服务出口、境外投资、营销渠道建设、市场开拓、文化贸易人才培养等方面给予支持，落实对国家重点鼓励的文化产品和服务出口实行增值税零税率或免税；三是推动文化企业到境外开展投资合作，据商务部务统计，我国文化、体育和娱乐业对外直接投资由2006年的76万美元增加至2013年的1.8亿

---

① 数据来自人民网，2014年3月31日，http://finance.people.com.cn/n/2014/0331/c1004-24778860.html。
②《我们的文化产品，比想象中走得远》，《人民日报》2016年5月11日，第12版。

美元。①

时至今日,我国对外文化贸易和投资增长迅速,中华文化的国际影响力持续增强。2016年文化产品进出口总额达885.2亿美元,其中出口总额为786.6亿美元,实现顺差688亿美元;文化服务出口中的文化娱乐和广告服务出口额为54.3亿美元,同比增长31.8%;文化体育和娱乐业对外直接投资39.2亿美元,同比增长188.3%。②中国文化产品出口的数量与质量都极大提升,"走出去"战略的实践已经获得了初步成功。

(三)中国文化企业的投融资情况

随着文化产业日益趋向大资金、高投入的发展特点,金融对文化企业的重要性越发突出,目前金融支持文化产业发展的途径主要有:政府拨款、银行贷款、二级市场融资、风险投资和股权投资、债券融资、信用担保和信托贷款等。其中,通过上市获得市场融资是文化企业获取资金的重要途径,而资本市场向中国文化企业的开放经历了一个渐进的发展过程。中国内地资本市场始于1990年上海证券交易所的成立。第一家文化传媒综合类企业上市是在1994年,上海广播电影电视发展有限公司控股的上海东方明珠(集团)股份有限公司在上海证券交易所上市,简称"东方明珠"。接着较早登陆资本市场的国有文化企业主要还有成都博瑞传播(1999年)、北京歌华有线(2000年)、湖北广电网络(2001年)、湖南广电传媒(2001年)、深圳华侨城(2001年)。③从2007年开始,上市正式成为文化市场主体规范化的一个关键性环节。从1999年和2000年博瑞传播和赛迪传媒分别借壳上市开始,在"有限开发"的资本市场上就出现了新闻出版传媒产业化先行者的身影。2007年4月,新华传媒继2006年通过华联超市借壳上市后,又实现了

---

① 数据来自人民网,2014年3月31日,http://finance.people.com.cn/n/2014/0331/c1004-24778860.html。
② 《2016年我国文化产品出口增长迅速》,《光明日报》2017年3月10日,第1版。
③ 胡惠林、王婧主编《2014:中国文化产业发展指数报告(CCIDI)》,上海:上海人民出版社,2014,第155页。

向解放日报报业集团和上海中润广告有限公司的定向增发，突破了传媒企业上市的一些传统壁垒，实现了"准整体上市"。2007年12月13日，辽宁出版传媒股份公司IPO完成路演并于14日开始接受申购，成为国内第一家编辑业务和经营业务整体上市的新闻出版企业。① 自2001年7月以来，我国的资本市场开始进入漫长的熊市，不仅文化企业很难通过资本市场IPO（首次公开发售）实现融资，而且已经上市的文化企业也很难通过资本市场实现再次融资的目标。为了获得文化企业发展所需的资金支持，我国文化企业开始在2004年大量借助于海外资本市场进行融资。2004年，掌上灵通公司、盛大公司、空中网、北青传媒等公司纷纷在海外上市融资。2009年10月30日，华谊兄弟公司成功登陆创业板，开启了民营文化企业的上市热潮。2009年11月12日，中国东方演艺集团、中国文化传媒集团、中国动漫集团在同一天集体挂牌，象征着国有文化单位改制逼近"深水区"。② 2010年，《关于金融支持文化产业振兴和发展繁荣的指导意见》明确指出，要加大文化产业的有效信贷投放，扩大文化企业的直接融资规模。2010年12月9日，保利博纳登陆纳斯达克，成为中国第一家在美国上市的电影企业。2014年，"新三板"成为文化企业上市的新宠。2014年11月云南杨丽萍文化传播股份有限公司在"新三板"挂牌，成为全国第一家舞蹈演艺企业登陆"新三板"的公司。2014年底"新三板"挂牌企业达到1500家，而文化企业接近100家。2014年文化产业并购金额超过10亿元的事件有28起，总金额达680亿元，占并购总金额的67%，主要分布在影视、动漫、游戏等内容领域和互联网平台领域。③

最近几年，企业间并购成为文化产业的一股热潮，在买方市场中，A股上市企业华谊兄弟、华策影视、百视通等上市公司开始加速并购，以BAT（百

---

① 胡惠林：《文化产业发展与中国新文化变革（1998~2008）》，上海：上海人民出版社，2009，第495~496页。
② 范建华：《中国文化产业通论》，昆明：云南人民出版社，2013，第102页。
③ 叶朗主编《中国文化产业年度发展报告（2015）》，北京：北京大学出版社，2015，第15~16页。

度、阿里巴巴、腾讯）为代表的互联网公司也开始参与文化产业的业务。频繁的并购现象彰显了文化产业领域的资本活跃度，由于许多并购都发生在跨行业的企业间，并购现象也是文化产业融合的重要标志。据不完全统计，2013年文化传媒板块已发生55起并购事件，涉及电影、电视剧、出版、广告、游戏等子行业，累计资金近400亿元。其中，大连万达并购全球排名第二的美国AMC影院公司，总交易金额高达26亿美元。为应对新媒体的挑战，上海两大报业集团解放日报报业集团和文汇新民联合报业集团，于2013年整合成立上海报业集团。① 众筹模式在2013年引起了关注。动画电影《大鱼海棠》通过众筹融资160万元，动漫电影《十万个冷笑话》募资超过137万元，《快乐男声》主题电影在20天内成功在众筹网上筹得501万元。电影众筹对于正在起步阶段的小型电影公司来说，也许是一种能为电影募集资金的有效途径，然而对于大型传媒企业、影视公司来说，众筹的目的主要是做营销宣传和市场调研。②

除了资本市场的融资渠道，政府也通过多个渠道支持文化企业的发展。其中文化产业专项扶持资金是最直接的扶持手段。据报道，北京市政府的文化产业专项扶持资金达到每年5亿元，深圳达到每年3亿元，江苏达到每年1亿元。2007年投入动漫产业的扶持费用达到了7000万元。来自文化部的数据显示，截至2006年底，全国已经有13个省份设立了专项资金。目前全国大部分省区都已经设立了省级文化产业发展专项资金，各省会城市也大都设立了市一级的专项资金。③ 政府也在不断改进资金补贴的方法，例如，政府开始利用专项资金来撬动社会资本，2009年3月，北京市文化创意产业领导小组办公室正式发布《北京市文化创意产业担保资金管理办法（试行）》，政府把补贴用来担保优秀文化企业的银行贷款，降低了产业融资的风险，让中小文化企业银行融资更加简单。此外，吸收民间和社会其他资本形式进入文化市

---

① 叶朗主编《中国文化产业年度发展报告（2014）》，北京：北京大学出版社，2014，第14页。
② 叶朗主编《中国文化产业年度发展报告（2014）》，北京：北京大学出版社，2014，第15页。
③ 李思屈：《中国文化产业政策研究》，杭州：浙江大学出版社，2012，第117页。

场是文化体制改革中完善投融资体制、活跃文化市场的重要举措。2004年10月18日，文化部下发了《关于鼓励、支持和引导非公有制经济发展文化产业的意见》。①2005年8月，国务院发布了《国务院关于非公有资本进入文化产业的若干决定》。

在上述传统的投融资渠道之外，文化产业领域也涌现了文化与金融高度融合的投融资方式。其中，艺术品市场是文化与金融相融合的典型代表。以银行、信托、基金为代表的金融资本介入艺术领域，各种艺术品理财产品及基于艺术品的金融产品层出不穷，成为2010年中国艺术品市场的一个显著特点。2010年初，文化部启动了"文化产业投融资公共服务平台"，这是一个基于互联网技术为文化产业提供金融信息和服务的网络平台。目前，艺术市场中金融机构的出现和各类基金的介入，把艺术品变成一种投资品，部分艺术品拍卖机构同时也具有某种金融性质，可以直接为客户提供抵押、评估、贷款等融资性服务。

三 中国文化企业的业态布局

除了从宏观视角把握文化企业的整体市场情况，对中国文化企业的认识还需要在微观的层面审视文化企业的业态布局，具体体现为文化企业的类型差异与企业集聚现象。

（一）代表性文化企业与企业类型

2008~2017年，光明日报社和经济日报社一共发布了九届"中国文化企业30强"名单，进入名单的文化企业都是中国文化行业的佼佼者，这份名单成为我们了解中国文化企业类型与发展的重要参考，历届"中国文化企业30强"见表6-2。

---

① 李思屈：《中国文化产业政策研究》，杭州：浙江大学出版社，2012，第117页。

表 6-2 历届中国文化企业 30 强名单

年份	届别	企业名单
2008年	第一届	中国对外文化集团公司、保利文化艺术有限公司、桂林广维文华旅游文化产业有限公司、江苏省演艺集团有限公司、上海时空之旅文化发展有限公司、北京儿童艺术剧院股份有限公司、辽宁民间艺术团有限公司、云南丽江市丽水金沙演艺有限公司、天创国际演艺制作交流有限公司、云南映象文化产业发展有限公司、中国国际电视总公司、广东南方国际传媒控股有限公司、上海东方明珠（集团）股份有限公司、北京歌华有线电视网络股份有限公司、中国电影集团公司、上海电影（集团）公司、湖南电广传媒股份有限公司、中视传媒股份有限公司、广西广播电视信息网络股份有限公司、陕西省广播电视信息网络股份有限公司、江苏凤凰出版传媒集团有限公司、浙江出版联合集团有限公司、湖南出版投资控股集团有限公司、江西省出版集团公司、四川新华发行集团有限公司、安徽新华发行集团有限公司、中国出版集团公司、安徽出版集团有限责任公司、广东省出版集团有限公司、广东南方报业传媒集团有限公司
2010年	第二届	中国出版集团公司、江苏凤凰出版传媒集团公司、湖南出版投资控股集团公司、浙江出版联合集团有限公司、江西省出版集团公司、中原出版传媒投资控股集团有限公司、四川新华发行集团有限公司、广州传媒控股有限公司、山东出版集团有限公司、安徽出版集团有限责任公司、安徽新华发行集团控股有限公司、湖北长江出版传媒集团有限公司、中国电影集团公司、中国国际电视总公司、上海东方传媒集团有限公司、江苏省广播电视集团有限责任公司、上海电影（集团）有限公司、华谊兄弟传媒股份有限公司、江苏省广播电视信息网络股份有限公司、北京歌华有线电视网络股份有限公司、湖南电广传媒股份有限公司、中国对外文化集团公司、中国东方演艺集团有限公司、华侨城控股股份有限公司、保利文化集团有限公司、深圳华强文化科技集团股份有限公司、杭州宋城旅游发展股份有限公司、北京演艺集团公司、辽宁民间艺术团有限公司、江苏省演艺集团有限公司
2011年	第三届	保利文化集团股份有限公司、杭州宋城旅游发展股份有限公司、辽宁民间艺术团有限公司、中国对外文化集团公司、中国东方演艺集团有限公司、江苏省演艺集团有限公司、上海东方传媒集团有限公司、中国国际电视总公司、江苏省广播电视集团有限责任公司、江苏省广播电视信息网络股份有限公司、湖南电广传媒股份有限公司、中国电影集团公司、北京歌华有线电视网络股份有限公司、江苏凤凰出版传媒集团有限公司、中国教育出版传媒集团有限公司、中南出版传媒集团股份有限公司、江西省出版集团公司、浙江出版联合集团有限公司、广州传媒控股有限公司、安徽出版集团有限责任公司、四川新华发行集团有限公司、山东出版集团有限公司、中国出版集团公司、完美世界（北京）网络技术有限公司、深圳华侨城股份有限公司、深圳华强文化科技集团股份有限公司、汉王科技股份有限公司、北京畅游时代数码技术有限公司、广东奥飞动漫文化股份有限公司、拓维信息系统股份有限公司

续表

年份	届别	企业名单
2012年	第四届	保利文化集团股份有限公司、杭州宋城旅游发展股份有限公司、北京演艺集团有限责任公司、本山传媒有限公司、中国对外文化集团公司、江苏演艺集团有限公司、上海东方传媒集团有限公司、江苏广播电视集团有限公司、中国国际电视总公司、中国电影集团公司、江苏广电有线信息网络股份有限公司、湖南电广传媒股份有限公司、广东省广播电视网络股份有限公司、江苏凤凰出版传媒集团有限公司、江西省出版集团公司、浙江出版联合集团有限公司、中国教育出版传媒集团有限公司、安徽出版集团有限责任公司、中南出版传媒集团股份有限公司、山东出版集团有限公司、安徽新华发行（集团）控股有限公司、中国出版集团公司、四川新华发行集团有限公司、西安曲江文化产业投资（集团）有限公司、上海盛大网络发展有限公司、完美世界（北京）网络技术有限公司、深圳华侨城股份有限公司、上海东方明珠（集团）股份有限公司、上海征途信息技术有限公司、深圳华强文化科技集团股份有限公司
2013年	第五届	杭州宋城旅游发展股份有限公司、保利文化集团股份有限公司、莆田市集友艺术框业有限公司、上海文广演艺（集团）有限公司、北京演艺集团有限责任公司、中国对外文化集团公司、上海东方传媒集团有限公司、江苏省广播电视集团有限公司、中国国际电视总公司、中国电影股份有限公司、江苏省广电有线信息网络股份有限公司、湖南电广传媒股份有限公司、上海电影（集团）有限公司、北京光线传媒股份有限公司、江苏凤凰出版传媒集团有限公司、湖南出版投资控股集团有限公司、安徽出版集团有限责任公司、江西省出版集团公司、山东出版集团有限公司、浙江出版联合集团有限公司、中国教育出版传媒集团有限公司、中国出版集团公司、安徽新华发行（集团）控股有限公司、四川新华发行集团有限公司、上海盛大网络发展有限公司、完美世界（北京）网络技术有限公司、深圳华强文化科技集团股份有限公司、百视通新媒体股份有限公司、北京万达文化产业集团有限公司、西安曲江文化产业投资（集团）有限公司
2014年	第六届	保利文化集团股份有限公司、宋城演艺发展股份有限公司、思美传媒股份有限公司、中国对外文化集团公司、中国电影股份有限公司、中国国际电视总公司、湖南电广传媒股份有限公司、北京北广传媒集团有限公司、上海电影（集团）有限公司、江苏省广电有线信息网络股份有限公司、浙江华策影视股份有限公司、北京光线传媒股份有限公司、江苏凤凰出版传媒集团有限公司、山东出版集团有限公司、湖南出版投资控股集团有限公司、中国出版集团公司、江西省出版集团公司、安徽新华发行（集团）控股有限公司、浙江出版联合集团有限公司、中国教育出版传媒集团有限公司、安徽出版集团有限责任公司、河北出版传媒集团有限责任公司、福建省网龙计算机网络信息技术有限公司、北京畅游时代数码技术有限公司、完美世界（北京）网络技术有限公司、深圳华强文化科技集团股份有限公司、百视通新媒体股份有限公司、深圳华侨城股份有限公司、西安曲江文化产业投资（集团）有限公司、北京万达文化产业集团有限公司

续表

年份	届别	企业名单
2015年	第七届	保利文化集团股份有限公司、宋城演艺发展股份有限公司、中国对外文化集团公司、山水盛典文化产业有限公司、江苏省广播电视集团有限公司、中国国际电视总公司、百视通新媒体股份有限公司、中国电影股份有限公司、湖南电广传媒股份有限公司、江苏省广电有线信息网络股份有限公司、浙江华策影视股份有限公司、上海电影（集团）有限公司、北京华录百纳影视股份有限公司、江苏凤凰出版传媒集团有限公司、湖南出版投资控股集团有限公司、安徽出版集团有限责任公司、中国出版集团公司、江西省出版集团公司、中国教育出版传媒集团有限公司、浙江出版联合集团有限公司、河北出版传媒集团有限责任公司、安徽新华发行（集团）控股有限公司、山东出版集团有限公司、完美世界（北京）网络技术有限公司、深圳华强文化科技集团股份有限公司、科大讯飞股份有限公司、福建网龙计算机网络信息技术有限公司、深圳华侨城股份有限公司、西安曲江文化产业投资（集团）有限公司、北京万达文化产业集团有限公司
2016年	第八届	保利文化集团股份有限公司、宋城演艺发展股份有限公司、中国对外文化集团公司、江苏省广播电视集团有限公司、中国电影股份有限公司、中国国际电视总公司、江苏省广电有线信息网络股份有限公司、华谊兄弟传媒股份有限公司、山东广电网络有限公司、湖南电广传媒股份有限公司、浙江华策影视股份有限公司、上海电影（集团）有限公司、湖北长江广电传媒集团有限责任公司、江苏凤凰出版传媒集团有限公司、江西省出版集团公司、河北出版传媒集团有限责任公司、浙江出版联合集团有限公司、中国教育出版传媒集团有限公司、安徽出版集团有限责任公司、中南出版传媒集团股份有限公司、安徽新华发行（集团）控股有限公司、中国出版集团公司、中原出版传媒投资控股集团有限公司、上海东方明珠新媒体股份有限公司、深圳华强文化科技集团股份有限公司、科大讯飞股份有限公司、福建网龙计算机网络信息技术有限公司、深圳华侨城股份有限公司、北京万达文化产业集团有限公司、西安曲江文化产业投资（集团）有限公司
2017年	第九届	中国出版集团公司、中国电影股份有限公司、中国国际电视总公司、中国教育出版传媒集团有限公司、中国华录集团有限公司、上海东方明珠新媒体股份有限公司、上海电影（集团）有限公司、山东广电网络有限公司、广东省出版集团有限公司、中南出版传媒集团股份有限公司、中原出版传媒投资控股集团有限公司、北京万达文化产业集团有限公司、北京市文化投资发展集团有限责任公司、北京歌华有线电视网络股份有限公司、四川新华发行集团有限公司、华侨城集团有限公司、华谊兄弟传媒股份有限公司、安徽新华发行（集团）控股有限公司、江西省出版集团公司、江苏凤凰出版传媒集团有限公司、江苏省广电有线信息网络股份有限公司、西安曲江文化产业投资（集团）有限公司、宋城演艺发展股份有限公司、完美世界股份有限公司、河北出版传媒集团有限责任公司、浙江出版联合集团有限公司、浙江华策影视股份有限公司、浙报传媒控股集团有限公司、湖北长江广电传媒集团有限责任公司、湖北长江出版传媒集团有限公司

资料来源:《光明日报》(2008年2月5日，第2版；2010年5月15日，第6、7版；2011年5月14日，第6、7版；2012年5月19日，第3版；2013年5月18日，第1版；2014年5月16日，第1版；2015年5月15日，第1版；2016年5月13日，第4版；2017年5月12日，第3版)。

进入 21 世纪后，中国文化企业逐渐发展成熟，历届"中国文化企业 30 强"就是对中国文化企业发展的见证，这些资金雄厚、市场占有率高、体量巨大的大型文化企业成为中国文化产业发展的引领者。纵观历届"中国文化企业 30 强"名单，入选的文化企业涵盖艺术表演、广播影视、出版传媒等多个文化产业领域，这充分说明中国文化企业的业务已经涉及比较全面的文化产业领域，但前两届"中国文化企业 30 强"仍集中在传统文化产业领域，2011 年之后，"中国文化企业 30 强"名单中出现了动漫游戏、网络文化、主题公园等新兴业态的文化企业，中国文化企业开始突破传统行业形态，不断开辟新的业务发展方向。

除了文化企业在业务领域方面的差异，企业性质也是观察中国文化企业的重要指标。在历届"中国文化企业 30 强"中，国有文化企业都占有较大的比重。国有文化企业是中国文化产业发展的中流砥柱，在文化市场竞争中，国有文化企业拥有更强的竞争力，这得益于改革开放以来文化体制改革与国有企业改革的不懈推进，也充分证明了文化体制改革对培育市场主体、解放和发展文化生产力的巨大作用。但同时，我们也发现，民营文化企业在不断崛起，2011 年之后，"中国文化企业 30 强"既有中国出版集团公司、中国电影集团公司等老字号的国有或国有控股企业，也有杭州宋城旅游发展股份有限公司、上海盛大网络发展有限公司等民营企业，这充分反映了当前我国文化产业多种门类、多种所有制竞相发展的良好格局。

（二）中国文化企业的集聚现象

企业集聚形态是企业研究的重要视角，中国文化企业在 2000 年后进入高速发展期，同时也逐渐形成了多样的集聚现象，有些集聚现象是企业间处于产业链关系而自发形成的，但大部分集聚现象是政府产业政策引导下的产物。2004 年 11 月，文化部发布了《关于命名文化产业示范基地的决定》，命名了 42 个文化产业示范基地。2006 年 2 月，文化部发布了《国家文化产业示范基地评选命名管理办法》，规定了申报示范基地的文化企业应符合的基本条件、申报程序、评审程序及管理运行机制,并明确要求示范基地原则上每两年评选命名一次。2007年6月,文化部发布《关于命名首批国家级文化产业示范园区的通知》;2010年7月,文化部出台《国家级文化产业示范区管理办法(试行)》。自2004年以来,文化部先后命名了四批8家国家级文化产业示范园区和两批8家国家级文化产业试验园区,以及五批共265家国家文化产业示范基地。在政府的支持下,目前我国已经形成了多形态、多功能的文化企业集聚群,文化企业集聚群建设主要通过文化产业园区的功能来体现,即通过产业集聚、产业孵化器、教育培训功能、研发创新功能、促进就业功能、展示休闲功能、交易创汇功能等促进集群化的发展。[①]下面,我们通过多个角度总结中国文化企业的集聚现象。

首先,按照文化企业集聚群的形态与规模划分,目前有文化产业基地、文化产业集聚区、文化产业园、文化产业带、文化创意城市等类别。(1)一个或一批具有独特市场核心竞争力的同质文化企业形成的规模聚集,叫作文化产业基地,如佛山市民间艺术研究社、嘉祥石雕文化产业园、深圳大芬油画村等;(2)特定业态的文化企业形成的企业集群,这些企业纵向形成完整的产业链,横向具备多种商业模式和利基市场,相互竞争又彼此协同的企业集群,叫作文化产业集聚区,如北京大兴国家新媒体产业基地、上海M50艺术品创意基地、广州番禺国家级网络游戏动漫产业基地等;(3)不同业态的文化企业大规模聚集,文化产业现代市场要素完备的地区,企业数量多、质量高,对周围地区有明显的经济溢出效应和辐射作用,这样的地区叫作文化产业园区,如西安曲江新区、上海张江文化产业园等;(4)不同文化产业基地、文化产业集聚区、文化产业园区集聚形成的特色文化产业带,表现为空间上的相对集中和时间上的依次形成,这样的地理空间叫作文化产业带,比如上海的86家创意产业集聚区、15家市级文化产业园区、15家创意产业示范集聚区,大部分集中在内环线和中环线地带,广州也在发展中形成了"四带"的文化

[①] 陈少峰、朱嘉:《中国文化产业十年》,北京:金城出版社,2010,第153页。

产业布局，即珠江文化产业带、东部文化产业带、南部文化产业带和北部文化产业带；（5）文化创意城市顾名思义指的是以城市为单位的文化创意产业集聚范围，特别是形成了具有所在城市的独特文化标志的文化创意品牌，例如北京、上海等城市都已经形成了具有城市特色的创意产业。①

其次，按照文化企业集聚群的功能划分，目前我国已经形成了包含各种文化产业种类的企业集聚园区。典型案例如下。（1）历史、文化、旅游类园区：陕西省西安市曲江新区、深圳华侨城、曲阜新区文化产业园、辽宁省棋盘山开发区；（2）影视、动漫、传媒类园区：中国（怀柔）影视基地、杭州数字娱乐产业园、常州国家动画产业基地、浙江省横店影视城、上海国家动漫游戏产业振兴基地、长春市长影世纪城；（3）科技、创意、新媒体类园区：北京市中关村创意产业先导基地、北京市国家新媒体产业基地、上海多媒体产业园、上海张江文化科技创意产业基地；（4）艺术、艺术品、设计类园区：北京798艺术区、北京DRC工业设计创意产业基地、北京潘家园古玩艺术品交易园区、北京宋庄原创艺术与卡通产业集聚区、深圳市大芬油画村。

上述文化企业集聚区是中国文化企业发展的重要成果，也是提升中国文化产业质量的重要途径。集聚区内的企业大多具有一定的产业联系，或具有类似的市场业务而形成竞争合力，或属于同一产业链的上下游而降低交易成本，或享有共同的政策红利而利用好发展机遇，尽管集聚的原因有所不同，但产业集聚是一种合理而有效的产业发展现象，特别有利于处于发展期的中小文化企业利用市场、政策、资金、人才等各类资源。同时，我们应看到，我国文化产业的区域发展仍不平衡，从2017年国家统计局发布的统计数据看，东部地区规模以上文化及相关产业企业实现营业收入68710亿元，占全国的74.7%；中部、西部和东北地区分别为14853亿元、7400亿元和988亿元，占全国的比重分别为16.2%、8.0%和1.1%。从增长速度看，西部地区增长12.3%，中部地区增长11.1%，东部地区增长10.7%，东北地区下

---

① 关于文化产业不同集聚形态的定义分类参考了熊澄宇等人的研究，参见熊澄宇等《中国文化产业政策研究》，北京：清华大学出版社，2017。

降 0.9%。① 可见，东部地区的文化产业规模占据绝对优势，中西部、东北地区的文化产业发展仍比较落后，但这些地区的文化产业已经加快发展速度，努力追赶东部地区。粤、苏、鲁、沪、浙、京占据了中国文化产业的大半"江山"，各省区市文化产业人均营业收入差距较大，但中、西部地区大致相似。② 文化产业产出较大的省区市中多数"文化制造业"产出相对较大，京、沪两地文化产业则以"文化服务业"为主，文化产业构成更加合理。③ 因此，我们要着重支持中西部地区的文化产业园区建设，让中西部的文化企业享受到更多的市场便利，通过文化企业集聚的合理分布推动中国文化产业地区间的平衡发展。

四 中国文化企业的融合发展

20 世纪八九十年代，中国文化产业刚刚兴起，各类产业形态相对独立，2004 年国家统计局发布的《文化及相关产业分类（2004）》总结反映了兴起之初的文化产业各业态间的独立关系，文化产业被划为三个基本的层次：文化产业核心层、文化产业外围层、相关文化产业层。④ 但最近十年间，以互联网为代表的新兴技术的兴起、产业链交叉程度的加深推动文化业态不断融合，2012 年修订的《文化及相关产品分类（2012）》取消了三个层次的划分，增加了一大批具有产业融合色彩的新兴文化产业类型。⑤ 在产业融合的趋势中，中

---

① 数据来自国家统计局，2018 年 1 月 31 日，http://www.stats.gov.cn/tjsj/zxfb/201801/t20180131_1579206.html。
② 谢叙祎等：《第三次经济普查专题研究：中国文化产业的区域结构研究》，北京：社会科学文献出版社，2016，第 266~268 页。
③ 谢叙祎等：《第三次经济普查专题研究：中国文化产业的区域结构研究》，北京：社会科学文献出版社，2016，第 275 页。
④ 具体参见本书第 139 页注②。
⑤ 增加的文化产业种类有：文化创意，包括建筑设计服务和专业设计服务；文化新业态，包括数字内容服务中的数字动漫制作和游戏设计制作，以及其他电信服务中的增值电信服务（文化部分）；软件设计服务，包括多媒体软件和动漫游戏软件开发；具有文化内涵的特色产品的生产，主要是焰火、鞭炮产品的制造，珠宝首饰及相关产物品的制造、销售，陈设艺术陶瓷制品的制造等；其他，包括文化艺术培训、本册印制、装订及印刷相关服务、幻灯及投影设备的制造和舞台照明设备的批发等。

国文化企业呈现出多种多样的发展路径，具体表现在"文化+科技"、传统产业升级、农村城镇建设等方面。

（一）"文化+科技"的融合之路

20世纪90年代末以来，由于受到信息技术革命的影响，我国网络文化经济迅速成长起来，并成为文化产业的重要一极。与此同时，通信、广播电视和视听消费电子产品数字化进程加速发展，使得计算机、通信、广播电视这三个原本分工明确的行业出现融合汇聚现象，带动了我国相关文化产业的发展。传统的大众媒体如新闻出版、广播电影电视业均向信息产业迅速靠拢，以"新媒体"的姿态异军突起，成为新兴文化企业的主体。[1]

在"文化+科技"的融合发展过程中，国家推动的"三网融合"是基础性工程，"三网融合"是实现"文化+科技"的前提条件。2003年以来，我国以"三网合一"为名的产业融合趋势日益明显，宽带与移动技术成为两大迅速取得突破的领域。首先，数字电视开始普及，2003年国家广电总局宣布数字电视开始全面推广；其次，互联网文化企业兴起，2003年可称为"网络内容年"，同年6月文化部正式批准10家单位筹建全国性互联网上网服务营业场所连锁经营单位，成为互联网文化企业产生的标志性事件，同年10月，首届中国国际网络文化博览会在北京举行，首次对这一产业进行了集中展示。[2] 三网融合的推进影响了文化产业链的构成，带动产生了新型文化营销模式。2003年中国电信业已经出现了规模增长收入不增加的现象，进入了一个必须依靠增值服务实现集约式增长的时期。[3] 2005年湖南卫视的《超级女声》节目，改变了以往电视台以广告收入为主要经济来源的盈利模式，将电视、电台、报刊等媒体充分融合并充分运作手机、网络等新媒体，创新了传统电视

---

[1] 李思屈：《中国文化产业政策研究》，杭州：浙江大学出版社，2012，第114页。
[2] 胡惠林：《文化产业发展与中国新文化变革（1998~2008）》，上海：上海人民出版社，2009，第414页。
[3] 胡惠林：《文化产业发展与中国新文化变革（1998~2008）》，上海：上海人民出版社，2009，第451页。

的盈利手段，使节目影响力辐射全国。据初步统计，《超级女声》节目产业链条中各环节的参与者所获得的直接经济回报累计已超过 7.6 亿元。①

这种多媒体融合模式最终由电视平台转移到互联网平台，并且直接催生了一种崭新的企业类型——互联网文化企业。2006 年，随着互联网的应用以及新型数字内容产业的生产和消费模式的出现，互联网文化企业找到了符合自身特点的、"产销合一"的内容生产和消费方式。互联网文化企业重新塑造了中国文化产业的版图：首先，互联网文化企业深刻改变了传统文化产业的形态，纸质媒体、电视、广播等传统文化产业类型开始衰退，2009 年我国数字出版总产出已达到了 799.4 亿元，总体规模首次超过传统的图书出版，并且数字出版在以每年接近 50% 的增速增长；② 其次，网络游戏、网络文学、网络电影等新型文化产业类型的发展令人瞩目，2008 年，中国自主研发的网络游戏实际销售收入达 110.1 亿元，比 2007 年增长 60.0%，占中国网络游戏市场总收入的 59.9%；艾瑞公司《2008~2009 中国网络游戏行业发展报告》显示，2008 年我国网络游戏市场收入约占全球的 27%，占比超过韩国居全球第二位，仅次于美国的 29%。③ 互联网文化企业已经成为文化产业领域的领头羊，2015 年 1~11 月，文化产业股权投资事件发生 562 起，涉及金额高达 867.21 亿元，较上年有所增长。从行业分布看，股权投资活跃度最高的是互联网信息服务业，共 266 起，而居于次席的移动互联网服务业有 93 起。④ 与互联网相关的文化企业在资本市场中的活跃充分反映了互联网文化的火热程度，腾讯、百度、阿里巴巴等从事互联网服务的企业，日益重视通过内容生产提升附加值和核心竞争力，并从原先的技术平台制造商、运营商和服务商，转变为包括内容制作、提供和集成在内的综合性文化科技企业。阿里巴巴推出两

---

① 胡惠林：《文化产业发展与中国新文化变革（1998~2008）》，上海：上海人民出版社，2009，第 451 页。
② 范建华：《中国文化产业通论》，昆明：云南人民出版社，2013，第 317 页。
③ 李思屈：《中国文化产业政策研究》，杭州：浙江大学出版社，2012，第 119~120 页。
④ 李婧：《2015 年文化产业回顾："文化 +" 成为经济新引擎》，《中国文化报》，2015 年 12 月 26 日第一版。

期娱乐宝,收购文化中国并将其改名为阿里影业,进入影视制作、手游等领域;腾讯宣布将参与推出影视大片;百度也收购了网络视频运营商PPS的视频业务。①

近年来,互联网文化企业的业务呈现出由PC端向移动端转移的趋势,2009年是3G元年,2010年中国3G部署和推广渐入佳境,用户规模及终端出货量不断提升,移动互联网快速发展。截至2016年12月,我国手机网民规模达6.95亿,增长率连续三年超过10%,②移动端的娱乐产品成为当前互联网文化娱乐产业的重中之重。2005年,文化部首次颁发经营许可证给手机网游公司,标志着手机网络游戏已正式纳入国家管理的网络文化产品之列。如果说PC客户端游戏是互联网娱乐在起步阶段的市场引擎的话,那么在2016年移动游戏的行业营收全面超越PC客户端游戏③这一现象意味着互联网娱乐已经跨越了传统的PC端入口,进入以智能手机为入口的新阶段。网络直播的兴盛是娱乐移动化的另一体现。截至2016年12月,网络直播用户规模达到3.44亿,占网民总体的47.1%,较2016年6月增长1932万。其中,游戏直播用户使用率增幅最高,半年增长3.5个百分点。④虽然PC客户端也是网络直播的重要入口,但移动端的网络直播是主要发展趋势,特别是出现了许多移动网络直播和移动视频社交等新的直播模式,我们现在经常看到举着手机进行现场直播的人,手机移动端不仅是观看直播的流量入口,而且是直播内容的生产平台,手机正从生产供给与消费需求这两端改变着文化娱乐的产业形态。

除了互联网文化企业,数字创意企业是"文化+科技"的另一典型融合

---

① 《文化+:新形势下文化产业发展的战略选择》,中华人民共和国文化部网站,2015年8月17日,http://www.mcprc.gov.cn/whzx/bnsjdt/whcys/201510/t20151029_458790.html。
② 《第39次中国互联网络发展状况统计报告》,中国互联网络信息中心发布,2017年1月22日。
③ 《第39次中国互联网络发展状况统计报告》,中国互联网络信息中心发布,2017年1月22日。
④ 《第39次中国互联网络发展状况统计报告》,中国互联网络信息中心发布,2017年1月22日。

案例。2015年,中国数字创意产业已集聚36948家企业,同比增长13.8%;从业人员384万,同比增长13.1%;产业规模达5939.85亿元,同比增长22.9%。中国数字创意产业已进入高速发展期,成为中国经济发展的主要动力之一。[①]2016年12月19日,国务院印发《"十三五"国家战略性新兴产业发展规划》,首次把以"文创+科技"为核心的数字创意纳入国家战略性新兴产业发展规划,成为5个产值规模10万亿元级的新支柱产业之一。2017年1月,《战略性新兴产业重点产品和服务指导目录(2016版)》正式发布,数字创意产业领域重点产品和服务被纳入其中,享受包括国家技术创新工程、战略性新兴产业发展基金、国家新兴产业创业投资引导基金、战略性新兴产业融资风险补偿试点工作等政策措施的支持。

(二)传统文化企业的融合升级

"文化+"是以文化为主体或核心元素的一种跨业态的融合,它充分发挥了文化的作用,将文化创新创意成果深度融合于经济社会各领域,形成以文化为内生驱动力的产业发展新模式与新形态。在"文化+"的推动下,传统的旅游、农业、体育等企业对自身进行升级改造,融合产生了一批新兴文化企业。

传统旅游企业本身也是文化企业的重要组成部分,但通过挖掘旅游目的地的文化价值,开发以文化为核心的旅游产品,各种各样的旅游企业开始突破传统观光游的限制,拓展了文化旅游市场空间。2006年10月,杭州成功举办了首届"世界休闲博览会"和"第八届西博会",成为我国休闲旅游业进入新阶段的标志性事件。文化旅游在近几年获得了蓬勃发展,综合性文化旅游的各个领域(含主题公园旅游、体育旅游、健康旅游、家庭文化旅游、传统文化体验旅游和出国旅游等)都将有较大幅度的增长。随着人们对文化旅游需求的不断增加,文化旅游产业链也在不断延伸,文化旅游能够融合当地的

---

① 数据来自《2016年中国数字创意产业发展报告》,2016年9月27日在"2016中国数字创意产业峰会"上发布。

旅游、文化、商贸等综合资源，带动多种产业联合发展，因此它作为传统旅游业与文化产业的结合形态得到了旅游公司、文化传媒企业、地方政府的重视，比如万达集团已经在文化旅游领域完成了布局，在长白山、武汉、西双版纳等地打造旅游度假区、主题公园等项目，涉及景区、酒店、餐饮、购物等业务。各种类型的主题公园是文化旅游的重要载体，在我国一些拥有优质旅游资源的地区已经形成了集聚式融合发展态势，如深圳的科技创新型主题文化园，西安、洛阳的历史文化古都型产业园，上海、苏州的古镇名城型产业园，以及横店、宋城的影视基地型产业园等，[①] 从中我们可以发现产业融合是文化旅游企业的主要发展思路。

农业是一种传统而古老的产业类型，但在中国文化产业的发展过程中，文化与农业的融合产生了涉及休闲农业旅游、农业文化遗产开发等业务的新型农业文化企业。为了进一步支持农业文化企业的发展，国家在2016年出台了系列扶持政策。2016年9月发布了《关于大力发展休闲农业的指导意见》与《乡村旅游扶贫工程行动方案》，各地也出台了落实措施，安徽、山西等省已相继出台了推动休闲农业发展的意见，大部分省还编制了休闲农业的发展规划，湖北、山东、广东、四川、新疆等地都安排了专项财政资金支持休闲农业发展。截至目前，全国共创建休闲农业和乡村旅游示范县328个，推介中国美丽休闲乡村370个，认定中国重要农业文化遗产62项。[②] 在相关政策的支持下，当前我国休闲农业旅游发展状况良好，2016年全国休闲农业和乡村旅游接待游客近21亿人次，营业收入超过5700亿元，从业人员为845万人，带动672万户农民受益。《中国休闲农业和乡村旅游发展研究报告（2016年度）》显示，据不完全统计，上规模经营主体达30.57万个，比2015年增加近4万个；休闲农业和乡村旅游成为旅游投资新亮点，投资金

---

① 《探索文化旅游产业融合发展的实现路径》，中国经济网，2015年3月11日，http://travel.ce.cn/gdtj/201503/11/t20150311_2381828.shtml。
② 《释放农村经济新动能——休闲农业和乡村旅游发展综述》，中华人民共和国农业部，2017年4月6日，http://www.moa.gov.cn/zwllm/zwdt/201704/t20170406_5551097.htm。

额约 3000 亿元，比 2015 年增加 400 亿元。整个产业呈现出发展加快、布局优化、质量提升、领域拓展的良好态势。① 但同时我们需要注意到资金与技术仍然是制约农业文化企业发展的主要因素，我们仍需继续加大对农业文化企业的资金支持力度，同时实践"互联网 + 农业"的发展思路，支持农村的农业文化企业充分利用互联网平台拓展农业休闲旅游的市场空间。

体育企业是另一个通过"文化 +"改造升级的文化主体，2014 年国务院发布了《关于加快发展体育产业促进体育消费的若干意见》，重点支持体育文化的市场开发，意见以足球、篮球、排球三大球为切入点，加快发展普及性广、关注度高、市场空间大的集体项目，推动体育产业向纵深发展。为了促进体育产业的可持续发展，我们需要挖掘我国体育产业在比赛、活动、培训等衍生产业中的潜力，增加体育产业的产业链和盈利空间，特别是要研究开发体育文化中的商业价值，或者以新的创意文化概念包装体育产业，通过各种方式扩大体育市场与体育产业的盈利率。当前，足球产业正成为中国文化企业的新宠，特别是校园足球、足球培训、足球媒体、与境外机构合作建设足球基地等成为投资热点。2015 年，中央全面深化改革领导小组第十次会议通过了《中国足球改革总体方案》，方案提出要克服阻碍足球发展振兴的体制机制弊端，为发展足球事业与足球产业创造良好的环境。商界大佬已经意识到中国足球市场的发展机遇，马云入股了广州恒大足球俱乐部，绿地接盘了上海申花，王健林也入股了西班牙马德里竞技队。② 可以说中国的足球产业迎来了一个发展机遇期。体育产业收入来源主要包括赛事门票销售、转播权销售、俱乐部衍生品销售、俱乐部商业赞助和体育博彩等几个方面，几乎在每个环节都有文化创意产业的发展空间，特别是在体育衍生品、广告赞助、电视转播等方面文化创意企业可以大有作为。

---

① 《去年休闲农业和乡村旅游接待游客近 21 亿人次》，《人民日报》2017 年 4 月 12 日，第 9 版。
② 《中国足球产业的"国际范"》，新华网，2015 年 3 月 23 日，http://news.xinhuanet.com/sports/2015-03/23/c_127608601.htm。

(三)文化企业与农村、城镇建设

中国文化企业的发展与农村、城镇建设密不可分,文化企业推动了地区经济的繁荣,特别是对于一些欠缺资金、技术等一般市场要素的落后地区而言,开发文化资源是发展经济的重要途径,因此,中国文化企业与农村、城镇建设相互融合、相互促进。国家十分重视农村地区的文化建设,国家广电总局"广播电视村村通"工程是提升农村文化设施水平的重要举措,工程建设实施大致分为三个阶段:1998年至2003年实施的已通电行政村"村村通"建设,2004年到2005年实施的已通电50户以上自然村"村村通"建设和2006年至2010年实施的已通电20户以上自然村"村村通"建设。① "广播电视村村通"为农村地区的文化产业与文化消费打下了良好的发展基础,在此基础上,文化与农村扶贫、农村文化旅游、工艺品专业村、文化名村名镇等多类型的文化企业形态开始在农村地区兴起。

特色小镇是近年来国家支持的十分重要的发展城镇文化企业的载体。浙江省的特色小镇建设走在全国的前列,在2014年,浙江形成了一批"相独立于市区,具有明确的产业定位、文化内涵、旅游功能、社区特征的发展空间载体",并因杭州云计算产业生态小镇——云栖小镇的引人注目而催生了"特色小镇"这一称谓。② 在2015年7月,住房和城乡建设部、国家发展和改革委员会、财政部联合发布的《关于开展特色小镇培育工作的通知》提出:到2020年培育1000个左右各具特色、富有活力的休闲旅游、商贸物流、现代制造、教育科技、传统文化、美丽宜居的特色小镇。特色小镇在2016年逐渐进入实践操作阶段,住房和城乡建设部公布了《第一批中国特色小镇名单》,共有127个镇进入名单,各省市也开始制定自己的培育特色小镇的发展政

---

① 叶朗主编《中国文化产业年度发展报告(2011)》,北京:北京大学出版社,2011,第16页。
② 周晓虹:《产业转型与文化再造:特色小镇的创建路径》,《南京社会科学》2017年第4期,第12页。

策，特色小镇正在中国大地遍地开花。文化建设是特色小镇的重中之重，文化企业是建设特色小镇的市场主体。从《第一批中国特色小镇名单》中我们可以发现：在首次入选的127个小镇中，有100个特色小镇开发与文旅产业有关，占特色小镇总数的78.74%；尤其是中西部地区特色小镇，基本上都与文旅产业开发有关。① 这充分说明了建设特色小镇必须重视自身的文化资源，并开发文化资源的经济价值，文化企业对缺少资金、技术等传统区位优势的中西部落后地区尤为重要，文化企业可以帮助中西部小镇找到自己的发展着力点。

此外，精准文化扶贫也获得了积极推广。2017年5月发布的《"十三五"时期文化扶贫工作实施方案》要求推动贫困地区艺术创作生产，加快贫困地区文化产业发展，促进贫困地区文化市场健康发展。文化产业地区间发展不平衡是当前我国文化产业的一个基本事实。2016年，东部地区规模以上文化及相关产业企业实现营业收入59766亿元，占全国的比重为74.4%，中部、西部和东北地区分别为13641亿元、5963亿元和943亿元，占全国的比重分别为17.0%、7.4%和1.2%。② 可见中西部和东北地区的文化产业的发展水平仍落后于东部地区。但我们也要注意到，中西部的文化产业高速发展、势头正猛：2016年西部地区增长12.5%、中部地区增长9.4%，均高于东部地区7.0%的增速。③ 这显示了在精准文化扶贫的思路下，中西部文化企业获得了绝佳的发展机遇。当前，资金仍是文化扶贫的关键。从文化企业的投融资情况看，北京、广东、上海、浙江四个省份是上市文化企业主要分布地，与上市文化企业数量分布类似，北京、上海、广东三个省份上市文化企业的融资规模居于前三位，部分省份诸如福建、广西、山东、天津等融资规模有限，

---

① 《回顾2016中国文化产业结构性调整》，中国经济网，2017年1月3日，http://www.ce.cn/culture/gd/201701/03/t20170103_19338451.shtml。
② 数据来自国家统计局，2017年2月6日，http://www.stats.gov.cn/tjsj/zxfb/201702/t20170206_1459430.html。
③ 数据来自国家统计局，2017年2月6日，http://www.stats.gov.cn/tjsj/zxfb/201702/t20170206_1459430.html。

部分省份如海南尚未有上市文化企业进行融资。① 因此，除了当前已有的文化扶贫资金与文化产业专项资金，我们还要充分发挥民间资本在文化扶贫中的作用，PPP（公私合营模式）是一个可以利用的方法，文化行业已经纳入国家PPP推广战略，2017年将进入实施阶段，民间投资可以顺利进入公共文化领域，提升公共文化服务质量与市场效益。

五　中国文化企业的未来展望

改革开放40年，中国文化企业已经发展成熟，具备了较完整的市场形态，达到了较高的发展水平，但与美、英、日、韩等国家的文化企业相比，我国的文化企业还没有形成具有自己特色的核心竞争力，文化企业的国际化水平、创新能力、商业模式都有待提升，笔者认为中国文化企业在"十三五"时期需充分借助"一带一路""大众创业、万众创新""互联网+"等倡议和战略所带来的发展契机，实现中国文化企业的跨越式发展。

（一）"一带一路"与文化企业的国际化

2015年3月，国家发展和改革委员会、外交部、商务部联合发布了《推动共建丝绸之路经济带和21世纪海上丝绸之路的愿景与行动》，此文件被简称为"一带一路"倡议。"一带一路"作为一个包含经济、文化、社会等诸多领域的综合国际合作倡议是国家在新时期推动中国经济发展、提升国家软实力、促进国际合作的重要愿景。2016年12月文化部发布了《文化部"一带一路"文化发展行动计划（2016~2020年）》为"一带一路"框架内文化产业的发展提出了具体规划：选择文化旅游、演艺娱乐、工艺美术、创意设计、数字文化为重点发展领域，建立和完善文化产业国际合作机制，加快国内"丝绸之路文化产业带"建设。事实表明"一带一路"倡议为中国文化产业的发

---

① 晓波、刘晓哲：《2016年上市文化企业报告出炉》，《中国出版传媒商报》2016年11月11日，第13版。

展带来了新机遇。"一带一路"倡议提供了市场、交通、人才等各个方面的政策红利,特别是"一带一路"沿线的广阔地域具有丰富的可供开发的文化资源,这为文化企业创造了良好的发展条件。围绕"一带一路"倡议,沿线城市可以举办各种主题的文化艺术博览会,也可以建设相关主题的文化产业园,而旅游资源的开发、传统手工艺品的创新、互联网平台的应用无疑给文化创意公司带来了新的发展机遇,文化创意公司可以将各种创意理念和现代传媒工具与"一带一路"沿线国家的文化要素相结合,凭借"一带一路"的政策红利寻求新的市场空间。事实上,诸多文化企业和地方政府已经着手利用"一带一路"倡议的政策优势来发展壮大文化产业,"一带一路"倡议不仅推动了诸多文化创意企业的崛起与发展,从宏观的角度讲,它也推动了中国文化和中国文化企业走出国门,通过与"一带一路"沿线国家与地区的合作,中国文化企业将赢得更大的国际市场,中国文化品牌也将获得更多国家和民族的认同。

(二)"大众创业、万众创新"与小微文化企业的创新发展

中国文化产业的整体实力不仅依靠几家大型文化企业的实力,还要依赖千万家小微文化企业的创新发展,小微文化企业的创新活动能够为文化市场注入持久的生命力,也能够推动文化产业自身的更新换代。目前我国小微文化企业主要有六大特点。第一,单位数量多,是文化企业的构成主体。2013年末,全国共有小微文化企业77.3万个,占全部文化企业的98.5%。第二,构成多元化,私营企业占比超过3/4。2013年,我国内资小微文化企业为75.9万个,占全部小微文化企业的98.2%。第三,就业吸纳能力强,提供了文化企业六成以上的就业岗位。2013年,我国小微文化企业从业人员979.9万人,占全部文化企业的63.3%。小微文化企业平均每亿元资产吸纳从业人员196人,远高于大中型文化企业125人的平均水平。第四,发展不均衡,东部地区优势明显。2013年,东部地区共有小微文化企业51.1万个,占全部小微文化企业的66.1%;中部、西部和东北地区分别为12.9万个、9.9万个

和3.5万个，分别占16.6%、12.8%和4.5%。第五，经营能力弱，内资企业处于相对劣势的地位。2013年，在文化企业中占98.5%的小微文化企业营业总收入为38306.8亿元，仅占文化企业营业收入的45.7%；企业平均营业收入为495.3万元，低于全国文化企业1066万元的平均水平，远低于大中型文化企业37328.8万元的平均水平。① 上述统计数据表明，尽管小微文化企业在数量、就业等多方面优势明显，但小微文化企业仍处于产业弱势地位，经营能力、融资水平、竞争优势都亟待加强，国家的"大众创业、万众创新"战略为小微文化企业的成长创造了良好的环境，国家出台了一系列支持创业创新的政策文件，并为小微文化企业减负增值。2014年8月，文化部、财政部、工业和信息化部联合发布《关于大力支持小微企业发展的实施意见》，要求为小微文化企业提供市场审批便利，加大财税支持，开展人才培养，提供金融服务，明确支持小微文化企业参与公共文化服务。2015年3月2日，国务院办公厅印发《关于发展众创空间推进大众创新创业的指导意见》。2015年6月，国务院印发《关于大力推进大众创业万众创新若干政策措施的意见》，这是推动"大众创业、万众创新"的系统性、普惠性政策文件。2017年4月，文化部发布的《文化部"十三五"时期文化产业发展规划》明确在"十三五"时期推动文化产业发展与"大众创业、万众创新"紧密结合，扶持文化领域创新创业，支持"专、精、特、新"中小微文化企业发展。我们相信，在"大众创业、万众创新"的热潮中会涌现出一大批优秀的小微文化企业，它们将成为中国文化产业未来的创新增长点。

（三）"互联网+"与互联网文化企业的产业链延伸②

"十三五"时期，国家已经在政策法规层面上肯定并支持文化产业的"互联网+"发展路线。2017年4月，文化部发布的《文化部"十三五"时期文化产业发展规划》明确推进"文化+"和"互联网+"战略，促进互联网等

---

① 《国家统计局首次发布小微文化企业统计数据》，《中国文化报》2015年4月28日，第1版。
② 具体分析可参见陈少峰《"互联网+文化产业"的价值链思考》，《北京联合大学学报》（人文社会科学版）2015年第4期，第7页。

高新科技在文化创作、生产、传播、消费等各环节的应用，推动文化产业与制造、建筑、设计、信息、旅游、农业、体育、健康等相关产业融合发展。2017年4月，文化部发布的《文化部"十三五"时期文化科技创新规划》要求重点开展"互联网+文化"行动，实施网络文化战略。互联网文化企业的未来发展前景是令人乐观的。

笔者认为，所谓的"互联网+"不是指用互联网来取代传统产业，也不是指把传统产业原样搬到互联网平台上来经营。"互联网+"的意涵是进入互联网的传统文化企业首先应该像互联网企业一样思考互联网用户需要什么样的文化消费。例如在阅读方面，"互联网+"不是把报纸放在互联网上阅读就可以了，而是要把报纸的传统经营模式放在一边，重新思考如何在互联网上进行全新的新闻出版。"互联网"的文化产业链延伸有两条基本原则：一是通过规模优势增长价值；二是通过独特性增长价值。换句话说，互联网文化企业要获得竞争力就要占有大规模的产品市场或者占有独家的产品资源，否则是难以在互联网环境下生存下去的。目前为止，平台为王仍然是"互联网+"的文化产业链现状，平台在当前互联网文化的产业链条中仍处于优势地位。考虑到这一事实，我们一方面要充分利用平台的优势地位，同时又要重视并培植优秀的内容资源，因此，平台加内容的混合模式是互联网文化企业的主要商业模式。为了更好地发挥混合模式的价值，弥补当前中国互联网文化企业在内容方面的不足是当务之急，因此需要重视IP资源，开发包括网络剧、游戏、网络文学在内的各种IP。通过开发IP资源与搭建混合模式，互联网文化企业的最终目的是要延长产业链。为此，文化企业可以开发同一种内容资源的多个产业链环节。互联网文化的产业链是纵横交错的，各种内容资源都不是孤立的，而是可以互相沟通的。以网络文学为例，截至2014年12月，网络文学使用率为45.3%，较2013年底增长了0.9个百分点。① 网络文学的使用率反映了网络文学作为IP资源的开发力度，网络文学的内容可以制作成

---

① 数据来自《第35次中国互联网络发展状况统计报告》，中国互联网络信息中心，2015年2月3日。

视频，也可以成为手机游戏的故事背景，而手机游戏的线索也可以被拓展为文学故事，或者拍成网络剧集。以互联网平台为核心的资源可以突破原有的功能特征，在不同的产业链条中发挥出市场价值，而且互联网的多样性与多元价值为内容资源创造了新的开发空间，赋予了新的价值可能性，所以一家互联网文化企业就能够把一个单一的网络文学故事做成一个横跨游戏、视频、工艺品等多个产业领域的综合产业，这是"互联网+"所推动的文化产业链的延伸。

中国文化企业在40年的发展过程中成就斐然，在中国经济转型升级、扩大内需、供给侧改革等经济新形势下，中国文化企业面临新的挑战、新的机遇。国家在"十三五"时期继续支持引导文化产业成为国民经济支柱产业，努力实现"文化强国"目标，中国文化企业也在产业融合的趋势中创新商业模式、增强核心竞争力。我们有理由相信：在未来很长一段时间内，中国文化企业能够获得更大的发展成果，推动社会主义文化大发展大繁荣。

第七章　改革开放与中国现代文化市场体系的供给侧建构

——基于制度与资本的视野

魏鹏举[*]

导　读：中国现代文化市场体系的形成和发展主要得益于两种供给侧的建构性力量：一是制度，一是资本。中国现代文化市场体系的制度性建构主要表现为两个方面：一是承认市场在文化经济发展中的积极作用并对之进行积极规制；二是通过文化体制改革重塑文化事业与产业主体。资本在当代中国的改革和市场经济的繁荣进程中发挥了巨大的力量，在中国现代文化体系的建构进程中同样意义非凡。公有资本是中国文化产业发展的主导性力量，是中国现代文化市场体系中最为基础的结构性要素。非公资本是中国文化产业发展中最有活力的一种市场力量，是中国现代文化市场结构优化的基本动能。本文即基于制度与资本的视野，对改革开放40年以及未来中国现代文化市场体系的建构进行论述。

---

[*] 魏鹏举，博士，中央财经大学文化与传媒学院院长、文化经济研究院院长，教授、博士生导师；兼任北京大学文化产业研究院研究员、清华大学文化创意发展研究院研究员、中国民生研究院研究员、国家公共文化服务体系建设专家委员会委员、文化部文化产业专家委员会委员、财政部国有文化资产管理专家委员会委员等；2011年入选教育部"新世纪优秀人才"支持计划，2014年入选北京市宣传文化系统"四个一批"理论人才。主要研究方向为文化产业、文化政策、文化金融等。

在这个星球绝大多数地方还处于蛮荒或初始的渔牧生存状态的时期，作为人类创始文明的重要组成部分，中华先祖就已经自觉地开展了广泛而有序的市场交易活动，《易经·系辞下》所谓"庖牺氏没，神农氏作，列廛于国，日中为市，致天下之民，聚天下之货，交易而退，各得其所"。人文兴盛的春秋时期商业文明日益成熟，市场也成为中华文明延绵不绝不断壮大繁盛的重要力量。但是，随着封建制的式微，大一统专制对于市场与商业严厉贬斥，商业文明若草蛇灰线，隐约而不绝。1978年发起的改革开放，可以说是中国有史以来最伟大的生产力解放运动，因为它不仅仅是一般市场经济意义上的生产力解放，也是中华工商业文明传承发展意义上的文化生产力解放。市场环境改善了，社会需求释放了，发展活力迸发了，在短短的40年间，中国从短缺经济状态一跃而成为世界第二大经济体。

本文认为，中国现代文化市场体系的形成和发展主要得益于两种供给侧的建构性力量：一是制度，一是资本。从改革开放的大语境进行观照，中国现代文化市场体系的制度性建构主要表现为两个方面：一是承认市场在文化经济发展中的积极作用并对之进行积极规制；二是通过文化体制改革重塑文化事业与产业主体。资本，作为中国改革开放的关键性变量，绝不仅仅是资金或生产性资金，更是社会主义市场经济探索发展的度量衡，是市场化程度的关键指标。就现代文化市场体系的建构而言，资本的地位与作用按重要程度依次分为：国有资本、民营资本和境外资本。市场的现代性，按照社会主义市场经济基本原则，主要指统一、竞争、开放、有序适应经济现代化的市场格局。由于文化的特殊性，中国文化市场的现代性的内涵更为复杂和隐晦。在以公有制为主体、多种所有制共同发展的文化产业总体发展布局指导下，国有资本在文化市场准入方面具有最大的优先性和便利性，民营资本与境外资本则是随着改革开放的深入而在某些文化领域按规定逐步获得准入资格。也就是说，中国现代文化市场并非一般现代市场，是具有鲜明中国特色社会主义文化特征的特定文化市场，非公有资本的准入程度及其地位是观测中国现代文化市场体系建设的关键性指标。

一 制度性供给视野的中国现代文化市场体系建构

从"文革"转变为"改革",从计划经济体制调整为市场经济体制,这是"实践是检验真理的唯一标准"的伟大应用。计划经济使中国成为一个商品严重短缺的大国,这不仅严重影响到每一个人的生活质量,同时也危及国家的整体实力和国际竞争力;"文化大革命"不仅使得传统文化凋敝破碎,也导致革命文化的神圣性受到质疑。当经济发展的道路阻塞不通、文化生态严重失衡时,舍弃"文革"选择改革成为必然,这是当代中国之幸,是人民之福。改革开放的经验说明,对于文化市场体系的建构,主动的制度调整与优化,以中国的国情而言,显然比任由经济或文化自发调节与发展有更直接而显著的效用。由于有近代以来积贫积弱的深刻教训,中国的改革开放在制度探索方面坚持实事求是的原则,与时俱进的灵活性和寻求复兴的超越性两种力量结合,共同谱写了改革开放的制度变革和发展蓝图。在现代文化市场体系建设方面,尊重实践,制度随行,规范发展。具体地说,文化市场活动的实践推动与文化体制改革的制度拉动是中国现代文化市场体系建构的双轮驱动。

1. 改革开放语境下文化市场的发生及其制度供给

"1979年底,广州市东方宾馆开设了第一家音乐茶座,成为文化与市场结合的新尝试。"2010年3月3日《人民日报》一篇标题为《1979年开设首家音乐茶座 文化体制改革显活力》(作者刘阳)的文章如此评述。"音乐茶座"的出现也成为改革开放后中国文化市场发展的标志性起点。[1] 这个判断有意无意间暗合了中国文化市场管理的体制性特征,即条块分割。音乐茶座、歌舞厅等娱乐场所的管理归口文化部门。其实新闻出版、广播电影电视等领

---

[1] 刘玉珠、柳士法对"新时期中国文化市场发展的几个阶段"分期就是以"1979年,广州东方宾馆出现了第一家音乐茶座"作为"文化市场的艰难初创时期"的起点的。参见刘玉珠、柳士法《文化市场学——中国当代文化市场的理论与实践》,上海:上海文艺出版社,2002,第52页。

域的文化市场现象即便在"文革"时期也是常态,比如书籍的买卖交易、电影院售票等。改革开放后商业改革在主流媒体出现的时间似乎也比"音乐茶座"更早,《天津日报》在1979年1月4日刊登了天津牙膏厂一个通栏广告,上海电视台于1979年3月9日播放了"参桂补酒"的商业广告,中央电视台也在1979年3月15日播放了关于西铁城表的外商广告。按照经典的法兰克福学派的看法,商业广告属于典型的文化商业化现象。

这里绝非要断"谁为第一"的公案,而是想说,无论是"文革"前或"文革"中,中国人关于文化产品或服务的商业活动,就如同在两千年来的皇权大一统专制体系下中国的商业传统,其实从未止息,只是管制的态度和治理的方式有差异而已。人们对于精神文化的需求,犹如人民对于美好生活的需要一样,天经地义,一如既往,这或许可称为基本民权之一。前现代社会的文化生产力不足以满足这些体现个性欲望的奢侈需求,专制社会则罔顾甚而抑制这种出于自由天性的文化需求,而开放的现代性社会可以更包容也更有能力满足个性化、多样化的文化诉求。中国的改革开放,从制度供给层面保障了中国的现代化进程,创造了中国现代文化市场的繁荣兴盛。

为了更好地梳理改革开放40年中国文化市场实践与文化管理制度间的交互递进关系,以下内容围绕文化部管理系统的变迁来展开。

"音乐茶座"对于中国现代文化市场的标志性价值,可以用黑格尔的"存在即合理"来套用解释。[①] 作为"文化与市场结合的新尝试"的"音乐茶座"之所以在广州出现,是改革开放的合理性在其中发挥作用的。广州是中国近代以来最活跃的对外开放商埠之一,即便在计划经济时期,甚至在"文革"期间,依然是中国商业向世界开放的窗口。在新中国成立后的工业化进程中,大量工业原料无法自给而需要稀缺的外汇去购买。1956年,广东省外贸局

---

① 这句出自黑格尔《法哲学原理·序》的名言,体现了黑格尔的基本理论体系。宇宙的本源是绝对精神(der absolute Geist)。它自在地具备一切,然后外化出自然界、人类社会、精神科学,最后在更高的层次上回归自身。因此,凡是符合这个发展轨迹的就是合乎理性(vernünftig)的,也就是必然会出现的、是现实(wirklich)的。反过来讲也同样成立。

向中央建议并获批在广州举办一次全国性的中国出口商品展览会（即"广交会"），长达两个月的会期中有来自19个国家和地区的1223名客商参加，出口成交额1754万美元，约占当年全国创收现汇的20%。20世纪70年代，为满足广交会接待外宾的需求，在新建的流花展馆附近，作为中国第一批星级酒店的广州东方宾馆建成。为了丰富越来越多的外宾及华侨的文化生活，东方宾馆的音乐茶座就这么"合理"地出现了。虽然刚开始音乐茶座只向外宾开放，但广州人民对于美好生活的需要的总阀门被打开了，中国现代流行音乐的闸口也被撞开了个小口子。在其后短短的数年间，不仅广州的音乐茶座充斥大街小巷，全国的娱乐活动场所也雨后春笋般突然发展起来。①

其实，音乐茶座在广州自20世纪三四十年代就已经比较普遍了，而且，在那个时代它的形态更国际化也更成熟优雅。80年代冒出的这些音乐茶座之所以让人感到惊艳，主要不是因为这些音乐多优秀，也不是因为这些茶座多么与众不同，而是因为在普遍的政治文化语境中有了这一点世俗文化的绿芽，同时也是因为在改革开放的春风里，这一棵小绿芽还能不被作为另类得以存活和顺利成长。这种现象充分表明，人民的精神文化乃至娱乐需求如此强烈，如洪水暴发，因势利导则增益兴利，压制封堵则泛滥为害。按照现在供给侧结构性改革的思路，需求客观存在，主要是进行积极管理，重点还是在供给侧的优化和升级。当时的广东省委政府在争议声中，"顶住了压力，坚持'有乐无害'的文化娱乐市场管理底线。为了保护培育这个新兴的文化娱乐市场，同时也规避它的负面消极影响，有关部门出台了多个规范音乐茶座、舞会等活动的相关文件。音乐茶座开始突破限制，走入寻常百姓的生活"。②

---

① 根据相关统计资料，自东方宾馆于1979年底办起第一家音乐茶座后，短短几年间，广州街头大大小小的音乐茶座增至70多家，每天都有上万名顾客进场消费。那是一个"全民创收"的年代，商家争先恐后办起音乐茶座，自然是看中了它的前景。一张音乐茶座的门票，便宜的卖几元，贵的要卖20多元。仅1984年一年，广州70多家音乐茶座的收入就高达2000万元，平均每家入账近30万元，把这个数字与普通人100元都不到的月薪放在一起看，就知道这真不是一笔小数字了。摘引自《音乐茶座献唱一晚能赚常人半月工资》，大洋网－广州日报，2014年11月6日。

② 黄浩苑：《音乐茶座，文化开放的时代标签》，新华网，2009年9月7日。

中国的经济体制改革和市场经济的发展带动了文化市场的实际形成及文化管理体制的适应性调整。一旦商品经济得到政府的肯定，人们压抑许久的市场需求与商业利益动力一起喷薄而出。日渐广泛红火的商品的交易与营利活动，不仅产生了对于商业广告的需求，也自然带动了诸如图书、报刊、音乐、电影等文化产品以及相关服务的市场化发展。当然，在文化产品与服务的供给暂时不能适应这种商业化的狂澜的时候，各式各样非常态的供给方式就会如乱泉喷涌，比如走私、盗版、伪劣产品等大量出现。20世纪80年代是中国文化最为活跃的一个特定时期，这是改革开放的狂欢式景观，改革激发了新思路新观念，开放包容了各式各样的境外思潮。客观上，走私、盗版乃至伪劣的文化商品成为80年代中国文化消费饥不择食的低成本快餐，让长期处于"饿乏"的人们有了可以胡乱填饱肚子的机会与快感。相对滞后的政府管理，给了当时尚处于发育期的文化市场一个自由成长的宽容期。

在20世纪80年代的文化市场发育成长期，政府的管理导向总体上是少干涉和适度监管。比如对于当时社会上的"舞会热"就比较宽容。1978年2月，文化部、公安部、国家工商行政管理局联合发布了《关于改进舞会管理的通知》，正式解除对于营业性舞会的禁令，不仅进一步承认并保护了商业化的娱乐活动，也使得娱乐文化市场逐步纳入合法合规的管理与发展轨道。在随后文化市场不断发展繁荣进程中，国家相关法律法规也逐步完善。2000年以后，《营业性演出管理条例》《娱乐场所管理条例》《出版管理条例》《电影管理条例》《音像制品管理条例》《印刷业管理条例》《广播电视管理条例》等陆续颁布。

在自发的文化市场发育成长的过程中，体制内的文化机构的市场运营也得到许可，特殊的"一体双性"乃至分类改革的"双轨制"文化市场主体改革探索推动了文化市场的全面繁荣，为全面的文化体制改革积累了经验。模仿经济体制改革的经验，在文化单位推行以承包经营责任制为主要内容的改革，以解决"统得过死"和"吃大锅饭"等体制弊端。同时实行了"以文补文""多业助文"等改革措施，以解决文化单位出现的经济困境。国家对文化单位的管理实行了"双轨制"改革。1978年，财政部批准了《人民日报》等

8家在京新闻单位试行"事业单位，企业化管理"的报告，同年12月，国家出版局在全国报纸经理会议上正式宣布了报社企业化经营的决定。从此，长期作为事业单位的新闻传媒、文化艺术等部门开始了市场化的发展探索，在体制不发生变革的情况下，通过机制的灵活安排，准市场主体应运而生，具有典型中国改革特征的文化市场大发展格局一下子打开了。随着文化市场实践和管理体制机制改革的不断深化，较为彻底的、符合现代市场发展要求的市场化改革思路逐渐形成。在1988年国务院批转文化部《关于加快和深化艺术表演团体体制改革的意见》和1989年中共中央《关于进一步繁荣文艺的若干意见》中，提出了实行"双轨制"的具体改革意见，即一轨为国家扶持的少数全民所有制院团，另一轨为多种所有制的艺术团体。

1988年文化部、国家工商行政管理局发布《关于加强文化市场管理工作的通知》，正式提出文化部范畴的文化市场的概念，同时明确了文化市场的管理范围、任务、原则和方针。1989年国务院批准在文化部设置文化市场管理局，其管理口径尚限定在文化演艺等小文化领域，但无疑这是中国全国性文化市场管理体系建设的标志性事件。

随着文化市场的日益繁荣，文化执法管理也随之变得更加复杂，从计划经济时代遗留下来的条块分割式文化管理体制不能适应文化市场发展实践的局限越来越凸显。在一些地方的实践探索基础上，跨越文化、新闻出版、广电、互联网等行政管理体系的文化市场综合管理执法模式不断成熟。2003年6月，中央召开全国文化体制改革试点工作会议。会议决定，以十六大提出的"继续深化文化体制改革"要求为引领，分综合性试点地区和单项试点单位两大类进行文化体制改革试点。首批确定为综合性试点地区的有广东省、浙江省、北京市、上海市、重庆市、深圳市、沈阳市、西安市、丽江市等9个省市。在文化领域推进综合执法体制改革，是深化文化体制改革的重要组成部分。上述9个综合性试点省市根据《国务院办公厅转发中央编办关于清理整顿行政执法队伍实行综合行政执法试点工作的意见的通知》等文件精神进行实践探索，并贯彻落实《国务院办公厅关于继续做好相对集中行政处罚权试点工作的通知》的精神。2004年8月31日,《中共中央办公厅、国务院办公厅转发〈中央宣传部、中央编办、财政部、文化部、国家广电总局、新闻出版总署、国务院法制办关于在文化体制改革综合性试点地区建立文化市场综合执法机构的意见〉的通知》下发。文件就试点地区建立文化市场综合执法机构的总体要求、文化市场综合执法机构的领导体制、管理机制、组建方式和职能范围等作出全面部署和具体规定,标志着文化领域综合执法试点工作正式进入规范操作阶段。它向社会预告,文化领域综合执法改革是大势所趋,改革会在试点基础上逐步向全国整体推开。2016年4月4日,《关于进一步深化文化市场综合执法改革的意见》由中共中央办公厅、国务院办公厅印发,提出要"通过深化改革,建设文化市场综合执法法律法规支撑体系;形成权责明确、监督有效、保障有力的文化市场综合执法管理体制;建设一支政治坚定、行为规范、业务精通、作风过硬的文化市场综合执法队伍;进一步整合文化市场执法权,加快实现跨部门、跨行业综合执法"。

2. 文化体制改革对于中国特色文化市场体系的建构

中国的改革开放是从经济领域开始的,文化体制改革既要遵循经济体制改革探索出的市场化路径安排,又要服从意识形态与文化建设的特殊性约束。文化体制改革对于中国特色文化市场体系的制度性建构作用可以从两个视角来探究:第一个是特定经济文化观念的维度。文化体制对于经济体制的内生规约,即中国特色社会主义文化的制度选择对于经济体制的基础性影响。无论是中国传统文化("普天之下莫非王土")还是社会主义理论,对于中国经济领域最本质的影响主要聚焦于"天下为公"的产权价值观上。经济体制改革的一个关键是"解放思想",改革开放的进程总体上可以视为赋予以私有产权为基础的市场机制以文化合理性、制度合法性和实践有效性的探索。按照公益性文化事业和经营性文化产业的分类改革思路,经营性文化产业的基本发展模式与经济体制改革是一致的,即公有制为主体、多种所有制共同发展,这是一以贯之的社会主义路线。第二个是一般文化经济实践的维度。文化体制改革既是中国现代文化市场体系探索的现实发展要求,也是深化和完善经济体制改革的制度建设要求。如果说在2003年正式开始的文化体制改革之前，中国文化市场的相关制度建设主要任务是认知、尊重并合理规范文化领域的普遍市场实践的话，那么，具有自觉顶层设计的文化体制改革的核心使命则是要将经济体制改革的一般性与文化领域的特殊性有机结合，在解放和发展文化生产力的同时，优先保障"导向"与"社会效益"。

总体上，从现代文化市场体系建设的角度来看，可以把中国文化体制改革的进程分成三个路径进行梳理，即文化政策的经济化转型路径、文化体制分类改革推进路径和文化体制综合改革深化路径。这三个路径只是政策意义上的起点，在制度改革发展的实践层面，目前还处于进行时，远未达到完成时。也就是说，这三个路径在当下处于交叉汇流状态。

（1）所谓文化政策的经济化转型路径，是指政府的文化支持政策从计划经济的指令模式向市场经济的引导模式转变，文化建设的资金来源从单一的国家财政拨款模式向多元灵活的财税扶持与市场乃至社会参与模式转变。这一时期以1992年中国共产党十四大的召开为标志。十四大确立了社会主义市场经济体制的方针，提出"要使市场在社会主义国家宏观调控下对资源配置起基础性作用"，市场经济建设成为国家整体建设发展的中心任务。在社会主义市场经济体制下，国家文化建设的中心任务也开始由为政治服务向为经济建设和改革开放服务转变，同时文化建设也需要适应市场经济的新形势，需要积极发挥文化资源配置中的市场作用。1994年，财政部和国家税务总局颁发了《关于继续对宣传文化单位实行财税优惠政策的规定》。1996年，国务院下发了《关于进一步完善文化经济政策的若干规定》，决定进一步完善文化经济政策，在加大各级财政对文化事业投入力度的同时，拓宽文化事业资金投入渠道，逐步形成适应社会主义市场经济要求的筹资机制和多渠道投入体制。2000年，《关于支持文化事业发展若干经济政策的通知》明确了在"十五"期间继续对文化事业进行财政支持的方针。

"文化经济"这个概念进入政策体系中，其背后至少有两个制度性变革的逻辑。第一个逻辑是文化领域的经济属性及其功能逐渐得到政策与制度的认可与支持。按照社会主义市场经济改革发展的逻辑，长期以来服从并服务于行政的文化事业部门也具有经济属性，也可以引入市场的竞争与激励机制，增强活力，提升效率；甚至可以按照经济体制改革的经验，部分文化事业单位转企改制，成为文化市场发展的有机主体。第二个逻辑是财税制度的改革思路。按照十四大精神，国家开始探索适应社会主义市场经济要求的现代财政体制，分税制财政体制、工商税制等一系列重大财政改革逐步实施，财权与事权相匹配的系统性挑战也适用于文化领域，各级政府有限的财政资源该如何支持以及扶持哪些文化事业，成为摆在中央政府以及地方政府面前的重要问题。1998年，全国财政工作会议提出了建立公共财政框架的目标要求，"弥补市场失灵"成为推进财政公共化改革的共识。财政公共化改革意味着文化经济政策需要区分财政重点保障的"市场失灵"部分和可以社会化发展的"市场有效"部分。

作为上述制度下变革逻辑的演进，作为现代文化市场体系的主体集合，"文化产业"这样一个在中国的改革发展中具有鲜明的区别于"文化事业"的制度性范畴顺势获得合法地位。2000年10月，中国共产党第十五届五中全会通过的《中共中央关于制定国民经济和社会发展第十个五年计划的建议》，其中第一次在中央正式文件里提出了"文化产业"这一概念，要求完善文化产业政策，加强文化市场建设和管理，推动有关文化产业发展。这为中国文化产业的全面发展和文化体制改革的深化作了重要的铺垫。2002年召开的中共十六大明确提出"积极发展文化事业和文化产业""深化文化体制改革"的方针，成为中国文化体制改革的基本依据和框架。2001年中央办公厅批转了中宣部、国家广电总局、新闻出版总署《关于深化新闻出版广播影视业改革的若干意见》，意见明确提出了集团化的改革思路。到2002年，共组建了包括中国广电集团和中国出版集团在内的文化集团70多家。

（2）所谓文化体制分类改革推进路径，是指按照公益性文化事业和经营性文化产业的分类原则，推动可经营性文化单位改制转企，建立以公有制为主体、国有文化企业发挥重要作用、与社会主义市场经济体制相适应的现代文化市场体系。为落实中共十六大提出的深化文化体制改革的要求，2003年6月，中共中央政治局常委会专门研究文化体制改革工作，并成立中央文化体制改革试点工作领导小组；6月27~28日，全国文化体制改革工作会议在北京召开，全国文化体制改革试点工作正式启动；7月，中共中央办公厅、国务院办公厅转发中宣部、文化部、国家广电总局、新闻出版总署《关于文化体制改革试点工作的意见》，对试点工作的开展做出具体安排。2003年10月，十六届三中全会明确把文化体制改革纳入完善社会主义市场经济体制的重要任务，进一步确定了深化文化体制改革的总体思路和目标。为配合试点工作，国务院于2003年12月印发《文化体制改革试点中支持文化产业发展的规定（试行）》和《文化体制改革试点中经营性文化事业单位转制为企业的规定（试行）》两个文件，确定了财政税收、投资和融资、资产处置、工商管理、社会保障等十个方面的配套政策。2005年12月，在试点工作的基础上，中共中央、国务院下发《关于深化文化体制改革的若干意见》，确定了文化体制总体改革方案。2010年3月，中央政治局常委会专门研究中共十六大以来文化体制改革工作。4月，中共中央办公厅、国务院办公厅转发了《中央宣传部关于党的十六大以来文化体制改革及文化事业文化产业发展情况和下一步工作意见》，确定了2012年前文化体制改革的主要任务。2011年10月，中共十七届六中全会专门研究文化改革发展问题，确立了建设社会主义文化强国的目标。2012年2月15日，中共中央办公厅、国务院办公厅印发了《国家"十二五"时期文化改革发展规划纲要》，要求在2012年中共十八大召开之前完成阶段性改革任务。2012年9月，时任中央政治局常委李长春在全国文化体制改革工作表彰大会上指出，文化体制改革由点到面、有序推开，历经十年……基本完成中央确定的文化体制改革的阶段性任务。① 国有经营性文化单位转企改制方面，全面完成了出版发行、电影电视剧制作、广电传输等单位的转企改制，基本完成一般文艺院团、非时政类报刊出版等单位的转企改制，

---

① 李长春：《文化强国之路——文化体制改革的探索与实践》（上），北京：人民出版社，2013，第258~260页。

重点新闻网站的转企改制取得重大突破。截至 2012 年 9 月，全国有改革任务的 580 家出版社、3000 多家新华书店、850 家电影制作发行放映单位、57 家广电系统所属电视剧制作机构、38 家党报党刊发行单位全部完成改制；全国 2103 家有改革任务的文化系统国有文艺院团有 2093 家完成改革任务；全国 3388 种应转企改制的非时政类报刊有 3041 种完成改革任务；中央和全国除新疆、西藏、青海外的 28 个省区市应转企改制的重点新闻网站中，已有 80% 以上的网站完成或基本完成改革任务。据不完全统计，全国共注销经营性文化事业法人 6950 家、核销事业编制近 29.4 万个。①

（3）所谓文化体制综合改革深化路径，是指在不断丰富和完善的文化经济政策的支撑下，以健全现代文化产业体系和市场体系为目标，服务文化传承与创新，促进文化事业与文化产业协同发展的新时代新使命。文化政策的经济化转型为中国文化领域的市场化实践提供了政策支持和制度空间。为期十年的分类改革刚性地推动了大量文化事业单位成为法律意义上的独立经营的文化市场主体，以公有制为主体、多种所有制共同发展的文化市场格局初步形成。不过，分类改革符合中国在改革开放进程中文化建设的逻辑，但客观上带来了文化发展理念的模糊、文化主体定位的困惑以及文化行政管理的困难。这个问题在广播电视领域最有代表性，典型的症候就是娱乐化与"限娱令"的反复博弈。中国的电视业是典型的文化体制改革"第三部门"，即公共性与产业性交叉的企业化运营的事业单位。② 在中国共产党十八大报告中，文化体制改革深化方向聚焦到"建设社会主义文化强国，关键是增强全民族文化创造活力"，围绕解放和发展文化生产力的中心任务，中国特色的文化市场体系架构逐步清晰，即文化为本，市场为用，以创造力为核心，事业与产业融合发展繁荣，也就是十八大报告所强调的"要坚持把社会效益放在首位、社会效益和经济效益相统一，推动文化事业全面繁荣、文化产业快速发展"。

---

① 李长春：《文化强国之路——文化体制改革的探索与实践》（上），北京：人民出版社，2013，第 273 页。
② 参见魏鹏举《切合人民利益，激发文化活力》，《人民日报》2013 年 5 月 11 日。

一年后（2013年11月），以全面深化改革为主旨的十八届三中全会对于深化文化体制改革也进行了全方位的部署，用了相当大的篇幅阐述"建立健全现代文化市场体系"的问题。十八届三中全会提出市场在资源配置中要起决定性作用，虽然这个原则并不适用于文化市场领域，但"鼓励各类市场主体公平竞争、优胜劣汰，促进文化资源在全国范围内流动"的提法还是令人感受到国家发展现代文化市场的信心和决心。十八届三中全会在文化市场体系建设方面另一个令人印象深刻的提法是"对按规定转制的重要国有传媒企业探索实行特殊管理股制度"，这是兼顾文化特殊性的混合所有制改革思路。让市场的积极作用在文化发展的各个领域都能得以发挥，无论是公共文化，还是文化产业，无论是国有资本，还是非公资本，无论是促进国内文化资源流通，还是提升对外文化开放水平。这种以市场为融通机制的文化综合发展思路也体现在十八届三中全会后密集颁布的《关于推进文化创意和设计服务与相关产业融合发展的若干意见》《关于加快发展对外文化贸易的意见》《关于深入推进文化金融合作的意见》等文件中。

3. 新时期中国特色社会主义文化市场体系建设的制度路径

改革开放以来，文化市场在中国快速发展毫无疑问得益于整体市场经济的制度体系建设，也毫无疑问要受到中国特色社会主义文化体制的规约。中国文化市场不是一个典型市场领域，它的发展始终处于促进与规制两种政策取向上的博弈调整过程中。以文化产业的相关政策为例，从1990年到2014年初，据不完全统计，国家层面文化相关主管部委发布的文化产业相关政策文件有255个（见表7-1），我们这里将文化产业相关政策根据其作用导向粗略地分为两个类别：促进类和规制类。促进类政策的主要特征是对文化产业及相关领域进行推动与扶持，规制类政策的主要特征是对文化产业及相关领域进行规范与约束。这是一种不够严格的划分方式，这样分类研究的主要目的是试图分析中国文化产业相关政策的特征与目的。[①]

---

① 本部分内容的数据与观点来自魏鹏举作为首席专家参与并主持完成的亚洲发展银行与中国财政部2013~2015年资助的课题研究报告《中国文化产业发展政策研究》。

表 7-1 1990~2014 年中国文化产业相关政策类型统计

主体 类型	中共中央、国务院	文化部	国家新闻出版、广播影视主管部门	部委联合发文	合计
促进类	20	18	7	17	62
规制类	13	24	136	20	193

注：国家新闻出版、广播影视主管部门包括新闻出版署、新闻出版总署、国家广电总局、国家新闻出版广电总局等，因国务院历次机构改革，这些主管部门的名称有所变化。

在所统计的 255 个政策文件中，促进类政策有 62 个，规制类政策有 193 个，总体上中国文化产业相关政策以规制类政策占多数。这一方面体现了中国政府对于文化产业规制管理的高度重视，另一方面也体现了中国文化产业发展的特殊性和复杂性。文化及相关产业的行政监管呈现条块分割和交叉融合并存的特征，主导的行政管理部门主要有三个，即文化部、国家新闻出版总署和国家广电总局，后二者虽然在 2013 年合并了，但业务管理总体上还是分离的。这种行政管理的多头客观上导致了条块分割，各自都会出台权属范围内的政策文件，文化产业相关政策文件细碎繁杂，由于事业化行政管理体制的路径惯性，具体的规制类政策往往较多。文化产业是一个新兴的综合性、融合性、跨界性强的文化经济领域，因此，促进类政策往往是宏观和综合的指向。从现有的统计来看，国务院或中央层面的政策以促进类为主，促进类的占比最高，33 个政策文件中有 20 个属于促进类。促进类政策占比第二高的是多部门联合出台的政策，两类政策的比例是 17 比 20。文化部的促进类政策也比较多，有 18 个属于这一类，这也反映了文化部的行政管理特点及政策指向。从趋势来看，2009 年《文化产业振兴规划》出台以来，中国的文化产业政策总体上呈现促进类政策为主的格局，这种情形在十八大之后尤其显著。上述统计合计的 62 个促进类政策文件中 40 个是《文化产业振兴规划》出台以后颁布的。改革和创新已成为当前中国文化产业发展的核心命题，推动文化产业振兴发展已经成为当前中国各级政府的共识。

文化特殊性是中国文化产业政策的一个特定背景。虽然文化产业发展的市场化取向日益显著，但如何协调好文化特殊与产业发展（社会效益与经济效益的平衡）的关系始终都是文化经济政策设计时需要优先考量的问题。长期以来，中国文化产业经济政策的基本思路，就是在"文化特殊"的前提下，不断探索更好地发挥市场作用的政策创新空间。在社会主义市场经济体制不断深化的进程中，无论是初始文化资源配置，还是文化产品创作、生产、传播和消费，中国文化产业在实践层面越来越离不开市场。构建统一开放竞争有序的现代文化市场体系，成为在社会主义市场经济条件下文化改革发展的重要内容。

中国共产党十九大报告中"推动文化事业与文化产业发展"部分强调要"健全现代文化产业体系和市场体系，创新生产经营机制，完善文化经济政策，培育新型文化业态"。从文化经济政策完善的视角来看，现代文化产业体系和市场体系的进一步发展健全，依然要充分尊重"文化特殊"的原则，理顺政府与市场的关系，在市场化的方向上需要真抓实干，建构符合文化产业特征的现代文化市场体系，驱动文化投资、文化消费和文化贸易三驾马车，将文化产业发展为国民经济支柱产业，建设现代文化强国。

二 多元资本与中国现代文化市场体系的建构

中国的改革开放实践已经充分表明，市场是一种有效的资源配置机制，资本市场是一种更高效、更强有力的资源配置机制。资本在当代中国的改革开放和市场经济的繁荣进程中发挥了巨大的力量，在中国现代文化市场体系的建构进程中同样意义非凡。

公有资本是中国文化产业发展的主导性力量，是中国现代文化市场体系中最为基础的结构性要素。随着改革开放的不断深化，国有企业成为社会主义市场经济的重要市场主体，公有资本成为开放竞争的资本市场重要组成部分。文化产业中的公有资本不仅具有一般市场领域的功能，同时还担负着保障意识形态安全、支撑国家文化发展战略的重要任务。

非公资本是中国文化产业发展中最有活力的一种市场力量，是中国现代文化市场结构优化的基本动能。非公资本虽然缺乏公有资本在文化产业运营中的部分特许权益，但有着更强的市场敏锐度和更大的竞争活力。绝大多数中小微文化市场主体为非公资本，不仅为中国的传统文化产业注入了市场活力，带来了电影、音乐等领域的市场繁荣，也成为文化新业态的探路者和创新者。非公资本可以进入的文化产业领域，比如绝大多数数字创意产业，其产业结构升级往往最见成效，文化市场结构的优化也最为显著。

从趋势上来看，公有资本与非公资本的合作，既是健全中国特色文化市场体系的重要契机，也是对于文化体制改革深化的最大考验之一。

1. 公有资本与文化市场的互动与成效

在改革开放初期，公有资本的文化传媒运营主体就开始成为中国文化市场的弄潮儿。以事业单位的身份，探索开展文化市场活动，利用市场机制改善传统文化生产的低效与短缺问题，同时也形成解放和发展文化生产力的有效激励。《人民日报》等多家新闻单位在1978年末就提出尝试实施"事业单位，企业化管理"的经营方式，其后，国内主流媒体，无论是报纸还是电视台，都开始尝试开展有偿的商业广告业务，拥有垄断性文化市场资源的国有文化单位成为中国改革开放的直接受益者，因此也成为推进文化市场化的开路急先锋。可以说，公有资本是当代中国文化市场体系建构的最早也是最有力的开创者。这一方面是由于其时非公资本在文化领域几乎不存在，即便有也非常弱小；另一方面是由于公有资本在推动文化市场发展的过程中收益巨大而几乎没有任何损失。公有资本进入文化市场，既享有事业单位的体制性垄断地位，同时也可以获得企业化运营带来的竞争性收益与激励。可以从政府和市场两端左右逢源，文化传媒事业单位集团化发展的冲动自然也就顺理成章了。不过，如果没有这样的双重红利，如果主流的文化事业单位没有市场化的动力与热情，中国文化市场的发展繁荣不但会大大放缓，而且极有可能会因为这些有着主流话语权的事业单位的反对而举步维艰。

随着文化体制改革的推进，公有资本的市场化获益途径，由一般商品与服务市场，逐步进入专门的资本市场。"自1994年上海东方明珠股份有限公司成功上市,迈出国有文化企业走向资本市场的第一步以来,……截至2016年底,我国A股市场共有国有控股文化上市公司40家,总股本合计517亿股,总市值合计约8000亿元,国有控股文化上市公司已成为我国文化市场上的重要力量。"① 由于国有文化企业主要是通过文化体制改革,由事业单位转制形成,带有垄断性的文化资产和政策扶持优势,虽然很多并未严格达到上市的一般标准,但也可以乘着改革的东风和文化特殊性的话语权而顺利登陆属于典型稀缺资源的A股资本市场。② 国有文化企业的这种示范效应不仅为非公资本的文化企业进入资本市场闯开了路子,也让资本市场对于文化传媒行业刮目相看,在普遍的政策市环境中,政策红利也就是资本红利。

国有文化企业的经营涉及合法的所有文化领域,这既是它们的政治优势,也是其进入权益资本市场的最大困惑。权益资本涉及企业的经营管理控制权的问题,而中国的文化产业领域有一些是明确不得有非公资本进入并参与经营管理的。既要确保文化的政治安全,又要借助资本市场做大做强,通过资产重组或剥离以及内部治理的特定制度安排,国有文化企业在解决上述关键问题的方案选择中,逐渐形成了借壳上市、剥离上市和整体上市三种基本上市模式,为中国文化资本要素市场的形成做出了创造性贡献。③

在中国文化市场体系的建构进程中,公有资本不仅作为文化产业主体有效地推动了文化市场的建立乃至发展,而且也成为文化投融资的资本主体,引领带动了中国文化金融体系的建立,促进了非公资本的文化投资活动。从文化产品与服务市场,到文化资本要素市场,公有资本都作为先行先试的供给端力量,非常有效且有力地促进了中国现代文化市场体系的快速建立与迅

---

① 兰培:《国有文化企业资本运作》,北京:中信出版集团,2017。
② 2007年12月21日在上海证券交易所挂牌的辽宁出版传媒的"整体上市"模式是中国文化体制改革"特事特办"的典型产物,为此甚至突破了中国证监会对上市公司设立3年的时限要求。出版传媒从辽宁出版集团正式脱离、完成工商注册的时间是2006年8月29日,距其上市时间不过1年有余。
③ 参见魏鹏举《中国文化产业投融资体系研究》,昆明:云南出版集团,2014,第228~233页。

猛发展。由于政府性投资基金有强大的政府资源和政策支持，政府主导的文化产业投资基金因此也能发挥重大的创新带动效益，比如在上海成立于2009年的华人文化产业投资基金，在短短几年内即完成了收购新闻集团的华文传媒资产、引入美国的梦工厂、合资香港电视广播有限公司（TVB）等一系列重大的文化产业资本运作。在文化体制改革的推动以及资本市场的拉动下，由政府主导的文化产业投资基金的类型越来越多，规模也越来越大。2011年7月由财政部投入并发起的中国文化产业投资基金的募集规模达200亿元，首期即成功募集了41亿元。如今，几乎每个省份都有公有资本主导的文化产业投资基金或投资公司，由于有强大而稳定的财政资金保障，其在文化传媒领域的投资几乎没有政策壁垒，投资扩张很迅猛，这也构成了文化产业体系与文化市场体系的中国特色。

由于进入竞争性市场领域的公有文化资产规模日益壮大，基于文化特殊性、有别于一般经济领域的国有资产管理模式的国有文化资产管理体制也逐步建立了起来。在重庆、上海、深圳等地方政府的探索基础上，2009年，中央决定成立中央文化企业国有资产监督管理领导小组，成员单位包括中宣部、财政部、文化部、国家广电总局和国家新闻出版总署，在财政部设立独立的司局级规格的领导小组办公室，简称"中央文资办"。到2016年，全国有18个省份设立了国有文化资产管理专门机构。① 文资管理属于特殊类型，强调"管人、管事、管资产、管导向"。在实践中，"导向"问题成为实际的主导原则，在地方层面往往倾向于由宣传部门统筹领导。

总体来看，公有资本在中国文化市场体系建立与发展进程中的主导性特征塑造了文化特殊性优先于市场一般性的特定模式。在这个过程中，公有资本借助市场机制做大做强，同时，整体文化市场格局也深深打上了公有资本的烙印。

2. 非公资本在中国现代文化市场体系建设中的角色与作用

1942年延安文艺座谈会上毛泽东很有说服力地论述了"文艺为政治服务"

---

① 兰培：《国有文化企业资本运作》，北京：中信出版集团，2017，第38页。

的合理性，其后这就成为中国文化政策内核。文化发展的底线是政治正确和意识形态安全，因此文化建设属于政治属性显著的意识形态领域的工作，即便在改革开放的大潮中文化的市场属性得到了认可，文化的意识形态属性依然位居首位。在文化市场逐步发展的进程中，对于非公资本的准入限制始终都很严格。中国的文化市场体系中，公有资本是主角是"大红花"，非公资本是配角是"小绿叶"。从改革开放的实践来看，公有资本和非公资本合作演出的文化发展大戏事实上是成功的。公有资本是中流砥柱，保障了文化市场不偏离社会主义的大方向，也保障了文化市场在改革创新中实现又好又快发展；非公资本则是跬步细流，不断丰富和壮大着文化市场的主流，同时成为文化创新发展的活力之源。

在文化体制改革的实践进程中，文化产业的投融资也随之有了进一步的发展和突破。逐渐改变了长期以来过分依赖政府的文化投融资体制，打破投资主体单一的局面，民营资本与外资在文化发展中的比重越来越大，作用越来越显著。2003年12月31日，国务院颁发了《文化体制改革试点中支持文化产业发展的规定（试行）》，文件明确鼓励各类社会资本对文化产业进行投资经营，对于那些关系文化安全和意识形态的重要文化产业领域，也降低了投资准入门槛。文件提出："党报、党刊、电台、电视台等重要新闻媒体经营部分剥离转制为企业，在确保国家绝对控股的前提下，允许吸收社会资本；国有发行集团、转制为企业的科技类报刊和出版单位，在原国有投资主体控股的前提下，允许吸收国内其他社会资本投资；广播电视传输网络公司在广电系统国有资本控股的前提下，经批准可吸收国有资本和民营资本。鼓励、支持、引导社会资本以股份制、民营等形式，兴办影视制作、放映、演艺、娱乐、发行、会展、中介服务等文化企业，并享受同国有文化企业同等待遇。通过股份制改造实现投资主体多元化的文化企业，符合条件的可申请上市。"2005年国务院发布的《非公有资本进入文化产业的若干规定》具体明确了非公资本的准入范围（见表7-2），成为中国文化产业投融资体系建设的纲领性文件。

表 7-2　非公资本进入文化产业的政策规定

	相关政策		
	鼓励	限制（国有资本控股 51% 以上）	禁止
具体领域	文艺表演团体 演出场所 博物馆和展览馆 互联网上网服务营业场所 艺术教育与培训 文化艺术中介 旅游文化服务 文化娱乐 艺术品经营 动漫和网络游戏 广告 电影电视剧制作发行 广播影视技术开发运用 电影院和电影院线 农村电影放映 书报刊分销 音像制品分销 包装装潢印刷品印刷 文化产品和文化服务出口业务 文艺表演团体和演出场所等国有文化单位的公司制改建 有线电视接入网社区部分业务	出版物印刷、发行 新闻出版单位的广告、发行 广播电台和电视台的音乐、科技、体育、娱乐方面的节目制作 电影制作发行放映 有线电视接入网建设和经营 有线电视接收端数字化改造	通讯社 报刊社 出版社 广播电台（站） 电视台（站） 广播电视发射台（站） 转播台（站） 广播电视卫星 卫星上行站和收转站 微波站 监测台（站） 有线电视传输骨干网 利用信息网络开展视听节目服务以及新闻网站 经营报刊版面 广播电视频率频道和时段栏目 书报刊、影视片、音像制品成品等文化产品进口业务 国有文物博物馆

虽然非公资本在文化产业领域的作为很有限，但是在高度竞争的开放性文化市场领域却可以有大作为。中国文化市场发展的实践表明，凡是非公资本积极作为的文化行业，增长就会提速，活力就会提升，竞争力也会增强。以电影行业为例。在改革开放后，电影市场复苏，国有电影制片厂也开始有了活力。但随着改革开放的深入，老百姓可以很低的成本接触到来自境外的大量文化产品，国内优质电影供给能力不足、无法适应文化市场的问题日益凸显，国有电影体系逐渐陷入无法自拔的停滞状态。在图书出版等行业，政

策默认非公资本可以从事文化产品生产，但必须拿到国有单位授予的"书号"等特许资质后才可以进入市场流通成为文化商品。在非公资本的参与下，中国电影实现了大发展大繁荣。在国务院 2005 年发布《非公有资本进入文化产业的若干规定》之后，那一年生产的 260 部影片中，国有制片厂出品 65 部，社会资本出品 96 部，国有和社会联合出品 62 部，中外合资出品 37 部，社会资本与外资参与生产的影片占 75%。在当年票房前 10 名的国产影片中，社会资本出品的占了大多数。在电视节目内容制作方面，民营资本更是主力军。在每年一万部集的电视剧中，民营公司投资 20 多亿元；制播分离以来，80% 的节目制作是由民营资本运作的。[1] 民营影视业的代表性企业华谊兄弟于 1994 年从广告业干起，1999 年，王氏兄弟和太合集团各持股一半成立了华谊兄弟太合影视投资公司（下称华谊兄弟太合），其后，通过引入 TOM 集团和信中利投资集团公司两大股东注资并回购了此前华谊兄弟太合中的太合集团所持股份，2004 年华谊兄弟传媒集团正式成立。2009 年 10 月，华谊兄弟在 A 股创业板成功上市，成为首家在国内公开发行股票的民营文化传媒公司。从成立到上市的 15 年间，华谊兄弟的资本增长了 1567.75 倍，成为中国民营文化企业的标杆。民营文化企业和资本市场的对接虽然没有体制障碍，但民营文化企业的战略性资本扩张却有着显著的体制壁垒，无法按照迪斯尼等国际文化传媒公司的成功经验实现从内容生产到媒体传播的全产业链并购整合。中国难以形成类似于美国文化传媒集团那样的全产业链的旗舰文化产业航母，这与非公资本的文化市场准入壁垒有很大的关系。

失之东隅，收之桑榆，非公资本在传统文化产业领域存在制度壁垒，而在新兴的互联网数字内容产业方面风生水起，促进了中国数字创意产业的迅猛发展，推动了中国文化产业的结构升级，也成为中国文化产业最有国际竞争优势的部分，带动了中国文化市场的国际化拓展。以网络视频业为例，中

---

[1] 北京大学文化产业研究所主编《中国文化产业年度发展报告（2006）》，长沙：湖南人民出版社，2006，第 275 页。

国的网络视频业基本与世界同步并行[1]，这一方面得益于信息技术的同步发展，另一方面也是非公资本大力作为的成效。国际上最早的互联网视频业态是从传统媒体的网络化起步的，中国也是如此，1996年中央电视台就建立了央视网，2009年进而成立了中国网络电视台（CNTV）。但中国网络视频产业的真正起步是从非公资本开始的，在2005年YouTube上线两个月后，中国的"土豆网"开始运营，大量风险资本随之涌入，2006年就有200多家网络视频公司出现，互联网基因加资本市场，让非公资本的网络视频产业超常规发展，很快将国有主流媒体的视频网站甩在身后。2010年8月，乐视网成功登陆深交所创业板融资7.3亿元；2010年12月，优酷网在美国纽交所上市，融资2.03亿美元，2011年5月又增发融资5.93亿美元；2011年2月，PPLive获日本软银2.5亿美元投资；2011年8月，土豆网在美国纳斯达克上市融资1.74亿美元。如今，阿里巴巴、腾讯、百度等中国最大的非公资本的互联网企业都参与到网络视频产业的竞争中来，网络平台加内容产业的新文化全产业链模式在传统媒体之外蔚为大观。非公资本推动的中国新兴文化产业的崛起，从一开始就是全球化的格局：内容全球化、资本全球化、市场全球化。

中国的非公资本正在以独特的力量推动中国文化产业的国际化，打通长期以来政策壁垒森严的国内外文化市场。根据《中国文化投资报告》的相关统计，2013~2014年，国内文化企业海外并购25起，涉及金额39亿美元。主要覆盖软件网络及计算机服务、游戏动漫、广播影视、新闻出版和教育培训等领域。[2] 2017年7月27日，商务部新闻发言人高峰透露，2016年，我国文化产品和服务进出口总额达1142.1亿美元，文化体育和娱乐业对外直接投资39.2亿美元。2016年，影视、动漫、网游等新兴文化产品出口同比增长25%，版权输出达到1万种。[3]

---

[1] 参见王晓红、谢妍《中国网络视频产业：历史、现状与挑战》，《现代传播》2016年第6期。
[2] 刘德良：《中国文化投资报告》，北京：社会科学文献出版社，2016。
[3] 陈恒：《去年我国文化贸易额达1142.1亿美元》，《光明日报》2017年7月28日，第8版。

结语：关于在新时代健全中国现代文化市场体系的若干思考

从现代市场经济的角度来看，中国文化经济发展中的"特殊性"问题，归结起来，比较关键的有如下四个。

问题之一：文化企业的混合所有制问题。这是事关国有文化企业经营效率的根本性问题。从中国改革开放以来的社会主义市场经济发展经验来看，公有经济为中国整体经济的高速健康发展作出了重要贡献，文化体制改革的成功经验也说明国有文化企业是中国文化产业实现快速增长的中流砥柱，是中国特色文化市场体系基本形成的关键力量，保障了中国文化经济的社会主义方向。但问题是，国有文化企业的经营效率相对不高，从国家统计局的数据看，规模以上国有文化企业的资产收益率最近几年持续降低，横向比较一般也低于民营企业。国有文化企业的经营效率，不仅关乎国有资产的保值增值问题，也关乎文化传播阵地问题。中央提出的"特殊管理股制度"以及混合所有制改革的意见，作为国有文化企业做大做强增强市场竞争活力的重要制度设计与探索，目前还悬而未决，亟待在实践和理论上深入探究。

问题之二：文化产业的双效益统一问题。社会效益优先、社会效益与经济效益相统一，这是中国特色文化经济发展的特定管理规范。这个规范不仅适用于国有文化企业，也适用于一般文化产业和文化市场，因为这是对文化价值的维护。但在实践中，一些地方政府急功近利，缺位与越位并存，长远来看可能会导致文化产业泡沫化乃至文化价值虚无化。比如，广受诟病的文化地产化问题，一些地方政府以文化之名行地产之实，政府的各类文化产业发展规划中，文化项目的主要指标往往是占地面积，而文化目标、就业目标等反而考虑得少。当文化产业的任务只剩下尽快更多地赚钱的时候，文化产业的发展就会异化，会根本偏离文化产业的特质和规律。文化产业及其市场的发展都需要政府监管的到位，而最合适的作为应当是建构文化产业发展的良好生态环境，而非直接介入产业。

问题之三：数字时代文化经济创新发展问题。中国的文化产业是在单一的文化事业体制下通过体制改革和不断解放发展文化生产力而快速发展起来的，文化产业体系中的"旧体制"与"旧经济"问题比较突出，文艺表演、新闻出版、广播电视等业态占有主流和中心的地位，文化制造、文化地产等商业模式还比较普遍。和互联网、数字创意、大数据相关的新兴文化业态成长很快，但创新发展的产业体系生态还亟待优化完善。2017年12月8日，中共中央政治局集体学习时，习近平总书记提出要推动实施国家大数据战略，加快建设数字中国，这为中国新兴文化业态的创新发展提供了绝佳的战略机遇。

问题之四：中国面向"一带一路"的国际文化市场发展问题。很长一个历史时期，文化经济全球化是美国主导的文化全球化，中国文化产业后发，从国际竞争的角度来看，既缺乏硬实力支撑，也缺乏软实力支持。中国文化产业的发展主要集中在本国，国际文化贸易的竞争力主要体现在文化产品方面，而文化服务相对弱小。在改革开放的大势中，更好地提升国内文化产业发展水平，合理开放文化市场，积极推进对外文化贸易与投资，拓展国际文化市场，真正建立面向"一带一路"沿线国家进而面向全球的中国特色文化产业体系与文化市场体系，这无疑是新时代的重大使命。

第八章　中国文化消费 40 年*

彭英柯**

导　读：中国改革开放的 40 年是人民生活水平不断提升的 40 年，生活水平的提高不仅涉及物质消费，更体现于精神文化生活。满足广大人民群众精神需求的过程就是文化消费。相较于一般性的物质消费，文化消费有其特殊性，主要体现在两个层面：一个层面是文化消费独特的发生条件，需同时满足主观消费意愿以及时间、收入等客观限定条件；另一个层面是文化消费的对象往往涉及思想意识，深受宏观制度环境的影响。因此，要全面把握中国改革开放以来文化消费的发展脉络，首先应当考察文化消费自身的特殊性，遵循其一般的文化经济学分析逻辑；其次应当结合我国各个特定发展阶段的宏观制度环境，进行相关政策的文献研究。总体来看，经

---

* 本文所有数据除特殊注明的之外，全部来自相关年份的《中国统计年鉴》，因篇幅所限，不再一一注明。需要说明的是，2013 年之前，我国对于城镇、农村的文化相关统计工作是分开进行的，因此，本文中 2013 年之前的文化教育娱乐消费支出是笔者根据历年城镇、农村居民的相关统计数据并结合各期城镇、农村居民的人口数据加权整理而成。此外，本文中 1992 年之前的城镇居民的文化消费包括文娱用品、书报杂志、文化娱乐费，农村居民文化消费包括文化娱乐用品、书报杂志和文化服务费；1992 年（含）之后的城市居民文化消费包括文娱用耐用品消费、教育、文化娱乐费，农村居民文化消费包括文化娱乐用品、书报杂志、文化服务费。从 2013 年开始，城乡一体化带来统计口径的变化，文中的教育文化娱乐消费支出直接取自于《中国统计年鉴》中的教育文化娱乐消费支出数据。

** 彭英柯，博士，中央财经大学文化与传媒学院讲师、文化产业系副主任、文化经济研究院暨国家文化创新研究中心研究员；主要研究领域为文化经济、网络文化产业等。

过40年发展，我国文化消费基础条件不断改善，文化消费市场机制日益健全，文化消费总体水平持续提升。如今，中共中央提出"坚定文化自信，推动社会主义文化繁荣兴盛，发展文化事业和文化产业，满足人民过上美好生活的新期待"，文化消费作为社会文化发展的最终环节，势必在我国未来发展道路上发挥更加重要的作用。

引 言

文化消费是市场经济的产物，市场经济似乎已成为研究文化消费问题的隐含假设。然而，如果把探讨文化消费问题的语境切换至我国"改革开放40年"，情况或将复杂起来。众所周知，新中国成立以来我国推行的是计划经济体制，直至1978年12月，党的十一届三中全会决议把全党的工作重心转移到社会主义现代化建设上来，才宣告我国正式迈入从计划经济到社会主义市场经济、从封闭半封闭到对外开放的全新历史征程。此后40年，我国社会主义市场经济制度逐步确立，在此基础上，文化的生产和消费逐渐融入市场经济环境，呈现出总量由少到多、品类由单一到丰富的显著变化。结合我国文化市场经济的发展历程，笔者把文化消费问题的研究分为四个阶段：第一阶段是从1978年到1991年，这是从计划导向转变为市场导向的探索阶段，文化消费尚处于离散无序的状态；第二阶段是从1992年到2001年，伴随社会主义市场经济体制的确立，我国文化市场逐渐形成；第三阶段是从2002年到2008年，十六大报告明确区分了文化事业和文化产业之后，我国不断深化文化体制改革，文化市场逐渐走向繁荣；第四阶段是从2009年到2018年，此阶段文化产业被确立为战略性发展产业，在一系列政策的刺激下我国文化产业迎来高速成长，文化消费亦随之提升。

一 探索阶段（1978~1991年）

从理论层面看，文化消费出现于"后工业社会"环境之下，此时人们已不再通过商品消费的绝对数量衡量生活水平，进而更关心服务的质量以及消费体验的舒适度。[①]该阶段，消费逐渐取代生产支配社会经济的发展方向，而消费的目的也不再只是满足实际需要，而是通过一系列符号象征意义的取用，满足那些被刺激、被制造出来的欲望。[②]不难发现，理论界对文化消费的阐述基于一个前提：存在一个文化商品赖以流通的市场经济环境。然而，在新中国成立后近30年的时间里，我国实行的是计划经济。该模式下，企业成为政府的附属物，缺少选择创新空间，提供的社会产品种类稀少，内容形态也较为单一。由于缺乏提供自由竞争所必需的市场经济环境，当然也就没有产业形态可言。在此期间，文化生产完全被当做一种事业来管理，由政府统揽，突出其意识形态特性。文化的生产、流通乃至消费，均不构成自负盈亏逻辑下的独立决策的市场经济活动。

党的十一届三中全会后，1978年至1991年的13年时间里，我国进入了从计划经济向市场经济过渡的探索时段。此阶段内，我国国民经济迎来复苏，国内生产总值节节攀升，人均GDP于1987年首次超过1000元，到1991年底，人均GDP达到1900元。伴随国民收入水平的日益增长，以及物质产品的不断丰富，我国城乡居民的文化消费逐渐显露。

（一）文化消费总量分析

在这一阶段，我国居民文化教育娱乐消费支出[③]不断提高，从1981年的人

[①] 丹尼尔·贝尔：《后工业社会的来临》，彭强编译，北京：科学普及出版社，1985。
[②] 让·波德里亚：《消费社会》，刘成富、全志刚译，南京：南京大学出版社，2000。
[③] 2013年及之前年份，《中国统计年鉴》公布居民消费支出时，把"文教娱乐"作为一类，从2014年开始，"文教娱乐"的表述改为"教育文化娱乐"。但因为统计口径并未变化，本文对两种表述未做严格区分。特此说明。

均13.6元增长至1991年的人均50.3元，而文化消费①支出占居民生活消费支出的比例则呈现缓慢的螺旋式上升趋势。尽管如此，直到1991年底，文化消费支出的占比也不到6%。显然，这一时期我国文化消费尚处于低水平（见图8-1）。

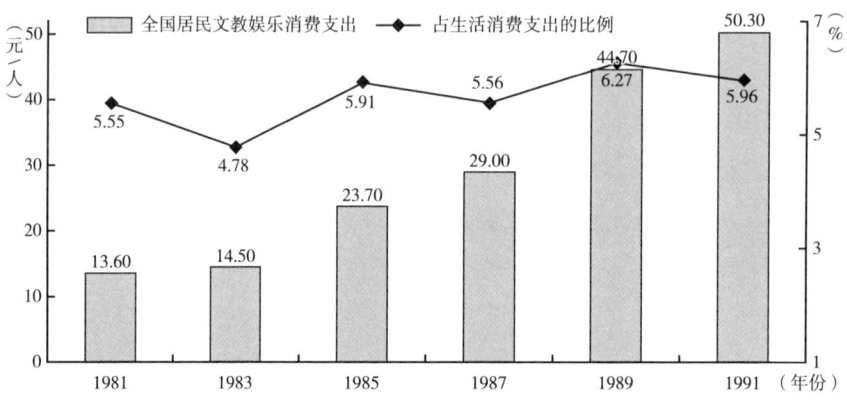

图8-1　1981~1991年全国居民人均文化教育娱乐消费支出情况

注：国家统计局直到2013年才开始统计全国居民文化教育娱乐支出，之前为城镇与农村分开统计。本图为笔者根据相关年份的城镇居民文化教育娱乐消费支出、城镇居民生活消费支出、农村文化娱乐消费、农村居民消费性支出以及城乡居民人口等数据整理而成。

（二）文化消费结构分析

1. 城乡结构分析

城乡差异是造成我国文化消费发展不平衡的重要因素。从绝对数额来看，农村与城镇居民的人均文化教育娱乐消费水平存在明显差距：1981年城镇人均文化支出为33.1元，农村仅为8.6元，二者之间相差24.5元；到1991年，城镇达到87.9元，农村为36.4元，二者差距被进一步拉大至51.5元。这充分表明：资源更为密集、人口更为集中的城市，在发展文化生产与消费方面，相比农村拥有得天独厚的优势。在此期间，城镇居民文化支出占消费的比重

---

① 本文用《中国统计年鉴》中的文化教育娱乐消费支出来衡量文化消费水平，从2001年至今，该指标包括文娱用耐用消费品及服务、教育类、文化娱乐类、旅游类共计四个种类的消费情况。

明显高于农村的水平,城市约为 6%~8%,而农村仅为 5% 左右;但无论城镇还是农村,文化类支出的比例都是很低的。

2. **商品结构分析**

居民的文化消费中包含实物类的文化商品消费和非实物类的文化服务消费,前者为购置彩电、收音机等文化用耐用品,以及纸张、文具、图书、报刊等文化用品发生的消费,后者则主要体现为在电影院、公园、歌厅、酒吧等文化娱乐场所发生的文娱消费(如图 8-2 所示),1981~1991 年,我国文化娱乐服务消费还处于极低水平,人均文化娱乐消费支出在很长时间里还不足 4 元,占文化消费支出的比例也非常低。不难看出,该阶段我国文化消费支出主要用于购置文化用品,而能够体现更高文化附加值的文化服务类消费,才刚刚发育、起步。

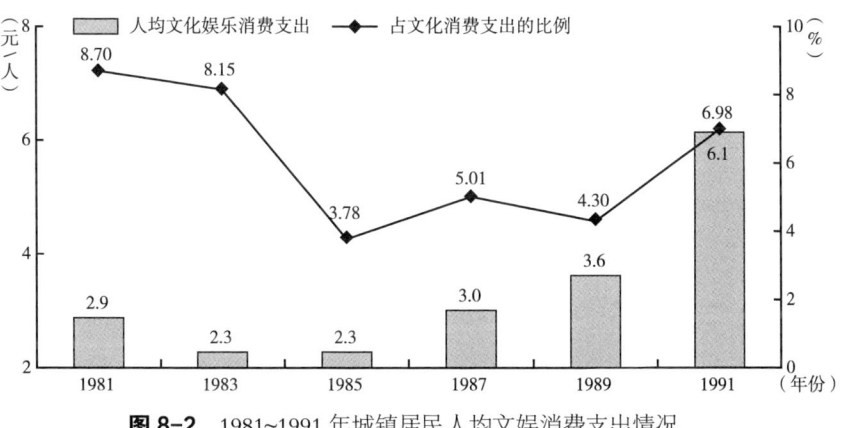

图 8-2 1981~1991 年城镇居民人均文娱消费支出情况

注:由于城乡文化服务消费统计口径难以统一,本图根据城镇居民文化娱乐消费支出的相关数据整理而成。

(三)文化消费相关指标分析

文化消费的发生依赖诸多条件,可分为主观条件和客观条件两个层面。主观条件即消费主体需建立起主观的文化消费意愿,是一种个体精神偏好,具有很强的累积性特点,通常由消费主体先期接受的文化经验所决定,而这些经验主要来自主体受教育程度或其所接触过的文化消费经历;客观条件主要涉及消费主体的经济收入水平、文化消费商品的价格水平、文化消费的环境因素等。以下分别分析影响文化消费发生的各方面因素。

1. 受教育情况分析

文化消费受到消费者自身知识储备的影响。理论上说,受教育程度越高、越为理性的人越容易发生文化消费行为。因此,国家发展文化教育事业是提振文化消费的最根本环节。图8-3展示了1978~1991年我国教育事业发展的基本情况。指标选取依据在于:中小学属于普及性基础教育,保证学龄人口的入学率与发展大众文化消费密切相关;而大学属于高等教育,社会人口结构中大学生人数的提升与发展精英文化消费密切相关。从统计数据看,学龄人口入学率呈现逐年稳步上升趋势,每万人中的大学生人数从1978年的8.9人上升到1991年的17.6人。但也应该看到,受过高等教育的"精英"还是太少,占总人口的比例还不足0.2%,这势必成为文化消费水平提升的桎梏。

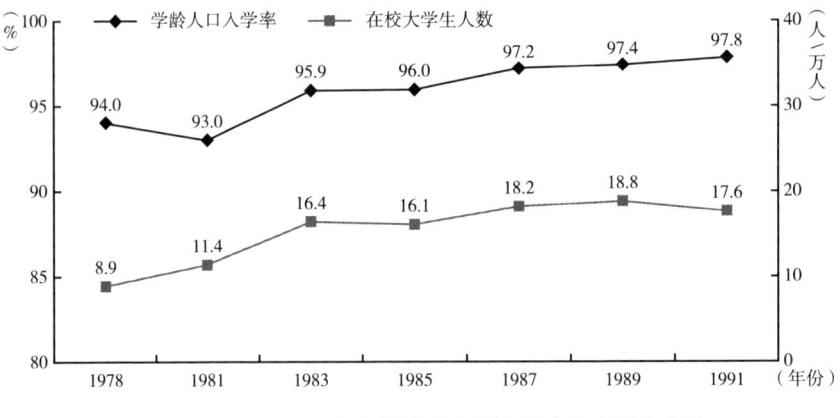

图8-3 1978~1991年全国小学入学率及在校大学生人数

2. 收入水平分析

文化商品是具有较高收入需求弹性的消费品,因此居民的收入变动情况将直接影响文化消费水平。1981~1991年,我国居民总体消费水平稳步提升,这为文化消费提供了必要条件。从增速上看，受到20世纪80年代后期宏观经济"滞胀"的影响，[①]职工的实际工资收入甚至一度出现负增长，1989年的实际工资指数为95.2。在我国经济增长形势最为严峻的时间里，居民的文化类消费支出占同期消费支出的比重也出现了明显的下滑，这也再次印证了文化商品的高收入需求弹性特点。

3. 价格指数分析

1978~1991年我国居民的文化消费支出中，绝大多数都是购买实物类文化用品，其价格指数的波动如图8-4所示，文化娱乐用品价格指数一度下降，1985年之后，文娱用品价格指数开始不断上升，受20世纪80年代末通货膨胀的影响，其价格指数在1989年一度达到114.3，但马上又随着通缩大幅滑落。

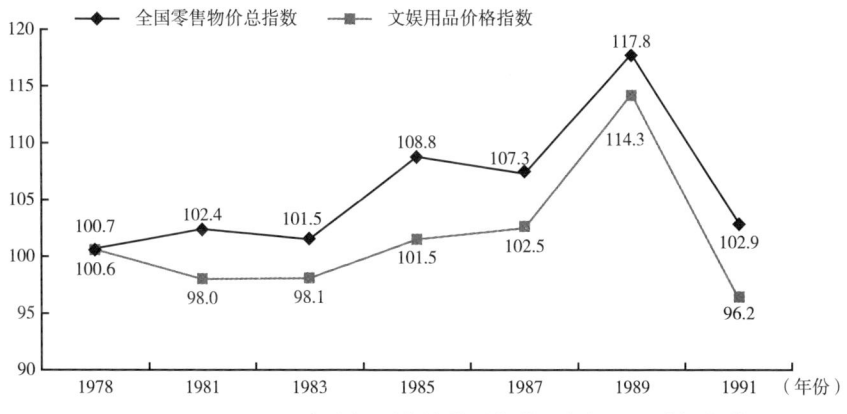

图8-4 1978~1991年全国零售物价总指数与文娱用品价格指数

相比于同期全国零售物价总指数水平，文化娱乐用品价格指数明显偏低，甚至出现指数下降的现象。这一现象表明我国尚未形成反馈及时、有效竞争的文化市场环境。如果排除生产技术持续进步，或供给持续超过需求等导致价格连续走低的因素的影响，我国文化商品价格指数的波动甚至下降充分证

[①] 主要是开放部分商品的价格管制，原价格体系与经济结构中各因素冲突导致了通胀等一系列经济问题。

明:该阶段我国文化产品的供给仍然以"计划"为主,其价格主要受到非市场因素的影响。

4. 消费环境分析

城市与文化发展密切相关:一方面,城市为文化的生产和消费提供了必要的空间土壤;另一方面,文化功能也反哺城市使其获得可持续发展能力。因此,一个国家的城镇化程度能够从一个侧面反映该国文化生产与消费环境的客观发展水平。1978~1991年,我国的城镇化率从17.9%逐渐提升至26.9%,但依然是一个农村居民数量占支配地位的"农业人口大国"。另外,我国人均GDP尽管已大幅提升,从1978年的382元增至1991年的1900元,但距离文化消费开始高速成长的"人均3000美元"的国际经验水平线还有巨大差距。这些数据充分表明,我国的文化消费还处于极低水平,文化消费的"支撑环境"亟须改善。

(四)阶段小结

十一届三中全会后,全国的工作重心转至经济建设,社会生产力得到发展,1978~1991年,GDP从3679亿元增至22006亿元,年复合增长率达到9.03%,国民生活水平得到显著提高,文化消费也得到一定程度的发展,1991年居民人均文化类支出比1981年增加了2.7倍,达到50.3元。然而这一时期的文化消费存在以下问题。

一是文化消费水平低下。一方面,总量规模小,占消费支出的比例小;另一方面,文化消费基本为购置实物类文化用品,文化服务类的消费极少。

二是尚未形成有效的文化市场,文化商品的价格制定严重受到非市场因素的影响,文化类商品价格指数常年低于总体商品零售价格水平,文化商品的价格甚至持续出现负增长局面。

三是文化消费条件亟须补强。可通过以下方式开展:发展教育事业,扩大我国接受高等教育的人口比例;进一步加快经济建设,提高居民的收入与消费水平;加快城市发展速度,提升我国城镇化率等。

二 市场经济起步阶段（1992~2001年）

邓小平"南方谈话"之后，中共十四大的召开预示着我国正式迈入发展中国特色社会主义市场经济的全新历史阶段。在中国特色社会主义市场经济思想指导下，我国迅速摆脱了20世纪80年代末"经济危机"余波的影响，重归经济增长的快速车道。这一时期，我国文化市场逐步形成，文化商品种类日渐丰富，文化商品流通日益频繁。即便遭遇90年代末东南亚金融危机的冲击，面对极为不利的外部环境，我国文化消费仍增长不减。

（一）文化消费总量分析

在全新的市场经济环境下，我国居民人均文化教育娱乐支出大幅增长，从1992年的72元增至2001年的380元，增幅超过四倍。在此期间，文化消费支出占居民生活消费支出的比重也持续提升，从1992年的7.7%增至2001年的12.3%，增长了4.6个百分点（见图8-5）。

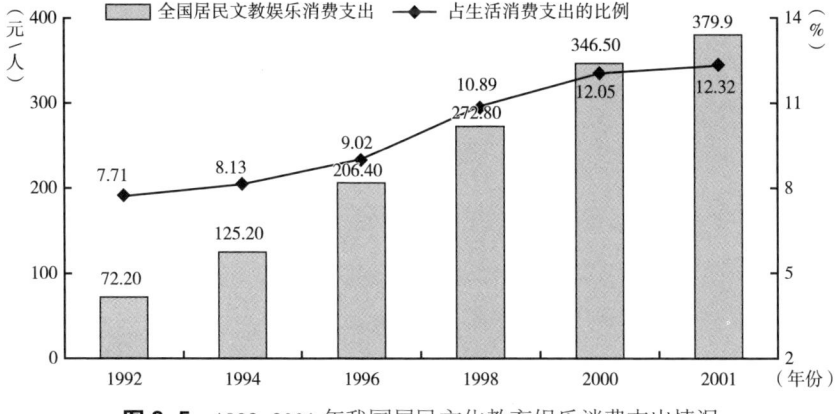

图8-5 1992~2001年我国居民文化教育娱乐消费支出情况

在文娱耐用品消费方面，如图8-6所示，彩电的增长幅度最为明显，到2001年末，城镇每户居民拥有1.2台彩电，农村居民已超过半数家庭拥有彩电。相比之下，城乡居民对于录音机的消费情况在1998年后遭遇转折，家庭保有量明显下滑。原因主要在于居民收入水平提高，以及文娱用品日益丰富——"随身听"、CD机、DVD播放机等新兴文娱消费品对用户构成了更强的吸引力。

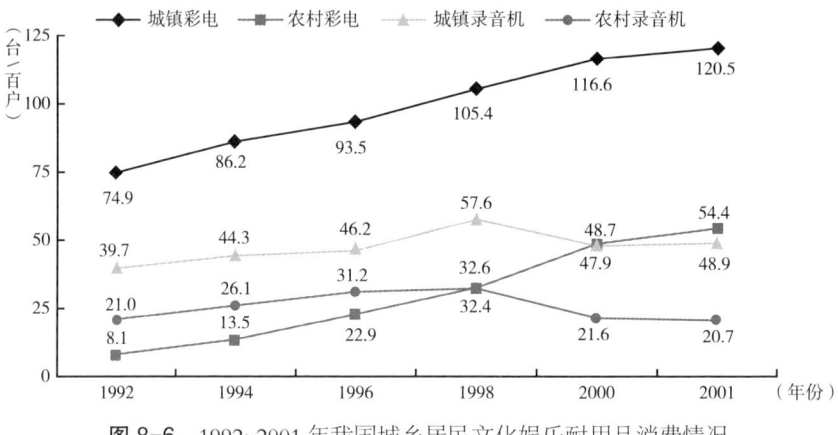

图8-6　1992~2001年我国城乡居民文化娱乐耐用品消费情况

（二）文化消费结构分析

1. 城乡结构分析

1992年以后，我国城乡居民文化消费获得了长足发展，但市场经济的发展也使二者间的差距被拉大。从名义消费量来看，1992年城镇居民人均文化教育娱乐支出147.5元，农村为43.8元。到2001年，城镇居民人均文化教育娱乐支出已增长至690.0元，农村为192.6元；在此期间，城市居民人均文化消费支出的年复合增长率为18.7%，农村为17.9%。市场经济的本质是让价格机制自发调整优化各类资源的分配，效率导向是核心。城镇相较农村具有资本密集、知识密集、劳动力密集、消费人口集中等发展文化产业得天独厚的优势，若完全任其自由竞争，城乡差距被拉大是可以预见的结果。这在提醒管理者:"效率优先"过后,"兼顾公平"很有必要。

城乡居民文化教育娱乐消费支出占比在1998年双双达到10%。1998年受东南亚金融危机的冲击,投资环境恶化、人民币贬值预期、外需停滞等问题接踵而至。然而,我国文化消费指标不降反升,完美展现了"口红效应"。2001年,城乡文化教育娱乐消费支出占比分别为13%和11%,达到一个前所未有的高度(见图8-7)。

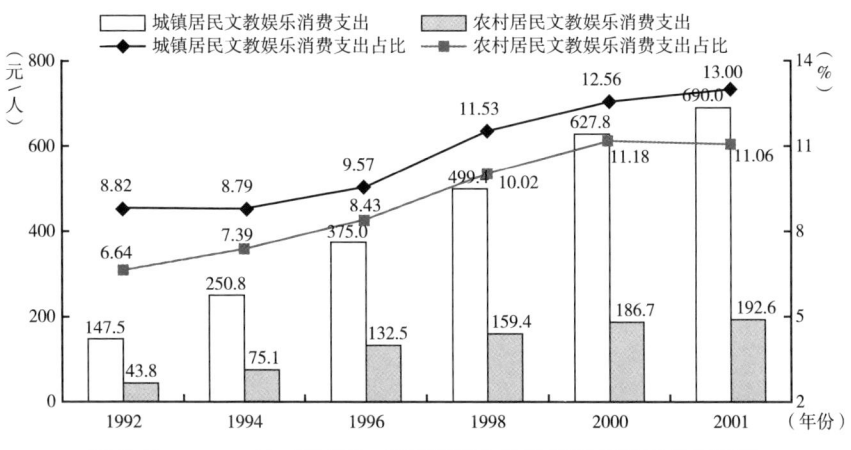

图 8-7 1992~2001年城镇、农村居民文化教育娱乐消费支出情况

2. 商品结构分析

1978~1991年,超过90%的文化消费支出用于购置文化用品(含文娱耐用品和其他文化用品),文化娱乐服务消费支出占比极低。然而,从1992年起,我国居民的文化娱乐服务消费支出增长显著,如图8-8所示,从1992年的人均33.2元增至2001年的122.4元,占文化娱乐消费支出的比重达到46.8%。这说明,文化消费形式在市场经济的催化下,日渐丰富。

(三)文化消费相关指标分析

1. 受教育情况分析

1992~2001年,教育事业不断进步:一方面,学龄人口的入学率已经超

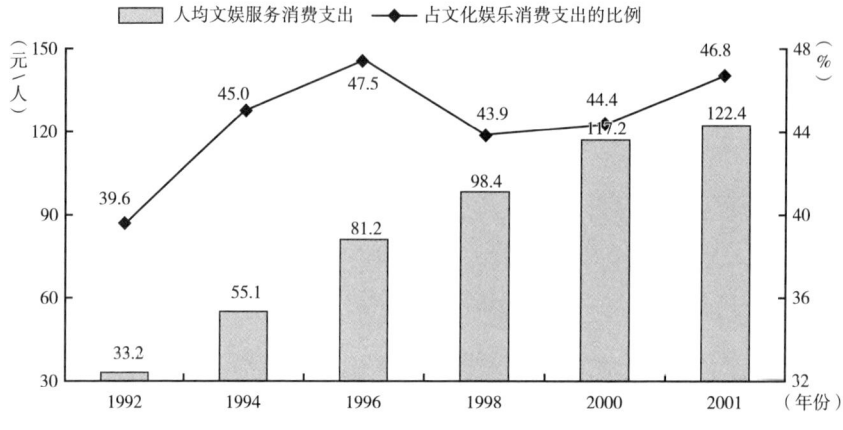

图 8-8 1992~2001 年城镇居民人均文娱服务消费支出情况

注：图中所示占比为城镇居民人均文化娱乐服务消费支出占除教育支出之外的文娱总消费支出的比重，意在考察文化娱乐消费支出中，服务类消费支出与非服务类消费支出的数量关系。

过 99%；另一方面，高等教育在 1998 年之后迎来"扩招"，高等教育覆盖的人口大幅提升，2001 年，每万人中已有超过 56 名大学在校生（不含已毕业大学生）。

教育经费的投入方面，财政性教育经费依然是最为主要的力量，但 1998 年高校扩招之后，财政性教育经费占教育经费总额的比重在逐渐下降，这表明：有越来越多的社会资金投入到我国的教育事业中来。

2. 收入水平分析

市场经济环境下，我国居民的收入水平持续增长。在此期间，居民收入和居民消费的名义值在东南亚金融危机之前，保持了年均 20% 以上的高速增长，1998 年之后增速有所放缓。2001 年，我国居民人均年收入达到 4059 元，其中，城镇居民人均可支配收入为 6860 元，农村居民人均纯收入为 2366 元。随着城市居民收入的不断增长，城乡恩格尔系数持续下降：2001 年城乡恩格尔系数分别为 37.9% 和 47.7%。

3. 价格指数分析

市场经济下，文化消费品的定价更贴近市场。尽管仍然存在非市场定价的文化商品，但文化娱乐消费价格指数已经越来越受到市场需求的影响而上下波动。不同于上一个阶段中文化消费价格指数一直低于总体商品零售价格指数，在此期间，文娱消费价格指数在1996年首次超过了居民消费价格指数（CPI），在1998年金融危机前后，文娱消费价格指数一直高于同期的居民消费价格指数（见图8-9），体现了文化消费抵御经济危机、反周期运行的显著市场特征。

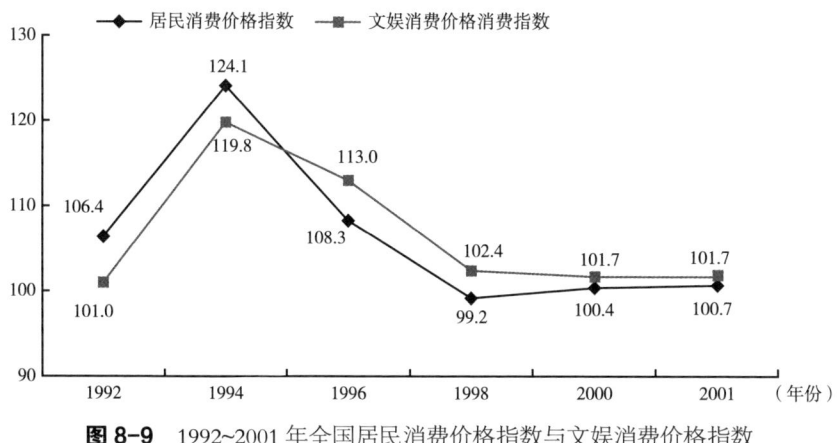

图 8-9 1992~2001年全国居民消费价格指数与文娱消费价格指数

4. 消费环境分析

1992~2001年，我国的城镇化率从27.5%上升到37.7%。随着市场经济的蓬勃发展，我国城镇人口数量在持续增加；我国人均GDP从1992年的367美元提升至2001年的1374美元，增长接近三倍。尽管我国依然是农业大国，人均产值在国际范围内依旧处于低水平，但持续增长的发展态势表明：我国经济正在强势崛起，与文化消费相关的各类支撑指标正在逐步改善。

（四）阶段小结

1992年之后，随着社会主义市场经济体制的确立，我国文化生产逐渐形成规模且持续扩大，已朝产业化目标进军。同时文化体制改革也拉开序幕，文化事业单位迎来市场条件下的机遇和挑战。这一时期的文化消费总结如下。

1. 1992~2001年，我国居民人均文化教育娱乐消费支出增长超过四倍，达到380元。市场化加速了文化消费品的更新换代，可以预见，技术进步诱发的无形磨损，将迫使某些文化消费产品退出历史舞台。

2. 市场经济条件下，文化消费品的数量和种类日趋丰富，服务型文化消费比例逐渐提高。商品形式丰富后的文化消费在市场上具有更高的附加值，不同于之前的价格管控，其消费价格波动主要受市场需求变化的影响。

3. 文化消费对抗经济下行、抵御由外部经济危机诱发的市场风险的能力很强。因此，即便经历东南亚金融风暴冲击，我国居民文化消费的实际金额、文化娱乐消费价格水平、文化类消费支出占消费支出的比重等指标，均保持强势上升态势。

三 全面市场化阶段（2002~2008年）

中共十六大报告首次把文化单位明确分成两大类：一类是公益性事业部分，隶属于国家的一些事业性部门，以事业体制进行管理；另一类是经营性产业部分，按现代企业制度进行体制改革，以企业制度进行管理，其产品需通过市场来实现价值。在此背景下，我国提出要大力发展文化产业，这无疑为丰富文化产品供给、繁荣文化市场消费创造了条件。本阶段，我国居民文化消费总量保持上升趋势，但受到同时期宏观经济、技术条件、文化政策等环境因素影响，呈现一系列复杂特征。

（一）文化消费总量分析

2002~2008年，我国居民文化教育娱乐人均支出金额逐年稳步提升，从480.8元增至805元，年复合增长率为8.97%，不及同期国民经济11.34%的增长速率。文化类支出占总消费的比重也逐年下滑，从2002年的13.8%跌至2008年的11.1%（见图8-10）。造成这一现象的主要原因是国民经济结构的

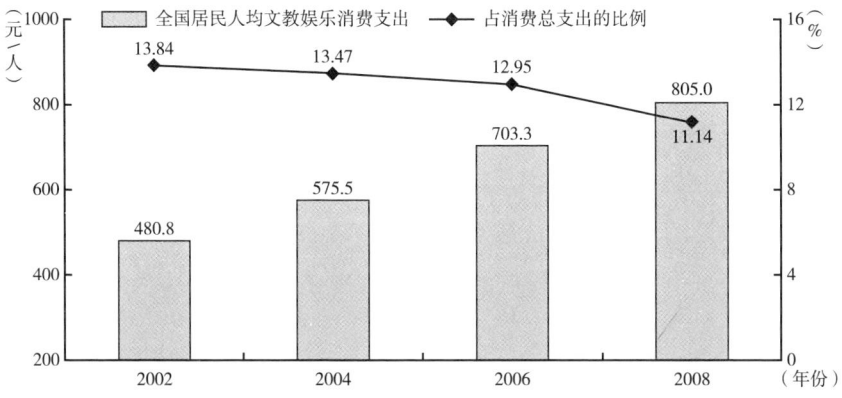

图 8-10 2002~2008 年我国居民人均文化教育娱乐消费支出情况

阶段性调整，通过分析此期间居民消费支出的构成关系，发现我国居民的生活消费支出逐渐往居住类、家庭设备用品及服务类转移，而房产、建筑材料、家用设备等价格的提升导致居民相对收入下降。文化消费作为高收入需求弹性的消费类型，明显受其影响。

2002~2008 年，我国城镇居民彩电消费日趋饱和，从每百户 126.4 台增至 132.9 台，增长空间已然不大，但家用电脑的增长十分显著，从每百户 20.6 台增至 59.3 台；我国农村居民的彩电消费迎来增长高峰期，从每百户 60.5 台增至 99.2 台，但家用电脑在农村尚未普及，直到 2008 年，每百户农村家庭的电脑保有量仅为 5.4 台。

（二）文化消费结构分析

1. 城乡结构分析

2002~2008 年，我国城镇与农村居民的文化教育娱乐消费支出保持增长，城镇居民人均支出从 902 元上升到 1358 元，年复合增长率为 7.05%；农村居民人均值则从 210 元增长为 315 元，年复合增长率为 6.94%，二者间的差距依然显著。城乡居民文化教育娱乐消费支出占消费的比重均呈现逐年下滑趋势：城镇文娱消费支出占比从 15.0% 下降至 12.1%，农村则从 11.5% 降至 8.6%。

2. 商品结构分析

2002年以来，人民群众对文化娱乐服务的需求日益提升。服务型的文化消费大幅增长：居民人均文娱服务消费从161.9元增长至381.3元，实现翻倍。2008年，城镇居民文娱服务消费金额占文化娱乐用品及服务消费总额的比重达到51.8%（见图8-11）。这意味着在文娱消费（不含教育及耐用品消费）结构中，服务型消费首次超过实物消费，体现了我国文化消费结构发生了根本性的变化。

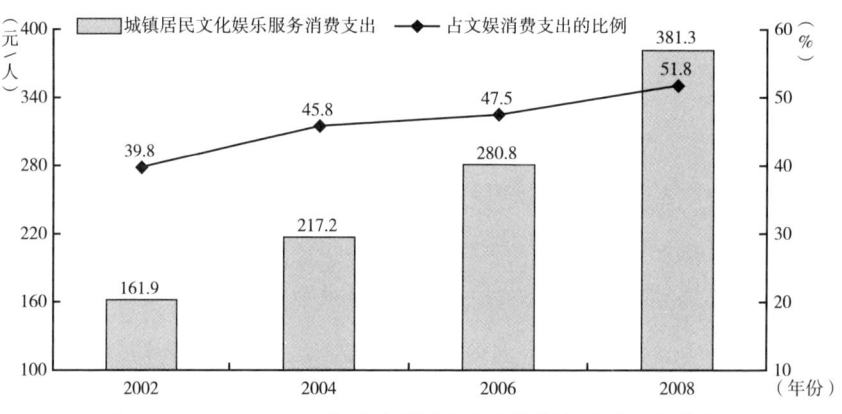

图8-11 2002~2008年城镇居民人均文娱服务消费支出情况

（三）文化消费相关指标分析

1. 受教育情况分析

2002~2008年，我国高校招生人数从每年321万人增至608万人，在校大学生人数从903万人增至2021万人，招生覆盖面持续扩大。教育经费总额从5500亿元增至14500亿元，净增长近2倍；其中，财政性教育经费的比例持续提高，从2002年的64%提升至2008年的72%，充分反映了国家对教育事业发展的倾力投入。自1998年高校扩招以来，我国高等教育的招生人数持续增长。从消费角度看，越来越多的知识型人才储备，意味着市场潜在的更高层次的精神需求不断扩张，这对于培育文化市场消费主体，进而提升文化消费水平至关重要。

2. 收入水平分析

2002~2008年，我国居民的收入水平与消费水平几乎以相同的增速持续增长，人均可支配收入从4519元增长到9939元，消费支出则从4301元增至8707元。但由于物质产品价格的较快增长，尤其在2007年出现了较为严重的通胀，城乡居民的生活并未随收入的增长而变得"宽裕"：尽管城镇居民人均可支配收入从7703元增长到15781元，但城镇恩格尔系数始终处于37.7%左右；农村居民人均纯收入从2476元增至4761元，但其恩格尔系数也仅仅降低2.5个百分点至43.7%。各类生活资料价格的上涨，明显影响到城乡居民的实际收入水平，也直接导致该阶段我国文化消费增长放缓。

3. 价格指数分析

2007年受到以食品为主的生活消费品价格上涨的影响，我国居民消费价格指数一路上扬，在2008年达到最高点（105.9）。与之相反，我国文化教育娱乐消费价格指数持续走低，甚至在2006年之后迎来持续的下降。若只考虑服务类文化消费，文化娱乐服务消费价格指数尚保持在101.1左右，维持低速增长（见图8-12）。

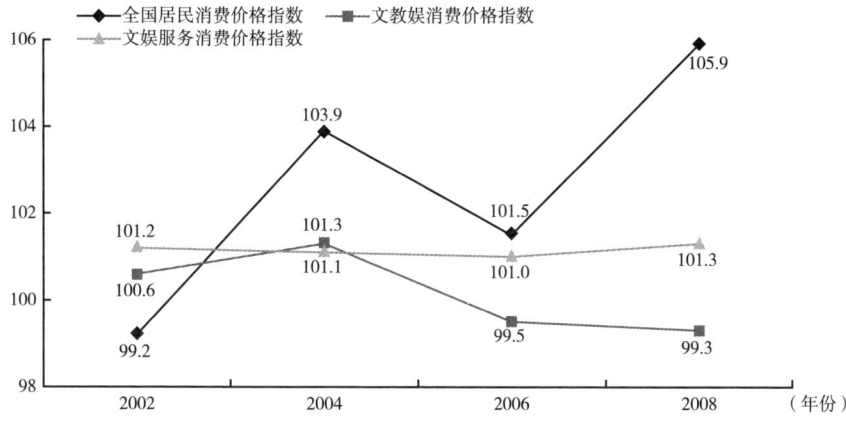

图8-12 2002~2008年全国居民消费价格指数、文教娱消费价格指数与文娱服务消费价格指数

具体考察文化教育娱乐消费支出的细分结构，如图8-13所示，主要涉及产品消费的文化用品消费价格指数一直在100以下，而涉及服务消费的价格指数一直保持在100以上，其中：书报杂志的价格保持低速增长，文娱消费价格的增速持续放缓。即便如此，文娱服务支出依然是市场上最受青睐的文化消费类型。

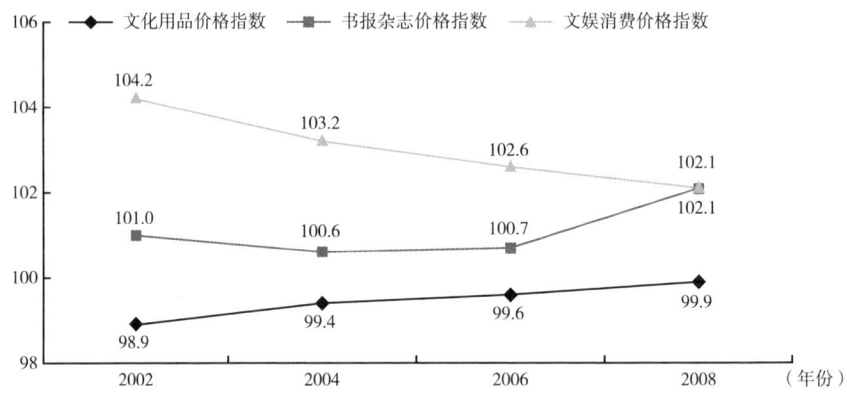

图8-13　2002~2008年我国文化消费价格指数明细

4. 消费环境分析

2002~2008年，我国广播电视综合人口覆盖率逐年提高，广播综合人口覆盖率从93.3%增加到96%，电视综合人口覆盖率则从94.6%增长为97%，文化惠民范围进一步扩大。城市发展方面，我国的城镇化率节节提升，截至2008年已达到47%，城镇人口已接近农村人口。人均GDP也在2007年第一次逾越3000美元大关，并在2008年增至3807美元。各项文化消费环境指标得到进一步优化。

此外，一种新兴文化消费方式逐渐进入我们的生活，这就是互联网经济。根据《中国互联网络发展状况统计报告》发布的数据，超过八成的人使用互联网的目的就是消遣娱乐。由此可见，互联网经济的发展必将促进文化消费。如图8-14所示[①]，我国网民[②]规模从2002年的0.59亿人增长

---

① 根据《中国互联网络发展状况统计报告》公开发布数据整理而成。
② CNNIC对网民的定义：半年内使用过互联网的6周岁及以上中国公民。

至2008年的2.98亿人,年增长率高达31%,互联网普及率也从4.6%增至22.6%(见图8-14)。虽然距离全球平均水平还存在差距,但极高的增长速度让我们相信,我国必将快速成为"互联网消费大国"。此外,移动互联网经济将会在一定程度上改变传统文化消费的各个环节,除了让整个消费过程更为轻松、便捷之外,也会对相关文化产品的设计提出新的要求。借助于通信基础设施、上网终端设备等环节的完善,我国手机网民①规模从2006年的1700万人,迅速扩张至2008年的1.18亿人,两年净增超过1亿用户。

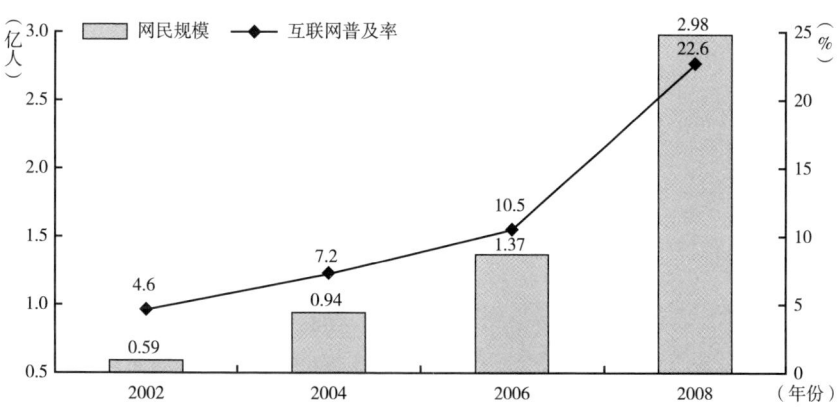

图 8-14　2002~2008年我国网民规模及互联网普及率

(四)阶段小结

中共十六大以来,文化产业在我国得以确立,如火如荼开展的文化体制改革为文化产业的加速发展打下了坚实基础。本阶段,我国文化消费总量持续提升,但受制于一些其他因素,发展较为缓慢,表现特征较为复杂。

1. 尽管文化消费支出总量在提升,但增速低于同期GDP增长速度,文化消费支出占比也在持续下降。主要原因是同期其他消费支出价格增长导致

---

① CNNIC对手机网民的定义:半年内曾经通过手机接入互联网,但不限于仅通过手机接入互联网的网民。

居民相对收入降低，进而影响高收入弹性的文化消费。

2. 受其他消费价格上涨影响，文化教育娱乐消费价格指数持续低于CPI。文化消费价格中，文化用品价格持续下降，文化服务消费价格依然保持小幅增长。这充分说明，保持相对稳定的物价水平对于维持文化消费水平至关重要。

3. 我国人均收入在2007年首次突破3000美元，按照国际经验，此时应迎来文化消费的高速成长，然而，该效应并未在我国立刻出现。究其原因，一方面是受制于文化产品及服务自身的质量尚未到达充分满足我国居民潜在精神文化需求的程度；另一方面是因为受到此期间我国较高通货膨胀率，以及其他生活用品消费价格上涨的影响。

4. 我国互联网用户规模及其普及率高速增长。尽管尚未形成成熟且具规模的互联网消费，但可以预见，我国将在不久的将来发展成互联网消费大国，而互联网消费也将成为提升我国文化消费的重要引擎。

四 战略性发展阶段（2009~2018年）

2009年7月22日，国务院常务会议通过《文化产业振兴规划》（以下简称《规划》），9月26日正式对外公布。作为新中国成立60年来第一部全国性文化产业专项规划，《规划》通过指导思想把握文化产业发展方向，通过基本原则明确文化产业发展前提，通过规划目标衡量文化产业产出绩效，通过重点任务分派文化产业重点工作。《规划》的颁布标志着文化产业已上升为我国的战略性产业。2009年以来，我国相继出台了一系列扶持文化产业的政策，其中还包括专门促进文化消费的政策。伴随国民经济持续增长，以及互联网经济的腾飞，我国文化市场进一步繁荣，文化消费不断升级。

（一）文化消费总量分析

2013~2016年，我国居民文化消费稳步提升。名义金额上，2013年、2014

年两年保持了 9.8% 左右的平稳增长，2015 年、2016 年增速则提至 11% 以上，2016 年人均文化教育娱乐消费支出达到 1915 元；消费占比方面，2013 年、2014 年基本一致，2015 年、2016 年则有明显增加，截至 2016 年，文化消费支出占比已达 11.19%[①]。我国文化消费水平自 2015 年开始出现增长提速迹象，究其原因，一方面，与不断更新的文化消费观念、持续增长的居民收入、日渐丰富的消费形式以及不断升级的技术条件有关；另一方面，也受惠于我国政府在 2015 年首次实施"拉动城乡居民文化消费的试点项目"，并采取有针对性的促进文化消费的措施（见图 8-15）。

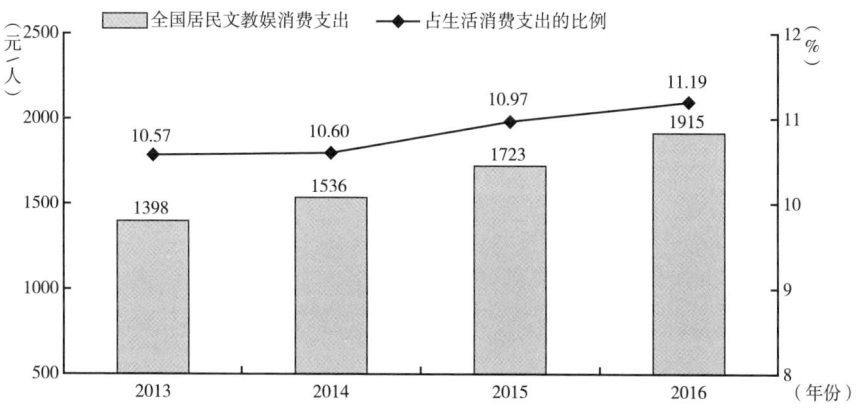

图 8-15 2013~2016 年我国居民人均文化教育娱乐消费支出情况

2013~2016 年，我国居民彩电消费提升缓慢，从每百户 116 台增至 121 台，其中城镇居民每百户彩电保有量已连续三年处于 122 台左右不变，彩电消费的增长主要来自农村居民。移动电话消费的增长十分显著，从每百户 203 台上升至 235 台，农村的移动手机消费涨幅超过 40%。家用电脑的消费也在

---

① 国家统计局自 2013 年起开展城乡一体化的住户收支与生活状况调查，与之前区分城镇和农村住户方法下的调查范围、方法、口径均有所不同。《中国统计年鉴（2015）》首次披露了新调查方法下 2013 年、2014 年两年的数据。《中国统计年鉴（2014）》公布的 2013 年及之前的数据皆为旧方法统计所得，与方法改进后的统计数据存在一定的不兼容问题，部分数据并不连贯。因此，在涉及相关数据分析时，本文只选取了 2013~2016 年的连续数据。

稳步增长，从每百户49台提升到58台，其中农村的涨幅接近40%，超过同期城镇11%的增长率。由此可见，随着收入水平的提升，我国农村居民已成为拉动文化消费不可忽视的力量。此外，照相机有沦为"吉芬商品"的趋势：随着手机等移动终端拍摄功能的不断增强，照相机消费量逐年递减，从每百户21.0台降至17.7台。

（二）文化消费结构分析

1. 城乡结构分析

2013~2016年，我国城乡居民的文化教育娱乐消费支出保持增长，城镇人均文化教育娱乐消费支出从1988元上升到2638元，年复合增长率为9.88%；农村人均文化教育娱乐消费支出从754元增至1070元，年复合增长率为12.35%。尽管农村增速更快，但由于消费基数的落差，二者间依然存在明显的差距。消费占比方面，二者皆呈现上升态势，城镇居民的文化消费占比在2014年之后提升明显，从10.7%增至11.4%；农村则逐年小幅增长，从10.1%增至10.6%。

其原因主要是2013年前后城镇住房、医疗、养老、子女教育等各项改革的不断深化，导致原来一些由政府和企业承担的长期支出逐步退出，而完全市场化的社会保障制度尚未建立，加上宏观经济下行的压力，许多城镇居民在选择消费时，变得更加谨慎，导致文化消费支出占比一度停滞甚至下降，直到2015年才逐渐恢复。相比之下，农村居民几乎不受城镇住房、医疗、养老等制度改革的影响。此外，随着城镇化的推进，农村居民收入不断增加，而收入的增加以及基础设施建设带来的整体消费环境的改善，促进了农村居民文化支出的不断提升。

2. 区域结构分析

依据区域划分惯例，我国分为东、中、西三部分。[①]2014~2016年，各区域的文化消费及占比水平皆稳步提升。从名义支出看，我国东部明显高于其他区域的水平，从人均1866元增长到2307元；中部从1408元增至1726元，也

---

① 东部包括北京、天津、河北、辽宁、上海、江苏、浙江、山东、福建、广东、海南；中部包括山西、吉林、黑龙江、安徽、江西、河南、湖北、湖南；其余省级行政单位属西部。

保持着较高增速；西部相对较弱，从1213元增长到1534元。占比方面，中部地区明显高于其他区域。截至2016年，中部文化类支出占比达到12.11%，西部占比为11.10%，东部虽然文化支出金额最高，但其占比仅为10.76%。以上表明，东部依然是我国文化消费贡献最主要的区域，雄厚的经济实力一定是发展文化消费的基石，而中部作为文化消费支出占比最高的区域，有着良好的文化消费意愿，提高中部地区的收入水平能更为有效地促进文化消费。

（三）文化消费相关指标分析

1. 受教育情况分析

2013~2016年，我国高等教育在校生人数以及招生人数平稳增长，在校大学生从2468万人增至2696万人，每年的招生人数从700万人增长到749万人。二者的增速均呈现逐年下降趋势，这是由我国人口结构决定的，适龄区间人口增速的下降是其主要因素。经费方面，全国教育经费总额持续提高，从2009年的1.65万亿元增至2016年的3.89万亿元，年复合增长13%。财政性教育经费的拨付亦逐年稳步提升，2016年财政性教育经费已达3.14万亿元。从2013年起，我国财政性教育经费占教育总经费的比例基本稳定在80%~81%，可见财政依然是我国教育事业最重要的资金来源。

2. 收入水平分析

2013~2016年，我国居民可支配收入逐年增长，从人均18311元增长为23821元。但随着近年来我国经济增速放缓，居民可支配收入的增速也在逐年下降，从11.3%降至8.4%。在此背景下，考虑到同期文化类支出及占比依然处于上升态势，这充分说明，文化消费已成为我国居民各类消费中重要且稳固的一部分。随着居民可支配收入的持续增长及生活水平的提高，城乡居民恩格尔系数在不断下降。我国城镇居民恩格尔系数于2015年首次降至30%以下，并于2016年降至29.3%，已接近发达国家的水平，这无疑为城市文化消费提供了广阔空间。同期，农村居民的恩格尔系数也从34.1%下降至32.2%。

分析2013~2016年城乡居民的收入构成情况：城镇居民收入结构变化最

大的特点在于工资比重逐渐下降，转移净收入逐年增加；农村居民收入结构变化最大的特点则在于工资比重逐渐增加，经营性收入逐渐下滑，转移净收入同样在增长。这说明：首先，城镇居民在逐渐淡化工资对收入的影响；其次，对农村居民而言，经营净收入的下降以及工资收入的增加意味着农村居民的生活通过城镇化进程正在逐渐向城市的生活方式转变；最后，无论对于城镇居民还是农村居民，转移净收入所占比重均扩大了，这体现了包括政府、企事业单位以及个人在内的社会保障制度的改进与完善。

3. 价格指数分析

2009~2012年，我国出现了较为明显的通货膨胀，居民消费价格指数持续走高，主因在于为应对2008年金融危机所采取的"四万亿"投资政策，以及贸易顺差下人民币的升值预期、生产要素稀缺等。高企的CPI下，文化类消费受到一定程度的"挤出"，因此在2013年以前，文化教育娱乐消费价格指数基本维持在100~101，直到2014年，才与居民消费价格指数基本保持同步的走势（见图8-16）。

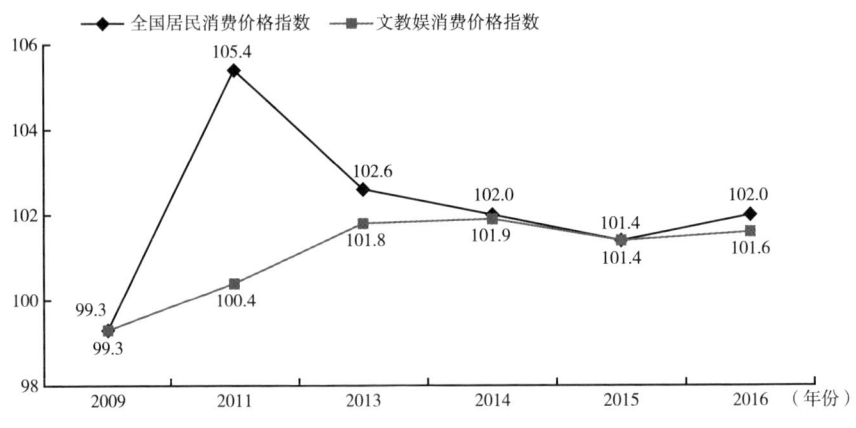

图8-16 2009~2016年全国居民消费价格指数与文教娱消费价格指数

具体分析文化消费价格指数的构成情况：电视等文娱用耐用品消费价格持续下降，指数始终在100以下；2011~2014年旅游消费价格指数持续攀升，但在2015年出现较大回落；文化娱乐用品及服务消费价格指数则相对保持平稳，维持在101~102，其中又以文化娱乐服务的涨价作为其主要增长驱动；教育消费价格指数走势表现强劲，教材及参考书价格和教育服务价格的双重提升，使得教育消费价格指数常年保持在102以上，即每年以高于2%的速度提升价格（见图8-17）。

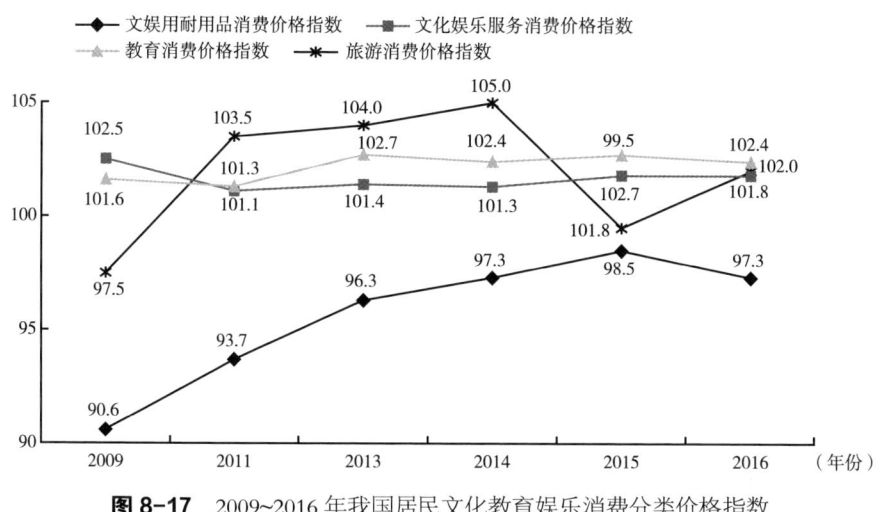

图8-17 2009~2016年我国居民文化教育娱乐消费分类价格指数

总体来看，文化消费受到外部因素的影响较为明显，除属于纯粹制造类的文化用品（包括耐用品和消耗型的文化用品）之外，但凡涉及人员服务的文化商品价格均具有极强的市场活力，但也非常容易因为市场前景不明朗、宏观经济预期恶化或是政策利空等外部原因，导致消费遇冷，进而价格下滑。

4. 消费环境分析

2009~2016年，我国人均GDP保持稳步提升，从4139美元增至8515美元。根据国际经验，人均GDP超过5000美元时，居民文化消费将迎来井喷式发展。我国的城镇化率也在2011年迎来了历史性时刻：城镇化率首次突破50%，我国城镇常住人口首次超过农村人口。截至2016年，我国城镇化率达到57.3%。越发庞大的城市规模，将成为我国发展文化产业、提升文化消费的空间载体和依托。

2009年以来,我国互联网经济进入全面提速阶段,网民规模和互联网普及率直线提升。截至2016年12月,我国网民规模达到7.31亿人,互联网普及率达到53.2%。移动上网则成为这一阶段互联网发展最重要的特征之一,2009~2016年,我国手机网民规模从2.33亿人增至6.95亿人,年均增长率达到16.9%,而高达95.1%的手机网民比例则表明:几乎没有人不通过手机来进行上网。正是基于互联网发展环境的成熟,近年来我国网络文化消费发展势头喜人:以网络文学、网络游戏、网络直播、在线音乐以及在线视频为代表的五类互联网休闲娱乐服务业务强势崛起,均取得了高速增长。

以2015年为例,我国网络文化服务各行业营业收入达1760.5亿元,同比增长30.4%。其中:网络游戏市场规模最大,达到1407亿元,实现了22.9%的高增速;网络文学拥有70亿元的市场规模,增速为25%;在线音乐和在线视频的涨幅分别是67.2%、74.4%;值得关注的是:网络直播成为2015年最受业界关注、成长最为快速的行业,增长率达到惊人的161.3%。[①]2015年,网络游戏、网络直播、网络文学、在线视频、在线音乐的市场规模比较如图8-18所示。高增长的背后,离不开"互联网+文化"消费模式创新的支撑。基于互联网平台的运营,各经营机构已打造出"广告费+增值服务收入+版权分销收入"较为成熟的商业模式。其中,用户需要直接付费的是"增值服务"和"版权分销"的部分。

(四)文化消费及相关政策分析

2009年以来,文化消费及相关文化政策主要集于两个方面:一是持续深化文化体制改革,运用多种经济、金融手段助力文化产业发展;二是探索专门针对文化消费提升的公共政策。

1. 随着市场化的不断深入,我国文化体制改革进一步深化,通过财政、税收、金融等经济金融类文化政策的出台,为文化产业的发展保驾护航。

---

① 资料来源:艾瑞咨询。

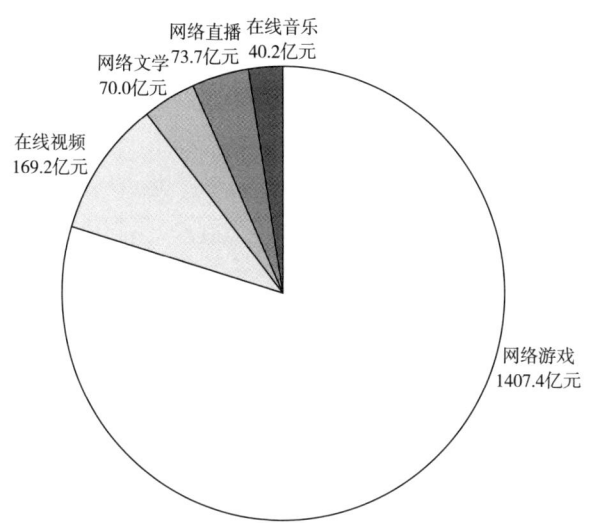

图 8-18 2015年我国五类网络文化服务行业市场规模比较

资料来源：艾瑞咨询。

2010年4月8日，中共中央宣传部、中国人民银行、财政部、文化部、国家广电总局、新闻出版总署、银监会、证监会、保监会等九大部门联合发布了《关于金融支持文化产业振兴和发展繁荣的指导意见》（以下简称《指导意见》）。文件指出，文化产业与金融业的合作本质上是双方的内在需求促动的行为，文化金融的理论及实践创新正在迈入一个新的发展阶段，文化金融产品的创新，也为文化产业投融资提供了便利，为产业链上游的生产环节提供了更有活力的基础。《指导意见》发布之后，各金融机构积极响应，纷纷推出与文化产业发展密切相关的金融产品，助力文化金融发展。

2. 针对文化消费的提升，出台专门性的文化经济相关政策。

首先，2008年12月提出"家电下乡"，在经济危机背景下，一方面打开市场、扩大内需，另一方面加强居民文化消费的基础设施建设。之后，又制定了"（文科卫）三下乡"政策，其中文化下乡包括"图书、报刊下乡，送戏下乡，电影、电视下乡"，目的在于丰富群众性文化活动，培育文化消费理念。

其次，2013年北京推出"文惠卡"；2014年，山东省济南市推出"齐鲁文化消费卡（电影卡）"。以二者为榜样，通过政府的财政拨付，搭建连接文化生产厂（商）家和消费者群体的平台，以多元化的样式推动文化消费。

最后，2015年6月，文化部、财政部首次共同实施了"拉动城乡居民文化消费的试点项目"，选取了若干试点城市，采取有针对性的促进文化消费的政策措施。在此基础上，2016年文化部、财政部联合印发《关于开展引导城乡居民扩大文化消费试点工作的通知》，决定在全国范围内开展引导城乡居民扩大文化消费试点工作。

在地方，2015年2月，北京市人民政府正式印发《关于促进文化消费的意见》，成为全国首个专门针对文化消费的省级地方政策，旨在加强文化消费供给、培育文化消费理念、引导文化消费行为、丰富文化消费业态、拓展文化消费空间。

（五）阶段小结

《文化产业振兴规划》颁布以来，我国文化产业在一系列有针对性的政策扶持下，大步前行。2016年，我国文化产业产值突破30000亿元，占GDP的比重达到4.1%，朝着成为国民经济支柱产业的目标一步一步迈进。

1. 文化消费总量稳步提升。2016年，人均教育文化娱乐支出达到1915元，占人均消费支出的比重为11.2%。耐用品消费方面，移动电话消费量的提升最为明显。随着收入水平的提高，文化消费成为农村居民消费中的重要组成部分。

2. 农村文化消费增速超过城市，但城乡间文化消费差距依然很大。我国东部地区居民的文化消费能力明显领先于中、西部地区，但中部地区的文化消费占比是最高的，中部居民具有较高的文化消费倾向。

3. 居民收入稳步提升，城镇居民恩格尔系数降至30%以下。收入结构方面：城镇居民的工资性收入比例下降，农村居民的经营净收入比例下降但工资性收入比例提升；城乡居民的转移净收入比例均得到提升，这也意味着社会保障制度正在逐步完善，将有助于文化消费的升级。

4. 互联网的腾飞带来网络文化消费的爆发式增长。以网络文学、网络游戏、网络直播、在线音乐以及在线视频为代表的五类互联网休闲娱乐服务收入强势增长。尽管目前消费体量还不够大，消费模式还有待进一步优化，但广阔的市场和极高的增速让人充满期待。

5. 文化金融政策相继出台。一方面这是文化与金融发展的内在需求所要求的，另一方面也是金融助力文化产业发展、进一步深化文化体制改革的探索和尝试。此外，国家开始陆续出台专门针对文化消费提升的政策规章，试图通过政府"看得见的手"，引导市场"看不见的手"，合力带动文化消费的增长。

五 总结

改革开放40年来，我国文化生产与消费的发展走过了风风雨雨。从"后计划经济"非市场环境下的艰难探索，到市场经济条件下的文化生产以及市场竞争的逐渐展开，再到明确提出全面发展文化产业，经历了一次次体制改革的探索与尝试，形成了文化产业成为国家战略性产业、文化金融融合发展、"互联网＋文化"融合发展的全新局面。一路走来，着实不易。

通过研究，我们似乎找到了一些文化消费发展的规律，比如：需要构建文化商品的市场环境，文化消费能够有效抵御下行经济周期的冲击，文化消费受其他商品价格变动的影响较大，文化服务更容易受到市场或非市场因素影响进而产生价格波动，文化服务消费通常具有更高的市场价值等。但仍然有很多悬而未解的问题，比如：城乡文化消费差距依然明显，如何解决？文化消费倾向的区域性差异如何解读？人均GDP已逾8000美元但文化消费的腾飞迟迟未来如何释因？面对这些问题，也许只有装备更"精良"的理论武器，通过更为深刻且细致的观察、思考、求证，才能作出更好的解答。也只有通过不断的文化体制改革，才能解决发展中存在的深层次问题，从而，促进中国文化产业的发展，提升中国文化消费水平，推动社会主义文化大发展大繁荣。

第九章　中国文化贸易 40 年

李小牧[*]

导　读：伴随中国综合国力的提升和文化的繁荣发展，中国的文化产品和文化服务开始走向世界，中国对外文化贸易正是在改革开放这 40 年进程中不断成长起来的。以开放促改革，以开放促发展，以开放促创新，以开放促升级，中国对外文化贸易在发展过程中逐渐形成独具特色的中国模式。中国文化贸易政策从无到有，国内文化消费市场从弱到强，文化市场的繁荣发展激发了强大的文化经济溢出效应。与此同时，日益扩大的文化消费市场吸引了大量的外来文化产品和服务，中国对外文化贸易进出口规模也从小到大、实现了突破式的发展。本文对改革开放 40 年中国文化贸易的发展成就和发展模式进行了分析和总结，希望本文所总结的发展经验和所提出的发展建议能对中国文化贸易的未来发展起到一定的促进作用。

---

[*] 李小牧，经济学博士，中国人民大学理论经济学博士后，北京第二外国语学院教授、副校长兼国家文化发展国际战略研究院院长，国家文化贸易学术研究平台首席专家，首都对外文化贸易基地负责人，国际服务贸易暨国际文化贸易研究中心主任，国家社科基金重大项目首席专家，应用经济学一级学科、北京市重点建设学科"国际贸易学"的学科带头人；文化部文化改革发展专家咨询小组成员、中国国际贸易学会常务理事；英国纽卡斯尔大学客座研究员、美国北佛罗里达大学访问学者；主要研究领域为世界经济、国际服务贸易、国际金融。

始于 1978 年的中国改革开放，为中国的发展提供了源源不断的动力，中国的高速发展也为世界的发展注入了强大的力量。中国的发展离不开世界，世界的发展也离不开中国。伴随中国综合国力的提升和文化的繁荣发展，中国国际贸易快速增长，中国的文化产品和文化服务有了更加丰富的呈现，中国对外文化贸易正是在改革开放这 40 年进程中不断成长起来的。无论是图书、演艺、影视剧还是设计、动漫、网络游戏，都逐渐进入了世界人民的视野，有些甚至成为人们生活方式中不可或缺的内容。

文化贸易是指国家间文化产品与文化服务的输入和输出，是文化产业的对外贸易，即发生国际收支行为的文化产业经营活动，如国家间书籍、报纸、艺术品等货物的输入与输出以及演出、电影、音像等服务的有偿提供和接受。狭义的国际文化贸易包括演艺、影视传媒（含新媒体）、出版（含专有权利使用费和特许费）等三大领域，而本文中对国际文化贸易的界定主要是指文化产品和服务的进出口：一是文化产品的进出口，主要是海关文化产品进出口业务统计；二是文化服务的进出口，主要是演艺、广电等部门的文化服务进出口业务统计。① 发展对外文化贸易，是实现国际文化市场互联互通的重要途径。鼓励和扶持各国文化机构与文化企业之间文化产品与服务的进出口，通过引进适合市场需求的优秀文化产品，满足人民多样的文化需求，丰富文化市场；通过促进优秀文化产品与服务的出口，打造国际文化品牌，从而实现中国与世界各国文化市场的开放性与多样化，携手互学互鉴，共同开拓全球文化市场。

本文将以改革开放 40 年中国对外文化贸易发展历程为基础，从对外贸易政策、文化贸易的消费市场、文化贸易出口规模、文化贸易结构、文化贸易的多元主体等角度讲述改革开放 40 年中国文化贸易取得的发展成就，从中国对外文化贸易以开放促改革、以开放促发展、以开放促创新等三部分阐述改革开放 40 年对外文化贸易发展的中国模式。

---

① 李嘉珊：《国际文化贸易论》，北京：中国商务出版社，2016。

一 改革开放40年中国对外文化贸易的发展成就

改革开放的40年，正是世界见证中国对外文化贸易从浅到深、从弱到强蓬勃发展的40年。中国文化贸易产品和服务品类日益丰富，生产内容逐步创新升级，文化贸易主体从单一的国有企业到国有企业、民营企业、合资企业多种形式的企业，中国文化企业逐渐成为文化市场的支柱。在中国文化贸易发展的初期，世界舞台为中国文化贸易的发展提供了良好契机，全球各国也为中国文化贸易的发展提供了各类经验和支持帮助。在改革开放40年之后的今天，中国人民享受到了中国经济高速发展、文化产业迅速成长所带来的社会福利，同时，中国人民也希望向全世界分享由改革开放带来的文化红利，希望中国文化与世界各国的优秀文化交融互利，让全球各个国家各族人民也能够感受到中国文化的博大精深。

（一）中国对外文化贸易政策从无到有

1. 中国加入世界贸易组织，文化市场准入作出承诺

自改革开放以来，中国对外文化交流进入繁盛发展的阶段。1980~1991年，中外文化交流执行计划共计253个，范围涉及文化、艺术、教育、科学、新闻、出版、电影、电视、图书、文物等诸多方面。但是这个时期对外文化贸易的市场化还处于摸索阶段，有关部门的政策法规涉及演出、版权等文化贸易内容，但多以规制为主，对文化贸易的支持和鼓励很薄弱。2000年，党中央明确提出要大力发展文化产业。2001年，中国成为世界贸易组织成员，中国的对外开放从有限范围、地域、领域内的开放转变为全方位、多层次、宽领域的开放，从以试点为特征的政策性开放转变为法律框架下的制度性开放，从单向开放性市场转化为中国同世界贸易组织各成员国的双向开放。在这一阶段，中国对外贸易政策逐步完善，对外经济发展愈加迅速，为新世纪新阶段中国参与全球文化经济奠定了坚实的基础。

与此同时，伴随中国加入世界贸易组织，服务贸易总协定框架下文化领域的很多项目也意味着要逐渐放开。2001年加入世界贸易组织是中国对外贸易的一个历史性时刻。加入时，中国在文化产品与服务市场准入上就做出部分承诺：（1）书报刊领域：允许外国公司1年内从事图书、报纸和杂志的零售，3年内允许从事图书、报纸和杂志的批发；（2）广告领域：允许外国公司2年后在合资公司中占多数股权，4年后，允许设立外资全资子公司；（3）电影领域：允许每年以分账形式进口20部电影，用于影院放映；允许外国公司建设或改造电影院，但外资不得超过49%；（4）音像领域：在不干涉不妨碍相关部门对音像制品内容审查的前提下，允许外国公司以合资或者合作的形式与中国公司联合从事除电影外的音像制品发行和销售工作。保护期过后，图书、报纸、杂志等零售和批发市场逐渐向外国投资者开放，外国公司纷纷进驻国内市场，国内文化市场逐渐放开。

2003年9月，中国文化部在相关文件中首次明确提出要实施"走出去"战略，通过政策鼓励文化企业走向世界。中国共产党十六届三中全会提出，继续努力培养一批大型文化企业集团，提振中国文化产业的整体实力。这个阶段促进文化产品和服务出口的具体政策还在配套完善中，文化贸易发展较为缓慢。

2. 文化体制改革促进中国文化产业政策完善

自2005年起，中国政府开始高度重视文化产业的发展，先后通过中宣部、文化部、海关总署等部门出台若干政策文件，引导和推动优秀文化产品、优秀文化企业以及知名文化品牌积极参与国际文化市场，在竞争中寻求合作，在合作中发展，积极地将中华优秀文化向国外市场进行推介和宣传，极大地推动了中国文化贸易的发展。

2005年3月，财政部、海关总署、国家税务总局发布《关于文化体制改革试点中支持文化产业发展若干税收政策问题的通知》；2006年1月，中共中央、国务院发布《关于深化文化体制改革的若干意见》；2009年9月，文化部发布《文化部文化产业投资指导目录》；2012年5月，文化部发布《文化部"十二五"时期文化改革发展规划》；2012年6月，文化部发布《文化部关于鼓励和引导民间资本进入文化领域的实施意见》。

除此之外，相关部门还制定了很多细化的规定、意见与通知，根据各行业的异质性特征，落实相关政策在具体领域的实施。例如，针对动漫产业就有《文化部关于扶持我国动漫产业发展的若干意见》《关于扶持动漫产业发展有关税收政策问题的通知》《动漫企业认定管理办法（试行）》《"十二五"时期国家动漫产业发展规划》等政策和措施。

3. 十八大以来政策红利释放文化贸易新动能

通过一系列文化产业促进政策的实施，中国文化产品和文化服务进出口总额显著增加。尽管绝对值增长迅速，但是文化产品和文化服务领域逆差明显。特别是中国共产党第十八次全国代表大会以来，以旅游、专有权利使用费和特许费、咨询、广告宣传、电影音像、计算机和信息服务为代表的文化服务贸易净出口总额连年增加，同时旅游、专有权利使用费和特许费、电影和音像领域贸易逆差的状况也在逐步改善。

文化产品贸易和文化服务贸易的发展鼓励政策密集出台，中国对外文化贸易的规模不断扩大，种类持续增加，结构得以优化。为进一步推进文化贸易的发展，2014年3月，国务院颁布《关于加快发展对外文化贸易的意见》（国发〔2014〕13号），从支持重点、财税支持、金融服务、服务保障4个方面和15个分类予以明确支持对外文化贸易发展的政策措施。《文化部关于贯彻落实〈国务院关于推进文化创意和设计服务与相关产业融合发展的若干意见〉的实施意见》中强调要提升包括创意设计业、动漫游戏业、演艺娱乐业、艺术品业、工艺美术业等在内的文化产业的创意水平和整体实力，同时发挥文化创意和设计服务对相关产业的支持带动作用，以创意为核心提升文化产品的竞争力，开拓境外市场。同时"鼓励文化创意和设计服务企业通过文化交流、项目合作等方式，积极参与国际交流合作"。

近年来，与文化贸易相关的重要的国家级、长期性、综合性政策文件陆续发布与实施：2016年国务院发布的《"十三五"国家知识产权保护和运用规划》提出"以供给侧结构性改革为主线，深入实施国家知识产权战略，深化知识产权领域改革，打通知识产权创造、运用、保护、管理和服务的全链条"；2017年1月文化部印发的《"一带一路"文化发展行动计划（2016~2020年）》从健全机制建设、促进贸易合作、打造文化品牌等五大方面为"一带一路"文化建设工作的深入开展绘制了路线图；2017年4月文化部发布的《文化部"十三五"时期文化产业发展规划》指明要"拓展文化产业国际交流合作新空间，建立健全双边、多边政府间文化贸易对话与合作机制。鼓励文化企业与国外有实力的文化机构进行合作，学习先进技术和管理经验"。

同时，全国各地加快步伐，相继出台文化贸易的相关配套政策文件。如福建省印发《福建省促进闽台文化产业合作发展实施方案》，提出多项举措推动闽台积极开拓对外文化贸易基地，打造两岸文化贸易保税区，为两岸文化生产、传输、贸易机构提供专属保税服务。山东省提出促进外贸回稳向好的若干具体措施。比如，口岸部门加快推进国际贸易"单一窗口"建设，山东电子口岸建成并在全省推广使用；海关、检验检疫落实通关便利化措施，建立收费目录清单制度，免除、取消涉企收费等。这些政策文件有效推动了文化贸易的稳步增长，也为文化贸易方式创新发展提供了广阔空间和机遇。政策红利的进一步释放，为文化贸易稳步增长和可持续发展集聚更多的能量和动力。

（二）中国文化消费市场从弱到强

1. 文化市场繁荣发展激发文化经济溢出效应

中国是文化资源大国，但不是文化贸易强国，文化产业的发展十分年轻，随着改革开放的深入和社会主义市场经济体制的逐步建立，文化市场得到了新的发展机遇。中国文化市场从20世纪80年代初期开始起步，到90年代初具雏形，经过了30多年的改革与发展，现已发展成为包括文化娱乐市场、音像市场、图书报刊市场、美术市场、演出市场、电影市场、文物市场、中外文化交流市场、文化艺术培训市场、文化旅游市场、文化经济交流市场、文化经营服务市场等在内的门类齐全、文化消费群体众多的综合性文化市场体系。

随着社会主义市场经济的不断发展，纷繁复杂、种类多样的文化产品和文化服务进入市场，文化市场的范围将随着改革开放的深入及社会经济的发展而不断扩大。特别是党的十八大以来，中国文化市场越来越完善。据文化部统计，截至2016年末，各类文化（文物）单位31.06万家，从业人员234.81万人；共有艺术表演团体12301个，从业人员33.27万人，全年艺术表演团体共演出230.60万场，其中赴农村演出151.60万场，赴农村演出场次占总演出场次的65.7%，总收入311.23亿元。[1] 演出、娱乐、艺术品等传统文化行业在转型中获得了新的发展，市场主体和经营模式日益多元化，并在互联网时代背景下不断跨界融合谋求创新。同时，以网络游戏、影视产业、歌舞喜剧等为代表的文化产业增长势头迅猛，在经济效益、社会效益两方面均取得新的突破。

中国文化产品供给的区域结构与中国区域经济发展水平相一致。文化产品出口集中在东部地区，2017年东部地区文化出口总额同比增长10.8%，占中国文化出口总额的93.4%；中西部地区文化产品出口增长迅速，增速达43.5%，占比提高1.3个百分点至6.1%；东北地区文化产品出口增长15.3%，占0.5%。广东、浙江、江苏为我国文化产品出口前三位，合计占文化产品出口的79.4%。文化服务出口主要集中于中国东部，但中西部地区增长迅速。2017年东部地区文化服务出口占比为95.9%；中西部地区文化服务出口增长39.1%，占比提高1.1个百分点至3.5%；上海、广东、北京位居文化服务出口前三位，合计占中国文化服务出口的87.2%。[2] 中国东部地区改革开放的时间早，区域经济发展与国际化发展紧密联结，因此改革开放溢出效应明显。

2. 强劲的文化消费需求吸引文化产品进口

随着人均国民生产总值的提高和居民收入的增长，居民消费开始转型

---

[1] 文化部财务司：《中华人民共和国文化部2016年文化发展统计公报》，《中国文化报》2017年5月15日。
[2] 资料来源：中华人民共和国商务部，2018年2月8日。

升级,对精神文化产品的需求迅速增长,经济发展和收入增长总是会推动文化需求的上升。一方面,人均可支配收入增长,恩格尔系数下降,居民文化消费支出不断提高,文化产品消费需求日益旺盛。全国居民人均消费支出中,教育文化娱乐消费支出占比逐年增加,而衣、食、住、行等方面的消费支出占比逐年降低。2017年,全国居民人均教育文化娱乐消费支出超过2000元(如图9-1所示)。另一方面,文化产品贸易额逐年刷新纪录,文化贸易迅速发展。从中国主要文化产品的进口情况来看,2002~2017年各类文化产品的进口基本上呈增长趋势。图书报纸期刊的进口变化不大,音像制品、电子出版物的进口变化比较剧烈。随着互联网的普及和电子出版物的兴起,音像制品和电子出版物的进口呈现快速增长的趋势,中国对音像制品和电子出版物的强大需求吸引来自国际市场的文化产品和服务进入中国市场。

电视节目方面。2016年,中国进口的电视节目中,来自日本的进口额

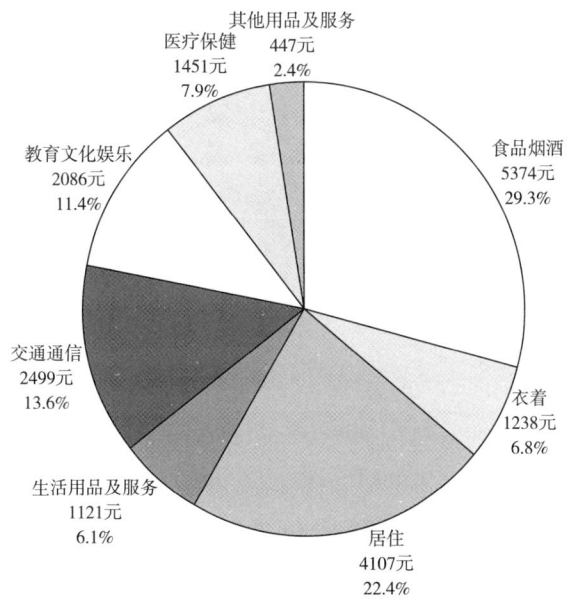

图9-1 2017年全国居民人均消费支出情况

资料来源:国家统计局。

占全年电视节目进口额的40.3%,其次是美国,达到中国电视节目进口总额的22.4%;全年共引进电视剧277部(5070集)、动画电视7752时、纪录片3863时。2016年全年电视节目进口总额为20.99亿元,其中动画电视节目进口总额最多,共计10.56亿元,占比50.3%;电视剧进口总额为8.15亿元,占比38.8%;纪录片进口总额为3202万元,占比1.5%。①

图书、报纸、期刊进口方面。2006~2016年,图书、期刊、报纸的进口总额保持了持续稳定的增长,从2006年不足2亿美元上涨到2016年超过3亿美元,涨幅超过50%(见图9-2)。从图书、期刊、报纸的进口结构来看,期刊进口保持优势,但在2015年被图书赶超。图书进口额一直保持比较平稳的增长速度;报纸的进口表现比较稳定,相对图书和期刊,它的份额较小,从2001年到2016年的16年进程中,图书进口额从2001年的2825万美元上涨到2016年的近1.5亿美元,增加了4倍以上,同样,期刊进口额也增加了超过3倍(见图9-3)。②

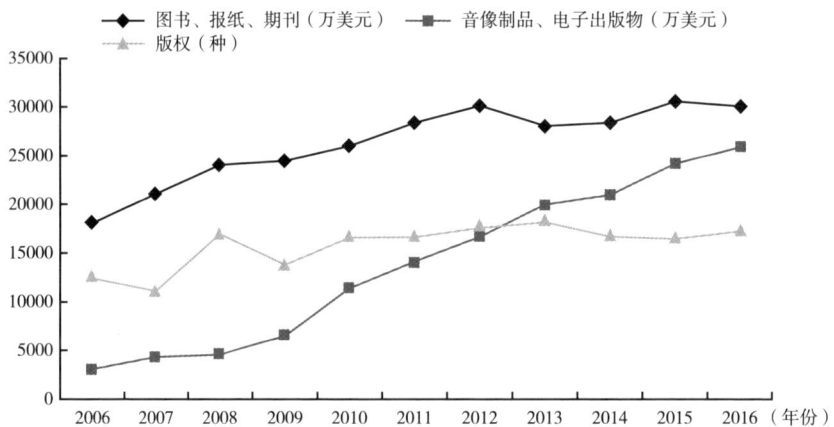

图9-2 2006~2016年中国图书报纸期刊、音像制品电子出版物、版权进口情况

资料来源:《中国统计年鉴》(2006~2017)。

---

① 资料来源:《中国统计年鉴》(2017)。
② 资料来源:《中国统计年鉴》(2007~2017)。

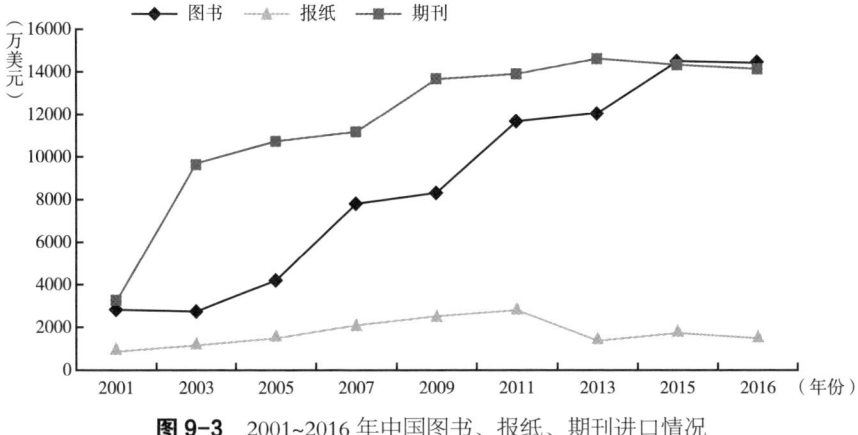

图 9-3 2001~2016 年中国图书、报纸、期刊进口情况

资料来源:《中国统计年鉴》(2001~2017)。

音像制品、电子出版物进口方面。录音制品、录像制品及电子出版物的进口中,最为引人注目的是电子出版物进口的发展。2000 年,中国电子出版物的进口额只有 383.63 万美元,但是到了 2010 年这个数据上升为 11152.24 万美元,2015 年超过了 20000 万美元。在录音制品、录像制品及电子出版物进口中,电子出版物是增长最大的一类产品。此外,音像制品的进口比例相对较小,尤其是录像制品,有些年份进口额为零。①

(三)中国对外文化贸易规模从小到大

1. 中国文化产品与文化服务进出口规模不断增长

随着改革开放进程的不断深入以及中国的产业结构的调整,文化产业有了长足的发展,文化产品和文化服务的数量明显增加,中国人民同建、共享改革开放带来的文化产业发展红利。

改革开放以来,文化产品和文化服务出口规模不断增长。2017 年,中国文化产品和服务进出口总额达 1265.1 亿美元,同比增长 11.1%。其中,文化产品进出口总额为 971.2 亿美元,同比增长 10.2%;文化服务进出口总额为

---

① 资料来源:《中国统计年鉴》(2007~2017)。

293.9亿美元，同比增长14.4%。

在文化产品方面，出口实现快速增长。文化产品出口881.9亿美元，同比增长12.4%；进口89.3亿美元，同比下降7.6%；顺差792.6亿美元，规模较2016年同期扩大15.2%。在文化服务方面，2017年进口增势明显，出口结构不断优化。文化服务进口232.2亿美元，同比增长20.5%，其中视听及相关产品许可费、著作权等研发成果使用费进口分别同比增长52.1%、18.9%；文化服务出口61.7亿美元，同比下降3.9%。①

中国的文化产品贸易顺应了全球发展的大趋势，贸易额逐年增加，对世界文化市场的影响逐渐增加。联合国教科文组织报告显示，2010年中国已经成为全球文化产品出口第一大国，这是中国改革开放带来的巨大成果。随着中国文化产业的升级和国际贸易整体水平的提升，中国的文化产品与文化服务逐渐深入各个国家和地区，大大促进了与各国人民的文化交流，使各国人民能够感受到中华文化的独特魅力。

2. 中国文化贸易出口流向基本稳定，逐步向"一带一路"沿线国家偏移

在中国文化产品和文化服务出口的对象国中，发达国家一直占主要部分，而发展中国家和经济转轨国家所占份额则较小。近年来，对发达国家的出口在中国的出口市场中占据了超过50%的份额。2002年对发达国家的出口在中国出口中的占比达71.43%，2005年这个数字为65.96%，2010年为62.16%。对发达国家的出口在中国的出口市场中所占份额一直较为平稳。相对而言，中国对于其他发展中国家和转轨经济国家的出口比重有所上升，2002年，对发展中国家和转轨经济国家的出口占中国出口总额的28.57%，2005年上升到34.04%，2010年达到37.84%。

2002年，在中国文化产品出口对象国和地区中，美国位列第一，占比达到37.31%，然后分别是中国香港和日本，占比分别为15.83%和9.63%；

---

① 资料来源：中华人民共和国商务部，2018年2月8日。

2005年美国同样以32.66%的占比位列第一,中国香港和日本分别占15.13%和7.35%;2010年,在中国文化产品出口对象国和地区中,美国、中国香港、日本分别占28.37%、10.88%、6.18%。德国、英国、俄罗斯、意大利、法国、加拿大、澳大利亚等国在中国文化产品出口贸易额中的占比紧随其后(见图9-4)。

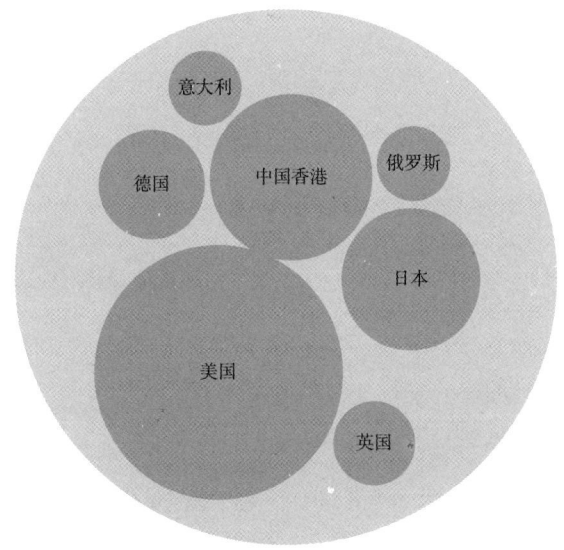

图9-4 2002~2015年中国文化产品和文化服务出口流向(圆形面积代表金额大小)

相对来说,中国文化产品和服务出口的流向比较稳定,主要出口对象是北美、欧洲各国,以及东南亚等国家和地区,对美国的出口尤为突出。出口金额位居前列的均是市场经济相对发达的国家和地区。但对发展中国家的出口也不断增长,这说明中国文化产品和服务出口区域的结构日渐合理。

2017年,"一带一路"建设进入全面务实合作新阶段,中国文化产品和服务进出口的国际市场更加多元。美国、中国香港、荷兰、英国和日本为中国文化产品进出口前五大市场,合计占比为55.9%,较上年下降1.8个百分点。我国与"一带一路"沿线国家进出口额达176.2亿美元,增长18.5%,占比提高 1.3 个百分点至 18.1%；与"金砖国家"进出口额为 43 亿美元，增长 48%。①

商务部数据显示，"一带一路"经贸合作取得明显成效，2017 年中国与"一带一路"沿线国家贸易额达 7.4 万亿元，同比增长 17.8%。其中，对"一带一路"沿线国家出口 4.3 万亿元，增长 12.1%；进口 3.1 万亿元，增长 26.8%。从投资看，2017 年，中国企业对"一带一路"沿线国家直接投资 144 亿美元，在"一带一路"沿线国家新签承包工程合同额达 1443 亿美元，同比增长 14.5%。②预计文化贸易结构将进一步得到优化，核心技术和标准出口比例将持续大幅提高。

（四）中国对外文化贸易结构从散到优

1. 文化产品贸易保持明显优势，文化服务贸易快速发展

中国文化贸易长期以来以文化产品为主，近些年来，传统文化服务业稳步发展，具有高附加值的文化产品与服务逐渐受到重视。改革开放 40 年，中国文化产品贸易保持平稳增长，文化服务作为新的经济增长点也不断实现突破。作为文化领域的跨国经济流量，国际文化贸易实现了中国与世界各国在文化领域里的经济价值的产生、转化、交换，并由此促进国内文化产业的稳步发展。同时，文化产品和文化服务出口结构持续优化，新闻、出版发行和版权、广播、电视、电影、文化艺术等高附加值的产业部门国际竞争力持续提升（见图 9-5）。

2017 年，主要文化和娱乐服务、研发成果使用费、视听及相关产品许可费等三项服务出口 15.4 亿美元，同比增长 25%，占比提升 5.7 个百分点至 24.9%，出口结构呈持续优化态势。电影方面，中国积极推动电影海外销售，

---

① 商务部：《2017 年我国文化产品和服务进出口总额同比增长 11.1%》，新华网，2018 年 2 月 9 日，http://www.xinhuanet.com/culture/2018-02/09/c_1122390889.htm。
② 《一带一路全面务实合作成果亮眼 去年我国与沿线国家贸易额达 7.4 万亿元》，《人民日报》2018 年 1 月 26 日，第 1 版。

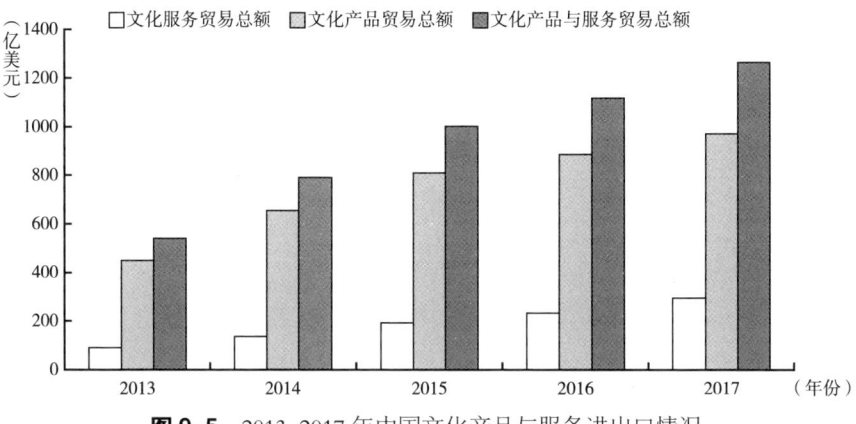

图 9-5 2013~2017年中国文化产品与服务进出口情况

资料来源：商务部。

拓展新渠道，取得了积极成效。2017年中国电影海外销售收入达到42.53亿元，仍保持快速增长。

游戏动漫方面。2014年，中国动漫产业内容生产实力得到大力发展，总产值超过1000亿元；2017年，动漫行业总产值达到1500亿元，实现了产值新的突破，自主研发网络游戏海外市场实际销售收入为82.8亿美元，同比增长14.5%。随着中国游戏市场逐渐走向成熟，立足国内、放眼国际已经成为中国游戏企业的共同选择。中国移动游戏市场逐渐发展成全球最大的移动游戏市场，中国的游戏企业也以先发优势参与国际文化市场竞争与合作。

图书、报纸、期刊方面。2016年，全国累计出口图书、报纸、期刊2169.94万册（份）、7785.11万美元，与上年相比，数量增长2.72%，金额下降1.98%。其中，全国出版物进出口经营单位累计出口1765.52万册（份）、5886.67万美元，与上年相比，数量增长13.71%，金额增长2.79%。[1]

中国文化产业稳步发展，为文化出口奠定了产业基础。保持文化产品贸易持续增长的优势，重视发展文化服务贸易，使中国对外文化贸易达到均衡

---

[1] 资料来源：《中国统计年鉴》（2016、2017）。

发展。鼓励文化服务新兴业态的成长，培育和不断完善文化市场体系，逐步由重视数量发展转变为重视数量与提升品质共同发展，实现文化贸易的增长与升级。

2. 文化贸易结构不断优化，服务化、数字化成为文化贸易新的趋势

在中国文化贸易发展初期，文化产业及贸易结构表现出明显的不合理性，贸易多集中于传统低附加值领域。文化产品和文化服务的出口主要集中在劳动密集型领域，例如手工艺品和设计等项目，但这些项目往往附加值低。2010年，中国手工艺品出口贸易额达到888.9亿美元，占文化产品出口总额的84.4%。

随着文化贸易结构的不断优化，中国的文化服务贸易也逐渐缩小贸易逆差，实现文化贸易整体结构升级。2010年中国版权转让服务贸易和版权许可服务贸易总额为138.7亿美元，广告、市场调查服务等传统行业的国际市场占有率达到9.6%。2016年在娱乐业和文化体育业中，对外直接投资增加到39.2亿美元。

服务化、数字化也成为对外文化贸易发展中的新趋势和新特点，文化服务出口占比日益上升，2017年，文化产品出口的技术含量有所提升，具有较高附加值的游艺器材和娱乐用品、广播电影电视设备出口同比增长19.4%。[①]

（五）中国对外文化贸易主体从单一到多元

市场主体具有营利性，这是其最本质也是最重要的特征，同时市场主体还保持着产权的独立和经营权的独立，并遵循市场规律对经营方向和经营战略进行调整。文化企业作为文化市场的主体，以盈利为目标，作为独立的产权主体，能够独立决策、自主经营、自负盈亏、自我约束、自行发展。在中国，文化企业主要分为国有文化企业和民营文化企业，这两类企业寻求不同的发展目标、发展方向、发展途径，在国际文化市场中展示了各自独特的风采。

---

① 《我国文化产品出口快速增长》，新浪网，2018年2月12日，http://news.sina.com.cn/o/2018-2-12/doc-ifyrkzqr2192191.shtml。

1. 部分文化事业单位转企改制，主体呈现多元化

改革开放以来，40年的文化市场建设、培育和管理均有所突破，文化市场的作用愈加明显，文化市场管理体系也逐步完善，文化事业单位一分为二，部分作为公益性文化单位以事业制保留，其余进行企业转制，成为经营性单位。部分国有和民营企业纷纷股改上市，社会资本、国外投资逐渐进入政策许可的文化产业领域，文化产业结构不断优化，整体规模和实力迅速壮大，文化建设开创了新局面。

在文化体制改革的过程中，国有文化企业无论是从文化事业单位转化为企业，还是从全民所有制企业改为公司制企业，都在经历一场蚌病成珠式的涅槃。向外开放的进程不断促进文化事业单位和文化企业进行有效的内部再造和系统升级，在内部革新和企业再造的过程之中，又反促文化贸易经营的主体更加开放。实践证明，国有文化企业的竞争力正在不断增强，国有文化企业也正在努力提升其专业化、集约化、国际化水平。以北京演艺集团为例，2009年5月，北京演艺集团有限公司成立，集团控股参股包括中国杂技团有限公司、北京歌舞剧院有限公司、中国木偶艺术剧院有限责任公司等9家转企改制文化企业，注册资本1.5亿元人民币。北京演艺集团融艺术创作、演出经纪、人才培养以及市场综合开发为一体，打造了首都优质文化企业的旗舰单位。

同时，行业组织和政府相关部门作为文化贸易的主体之一，有力地保障了文化贸易产品与服务顺利地由生产领域向消费领域有效转移，实现了商品的使用价值和交换价值的统一。行业组织和政府相关部门凭借其在行业动态、学术研究、政府政策等领域的多信息触角的优势，不断提升对外开展文化贸易的能力，增加了文化贸易市场主体的多样性，激发了文化产业产品创造和运营机制的活力，为中国文化贸易在国际市场的竞争奠定了坚实的产业基础。

2. 民营文化企业成为文化市场最为活跃的主体

随着中国文化产业的不断发展，在影视业、出版业、演出业、互联网文

化业等文化产业领域涌现了一批民营文化企业。其中的成功者不仅赢得了国内消费者的青睐，树立了自己的品牌形象，同时在国际文化市场中披荆斩棘，受到广大海外消费的青睐。随着民营文化企业数量的增多和经营规模的扩大，其所占市场份额逐步增多，发展潜力逐渐显现，中国民营文化企业成为文化市场最活跃的主体。

2017年，中国文化企业持续强势发力，对外文化投资、贸易往来活动层出不穷，同时，加快推进抢占技术蓝海、创新投资模式、打造"世界品牌"战略，积极向"高端智能化"转型，成为文化贸易的领头羊。在"中国100大跨国公司"榜单中，腾讯、万达等主要涉及文化产业的企业集团榜上有名，表现不俗。以腾讯为例，2017年，中国社交和游戏巨头腾讯控股有限公司积极布局海外市场，提升国际竞争力，以28起海外投资事件成为最活跃的CVC（企业基金），它的市值从2000亿美元左右猛增到近5万亿美元。

民营文化企业成功与否，与其自身经营能力休戚相关，同时也与其经营业务的品质、政府的支持有关。完美世界股份有限公司，作为中国最早进行海外运营的网络游戏公司，用户群体覆盖全球100多个国家和地区。目前，完美世界公司在北美洲、欧洲和亚洲设有全资子公司，并已成功将旗下游戏授权给亚洲、拉丁美洲、欧洲等地区的多个国家进行运营，为全球用户提供了优质的互联网娱乐服务内容，也为中国文化在全球传播起到了积极的作用。

文化企业的国际化发展不是简单的某一对外合作环节的放大，也不是单纯的文化产品和服务出口的增加，而是文化企业在国际环境内对企业自我定位、发展方向、发展观念、思维方式等方面的全新构建。在国际范围内统筹配置发展资源，打造市场格局，实现人力资源的全球化流动和产业形态的国际化发展，最终将文化企业发展要素的供给、产业链的打造、市场的综合布局等纳入国际竞争环境中，以国际视野打造国际平台。

3. 中国文化企业逐渐得到世界的认可

文化体制改革的首要目的是造就健康成熟的文化市场主体，让中国文化企业加入世界文化市场，打造优质的中国文化产品品牌，让世界人民都能感受到中国文化的魅力与精彩。

作为推动社会主义文化大发展大繁荣的重要力量，中国大量的文化企业在增强自身经营实力的同时，也在积极寻求国际化发展。成长中的中国文化企业不断开拓海外市场，不断创新发展模式，通过对外直接投资建立新公司等。致力于打造中国高级定制珠宝第一品牌的 TTF HAUTE JOAILLERIE，创立于中国深圳，是一家具有全球影响力的以原创设计及新技术研发为核心竞争力的中国珠宝厂商。TTF 走出国门，打开国际高端珠宝市场，成为第一个进入瑞士巴塞尔展 2.0 馆国际顶级品牌馆的中国公司，目前已经成为三大国际珠宝展国际品牌展馆的常驻品牌。以 TTF 为代表的中国文化企业，在传承本民族优秀文化的同时，进行当代性、国际性的创新融合，树立了中国文化企业的新形象。

在 21 世纪的今天，中国文化市场得到快速的成长，强劲的文化消费吸引了全球各地的文化产品与服务进入中国；同时，中国的文化产品与服务也正在与世界各国分享。但我们还需要清醒的认识到，即使是高速发展的今天，中国也依然还是发展中国家，还处于社会主义初级阶段；中国特色社会主义进入新时代，但人民日益增长的美好生活需要和不平衡不充分发展之间的矛盾亟待我们去解决。改革开放 40 年，中国对外文化贸易取得了巨大的成就，以开放促改革，以开放促发展，以开放促创新，在这不断奋进的 40 年中，中国也在文化贸易发展道路上逐渐总结出属于自己的独特的发展模式，这也是中国对外文化贸易取得高速发展的关键所在。

二 改革开放40年对外文化贸易的中国模式

（一）中国对外文化贸易以开放促改革

改革开放 40 年，中国逐步由政府主导的计划经济体制向政府引导的市场经济体制过渡，对外开放和对内改革并举，带来了中国文化产业和对外文化贸易的现代化发展。在这 40 年的进程中，中国持续推进市场化改革，市场化发展水平逐步提高。在开放型经济的大环境下，市场机制向外不断促进中国文化贸易外生发展，向内加速提高国内文化产业的市场化程度。

文化体制改革促使中国文化产业不断升级，对外文化贸易基础得到夯实，同时经济体制改革为对外文化贸易注入了新的力量，始终围绕正确认识和处理政府与市场的关系这一关键问题展开，在对外文化贸易中市场的作用不断扩大，市场的地位也不断上升。从"计划经济为主，市场调节为辅"，到"公有制基础上的有计划的商品经济"，再到"计划与市场内在统一的机制"，在以开放促改革的进程中，文化贸易领域的市场化一步步推进。文化贸易市场主体更有活力，大多数的国有文化企业实行了股份制改革，建立了现代企业制度，完善了治理结构；同时，民营文化企业也纷纷加速国际化进程，在文化市场中通过竞争不断强大。

近年来，促进文化产业、文化贸易发展的相关政策文件密集出台，《关于支持文化企业发展若干税收政策问题的通知》《关于金融支持文化产业振兴和发展繁荣的指导意见》《文化产品和服务出口指导目录》等都为中国对外文化贸易的发展带来了极大的促进作用。市场机制促进了内部改革和行业升级，同时由内部改革反促文化贸易领域加速市场化，这一机制也使得对外文化贸易领域不断加速发展，行业运行机制不断升级，也让世界各国人民在分享中国改革开放带来的红利的同时更加了解中国。

（二）中国对外文化贸易以开放促发展

在不断深化改革、向外开放的进程中，各地区的开放程度和开放领域不同，发展程度也不同。随着各级政府对文化产业、文化贸易扶持力度的加大，中国对外文化贸易在规模和方式上都呈现活跃局面。北京、上海、江苏、浙江、广东、福建等省份的文化贸易发展迅猛，湖北、云南、四川等省份的文化贸易也取得了突破性的进展。各地区发展基础和资源不同，文化产业的发展进程也各不相同，因此中国各地区对外文化贸易的发展也有着各自的特点和差异。

在文化产业外资引进方面，中国实行的是渐进式地利用外资而不是一次性的全面开放。改革开放首选的广东、福建两省和四个经济特区通过招商引资创造了与内地不同的市场和投资环境，北、上、广、深四大重点城市并携沿海开放城市和沿海经济开放区形成了中国文化贸易投资区域的主要聚焦点。有关资料显示，近年来北京对外文化体育和娱乐业境外投资保持增长态势，投资额从2008年的1720.89万美元迅速增长到2015年的78193.81万美元。随后，文化贸易领域的引资也随着中国进一步深化改革开放由沿海向内地纵深推进，形成全方位的文化贸易发展格局。

包括"环渤海""泛长三角"和"泛珠三角"三个区域的沿海地区是中国对外文化贸易发展的先进地区，区域内对外文化贸易涉及行业范围较广泛，是国际文化市场渠道通路建设的先锋。以北京为中心的环渤海区域以政治、文化等方面的极大优势树立了在文化贸易领域的核心地位。"泛长三角"地区国际化程度高、区域资本雄厚，并以此为基础形成了该区域独特的文化资源特色和区域文化贸易风格。"泛珠三角"地区在中国—东盟自由贸易区全面建成后，文化贸易额得到了极大的提升，与东南亚国家的联系尤为紧密。

包括东北、西部等地在内的沿边地区的文化产业发展和对外文化贸易发展同样有着显著的区域特色。这些地区与韩国、朝鲜、俄罗斯、柬埔寨等国的对外贸易相对较多，在对外贸易的反促机制下，边疆地区的文化产业得到持续发展，对外文化贸易总额也不断提高。包括陕西、四川、青海等在内的西部地区是历史文化资源极为丰富的区域，随着西部地区引资的进程不断推进，当地特有的文化资源不断得到转化升级，在更好地保护历史文化资源的同时，也实现了文化的经济价值，加速了地区文化产业和经济的双重发展。

（三）中国对外文化贸易以开放促创新

中国历史悠久，文化资源数不胜数。对外文化贸易的开放进程加速了中国文化资源的产品化和市场化，让沉睡在华夏大地上的文化资源得以焕发新的生机。在当今国际文化贸易市场中，中国文化产品以丰厚的文化资源为依托，挖掘核心价值，本土化特征越来越明显，《舌尖上的中国》系列纪录片正是以中国美食为产品核心，以央视纪录频道为传播依托，加之国际化、市场化运营模式，得到成熟文化市场的认可，在全球掀起了一股"中国美食热"。《舌尖上的中国》也成为中国对外文化贸易领域的经典之作。

近年来，上海、北京、深圳等地相继建立国家对外文化贸易基地。作为中国文化"引进来、走出去"的前沿阵地，国家对外文化贸易基地依托政策叠加的综合优势，经过一系列的国际交流和贸易活动，将中国文化推向海外，为众多海内外文化企业搭建全方位战略合作平台，推动对外文化贸易的快速深度发展。文化保税区及自由贸易试验区成为对外文化贸易发展的重要推动力量。文化保税区的诞生也被赋予国际文化贸易领域的中国特色。文化保税区是依托保税区平台，将国际贸易中针对普通商品的保税政策及通行做法运用在文化领域，并根据文化产品创意、设计、生产、存储、销售特点进行政策资源整合和制度创新，形成适应精神产品生产规律、促进文化对外贸易进口的专门保税形态。文化保税区将保税区享有的"免证、免税、保税政策"扩展到文化领域，成为文化繁荣和保税发展的创新结合，具有鲜明的时代性。①

2017年，国家对外文化贸易基地（北京）二期开工，与20余家中外企业签约合作，立足建设成为国际影视贸易、国际文化产品展览展示与国际交流方面的重要引擎，为推进国内文化产品与服务"走出去"，国际文化产品与服务"引进来"发挥重要的平台功能。上海自贸区挂牌运行3年多以来，整合区内的国际资源和国际渠道，为中国传统文化"走出去"铺路，为文化类企业的运作发展提供了良好的制度环境和市场空间。目前，上海自贸区内的国家对外文化贸易基地（上海）入驻企业达到500家，涵盖高科技文化装备、文化艺术品、动漫、游戏等业态。文化保税区的建立、自由贸易试验区的推

---

① 王海文：《国际文化贸易繁荣背景下的我国文化保税研究》，北京：中国商务出版社，2015。

进，都为中国对外文化领域注入了新的发展力量。中国对外文化贸易在借鉴发达国家发展经验的同时，也不断融入独特的中国智慧，开辟了一条更符合中国国情和发展现状的成长之路。

（四）中国对外文化贸易以开放促升级

改革开放以来，中国外向型经济的所取得的成就有目共睹。对外文化贸易从初生状态不断成长，一味地追求其过快增长不符合发展常态也不符合经济规律，提质增效成为文化贸易发展新的要求。中国文化产品和服务必将更多地加入国际市场、消费和竞争之中，同时，国际文化贸易市场通过"需求—供给传导机制"反向促进国内文化产业供给侧改革，文化市场优化升级，从而催生出高品质、高效益、高水平的文化产品与服务。

一方面，中国对外文化贸易的结构持续优化。随着中国经济结构转型升级的加快，中国对外文化贸易在对外贸易总量中的比重更大，对外文化贸易中文化服务贸易的比重也不断增大，对外文化贸易中的文化制造业比较优势将进一步发挥。新兴文化行业将在产业融合、文化与科技融合的环境中迎来快速发展的新阶段。同时，中国对外文化贸易相关主体持续壮大，更多的相关主体加入对外文化贸易的行列，包括文化企业、文化类社会组织、文化中介机构以及个人。不同规模、不同所有制的文化企业，包括大型、中型、小微文化企业，将在市场竞争中找到合适的位置。

另一方面，中国对外文化贸易的拓展空间和贸易方式得以升级。通过国际合作和相关倡议，中国对外文化市场空间得到极大拓展。随着中国"互联网+"战略的深入推进，中国对外文化贸易将迎来"互联网时代"：文化贸易领域的互联网思维逐步建立，贸易模式逐步升级，对外文化贸易的实体空间和虚拟空间将得到空前拓展，线上、线下贸易将进一步整合、融合，从而促进经济结构调整、动力转化和模式升级；中国对外文化贸易将在中国经济和文化产业基数增长、要素质量和生产效率提高、行业升级等环境中平衡发展。

结　语

在中国共产党第十九次全国代表大会上，习近平总书记在总结十八大以来中国发生的历史性巨变之后，也指出中国文化产业和文化建设仍需大步向前迈进。中国经济的快速发展使得中国拥有了更高的国际地位，世界普遍希望更多地了解中国、认识中国，中国的文化形象也亟待为世界所认知，这使得中国对外文化贸易的发展恰逢其时。随着全球化程度的日益提高，文化顺应天时、地利、人和，不断探索、相互融通。在新时代新契机下不断延续和发展，中国对外文化贸易在改革开放的40年进行了创新探索与实践，提炼总结出在文化贸易理论与实践中的"中国智慧"与"中国经验"。面向未来，不忘初心，持续探索，借鉴学习，兼收并蓄，包容发展。未来，中国对外文化贸易的发展，要实现培育一批具有国际竞争力的外向型文化企业，形成一批具有核心竞争力的文化产品，打造一批具有国际影响力的文化品牌，搭建若干具有较强辐射力的国际文化交易平台的目标；要达到使中国核心文化产品和服务贸易逆差状况得以扭转，对外文化贸易额在对外贸易总额中的比重大幅提高，文化产品和服务在国际市场的份额进一步扩大，文化整体实力和竞争力显著提升的目标。

参考文献

赵一丞：《中国文化贸易国际竞争力研究》，沈阳：辽宁大学出版社，2015。

王洪涛：《中国文化产品出口贸易成本的测度与影响因素分析——基于中国文化贸易出口面板数据的实证检验》，《当代财经》2014年第10期，第97~107页。

邓碧玉：《文化消费需求对我国文化产品进口贸易影响研究》，湘潭大学硕士学位论文，2012。

李嘉珊:《我国国际文化贸易学术研究现状分析与展望（2001~2011）》,《国际贸易》2012年第3期，第63~66页。

田晖、蒋辰春:《国家文化距离对中国对外贸易的影响——基于31个国家和地区贸易数据的引力模型分析》,《国际贸易问题》2012年第3期，第45~52页。

方英、李怀亮、孙丽岩:《中国文化贸易结构和贸易竞争力分析》,《商业研究》2012年第1期，第23~28页。

赵有广:《文化产品生产方式创新研究：基于中国文化产品对外贸易》,北京：经济科学出版社，2013。

第十章 中国对外文化交流 40 年

李嘉珊[*]

导　读：文化交流是世界文化进步的一个重要条件，也是推动文化全球化和多样性的内在要求。改革开放为中国开展对外文化交流敞开了大门，在改革开放 40 年的发展过程中，中外文化交流内容日益丰富，文化交流领域日益扩大，文化交流主体日益多元，文化交流政策逐渐增加完善，文化交流平台愈趋繁复，文化贸易也逐渐登上舞台，逐步形成高层支持、官民并举、多方参与的对外文化交流格局。对外文化交流弥补了其他国家对于中华文化认知上的空白，使得中华文化在世界范围内大放异彩，潜移默化地提升了中国的文化软实力和综合影响力。中国对外文化交流一方面促进了中外民心相通和政治互信，以文化自信和求同存异促进对世界优秀文化成果的兼收并蓄；另一方面也促进了中国人的文化自觉和文化自信。同时，中国也应大力发展文化贸易，以高质量的文化产品和文化服务进一步促进对外文化交流。

---

[*] 李嘉珊，北京第二外国语学院教授、国家文化发展国际战略研究院常务副院长，首都对外文化贸易研究基地首席专家，国家文化贸易学术研究平台专家兼秘书长，京剧传承与发展（国际）研究中心主任，国际服务贸易暨国际文化贸易研究中心执行主任，中国国际贸易学会专家委员会副主任、常务理事，中国高教学会美育专业委员会常务理事，兼任英国纽卡斯尔大学、伦敦大学金史密斯学院客座研究员；主要研究领域为国际文化贸易、国际商务沟通。

引 言

文化交流是世界文化进步的一个重要条件，也是推动文化全球化和多样性的内在要求。文化交流包括人员的往来，物产的移植，衣食住行、婚丧嫁娶等风俗习惯的相互影响，思想、宗教、文学、艺术等的传播。交流的途径和方式多种多样，如政府使节、留学生的互派，宗教的传播，商业的往来等，甚至战争与俘虏，也曾起到文化交流的作用。中国早在春秋战国时就已经开始了文化交流的进程，随着时代的发展，这种交流日益加深，最终成为中华文化博大精深、源远流长的一部分。新中国成立早期，中国对外文化交流活动冲破了西方封锁、扩大了新中国在国际舞台上的影响，为中国争取有利国际环境进行和平建设发挥了不可替代的作用。同时，中国开始学习借鉴国外先进经验和优秀文化艺术成果，建立了专业分工更加精细的国家级民族民间歌舞团、话剧院、歌剧舞剧院、交响乐团、芭蕾舞团等文艺团体，发展多样化艺术形式，促进了新中国文艺事业的繁荣。

改革开放为中国对外文化交流敞开了大门，中外文化交流内容日益丰富，文化交流领域日益扩大，文化交流主体日益多元，特别是党的十八大以来，中国对外文化交流的影响日益提升，文化交流模式更加务实，文化交流效果日益凸显。习近平总书记指出："文化因交流而丰富，因交融而多彩。人类社会的发展过程，就是各种文明不断交流、融合、创新的过程。"中国地域广阔、民族多样，中华文化源远流长、博大精深，经典传统文化在历史与岁月的濯洗中越发闪耀着智慧的光芒，现当代文化融合了创新的元素与时代的印记，在世界的舞台上焕发着蓬勃的生机。在经济全球化和区域集团化日益加深的时代，文化软实力的作用越发突出，在国际竞争力上的作用日益显现。所以，加强中外文化交流也就成为中国现代化建设一个不可或缺的环节，中外双方也因此相互受益。对外文化交流弥补了其他国家对于中华文化认知上的空白，使得中华文化在世界范围内大放异彩，潜移默化地提升了中国的文化软实力和综合影响力。与此同时，在与国外文化的交流互鉴中，中华文化不断取长补短，向建设社会主义文化强国的目标不断迈进。

一 改革开放40年中国对外文化交流所取得的成就

（一）合作领域不断扩展延伸，对外文化交流成效显著

党中央、国务院高度重视中外人文交流。自2000年至今，中国先后与俄罗斯、美国、英国、欧盟、法国、印度尼西亚、南非、德国建立了中俄教文卫体（人文）合作委员会、中美人文交流高层磋商机制、中英高级别人文交流机制、中欧高级别人文交流对话机制、中法高级别人文交流机制、中印尼副总理级人文交流机制、中国—南非高级别人文交流机制、中德高级别人文交流对话机制等八大副总理级人文交流机制。高级别人文交流机制充分发挥引领示范作用，交流范围涵盖教育、科技、文化、卫生、体育、广电、媒体、旅游、妇女、青年、档案和地方合作等多个领域。多年来，在机制成员的共同努力下，人文交流领域不断扩展延伸，对外文化交流硕果频出，取得了显著成效。目前，我国已与157个国家签署了文化合作协定，累计签署文化交流执行计划近800个，初步形成了覆盖世界主要国家和地区的政府间文化交流与合作网络。2017年，在希腊、墨西哥等国举办的中国文化年（节），以及中美文化论坛、第十五届亚洲艺术节、"东亚文化之都"与"欧洲文化之都"合作论坛、首届金砖国家文化节、第三届中国—中东欧国家文化合作部长论坛、"意会中国"和"中非文化聚焦"等活动精彩纷呈，共同推动了更高水平的文明交流与互鉴。

（二）对外文化交流为"一带一路"倡议实施奠定坚实民意基础

随着《推动共建丝绸之路经济带和21世纪海上丝绸之路的愿景与行动》的发布，横贯亚洲、非洲、欧洲，沿线涵盖66个国家和地区的"一带一路"倡议布局由愿景落实到切实合作，全面影响到我国众多领域的发展。深化与

"一带一路"沿线国家的人文交流有助于中国与"一带一路"沿线各国人民增进相互理解、相互尊重与相互信任，实现共同繁荣。2016年12月，文化部印发《文化部"一带一路"文化发展行动计划（2016~2020）》，对加强与"一带一路"沿线国家和地区的文明互鉴与民心相通作出了明确的部署。2017年5月，"一带一路"国际合作高峰论坛在北京拉开序幕，论坛在回顾过去建设成果的同时也为今后进一步开展对外文化交流、讲好中国故事打下更加坚实的基础。

在文化交流领域，中国重点推动与"一带一路"沿线国家的教育交流、旅游交流和智库交流。目前中国正在实施"丝绸之路"留学推进计划，并设立"丝绸之路"中国政府奖学金项目，承诺每年向沿线国家提供1万个奖学金新生名额。截至2016年底，"一带一路"沿线国家在华留学生达20多万。中国还支持中国学生到沿线国家留学，2012年以来，共有35.19万人赴"一带一路"沿线国家留学。"丝绸之路旅游年"的推广也将进一步激发"一带一路"沿线国家和地区游客入境中国旅游的潜力。此外，智库作为生产思想产品、搭建交流平台、培养咨政建言人才和引导社会舆论的重要载体，正逐渐成为中国与"一带一路"沿线国家开展政策沟通与文明对话的重要平台。据不完全统计，中国科研机构和高等院校相继成立的"一带一路"研究平台已达300家，参与"一带一路"研究的外国知名智库已有50多家，中亚、东南亚和欧美国家智库纷纷组织研究小组开展"一带一路"专题研究，一批智库研究成果陆续面世。目前，中国智库出版了400多本"一带一路"相关图书，国外知名智库发表了100多份专题研究报告。

（三）对外文化交流政策贴合时代发展脉搏

1982年12月，中华人民共和国第五届全国人民代表大会第五次会议通过的《中华人民共和国宪法》，在序言中概括了中国外交政策的基本原则："中国坚持独立自主的对外政策，坚持互相尊重主权和领土完整、互不侵犯、互不干涉内政、平等互利、和平共处的五项原则，发展同各国的外交关系和经济、文化的交流。"这一对中国外交政策基本原则的表述把对外文化交流列入国家的根本法,使对外文化交流工作有了法律依据和政策依据。40年来,中国对外文化交流政策紧密结合国家发展现状与对外战略布局需要,在实践中不断充实和完善。2017年7月,中共中央总书记习近平主持召开中央全面深化改革领导小组会议,审议通过了《关于加强和改进中外人文交流工作的若干意见》(以下简称《意见》)。《意见》指出,加强和改进中外人文交流工作要以服务国家改革发展和对外战略为根本,以促进中外民心相通和文明互鉴为宗旨,创新高级别人文交流机制,改革各领域人文交流内容、形式、工作机制,将人文交流与合作理念融入对外交往各个领域。《意见》还强调,加强和改进中外人文交流工作要坚持以人为本、平等互鉴、开放包容、机制示范、多方参与、改革创新等原则,着力推动人文交流理念更加深入人心,各地区各部门以及全社会开展人文交流与合作的能力进一步增强,各负其责、协同联动的工作机制基本形成;着力推动中外人文交流渠道更加畅通,平台更加多元,形式内容更加丰富,形成一批具有中国特色和国际影响的人文交流品牌;着力推动我国吸收借鉴国外先进文明成果取得更大进展。

(四)逐步形成高层支持、官民并举、多方参与的对外文化交流格局

1. 政府是对外文化交流的主要推动者和参与者

长期以来,对外文化交流活动主要由中国政府主导和推动。政府根据形势发展和工作需要,适时推出一批有影响力的重点文化项目;为配合重大外交举措,安排高水平的文化活动,积极营造良好的文化氛围;选择一些有影响力的国家,组织文化年、文化周、文化日等大型综合性文化活动。例如2015年为"中英文化交流年",上半年英国在华举办英国文化季活动,下半年中国在英举办中国文化季活动。英国文化季以数字媒体为中心,在全国打造极具创造力和突破性的跨领域当代文化艺术项目,着重展现当代英国文化创意产业的精华,形式包括音乐、电影、建筑、文学、绘画等;中国文化季活动通过视觉艺术、设计、时装、动漫、戏剧、音乐、舞蹈、电影等多种形式,集

中呈现来自当代中国的文化创造。中英两国互相举办一系列代表各自文化艺术和创意产业最高水平的活动，以此进一步加强了两国的文化交流和产业合作，推动了两国文明的交流互鉴，增进了两国民众间的相互理解和友谊。

2．民间企业和社会组织是对外文化交流的重要组成部分

民间文化交流更具灵活性与多样性，在大力倡导推动全社会广泛参与中外人文交流的今天具有无限潜力。深圳市大凡珠宝首饰有限公司以中国生肖文化为主题的高级定制珠宝展览，将中国传统文化以现代形式推向国际舞台，成功推动了中法两国在文化创意领域的交流与合作，已打造成我国的文化名片。"印迹国中""一带一路"全球文化交流团由中国北京宋庄国中美术馆创建者张国中先生发起，是一个完全由民间志愿者自发组织形成的文化活动项目，旨在践行"一带一路"文化先行的战略思想，带领艺术家进行艺术文化交流，同时为传播和弘扬中国传统文化、让中国文化走向世界、让世界了解中国尽绵薄之力。社会组织的民间身份和非营利特点使得它们在开展对外文化交流活动时更具亲和力，更容易与外国民众达成共识和相互理解。

（五）知名文化交流品牌彰显中华文化独特魅力

1．中外互办国家年

2003~2005年中法互办文化年后，"国家年"已成为中国对外交流领域的一个热门词语。"俄罗斯年""中印友好年""意大利年""中国—东盟友好合作年"及奥地利"中国年"等让中国洋溢着世界多元文化的节日氛围，也使"中国红"成为对象国的流行元素。2007年，"俄罗斯中国年""中韩交流年""日本中华年""西班牙年"等"国家年"活动继续展开。互办"国家年"，增强中外文化交流，是外国人了解中国文化的有效途径，也为中国人近距离接触外国文化提供了很好的机会。通过中外文化交流，有利于增进中外民众间的了解和友谊。2006年，"俄罗斯年"规模空前，共举办200多项活动，中方参与人数超过50万人，在中国掀起了"俄罗斯热"；中印在两千多

年交往史上第一次举办"中印友好年"活动，涉及文化、政治、经贸、科技和国防等领域的50余个项目；"意大利年"的数十项活动，向中国公众提供了了解意大利文化及其生活方式的窗口。以国家为主体、以文化为主题，"国家年"为国与国之间的沟通、交流与互动提供了卓有成效的方式，通过集中、大型的文化互动带动各个方面的活动，通过文化交流加强民族间的了解与友谊。"国家年"活动不仅促进了国家间的文化交流，也带动了政治、经贸等领域更紧密的合作。

2014年以来，中国与"一带一路"沿线国家先后举办19次"国家年"活动，在外举办中国文化年，在中国举办外国"国家年"，为中外加强相互了解打下了坚实基础，大大促进了中外经济、政治关系的进一步发展。这表明，在国际关系领域，文化与经济、政治相互交融。在众多的交流与合作中，青年正成为"一带一路"建设的主力军，中国同相关国家互办青年交流年活动8次，推出了以"非洲人才计划""亚非杰出青年科学家来华工作计划"为代表的9项青年人才培养计划，为相关发展中国家培养青年人才；举办了"一带一路"创新创业国际高峰论坛等以创新创业为主题的论坛、会议，积极开拓和推进中国与沿线国家在青年教育、就业等方面的合作。

2. 欢乐春节

中国春节拥有4000余年的历史，积淀着中华民族深层次的文化追求，一直以来是中国老百姓思想上最关切、行动上最积极、情感上最浓烈的节日，其代表的"阖家团圆""天人合一""吉祥安康"等人类共同的生活情感和文化理念，是中国传统价值理念的生动体现，也是世界文化多样性的重要组成部分。

21世纪初，中国文化部开始于每年春节期间在海外举办一系列面向当地民众的春节主题文化活动。2009年，该活动被统一命名为"欢乐春节"。多年以来，"欢乐春节"参与机构由少到多，参与主体从国内发展到国外，活动规模不断扩大，参与人数稳步增加，国际影响力不断提升。

"欢乐春节"以"欢乐、和谐、对话、共享"为主旨，以"大自然的节日、家庭的节日、心灵的节日"为核心理念，形成了"春节庙会""广场庆典及巡游""行走的年夜饭""艺术中国汇""中国春节音乐会""中国风格"等覆盖演艺、视觉、创意设计等领域的近10个重点品牌，广受海外民众的喜爱，春节文化所倡导的天人合一、家庭和睦、世界和平等价值理念赢得各国人民的认同。"欢乐春节"由点到面、从初创到成熟、从零散到系统，内容越来越丰富，形式越来越多样。全球各地同庆中国新年，世界人民共享欢乐和谐。"欢乐春节"已成为中国对外文化交流覆盖面最广、参与人数最多、海外影响最大的综合性品牌活动，在全球形成了闪亮的中国品牌。

3. 文化中国·四海同春

"文化中国·四海同春"是由国务院侨办和中国海外交流协会主办，为满足海外侨胞精神需求，扩大世界人民对中华文化的了解和认知，同时增强国家软实力和中华文化国际影响力而倾力打造的春节系列文化品牌活动，每年以中华民族传统节日——春节为契机，组派国内高水平艺术团组到海外侨胞聚居国家举办慰侨演出和图片展等活动，与海外侨胞共庆中国传统农历新年。自 2009 年以来，"文化中国·四海同春"已累计向 144 个国家和港澳地区派出 69 个"四海同春"艺术团组，在五大洲 303 个城市演出 417 场，广场和剧场观众超过 610 万人次。[1]

2018年"文化中国·四海同春"文化品牌活动已经走过了10年的历程，在过往发展历程中，国务院侨办不忘为侨服务的初心，坚持"精益求精、以文动人、以文化人"的原则，与国内各高水平院团密切合作，不断推出体现中华文化特色、展示中华文化自信、传递核心价值观、彰显国家形象的文化艺术精品，将活动打造成海外侨胞每逢春节翘首期盼的"海外春晚"，也是"春节文化'走出去'"三大国家级文化品牌之一。

"文化中国·四海同春"活动规模不断扩大，文化品牌知名度和影响力辐射到世界上更多国家和地区。2018年艺术团增选了中国新建交国家巴拿马及

---

[1] 冉文娟:《"四海同春"慰侨访演 2018 年将赴 16 个国家和地区演出 33 场》，央广网，2018年3月13日。

侨胞新兴聚居国家哥斯达黎加作为新的交流对象，并将到访"一带一路"沿线重点国家泰国、马来西亚、菲律宾等的6个城市，尽可能地提高演出的影响力和受益程度。2018年的"四海同春"积极促进中外人文交流，继续为无数侨胞送上最地道的中华文化精粹和充满中华魅力的温暖盛宴，同时也带去家一般的温暖。

4. 中国—中东欧国家舞蹈夏令营

舞蹈是教育人们身体的艺术，舞蹈艺术体现了人类精神不断求得自我意识和思想解放的过程，在这一过程背后反映了与之相关的时代、民族乃至世界的精神价值。"中国—中东欧国家舞蹈夏令营"正是以开放、友好、合作、共赢的价值追求为宗旨，倡导中外舞蹈家与青年学生以舞会友、以舞相融，共同发现、探索现当代舞蹈发展的多种可能，共享中外舞蹈文化成果。"中国—中东欧国家舞蹈夏令营"由中国文化部与中东欧国家国际舞蹈艺术节总监于2014年联合发起，并列入《中国—中东欧国家2016~2017年文化合作索非亚宣言》《中国—中东欧国家合作里加纲要》等文件，是中国与中东欧国家开展人文交流的重要活动之一。夏令营以浸入式的民族民间文化体验、高端一流的师资配备、不拘一格的活动内容、生动活泼的组织形式，促使中外舞者通过探索与体验、发现与感悟、跨界与转化、创造与分享，学习和借鉴现当代舞蹈理念和创作实践，在观念和身心的双重解放中寻求理解和创新。2017年由中国文化部主办的"第三届中国—中东欧国家舞蹈夏令营"邀请了来自中国19个省市以及匈牙利、捷克等9个中东欧国家舞蹈专业的100余名师生，在四川开展了为期3周的舞蹈学习与交流。此次夏令营为国内外师生量身设计了极具四川特色和地方少数民族文化韵味的交流内容，让学员们在领略巴山蜀水之美、体验藏羌文化之韵的同时，极大地拓展了中外舞者的视野与思路，中外舞者跨越国籍、超越民族与肤色、联结友谊与真情，创造和拓宽舞蹈肢体与思想的边界，通过交流互鉴、交叉合作的方式生发灵感，推动中外新生代舞者在融合交流中相互启发、相互欣赏。

（六）中外文化交流智力支撑由弱变强

1. 艺术家

艺术家是具有较高的审美能力和熟练的创作技巧并且以艺术创作为职业并在其领域有所成就的艺术工作者，例如作家、画家、摄影艺术家、表演艺术家、音乐家、书法家等。改革开放以来，中国的综合国力显著增强，人民生活水平日益提高，人民群众对精神文化生活的需求越来越高，使得艺术家的价值和地位有了明显提升，艺术家在文化交流中的作用受到更多的重视。随着中国政治、经济地位的提高，世界各民族对中华文化的认同感增强，艺术家作为独立的、有影响力的文化交流主体，正在世界文化艺术舞台上发挥着越来越重要的作用。例如著名京剧表演艺术家、京剧梅派艺术掌门人、京剧传承与发展（国际）研究中心名誉主任、国家级非物质文化遗产项目（京剧）代表性传承人梅葆玖先生，凭借自身的艺术专长与成就，在与众多其他国家艺术家的交流分享中，都以自信平等的态度和中华文化的自豪感，生动地表达自己、表达京剧艺术的精粹，将梅派京剧艺术传播给世界。

当代文化交流是在和平、开放的方式下进行的，西方文化的进入也是渐进的、经过筛选的和比较温和的。所以，文化艺术各界人士能够保持一种健康、平和的良好心态，能够理性地认识不同文化的优点和不足。积极良好的参与意识和竞争意识、开放的心态与共同的努力是形成中国对外文化交流新格局的重要支撑。正是有了这样的意识、心态和社会氛围，中国艺术家们才能频频登上世界顶级的音乐、舞蹈等文艺比赛的领奖台，也才能探索构建起对外文化交流的新平台，并积累和完善相应的经验。

2. 汉学家

汉学，又称中国学，是指外国人研究中国历史、语言、哲学、文学、艺术、宗教、考古及社会、经济、法律、科技等人文和社会科学领域的学问。外国人把研究中国的学问称之为"汉学"，把研究中国学问、造诣深厚的学者称之为"汉学家"。①"中国是欧洲以外仅有的这样的一个国家：自远古起，其古老的本土文化传统一直流传至今。"②伴随着中国的改革开放，世界上研究中国的队伍和视野也在不断扩大，特别是"一带一路"倡议的提出为汉学界读解中国提供了新的维度。

自1814年法国汉学家雷慕莎在法兰西学院设立第一个汉学课堂算起，专业化的汉学研究已经走过了200多年。已经进入第四个年头的"汉学与当代中国座谈会"，让人再次看到汉学研究的与时俱进。2016年10月，来自世界26个国家的具有国际影响力的31位汉学家、中国问题研究专家和智库学者齐聚北京。他们与17位中国知名学者在"汉学与当代中国"座谈会上，就"一带一路"与国际格局、中国道路与共同价值、知识分享与共同家园、互联互通与共同发展、文化认同与共同遗产5个议题，展开深入对话。汉学家为其他国家构筑了一个包括中国人、物和文化在内的知识空间，起到了传播中国文化、增进中国与各国人民的相互了解和深厚友谊的作用，成为中外文化交流极其重要的桥梁和纽带。

3. 留学生

"留学生"一词起源于中国唐朝时期中日文化交流，意为当遣唐使回国后仍然留在中国学习的日本学生，现在泛指留居外国学习或研究的学生。教育是传承人类文明、开启全球联通密码、开创未来格局的重要内容。留学教育使不同的生活方式在同一环境中相遇、交流、碰撞，留学生在他国交流、学习、生活，本身就是一个文化和生活交流互动的过程，学成归国时他们带走的不仅有在这个国家学到的科学知识，还有在学习期间养成的生活习惯和体验到的风土人情。

中共十八大以来，中国教育在国家对外开放的大局中，寻找新定位，展现新作为，形成了全方位、多层次、宽领域的对外开放新局面，中国教育的国际影响力不断提升。如今，中国已经成为世界第三、亚洲最大的留学目

---

① 许光华：《法国汉学史》，北京：学苑出版社，2009，第3~4页。
② 法国汉学家马伯乐（Henri Maspeero）。

的地国。2016年，中国接收来华留学生数量达到44.3万，较2015年增长11.3%，越来越多的国际学生来华学习教育、理科、工科、农学等专业。2016年，中国出国留学人员总数为54.45万人，较2012年增长36.26%，中国建成一批示范性高水平中外合作办学项目和机构，与世界上188个国家和地区建立了教育合作与交流关系，与47个国家和地区签订了学历学位互认协议。①中国教育现代化与世界实现了深度融合，彰显中国教育现代化水平的中国学历学位教育，越来越受到国际认可。

4. 智库

智库（Think Tank），也称"思想库"，即智囊机构、智囊团，是指由专家组成的、多学科的，为决策者处理社会、经济、科技、军事、外交等各方面问题出谋划策，提供最佳理论、策略、方法、思想等的公共研究机构，严格意义上的智库是独立于政府机构的民间组织。根据上海社会科学院智库研究中心2014年2月发布的《2013年中国智库报告》定义，智库主要是指以公共政策为研究对象、以影响政府决策为研究目标、以公共利益为研究导向、以社会责任为研究准则的专业研究机构。从组织形式和机构属性上看，智库既可以是具有政府背景的公共研究机构（官方智库），也可以是不具有政府背景或具有准政府背景的私营研究机构（民间智库）；既可以是营利性研究机构，也可以是非营利性机构。智库的职能主要包括提出思想、教育公众和会集人才。

2015年12月，第三届中国—中东欧国家高级别智库研讨会在北京召开。来自中东欧国家的数十个智库机构、中国的相关部委及数十家科研单位、中东欧国家前政要和驻华使馆人员共200余人参加了此次研讨会。"16+1智库网络"是促进中国与中东欧各国文化学术交流的重要平台，会让彼此的联系更加紧密。

智库网络可整合各界资源，发挥智库决策咨询功能，推动各国在文化交

---

① 王辉耀、苗绿主编《中国留学发展报告（2017）》，北京：社会科学文献出版社，2017。

流方面开展更加深入的合作。智库开展国际学习交流，既是展示学术风貌、吸取思想精粹的重要平台，也是中国文化走向世界的重要渠道。

（七）文化交流平台实体日益多样

随着中国进一步推进改革开放以及全球化的深入，文化交流在服务外交、促进文化贸易发展等方面承载着越来越重要的责任，除文化部等相关部委外，社会上也衍生出一系列专门服务于文化交流的海内外机构和团体，如孔子学院、世界文学艺术家协会等。

1. 中国国际文化交流中心

中国国际文化交流中心成立于1984年，是从事民间国际文化交流的全国性、非营利性、具有社团法人资格的社会团体。其宗旨是加强中国与世界各国、各地区人民的相互了解和友好合作，开展多层次、多渠道、多形式对外文化交流，为我国文化繁荣、经济发展、科技进步服务，为世界和平、人类文明作出贡献。中国国际文化交流中心的最高权力机构是理事会全体会议。理事会由科学家、艺术家、企业家、社会活动家及政治、外交、文化、教育、经济、科技、艺术、体育领域的著名学者、知名人士组成。

2. 中国海外交流协会

中国海外交流协会（简称中国海协）于1990年11月20日在北京成立。中国海协是由中国大陆各族各界代表人士、港澳台同胞和海外华侨华人知名人士及有关团体自愿结成的全国性、联合性、非营利性社会组织，是中国政府联系海外华侨华人、开展民间对外交流的重要平台和桥梁。中国海协的主要任务是广泛联系海峡两岸暨香港、澳门各界人士及有关团体，促进海峡两岸暨香港、澳门的经济贸易、科学技术、文化教育等领域的合作交流；广泛联系海外华侨华人及有关团体，以"侨"为桥沟通中国与世界，促进中外经济贸易、科学技术、文化教育、新闻传播、旅游观光、体育卫生、社会福利等领域的合作交流，增进中外友好交往、合作共赢，推动构建和谐世界。

3. 中国对外文化交流协会

中国对外文化交流协会于 1986 年 7 月 3 日正式成立，是在中华人民共和国文化部直接指导和支持下从事民间文化交流的非营利性全国社会团体，其宗旨是通过开展同各国之间的民间文化交流与合作，繁荣人类的文化事业，增进中国人民同世界各国人民之间的相互了解与友谊。协会成立至今，在文化部的鼎力支持下，依据章程，组织、策划和举办了大量对外民间文化交流项目和活动，内容涵盖表演艺术、造型艺术、图书出版、人员交流、国际文化研讨会和各类国际多边活动。

协会和国外诸多民间文化组织和相关机构建立了密切友好合作关系，如葡萄牙东方基金会、阿联酋迪拜阿维斯基金会、日本国际交流基金会、日本日中友好会馆、越南越中文化交流中心、丹麦文化学会、匈牙利匈中经济文化交流发展协会、韩国文化振兴院、土耳其爱登道昂基金会、突尼斯埃尔芒扎青体中心、哥伦比亚卡利文化促进会、佛得角与中国友好协会、荷兰与中国友好协会和泰国泰中文化经济协会等。协会还大力提倡品牌和精品意识，策划并打造了八个各具特色的文化品牌项目：中国国际青年艺术节、北京国际音乐比赛、青年艺术家推广扶持计划、东方快车计划、东方文化研究计划、中国文化夏令营、中国文化志愿者计划和文化管理人才培训计划。

4. 海外中国文化中心

海外中国文化中心是中国对外文化交流的重要渠道。海外中国文化中心在海外积极开展各种文化交流活动，使驻在国人民有机会近距离接触中国的历史文化传统，全方位了解中国改革开放以来在经济、政治、文化、社会、生态等方面所取得的伟大成就，以润物细无声的方式，丰富驻在国人民对中国文化传统的认知，提高他们对中华文化的认同感。

中国近年来全面加快海外中国文化中心建设步伐。目前，中国在欧洲 11 国（法国、德国、西班牙、马耳他、俄罗斯、丹麦、比利时、瑞典、希腊、荷兰、白俄罗斯）、亚洲 10 国（日本、韩国、蒙古、泰国、斯里兰卡、老挝、尼泊尔、巴基斯坦、新加坡、柬埔寨）、非洲 5 国（毛里求斯、贝宁、埃及、尼日利亚、坦桑尼亚)、大洋洲3国(澳大利亚、新西兰、斐济)和拉丁美洲1国(墨西哥)共建立了30个中国文化中心。到2020年,海外中国文化中心总数将达到50个以上。①

5. 中国演出行业协会

中国演出行业协会是由中国文化部主管的国家一级社会团体,是演出经营主体和演出从业人员自愿结成的全国性、行业性、非营利性社会组织。中国演出行业协会下设演出经纪、剧场、演员、编导、制作、儿童艺术演出、中小企业等7个专业委员会,在中国大陆设有25个省级演出行业协会,拥有近万个会员单位。协会会员包括文艺表演演出团体、演出场馆、演出公司、演出经纪公司、演出票务公司、舞美制作公司的单位和个人。中国演出行业协会的主要业务包括组织演出行业市场调研,向政府部门提供行业建议;组织实施演员、演出经纪人等演出从业人员资格认定工作;开展演出行业技术、服务标准化的制定和推广工作;制订行业自律规范,调解会员因演出活动发生的纠纷;开展法律咨询服务,维护会员合法权益;组织演出从业人员开展业务交流、业务培训、行业评比和项目推广活动;组织国际国内演出行业交流活动;举办中国国际演出交易会和理论研讨、经验交流等活动。在此基础上,中国演出行业协会搭建起"中国演艺产品出口公共服务平台",为演艺企业、组织和团体提供更优质的服务,促进中国演艺产品出口模式转变,为提升演艺品牌的国际影响力提供全方位服务。平台致力于解决演艺产品出口中存在的出口渠道欠缺、出口类型单一、营销人才缺乏等问题。目前,平台着力在信息服务、渠道服务、人才培养、演艺产品宣传推广和建立网络服务窗口等方面展开相关工作。

6. 国家文化贸易学术研究平台

2014年,受文化部对外文化联络局委托,北京第二外国语学院牵头组建"国家文化贸易学术研究平台",形成以文化贸易研究为特色,汇聚国内外文

---

① 王莹:《文化部:到2020年海外中国文化中心将达50个以上》,新华网,2018年3月13日。

化贸易理论和实践研究力量的创新型学术服务平台。跨学科、跨院校、跨地域、跨国界,逐步成为文化"走出去"理论的探索者与构建者、"走出去"实践的学术先行者、政府决策咨询的建议者和推动者、人才培养模式创新的领航者、文化遗产传承与发展的护航者、产业贸易促进的倡导者和服务者。平台会聚了国内外50余家大学和研究机构以及70余位专家学者,其中有对外经济贸易大学、中央财经大学等财经类大学,有中央美术学院、北京舞蹈学院、中国戏曲学院等艺术类大学,有北京语言大学、大连外国语学院等外语类大学,也有商务部国际贸易经济合作研究院、中国社会科学院等研究机构共计34家,国际战略合作机构包括英国纽卡斯尔大学、美国芝加哥哥伦比亚学院、韩国文化产业振兴院、澳大利亚科廷大学、塞尔维亚国家文化发展战略研究中心、新加坡东亚国际文化传播投资公司、阿尔巴尼亚南欧研究院、波黑巴尼亚卢卡大学艺术学院、波黑萨拉热窝文化体育厅、克罗地亚萨格勒布大学、匈牙利国家贸易署、拉脱维亚BA商业和金融研究院、立陶宛国家文化创意产业协会、黑山大学戏剧艺术学院、波兰国家文化中心、斯洛文尼亚国际发展管理中心布莱德管理学院、印中经济文化促进会、欧洲创意文化中心等共19家。平台致力于搭建国际交流与合作平台,为中外文化学术交流构建畅通渠道。以学术合作研究为纽带,平台与海外战略合作伙伴共同主办中韩、中英、中澳、中国—欧盟、中国—中东欧国家创意产业与文化贸易论坛等高端学术活动,实现中外学术合作的长效机制,把学术成果书写在文化领域的国际合作的征程中。

(八)国际文化交流模式持续升级

1. 简政放权,激发地方机构参与文化交流的活力

改革开放初期,在传统的计划经济体制下,对外文化交流的审批权基本集中在中央有关部委及其下属单位,以执行文化部下达的政府间文化交流协定和项目为主,接待各国文艺表演团体来访和按全国轮流排队方式派出数量很少的地方文艺表演团体、组织及个人赴世界各国演出。但随着改革开放的

进一步推进，开始出现了一些由团体自己策划、报经文化部批准的民间文化交流项目，并在全国开了商业性演出的先河。

以上海为例，据统计，1979~1985年，上海文化系统共接待外国、港澳地区来沪演出、展出、考察的文化团体780批7363人次；市电影局1984年、1985年两年共接待414批2120人次，涉及美、日、英、法等31个国家和地区。这些来访属于国家承担接待经费，限制了来访团体数量和交流频次。因此，1981年上海开始尝试在报请文化部批准之后，邀请一些外国文艺团体以旅游为主兼顾演出的方式来上海进行文化交流，费用由对方自付，为民间文化交流开辟了新途径。其中特别值得一提的是，1980年3~5月，上海杂技团独立承担完成了中国对外演出公司一份赴美国进行商业演出的合同。上海杂技团在纽约、费城、华盛顿、芝加哥等7个城市演出54场，[1] 开启了全国文艺表演团体对外商业性演出的新篇章。但在初期，中国对外演出公司批准的演出合同数量还不能满足文化交流的需要，还缺乏文化走向世界的更开放的文化管理体制和交流平台的支撑。

随着改革开放的进一步深入，以1986年中央给上海下放部分对外文化交流项目的审批权为契机，上海开始探索和构建开放性的对外文化交流的新渠道、新领域、新平台，并逐渐形成了对外文化交流的多渠道、多层次、多样式的新格局。派出的文化展演团快速增长，参与范围不断扩大，对外文化交流的区域和领域，也从过去以西方发达国家为主，进一步扩展到发展中国家，上海对外文化交流的渠道也不断增加，逐步建立了从中央到地方政府、从社会团体到个人的全方位的对外文化交流网络。

2013年6月，文化部下发了《文化部关于做好取消和下放营业性演出审批项目工作的通知》，通知指出从7月1日起，外国文艺表演团体、个人来华在非歌舞娱乐场所进行营业性演出的审批，下放至省级文化主管部门。通知第二条指出，已经文化主管部门批准的营业性演出活动，在演出举办单位、

---

[1] 黄坚：《在探索中开创新格局》，《上海党史与党建》2008年11月。

参演文艺表演团体及个人、演出内容不变的情况下,自批准演出活动举办日期起 6 个月内增加演出地的,实行事前备案管理。新规定出台后,涉及外国演出由省级文化主管部门审批通过后,如要去另一地加演,只要在文化部备案即可,进一步缩短了报批时间,提高了报批速度,降低了涉外演出申报的难度。

2. 重视开展多边及双边交流活动

当今世界国际形势日新月异,面对错综复杂的思想文化交融,既注重双边交流与合作,又注重利用国际多边舞台,积极推动中国文化走向世界,努力形成全方位、多层次、宽领域的对外文化交流新格局,展示中国文化的独特魅力和中国和平、发展、文明、民主、开放的良好形象。除举办一系列带有双边性质的摄影展、音乐演唱会、美术展等艺术交流活动外,还应积极参加有重大影响的电影展、文化展等国际性活动,主动开展艺术之旅、中国国际民间艺术节等多边文化交流活动,让世界更好地了解中国,扩大中国文化在国际社会的影响力。

1993 年 10 月,中国加入国际艺术理事会,为提升中国艺术在国际上的地位和形象发挥了积极作用。中国两次在联合国人权大会期间举办中国文化专题展览,先后在中国举办两届北京国际美术双年展、第二十八届国际摄联代表大会,先后获得第三十一届世界各民族戏剧节、2008 年国际书法交流大展及第二十四届世界魔术大会的主办权。这些活动为提升中国的文化大国地位,提高中国文化在世界各民族的认可度贡献了重要的力量。

2014 年 7 月 7 日,由文化部和外交部主办的中国—东盟文化交流年在北京开幕,活动期间还将举办"海上丝绸之路"、海外中国文化中心活动与建设等专题活动。同年,由文化部对外联络局、中国对外文化集团公司等单位共同举办的第十二届中国国际合唱节在北京召开,来自全球 43 个国家和地区的 188 支合唱团参与本次合唱节。[①] 希冀中外人士通过歌声架起心灵的桥梁,播

---

① 李晗:《188 支中外合唱团人民大会堂玩"混搭"》,中国青年网,2018 年 3 月 11 日。

撒和平、和谐与友谊的种子，促进中外文化交流的纵深发展。

3. 重视人文思想领域交流

思想文化交流意义重大。文化软实力的核心是价值观的影响力和传播力，在交流活动中要推动中华文化蕴含的核心价值观得到更多人的了解和认同，深化人文交流，如此，才能使中华文化更有影响力。人文思想领域的交流是中国对外文化交流中非常重要的活动形式，应在现有的交流与合作的基础上，以文化发展的机遇为切入点，进一步深化多边合作，广泛开展文化交流，合理提高交流质量。深化人文思想领域的多边、双边交流与对话。

2014年6月，中国和哈萨克斯坦、吉尔吉斯斯坦联合申报的"丝绸之路：长安—天山廊道路网"顺利进入《世界文化遗产名录》。从中国古代长安出发，经河西走廊进入天山山脉地区，路网跨距近5000公里，总长达8700公里。作为超大型文化线路，"丝绸之路路网"第一批申报点包含了中国、哈萨克斯坦、吉尔吉斯斯坦三国境内33处遗址遗迹。[1] 这些遗迹是丝绸之路从开通、发展到繁荣、鼎盛时期的文化价值的重要载体和典型代表，在全人类文明史上具有重大文化价值。

2014年10月13日，由中国文化部、阿拉伯国家联盟秘书处主办，中国国家图书馆等承办的"中国阿拉伯国家图书馆馆长论坛"在北京举行。本次论坛通过了《中国阿拉伯国家图书馆馆长论坛公报（2014年10月13日北京倡议）》。依托"中阿图书馆馆长论坛"这一平台，中阿图书馆将为实现中国和阿拉伯国家图书馆事业的繁荣发展作出应有的贡献。

4. 以文化交流促进文化产业的国际合作

"十三五"规划明确提出，文化产业成为国民经济支柱性产业，这不仅有利于中国文化产业大发展，也给中国文化企业的国际化发展带来新的机遇。政府、企业、第三方机构成为中国文化对外交流与合作的主要力量。其中中国文化企业正在不断提高国际营销能力，积极参与国际文化交流与产业合作，

---

[1] 陆航：《丝绸之路进入世界文化遗产名录》，中国社会科学网，2018年3月11日。

秉承世界各国优秀文化兼容并蓄的理念，推陈出新，开发更多融合当代气息和特色文化的产品与服务，树立文化品牌，构建全方位、多层次、多渠道的文化交流与合作体系，提高中华文化的国际竞争力。

2008年9月17日，由文化部主办、大连市政府承办的第七届中韩日文化产业论坛在大连开幕，来自三国的政府、文化企业及行业协会代表近200人参加了论坛。论坛是中韩日三方文化产业领域合作重要的官方平台，以"加强沟通，在交流与合作中追求双赢"为主题，在动漫、游戏、表演艺术和电影等四个专题分论坛中交流经验。腾讯科技（深圳）有限公司、北京松雷文化传媒发展有限公司、保利演艺经纪有限公司、上海城市舞蹈有限公司、江苏省文化产业集团有限公司等中国文化企业参加了分论坛。

2010年12月15日，文化部中国对外文化联络局与韩国文化产业振兴院签订了2011~2012年中韩文化产业合作协议。根据协议内容，中韩两国将在游戏、动漫、演艺等三大领域进行更积极的沟通与合作，通过政策情报交流、发掘独创故事、人才交流培养、技术研究开发等合作项目，携手打入北美与欧洲等西方市场。

文化交流与文化产业国际合作可以相互促进，加强与各方的联动是国际文化合作交流之道。全面宣传推介中华优秀文化与丰富的文化资源，通过扩大文化交流与合作，既能加强招商引资力度，深化多边文化产业合作机制，推动文化产业快速发展和转型升级，又能为文化交流奠定物质基础、促进中华文化与其他优秀文化的深入交流，实现"文明互鉴"。

二 改革开放40年中国对外文化交流事业的基本经验

对外文化交流在中国源远流长，既是中华民族深厚的历史传统，也是促进国家繁荣稳定的重要因素。改革开放以后，中国对外文化交流进入了空前发展的新阶段，文化交流全面渗透到各个层级和领域，在不断的实践中积累了宝贵的经验。

（一）以文化自觉促文化自信，以文化自立促文化自强

中国古人有"知人者智，自知者明"的智慧，讲的是个人安身立命之道，文化亦是如此。中国的文化自信来源于文化自觉，中华文化以其博大精深与独特魅力，受到世界的尊重与认可。习近平总书记指出："文化自信，是更基础、更广泛、更深厚的自信。坚定中国特色社会主义道路自信、理论自信、制度自信，说到底是要坚定文化自信。"从一定意义上说，文化自信也是人的自信、社会自信、国家自信的支柱和脊梁。文化自觉是文化自信的源泉和基础，只有充分深入地了解自己文化的根基、底蕴、优弊、趋向，才能产生对自身文化价值和生命力的认同和信仰，在这个进程中，清醒、客观地找到自身文化建设和发展的现实路径，激发对文化发展的信心和能力。

（二）以文化交流促进中外民心相通和政治互信

中共十八大以来，文化外交服务整体外交的意识和能力显著增强，一系列高水准的大型对外文化交流活动成为重要国际场合展示中华文化的成功范例，成为国家元首（首脑）外交的有机组成部分。为推动文化外交的机制化、常态化发展，中国大力发展与世界各国政府间的文化合作关系，深化中外高级别人文交流机制，初步形成了覆盖世界主要国家和地区的政府间文化交流与合作网络。文化部积极践行中央外事工作会议和周边外交工作座谈会精神，将"亲诚惠容"的周边外交理念融入对外文化工作中，充分发挥文化外交的独特魅力。

"国之交在于民相亲"，文化交流是民心相通的基础。"一带一路"倡议所倡导的丝绸之路精神，表明了各种文化向着平等、交流互鉴、融合创新的方向发展，对外文化交流能够消弭偏见，为中国与"一带一路"沿线国家和地区深化合作奠定坚实的民意基础，是推进中国与"一带一路"沿线国家和地区民心相通的重要途径。

（三）以文化自信和求同存异促进对世界优秀文化成果的兼收并蓄

文化只有在交流交融中才能不断发展。在人类历史上，各种文明都以自己的方式为人类文明的进步作出了重要的贡献。存在差异，各种文明才能相互借鉴，共同提高；强求一律，只会导致人类文明失去动力，僵化衰落。在对外文化交流的过程中，要坚持平等对话，尊重差异，在竞争比较中取长补短，在求同存异中共同发展。既要对本国文化充满自信，又要尊重别国的文化，努力维护世界文化的多样性，促进世界和谐和文化共同繁荣。

中华文化是"和合"文化，"和而不同""求同存异"是鲜明的民族文化标识。坚持以包容开放的态度扩大人文交流，坚持文明互鉴，这不仅是各国人民的热切愿望，也是推动人类文明进步与世界和平发展的重要动力。当前中国要积极适应世界文化发展新趋势，在大力弘扬传播中华优秀传统文化的同时，要以更加自信的心态、更加开阔的视野、更加博大的胸襟，在开放中兼收并蓄，在交互中融合发展，从中国国情出发，引进、吸收、借鉴国外的优秀文化成果，不断丰富和扩展中华文化，使优秀的中华文化发展更符合当代世界发展潮流。

（四）推动文化贸易发展，以文化贸易促进对外文化交流

长期以来，中国对外文化工作主要以官方和民间文化交流为主，以政府为主导的文化交流活动在促进中外文化交融互鉴、充分展示中华优秀传统文化和当代中华文化的最新成果等方面发挥了重要作用。然而，随着改革开放的不断深化，以官方和民间活动为主的对外文化交流已经不能满足中华文化"走出去"的需求。李克强总理在《政府工作报告》中强调，要加快培育文化产业，推动中国文化"走出去"。坚持文化交流与文化贸易并举，更多地利用商业渠道和市场化运作推动中国文化"走出去"是时代发展的必然趋势。应不断扩大文化贸易的规模，提高文化产品和服务的质量，培育具有国际知名度和国际影响力的文化品牌，以文化贸易的发展促进对外文化交流。

结　语

中国与各国之间文化交流的深度广度各有不同，彼此所受对方影响深浅及产生的结果，也因国家与时代而异。中国与各国之间文化交流是历史的必然，在与各国文化交相辉映的漫长进程中，中外双方相互受益。中国共产党第十九次全国代表大会报告指出，全面推进中国特色大国外交，形成全方位、多层次、立体化的外交布局，为中国发展营造了良好外部条件。中国国际影响力、感召力、塑造力进一步提高，为世界和平与发展作出新的重大贡献。对外文化交流和对外文化贸易将中国文化事业和文化产业发展的巨大成就呈现给世界，在推动中华文化"走出去"的过程中作出了独特贡献，发挥着不可替代的作用。

文化贸易是最接地气的文化交流，是通过国际惯例和市场规则实施的文化交流，在推动中国文化"走出去"时效率更高。这要求中国加快发展对外文化贸易，以平等的市场规则为纽带，在交易中潜移默化地使外国友人更愿意接受和亲近中国文化。

无论是加强文化交流还是发展文化贸易，都需要"推动中华优秀传统文化创造性转化、创新性发展，继承革命文化，发展社会主义先进文化"，既要有家国情怀的外交外事人才，又要有将优秀的文化资源转化为可感知、可交易的文化产品与文化服务，准确、全面、立体表达中华文化博大精深的创意型人才、技术型人才等。"行百里者半九十"，新时代，要全面推动中国文化有效"走出去"，既要继续加强对外文化交流，更要加快发展对外文化贸易；新时代，要通过更有智慧的新作为，向世界展现中国特色社会主义文化的新气象。

参考文献

周丽娟:《试论改革开放以来中国对外文化交流的作用》,《中央社会主义学院学报》2009年第3期。

周璐铭:《中国对外文化战略研究(2000~2015)》,中共中央党校博士学位论文,2015。

向冬梅、邓显超:《改革开放三十年中国文化发展战略思想的演进》,《探索》2009年第1期。

赵少华:《新中国早期文化交流口述记录》,北京:作家出版社,2012。

缪开金:《中国文化外交研究》,中共中央党校博士学位论文,2006。

邵岩:《"历史上中外文化的和谐与共生"学术研讨会综述》,《高校社科动态》2014年第1期。

唐国琪:《"中国道路"是对中外文化的包容与超越》,《山西高等学校社会科学学报》2011年第23卷第2期。

成思行、李小牧:《文化改革实践观察》,北京:中国商务出版社,2015。

第十一章　中国文化科技发展与融合40年

蒋　伟*

导　读：近40年来，我国文化与科技融合总体上呈现由缓慢上升至快速攀升的态势，其发展由内外动力共同驱动，既得益于文化繁荣发展又源于科技支撑引领。主要表现在三个方面：一是全球技术革命和产业革命的"大势"与我国转方式调结构的"大事"形成历史性交汇，对文化科技工作提出了更高的要求；二是文化科技不仅是推动新形势下文化发展的重要动力，也成为促进文化创新的重要力量；三是从文化科技自身发展来看，我国文化科技创新呈现领跑、并跑、跟跑"三跑"并存格局，建设社会主义文化强国需要进一步提升自主创新能力。

引　言

从党的十七大提出推动"文化大发展大繁荣"到十八大明确"建设社

---

* 蒋伟，博士，视听技术与智能控制系统文化和旅游部重点实验室（中国传媒大学）主任，教授、博士生导师，文化和旅游部首席科技专家，国家文化科技创新工程总体专家组成员，国家重点研发计划现代服务业专项总体专家组成员；主要研究领域为文化与科技融合战略、演艺工程与舞台技术、现代服务业科技等。

主义文化强国",再到十九大强调要"坚定文化自信",文化在国民经济与社会发展中的重要性日益提升。从"四位一体"到"五位一体","文化建设是灵魂",成为社会主义事业总体布局的重要组成部分。

坚定不移地推进文化科技进步和文化创新,是加快文化发展的强大动力之一。坚定不移地推进文化与科技的融合,是更加自觉、更加主动、更加自信地推动社会主义现代化强国建设的客观要求,是实现新阶段文化发展目标的必由之路,是文化科技工作的核心。

近40年来,我国文化与科技融合总体上呈现由缓慢上升至快速攀升的态势,其发展由内外动力共同驱动,既得益于文化繁荣发展又源于科技支撑引领。主要表现在三个方面:一是全球技术革命和产业革命的"大势"与我国转方式调结构的"大事"形成历史性交汇,对文化科技工作提出了更高的要求;二是文化科技不仅是推动新形势下文化发展的重要动力,也成为促进文化创新的重要力量;三是从文化科技自身发展来看,我国文化科技创新呈现领跑、并跑、跟跑"三跑"并存格局,建设社会主义文化强国需要进一步提升自主创新能力。

一 文化科技概念的提出与深化

近40年来,文化科技在文化领域的综合创新应用,极为深刻地影响并改变着文化发展的环境、业态、格局。例如,大量的文化艺术活动,尤其是在以北京奥运会开幕式、G20峰会开幕文化活动等为代表的许多备受瞩目的大型文艺演出中,文化科技所带来的震撼效果引发了观众的啧啧赞叹和社会的广泛关注。

进入21世纪之前,人们通常是按行业科技来理解文化科技的,如艺术科技、电影科技、广播电视科技等。进入21世纪后,文化科技的概念及内涵发生了深刻的变迁,传统的行业科技概念被逐步淡化,文化科技已经全面融入文化创作、生产、传播、服务、消费以及文化服务与模式创新、文化内容与形式创新、文化产业升级与业态创新、文化市场监管与服务创新等全链条中。

（一）文化与科技的关系

要实现文化强国的发展目标靠什么？最根本是依靠两大动力：一要靠推进文化体制改革与机制创新；二要靠文化科技进步和文化创新的有力支撑。

1. 文化与科技有着非常密切的互相支撑和互相影响的关系

文化与科技有着非常密切的互相支撑和互相影响的关系，两者相容相生，不断融合促进。不论是精神文化、社会文化还是物质文化，都离不开科学技术的应用和支撑，从某种意义上说，把文化与科技割裂开来看，是犯了"二分法"的错误，文化与科技是不可分割的。

2. 科技是文化的重要内容

文化是人类所创造的物质财富和精神财富的总和，反映了一定时期物质文明和精神文明的水平和特点。科学技术作为社会智力发展的一个方面，既是文化的重要内容之一，也是文化的重要体现形式。

3. 文化发展能激发创新活力，对科技发展起助推作用

没有社会文化水平的整体提升，科技也难以获得发展的土壤和应用的空间。文化的发展不但为科技发展提供了必要的环境条件，也影响着技术的选择与发展路径，进而对社会发展产生新的影响。

4. 科技发展为文化发展提供了重要支撑和手段

正是有了电影、电视、互联网等技术的发展，文化才有了更多的表现形式、传播手段和消费方式。新闻出版、广播电视电影、传统文化保护、艺术等文化服务行业的提升，新的文化服务形式和业态的形成，都需要科技的支撑和引领。

5. 科技的应用无时不在塑造着社会文化的形态，影响着大众文化的变迁

高新技术的发展直接影响着社会文化及其发展演变。同时，科技与文化

结合，才能充分体现以人为本、可持续发展的理念，有效推动新技术的转化应用，促进和塑造社会物质文明向着健康的方向发展。

6. 文化与科技的融合既是目的也是手段

准确理解与把握好文化与科技的关系，对于促进文化发展与繁荣、加强文化与科技的有机结合，有着极其重要的意义。目前常用的"文化与科技融合"的提法，既高度体现了文化与科技的关系及其意义，又反映出来新时期文化和科技工作共同面临的新机遇、新挑战，同时还表达了党和国家对文化科技工作的新要求。

（二）文化科技的定义及内涵外延

由于文化科技本身具有的多样性和复杂性，要对文化科技作出一个准确的、清晰的定义比较困难。文化科技40年的实践过程，也是人们不断提炼文化科技的定义及内涵外延的过程。2017年召开的首届文化科技学术会议（The 1st Conference on Culture-oriented Science & Technology in 2017）给出了一个相对公认的定义。

1. 文化科技的定义

文化科技是将现代科学技术的理论和方法应用于文化创新发展的一门综合性学科或专门领域，一般特指能够直接服务、参与、支撑文化内容表现和再现的相关科学技术。它面向文化创作、生产、传播、服务、消费及再生产的各个环节，着力为文化发展提供精致、准确、高品质的支撑。

2. 文化科技的定位

文化科技的定位是以服从与服务于文化发展的需求与需要为先导，融合美学、艺术学以及声学、光学、电子、电气、机械、信息、材料、测控、计算等工程技术，推进文化科技自身的发展与进步，服务于文化内容的表现与呈现、受众的感知与消费以及政府施政的管理与服务等。

3. 文化科技的内涵

文化科技在学术研究与应用实践领域是一个不断发展的概念，其内涵与外延与国家在一定时期的经济和社会发展密切相关。理解其内涵首先要正确认识文化科技概念提出的时代背景，其次要考虑我国基本国情、技术发展水平和战略目标，再次要把握不同层级政府的职责定位、文化产品创作生产、公共文化服务、文化市场监管、文化产业、文化遗产保护传承的特点等。总的来说，文化科技的本质是一种服务于社会意识形态的特殊工具（手段）。其特殊是因为它具有动态特点和时代特色，不同时代表达不同的文化，其作用不同，服务对象不同。就宏观层面而言，文化科技就是通过将各类文化元素、内容、形式和服务，与科学技术的原理、理论、方法和手段的有机结合，提升有关产品（含服务）的价值与品质，形成新的内容、形式、功能与服务，更好地满足人民群众的文化需求。

4. 文化科技的外延

如果说文化科技是一种服务于社会意识形态的特殊工具（手段），那么人们可以从文化科技服务或研究的对象来理解文化科技的外延。根据文化科技的相关的国家政策以及国家文化发展战略，文化科技应该主要关注社会文化和精神文化两个层面的相关科学技术，而不是将文化科技的着力点放在物质文化这个更为物化和宽泛的层面上进行考虑。而在社会文化的层面上，我们也不应该重点考虑诸如法律、政策、政府机构等具备强制性色彩的社会架构所带来的各种文化物化产物。因此，可以认为，文化科技所关注的对象就是"服务于意识形态，有助非强制、非结构化的意识形态的表现、表示、表达、传播、影响、传递、认知、理解、认同相关的物化文化形式及内容发展的各类科学技术"。

二 文化科技创新体系的概念

2006年国务院颁布的《国家中长期科学和技术发展规划纲要（2006~2020年）》中明确："国家创新体系是以政府为主导、充分发挥市场配置资源的基础性作用、各类科技创新主体紧密联系和有效互动的社会系统。"总而言之，我们可以简单地理解为：国家科技创新体系是国家创新体系的重要的组成部分，文化科技创新体系是国家科技创新体系的重要组成部分。

（一）科技创新体系的组成要素

科技创新体系是科技创新过程中的系列支撑条件，是科技创新的主要组成力量，是引领科技创新的核心动力源。就科技创新体系的组成要素而言，可以分为如下几大方面。第一，科技创新的主体。即组成科技创新的推动者，主要包括政府、企业、高等院校、科研院所、科技中介组织以及其他组织等。第二，科技创新的基础平台。即完成科技创新过程中所需要的各种基础研究设施以及各种物资保障等，主要包括实验室、研究基地、研发中心、科技产业园区、协同创新平台以及各种科研项目等。第三，科技创新人员。即完成科技创新的人才因素，主要包括专职科研人员、高等学校教师、企业研发人员以及其他研究人员等。第四，科技创新成果。即由于上述科技创新主体的科研人员，利用科技创新平台而研发的高质量创新性科技成果，主要包括论文、著作、专利以及其他各种基础性和实用性新技术等。第五，科技创新成果的转化。即实现科技创新成果推广、转化或产业化的过程，主要包括科技创新成果的转化机制等。

综上所述，科技创新体系不是一个独立存在的单一个体，而是一个由多种要素组成的有机的系统，这一系统包含创新的主体、平台、人员、成果以及成果的转化等；当然科技创新体系还存在于社会发展的宏观环境当中，必须与之融合并相互促进。

（二）文化科技创新体系的内涵

1. 文化科技创新体系的概念

文化科技创新体系是指在文化科技领域，由政府、企业、科研院所、高等院校、科技中介组织以及其他科研与服务机构等相关组织构成的，开展知识创新、技术创新、区域创新、科技服务以及模式创新等相关活动的有机网络系统，这一系统肩负了创新国家文化科技和提升国家文化软实力的使命与责任。文化科技创新体系具有一定的层次结构和整体功能。

2. 文化科技创新体系的定位

文化科技创新体系建设的定位应该是面向国家、区域和文化行业发展的需求，全面提高科学技术对文化发展的支撑能力。面向国家就是要结合国家科技创新体系（国家创新体系）的建设，将文化科技创新体系放在国家科技创新体系的视野下，发展面向国家文化发展战略的文化科技，加强文化与科技融合，努力提高科技对文化建设的支撑作用。面向区域就是要在区域科技创新体系建设的基础上，使文化科技创新体系与区域科技创新体系相结合，发展面向区域需求的文化科技，满足区域文化事业与文化产业发展对文化科技的需求，解决区域文化发展的瓶颈。面向行业发展就是要将文化科技创新体系作为促进文化建设的内生动力，科技创新直接面向国家文化发展主战场，通过各创新驱动要素和创新资源的有效配置和体制机制创新，激发文化科技人员的积极性，满足文化建设对科技的需求。

3. 文化科技创新体系建设发展的目标与要求

推动与完善文化科技创新体系建设，其目的主要表现为：支持文化科技发展，降低文化科技创新成本，提供制度、法律和物质方面的保障，促进国家、区域和行业创新，提高文化科技对文化事业与文化产业的支撑能力。政府在构建与加强文化科技创新体系建设中遵循的原则：一是引导创新要素向文化建设与发展集聚。强调文化科技创新中的协同融合与技术集成，推动文化技术创新及文化发展方式转变。二是坚持正确导向，协同发展。以促进自主创新为导向，大力发展基于文化建设需求的科技创新活动，不断增强不同创新主体之间的协作与互动，以更好地促进创新要素的高效集成，提升各创新主体的自我创新能力。三是坚持结构优化和重点突出并举。根据需求不断优化体系结构，从体制机制创新上解决文化科研协作不够，科技资源开放共享制度不健全和竞争过度等问题，重点解决自主创新能力不足的问题。四是坚持尊重人才和注重实践能力相统一。五是加强政策引导和政策倾斜。

三 文化科技的主要技术框架及代表性技术

近 40 年来，我国文化科技总体上呈现需求牵引与学术牵引双轮并重发展的特征，特别是进入 21 世纪以来，应用驱动已经成为文化科技自身进步最主要的动力来源。围绕文化共性技术、文化产品生产技术、文化服务技术、文化传播技术、文化资源技术、传承文化的材料技术和高新技术改造传统文化产业等技术领域，一批高新技术得到持续快速的发展和工程化、产业化的推广应用。

（一）文化共性技术

1. 语言文字技术

中文、外文及少数民族文字的识别、处理、编码转换与翻译技术；多语种应用支撑技术；字体设计与生成技术；字库管理技术；支撑古文字、少数民族文字研究的相关技术；支撑书法及绘画研究的相关技术；支撑语言文字类文化资源研究的相关技术；支撑语言文字类文化资源的信息采集、转换、记录、保存的相关技术等。

2. 声音技术

语音识别与合成技术；语音应用技术；多语音应用支撑技术；声乐发音模拟技术；器乐发声技术；音乐（含声乐和器乐）的分析、处理技术；电声信号（单声道、立体声、环绕声等）的拾取、合成、编辑等制作处理技术；支撑声音类文化资源研究的相关技术；支撑声音类文化资源的信息采集、转换、记录、保存的相关技术等。

3. 图形图像技术

基于内容的图形图像检索及管理技术；基于海量图像数据的服务技术；多通道用户界面技术；静态图像、动态图像、视频图像及影视画面的处理技术；裸眼 3D 内容制作技术；3D 图像处理技术；3D 模型原创性鉴定技术；

2D 图形图和 3D 图形图转换技术；复杂公式图表智能识别转换技术；虚拟现实与现实增强技术；位图矢量化技术和工程文件智能化分层管理技术；支撑图形图像类文化资源的信息采集、转换、记录、保存的相关技术等。

4. 文化内容监管技术

著作权内容登记、传输监督管理技术，包括作品（出版物、广播影视节目、音像制品、剧目等）登记技术，作品授权的登记与跟踪技术，作品传输的跟踪与审计技术，作品的版权交易登记管理技术，作品内容审核技术，作品内容编目与检索技术、敏感内容检测技术，非法作品与非法内容的追踪、注销、阻断传播、取证技术，作品标识符管理技术等；新媒体视听节目的监测、监控技术。

5. 版权保护技术

版权管理与保护技术，包括版权自动生成及跟踪技术、数字加解密技术、数字内容分段控制技术、数字水印技术、数字签名技术、数字指纹技术、内容权利描述及监督执行技术、信任与安全认证技术、连接保护技术、身份鉴别技术、密钥管理技术、多硬件捆绑技术、生产过程的数字版权保护技术、内容交易与分发数字版权保护技术、信息隐藏与提取技术、版权保护可信计数技术、防复印技术、防扫描技术、按需印刷版权保护技术等技术的应用、系统集成、盗版监控平台和新工艺开发；文化、文物及文物衍生产品防伪技术，包括各种介质生产、防伪、压印、压膜、标记技术，介质的标签唯一标识技术等。

6. 检索技术

信息检索技术，包括基于文本、图像、音频、视频的基础检索技术，海量检索技术（分布式检索技术），多媒体加工及索引技术，基于语义的内容检索技术，异构多媒体数据组合检索技术，复合媒体检索技术，并行跨媒体检索技术，模糊检索，过滤和排序，交互检索技术，多维导航技术，音视频电影资料编目技术音视频电影关键信息提取技术，高效音视频电影内容检索和内容导视技术等技术的应用、系统集成和新工艺开发。

7. 标准化技术

文化领域标准研制与标准化技术，包括语言文字、内容采集、创作、制作、工艺、集成、交换、分发、发行、放映、播出、传输、传播、发射、接收、质量、服务、物流、装潢、印刷、版式和格式、文化资源保护、安全与监测等自主知识产权的高新技术及应用的标准化。

（二）文化产品生产技术

1. 图书、报纸、期刊

内容采集与处理技术，包括自然语言处理技术，本体处理技术，自动摘要技术，概念空间处理技术，结构层次识别技术，自动标引技术，主题筛选技术，内容过滤技术，多媒体信息的多卡、多码流采集技术，自动采集、自定义压缩、传输与还原技术，非标数据过滤清洗技术，内容挖掘技术，高质量内容采集技术、在线采编（分布）技术等技术的应用、系统集成和新工艺开发。

面向出版的内容结构化编辑加工及专业领域深加工技术，包括结构化与非结构化内容管理，基于结构化内容的创作、编辑评审工具，资源结构化、工业化加工技术，基于 XML 的可视化编辑、标引技术，基于 XML 的公式、图、表技术，修改痕迹跟踪技术、版本回滚，可视化模板制作、灵活组件的引擎等技术的应用、系统集成和新工艺开发。

知识组织管理技术，包括知识识别、提取、归并、关联、类聚、推送、共享技术，知识库建构与进化工具，知识系统自洽技术，基于同义词和主题词的索引词技术等技术的应用、系统集成和新工艺开发。

内容制作技术，包括跨媒介的内容重组与版式再造技术，创意效果的设计与制作技术（展现版面设计、封面及外观设计等），基于 XML 的排版技术，交互式科技排版、校验技术，自动排版技术，集群排版技术，中外文混排技术，多种文档格式转换技术，模板生成技术等技术的应用、系统集成和新工艺开发。

协同编辑管理技术，包括选题管理技术，采编业务的流程控制技术，数字化编辑、审校、批注、自动比对技术，自动留痕与编审技术，配图流程控制技术，统计分析、评价技术，版本跟踪与控制、内容数据分类标注系统（按照知识检索、重用的需要对不同颗粒度的内容进行智能标注）、多分类文档存储管理系统，按需出版系统的专业构建技术等技术的应用、系统集成和新工艺开发。

2. 音像制品与电子出版物

音像制品与电子出版物的制作、复制、出版技术，包括高清晰度视频节目编辑、多种语言文字字幕生成、多语种声像同步合成应用技术，支持各种主流的光盘格式、音视频编码和数字版权保护系统的高清晰度光盘节目编著系统（Authoring Systems），具有自主知识产权的光盘格式、音视频编码系统和数字版权保护系统（如 DKAA 等）。

音像制品与电子出版物的只读介质（如 CD/DVD）或其他有形介质（如磁带、硬盘、半导体存储器件、磁条等）的内容版权保护技术及管理系统，以及该内容在网络传播时的保护系统转换技术；个性化的、小众的音像制品与电子出版物标识及管理系统。

音像制品与电子出版物产品样盘、样带外观质量检测、内容质量检查设备、仪器和技术的集成和应用。

3. 电影

电影拍摄、采集、处理和终端显示应用技术，包括音视频处理技术、虚拟场景技术、灯光技术、电影的 JPEG2000 编码/解码技术、数字电影播放器、高清晰度和高深度色彩数字摄影技术、新光源投影技术、基础运动（拍摄）典型场景数据和拍摄轨迹获取与制作技术、动作捕捉技术、运动轨迹控制技术、三维立体图像的采集、虚拟场景模型建立技术等技术的应用、系统集成和新工艺开发。

电影编辑与制作应用技术，包括非线性编辑技术、音频处理技术、数字中间片制作技术、电影特技制作技术（电脑特效与三维动画技术）、多影像融合技术、数字 3D 电影制作技术、数字动漫、数字存储技术、素材编辑、合成和特技效果处理、配音及混合录音等后期制作技术应用。

特种电影制作和放映应用技术，包括巨幕、穹幕、环幕和四维动感等。

4. 广播电视节目

广播电视节目生产技术，包括高清/标清摄像技术、高清/标清录像技术、录音调音技术、灯光照明技术、转播车技术、演播室技术、虚拟演播室技术、自动收录技术、非线性编辑技术、图文包装技术、特效技术、动画技术、字幕制作技术、切换矩阵技术、总控系统、信号调度技术、硬盘播出技术、监视和测试技术、故障检查、远程网络报道技术、远程转播技术、在线广播电视媒体资产管理技术等技术的应用、系统集成和新工艺开发。

适用于数字广播电视、移动多媒体广播（CMMB）形态的节目开发，包括推送式视音频技术、点播式视音频技术、数据广播服务等；支持数字广播电视的各种类终端产品和技术；支持手机电视、车载电视、MP3、MP4等移动多媒体广播终端的产品及技术。

5. 动漫、游戏产品

动漫与游戏设计与制作技术，包括动漫公共技术平台及其支撑技术、动漫自动设计技术、渲染技术、动画设计技术、动画后期处理技术、动画生产技术、游戏引擎技术等技术的应用、系统集成和新工艺开发。

动作捕捉系统、三维扫描系统、动画实时录制系统、二维无纸动画系统、动漫特效合成系统等技术的应用、系统集成和新工艺开发。

6. 美术工艺作品

美术作品创作、生产技术，包括美术创作的专用智能化机械、设备，美术创作空间技术应用及生产工艺，文物的仿古、复旧、高保真复制技术应用；反映民族文化和再现文化遗产的工艺美术品制造工艺、生产技术，包括具有民族传统和地域特色的剪纸、绘画、陶瓷、泥塑、雕刻、编织等民间工艺美术作品的制造工艺、生产技术。

7. 表演艺术剧目

反映民族传统文化的表演艺术剧目及生产技术，包括民族艺术剧目、民族传统戏曲、曲艺、杂技的剧目及生产、集成技术，反映民风民俗、反映民族历史、传统节日的剧目及生产、集成技术，对民族文化、地域文化、民间文化、民俗文化具有深度传播的文化旅游表演项目及其集成技术；分布式表演艺术创作系统及其支撑技术。

8. 娱乐产品

以传播民族文化为主的创新型游览、游戏、游乐项目及其支撑技术，创新型文化娱乐产品及其开发技术（含数字娱乐产品），支撑娱乐新业态的核心技术与集成技术（包括利用三维虚拟技术生产的新型文化娱乐产品、交互式娱乐技术），新型卡拉OK点播技术（含VOD产品及技术），歌舞娱乐创新型产品及其核心技术，利于传播民族文化的旅游纪念品及其开发技术。

（三）文化服务技术

1. 重大文化服务工程

重大文化服务工程支撑技术，包括宽带广电建设工程、广播影视数字化提升工程、数字出版创新工程、艺术呈现技术提升工程、国家珍贵文化和自然遗产保护利用工程、文物数字资源共享工程、非物质文化遗产保护与传承工程、中华文化资源数据库建设工程、中国古代典籍整理工程、民族民间文化典藏与传播工程、传统工艺振兴工程等支撑技术。

2. 公共文化服务

公共文化技术平台及其支撑技术，包括国家文化发展基金技术支撑平台、中国文化产业投资资金技术支撑平台、文化产业发展专项基金技术支撑平台、公共文化投资监控平台、译制技术支撑平台、国家出版物信用管理查验系统。

公共文化服务平台及其支撑技术，包括有线广播电视服务平台、地面广播电视服务平台、卫星广播服务平台、移动多媒体广播服务平台、演出院线服务平台、电影院线服务平台、电影放映服务平台、文化资源共享网络服务平台、按需出版服务平台等。

支撑图书馆、博物馆等公共文化单位采、编、藏及检索服务的计算机集成管理系统，支撑图书馆参考咨询服务、图书馆RFID的应用技术，文献资源数字化技术、网络资源采集技术、内容组织与管理技术、内容分发与聚合技术。

公共文化场所技术应用，包括公共文化设施专用设备及其生产技术，藏品库、文物整理库的环境保护技术，针对舞美制作、电影电视拍摄、艺术作品后期制作、舞台演出等研发的智能化机械，流动综合文化服务车及支撑技术（流动演出、流动图书）。

3. 文化演出服务

支撑戏剧、戏曲演出形式、艺术表现的舞台技术。

舞台音响技术。专门用于舞台表演的专用音响设备、控制设备及系统集成技术，包括剧场及临时搭建舞台专用音箱、拾音、扩音产品及其制造技术，舞台音响系统集成与服务，矩阵控制系统和主动降噪技术应用及其设备，实质性改变声学性能的设备、器材加工生产技术和生产工艺，群众文化专用低耗能音响设备。

舞台灯光技术。专门用于舞台效果的舞台灯具、控制系统及舞台灯光通讯系统的专用设备及系统集成技术，包括专门针对舞台效果研发的专用舞台灯、效果器、天幕投影设备、舞美显示设备等产品及新型舞台灯具制造技术，舞台高亮度长寿命新型光源及其技术，新一代舞台灯光传输协议与灯光网络技术、电磁兼容技术。

舞台机械技术。安装在舞台演出空间专门用于舞台演出的专用机械设备及其系统集成技术，包括控制技术，现代舞台机械制造、安装、服务技术，舞台吊杆专用电机产品及其生产加工技术。

舞台监督监控技术。专门用于舞台与大型文化活动监督的监督台、监控台及其系统集成技术；具有舞台安全、舞台监督、数据库功能的舞台监督设备及其制造技术；适用于舞台通信的系统集成技术，包括语音及视频数字合成组网技术。

环境声学技术。适用于剧场、录音棚、排练厅、演播室、摄影棚的声学环境营造技术及其加工工艺、生产技术（包括声场设计、加工、建造技术），专门用于剧场声学条件的座椅设计、工艺、生产技术。

大型临时搭建舞台。适合于安全、高效、快速搭建临时舞台的专用设备及技术。

4. 广播电视服务

广播电视内容集成平台服务，包括综合应用视音频编码、采集转码、内容集成分发、节目交换交易、复用加密、数字版权保护、用户管理、运营支撑、质量监测监控、安全运营等技术，为各种传输媒介提供广播电视节目的服务。

有线广播电视网络服务，包括基于有线电视网络的前端编/解码、复用、加扰、调制、传输、接收、机顶盒、用户管理、运营支撑、业务配置和管理、综合网络管理、数字版权保护、用户认证、计费系统、质量监测监控、自动播出、安全播出等技术的集成应用，面向用户提供模拟电视和数字高清/标清电视，数字声音广播、推送点播、时移播放、视频点播、双向互动业务、数据广播、紧急广播、在线游戏、家庭网络、宽带数据接入、客服呼叫等服务。

无线广播电视网络服务，包括基于地面、卫星广播电视网络的前端编/解码、复用、加扰、调制、发射、组网、接收、机顶盒、用户管理、运营支撑、业务配置和管理、综合网络管理、数字版权保护、用户认证、计费系统、质量监测监控、自动播出、安全播出等技术的集成应用，面向用户提供模拟电视和数字高清/标清电视，移动多媒体广播电视、调幅中/短波广播、调频广播、数字声音广播、推送点播、时移播放、视频点播、双向互动业务、数据广播、紧急广播、在线游戏、客服呼叫等服务。

5. 电影服务

城市数字电影院线，包括综合应用数字放映机、数字电影播放服务器、数字放映管理系统改造传统胶片放映、影院放映票房统计和监管技术、流动电影服务技术、电影衍生产品服务技术、仿真影院设备及技术、影院建筑环境技术、长寿命高亮度低温投影光源技术。

6. 新闻出版服务

文化出版内容服务技术，包括内容按需更新技术，受众管理技术，受众交互技术，售后信息分析与反馈技术，权利认证、需求识别、选择推送、信息抓取等技术。

在线出版服务，包括在线工具书、在线大众读物、在线教育产品、在线音视频检索点播、在线原创平台服务、计次、计费、统计管理技术等。

纸质数码有声出版（MPR）、语音识别文字校正技术、语音知识管理及链接技术、离线阅读新介质、新设备与数字内容捆绑技术等。

7. 展览、展示服务

展品展览展示设计与支撑技术，包括激光全息技术，分体（整合）展台/展板技术，观众定位跟踪技术，展陈区紫外线控制技术，展陈照度、湿度、温度自动化控制技术，三维互动演示技术，自动解说系统集成技术等。

8. 广告服务

广告服务技术，包括创意设计、虚拟模拟、电子绘画、图形图像制作、色彩渲染、建模、广告业务流程、广告投放与统计管理、平面与流媒体广告、广告版面管理、户外广告显示、大屏幕广告显示等技术。

（四）文化传播技术

1. 文化传播的安全与监测技术

文化传播体系安全运行保障技术，包括广播电视安全播出保障技术，图书馆、博物馆、剧院、纪念馆、美术馆安全防护保障技术。

广播电视安全播出与监测监控应用技术，包括广播电视信号监测和监控技术、广播电视信号质量测评技术、广播电视信号识别技术、广播电视安全播出与安全传输保障技术、网上视音频节目内容监管技术等技术的应用、系统集成和新工艺开发。

文化市场监控技术平台，包括网吧监控技术平台、网络文化监控技术平台、曲库管理技术平台、卡拉OK厅监控技术平台、剧场演出监控技术平台、电影放映监控技术平台、非法出版物监控技术平台、在线文化内容监控平台。

文化市场管理信息平台及其支撑技术，包括生产与流通互联互通信息、文化市场信息统计系统及其支撑技术、影剧院监控体系、文化娱乐场所监控体系、版权交易服务平台。

全国票务公共服务平台，包括含演艺票务全国联网系统、电影院票务全国联网服务系统、博物馆参观票务联网服务系统、纪念馆参观票务全国联网服务系统、美术馆参观票务全国联网服务系统。

新闻出版物报送系统、内容审读监测、出版物登记、版权交易与代理平台。

2. 演出场所 / 渠道

演出院线服务，包括演出中介服务及其现代管理技术、票务连锁服务网络及其支撑技术。

3. 广播电视传输

广播电视传输包括有线广播电视、地面广播电视、卫星广播电视、移动多媒体广播电视传输等。

有线广播电视传输技术的应用，包括有线广播电视前端集成技术、有线广播电视光缆干线传输技术（SDH、DWDM、MSTP、RPR 等）、有线广播电视光缆 / 电缆分配技术、有线电视宽带接入技术（PON、DOCSIS、EOC、LAN 等）、有线电视家庭网关技术、有线电视条件接收技术、有线电视运营支撑技术、中间件技术、有线数字标清 / 高清电视用户接收技术、有线数字电视交互系统终端技术等技术的应用、系统集成和新工艺开发。

地面广播电视传输技术的应用，包括中短波调幅广播及数字化技术、广播调频同步技术、广播调频数字化技术、数字声音广播技术、数字多路微波分配（MMDS）技术、地面电视传输技术、中间件技术、地面广播电视发射技术（天馈线系统、发射天线等）、地面电视覆盖组网技术、地面数字标清 / 高清电视接收技术等技术的应用、系统集成和新工艺开发。

直播卫星广播电视传输技术的应用，包括卫星数字电视信道编码调制传输技术、卫星广播电视节目上行 / 下行传输（卫星地球站系统）、直播卫星信道编码调制传输技术（ABS-S）、中间件技术、直播卫星条件接收技术、直播卫星运营支撑技术、直播卫星标清/高清晰度接收技术等的应用、系统集成和新工艺开发。

移动多媒体广播电视传输技术的应用，包括移动多媒体广播电视信道编码调制传输技术、移动多媒体广播电视复用技术、移动多媒体广播电视电子节目指南技术、移动多媒体广播电视紧急广播技术、移动多媒体广播电视数据广播技术、移动多媒体广播电视条件接收技术、移动多媒体广播电视安全广播技术、移动多媒体广播电视中间件技术、移动多媒体广播电视终端技术、移动多媒体广播电视运营支撑技术、移动多媒体广播电视覆盖组网技术等技术的应用、系统集成和新工艺开发。

信息网络视听节目传播应用技术，包括基于互联网的音视频分发技术、高效传输技术（组播技术、P2P等）和质量保障技术等，面向大众提供网上广播、网络电视、网上音视频等业务。

4. 电影发行

电影发行应用技术，包括电影发行公司和电影院线的电影发行、数字电影城市放映和农村流动放映、电子售票技术、数字电影网络及卫星传输技术、电影数字节目放映授权管理等应用和开发。

5. 出版物发行

出版物供应链管理（SCM）技术，包括出版发行平台技术，基于码洋折扣的多品种、多形态的出版物订单、仓储、配送、销售系统，多渠道的分销、零售系统，产品信息（含版本、出版单位等）的集成、跟踪、管理系统，基于全行业的出版物销售信息反馈系统，出版物在途跟踪管理系统，客户管理系统，新闻出版业通用 ERP 系统等。

出版物物流中心关键技术与装备，包括基于电子商务的出版物配送管理系统、出版物高速存取、分拣系统，快速退货系统，高速输送设备，出版物电子标签（含 RFID）应用技术，接触与非接触式识读技术，基于电子标签、语音的出版物拣选技术等。

（五）文化资源开发、存储、保护技术

1. 文化资源开发

文化资源科技支撑平台，包括文化资源数据库、素材库、文化地图、信息库及其技术应用和开发技术、集成技术、支撑技术。

文化内容再利用技术，包括文化资源数字化转换技术，文化内容的对象结构管理技术，知识重组与内容重构技术，词表抽取与维护技术，文学典藏作品数字化制作生产的专用产品及其生产技术，支撑数字图书馆、数字博物馆等素材库、资源库的生产技术、数字文化地图的关键技术。

利用虚拟现实技术开发的文化内容产品或建构的公共文化设施，大文化遗产保护区、文化街区、历史名城等公共文化场所，重大历史事件过程仿真技术，美术、声乐、乐器、舞蹈数学仿真技术，考古设备及其技术（含水下考古专用设备及其技术），具有自动测量、定位的录入设备及虚拟现实技术。

2. 文化资源保存及存储

文化资源包括音视频节目、电影作品、文艺作品、出版物等。

文化资源存储技术，包括运用磁盘/磁盘阵列技术，磁带/磁带库技术，大容量快速固态存储技术，存储控制器技术，蓝光盘技术，编目存储检索，数字内容的迁移、转换、仿真技术，内容与应用的分离技术，介质存储、管理技术，介质保存寿命的检测与评估技术，数据恢复与修复技术，异地灾难备份技术、海量文档存储、恢复管理系统等。

文化资源媒体资产管理技术，包括运用内容存储、索引、检索技术，服务器、多媒体及人机交互、分类管理技术，结构管理技术，属性结构管理技术。

3. 文化资源保护

支撑文献修复与保护的关键技术与设备；智能化脱酸、补浆、防腐、防蛀、防氧化等技术与设备；对纸质、丝绸、土、木、砖、石、陶、瓷、铜等文物介质的保护技术；可移动文物、珍品整体保护保存技术，不可移动文物及其文物缓冲区整体保护保存技术，数字资源存储介质保护技术；考古挖掘

技术，包括自然环境下文物挖掘保护技术，文物鉴定技术；文物修复技术（包括历史唱片可干预智能化修复）；抢救性钢丝录音带、唱片拾音无损伤技术；古籍善本保护与修复技术；木刻水印、雕版印刷保护、保存技术；国家文物、重大文化遗址、历史文化名城、世界大文化遗产卫星定位实时检测监控技术；数字资源长期保存技术；藏品存储技术、保存技术。

保护和修复重大不可移动文物的产品、技术及其工程服务，对不可移动文物、文化遗址、文化街区、历史文化名城、世界文化遗产等开发性破坏、保护性破坏、建设性破坏的保护技术。

（六）传承文化的材料技术

1. 文化载体和介质

文化艺术用可再生环保纸（不含木料纸、新型非涂布纸和轻涂纸、轻质瓦楞纸板）、特种纸、电子纸等新型纸的生产技术，仿古纸（包括传统工艺制作的古代书画修复用纸、纸质文物修复用纸等）的制备技术，光盘及原辅材料的制备技术，仿古墨的生产技术等。

2. 艺术专用材料

针对艺术专用品及改进其工艺生产的材料制备技术，针对艺术需要的声学材料的设计、加工、制作、制备等技术。

3. 影视场景和舞台专用材料

用于文化表演艺术场景与视效呈现的专用新型材料、制备工艺等。

4. 印刷新材料

绿色环保数字直接制版材料，数字印刷用油墨、墨水，环保型油墨，特殊印刷材料等制备技术。

5. 文物保护专用材料

文物提取、清洗、固色、黏结、软化、缓蚀、封护等材料的制备技术，文物存放环境的保护技术，用于古籍书画复制的制版和印刷材料开发技术，3D打印文物复制、修复技术及新材料制造技术等。

（七）高新技术改造传统文化产业

1. 电影

传统胶片电影的数字化，包括胶转磁、中间片、数字修复与保护等技术以及采用新技术的制景、烟火、道具等制作技术的升级及应用。

电影胶片洗印工艺及设备升级改造技术，包括环保、水处理、药液、自动冲印质量控制技术等应用。

2. 广播电视

传统音视频资料数字化加工技术，包括电视音像资料的原始介质库存管理技术，音像资料的预处理、上载、转码、提取关键帧、内容编目加工、检索查询、视听审看、远程服务和信息发布、节目资料下载、用户安全认证、工作流技术，音像资料编目技术等技术的应用、系统集成和新工艺开发。

传统广播电视节目生产流程数字化技术改造，包括广播电台电视台数字化网络化改造技术、台内网互联互通技术、互联互通接口体系、点对点的互联架构、基于消息总线或中间件的互联架构、基于 SOA 的双总线集成架构、软件通信接口协议、消息队列接口技术、Web Services 接口技术、组件接口技术、视音频编码及文件格式标准、互联互通服务接口规范、数据接口技术等技术的应用、系统集成和新工艺开发。

有线电视数字化转换、双向化改造，基于有线数字电视技术实现有线电双向、交互、多业务、大容量传输技术应用。

微波线路改造，包括光纤传输技术、数字调制技术、数字直放站技术、高线性功率放大器技术、大容量高质量传输技术等技术的应用、系统集成和新工艺开发。

发射台自动化改造，包括计算机技术、数字回传技术、远程遥控技术、故障诊断技术、光纤传输技术、数据库管理技术、网络智能化技术等技术的应用、系统集成和新工艺开发。

3. 新闻出版

传统图书数字化加工技术，包括自动扫描、出版物图像预处理、基于大字符集的文字识别、版面识别与恢复、多层结构的高保真全息数字化文件生成、各种电子文件格式自动转换等。

传统新闻出版生产流程数字化技术改造，包括传统编辑业务流程再造，内容加工工艺设计与质量控制，在线编辑系统中数据的流转与分发技术，中文数字对象标识符（DOI）、暗纹和二维码编码嵌入、解析技术，内容数据库生产制作技术，报刊数据实时加工、动态更新技术，出版企业信息门户技术。

4. 光盘复制

光盘复制行业的专用及周边设备技术，包括光盘母盘、子盘复制技术，光盘在线与离线检测、印刷、封装，基准盘检测等技术。

专用集成电路芯片开发，包括多阶光盘、蓝光光盘前后端专用芯片技术，为整机配套的行业共性关键的集成电路产品技术等。

新型超高密度光盘存储技术，包括全息存储技术，双光子存储技术，近场光存储技术，多维、多阶、多层光存储技术等。

5. 乐器制造

乐器及其器材加工工艺和调试技艺、乐器生产线或自动化生产技术、MIDI系统生产调试技术。

6. 印刷

印刷色彩管理技术，数字化印刷技术，绿色印刷工艺技术，高保真印刷工艺技术，古籍、文物复制印刷设备及应用技术等。

四 改革开放40年文化科技发展的主要进展

（一）文化科技创新成为国家推动文化发展的重要任务

2009年9月26日，《国务院关于印发文化产业振兴规划的通知》（国发〔2009〕30号文）出台，这是我国第一部文化产业专项规划，文中明确要"采用数字、网络等高新技术，大力推动文化产业升级"。2011年10月18日，党的十七届六中全会通过的《中共中央关于深化文化体制改革推动社会主义文化大发展大繁荣若干重大问题的决定》（中发〔2011〕14号文）明确要求"推进文化科技创新"，"要发挥文化和科技相互促进的作用，深入实施科技带动战略，增强自主创新能力"。"文化科技"一词首次在中央文件中出现。2012年7月3日，中共中央印发的《关于深化科技体制改革加快国家创新体系建设的意见》（中发〔2011〕6号文）再次对文化科技工作提出要求，即"加强文化科技创新，推进科技与文化融合，提高科技对文化事业和文化产业发展的支撑能力"，意见明确了"文化科技创新"是国家创新体系的组成部分这个核心问题，并将"推进文化科技创新"深化为"加强文化科技创新"，将"文化科技创新"的领域由文化产业拓展到了文化发展各领域。2012年6月27日，科技部等六部门联合印发《科技部　中宣部　财政部　文化部　广电总局　新闻出版总署关于印发〈国家文化科技创新工程纲要〉的通知》（国科发高〔2012〕759号文），将文化科技创新纳入国家科技战略层面。

进入21世纪，特别是"十二五"以来，国家不断实施积极的文化科技创新举措，科技部在"十二五"国家科技计划中部署了100余项文化科技项目（国家科技支撑计划文化科技专项），在"十三五"国家重点研发计划"现代服务业共性关键技术研发及应用示范"重点专项中部署了"文化科技"领域，中宣部和财政部在"文化产业发展专项资金"中设立"推进文化科技创新和文化传播体系建设"方向，文化部、国家新闻广电出版总局等文化部门还设置了"国家文化科技提升计划"等一批文化科技专项。各级地方政府落实国家战略部署，均设置或设立了文化科技计划和相关文化专项资金。这些文化科技类项目的组织实施，有效强化了文化领域基础性和共性关键技术的研究，集中力量解决了一批具有前瞻性、全局性和引领性的重大科技问题，推动了科技创新成果的运用与推广，增强了社会各界参与文化创新的自觉性和主动性，发挥了科技项目的引领带动作用。

（二）文化与科技融合的主要成效

1. 科技进步已经成为文化发展的重要引擎

进入21世纪后，在党和国家的战略决策下，文化与科技融合在广度、高度、深度、跨度四个维度上实现了跨越性的进展，取得了较为丰硕的成效。文化科技创新能力不断增强、体制机制逐步完善、国际影响日益扩大，文化科技发展处于新的起点。

2. 文化科技已成为支撑驱动文化发展的主要力量

适应人民需要的文化产品不断丰富，公共文化网络覆盖面持续扩大，文化产业整体实力显著增强，推动中华文化走向世界的文化开放格局进一步完善。以先进技术支撑的一批公共文化服务设施、渠道、装备和软件系统被广泛应用，形成一批面向需求的系统化集成解决方案和网络化运营服务平台，数字技术引领公共文化内容呈现形式、数字空间载体建设、互联共享的作用进一步凸显。以技术创新、业态创新、内容创新和模式创新为主导的文化信息传输服务、文化创意和设计服务等新兴文化产业占比大、增长快，传统文化产业和文化相关产品生产继续保持增长，高新技术引领高端文化专用装备制造的作用明显。文化产品和服务的生产、传播、消费的数字化与网络化进程蓬勃，与相关产业跨界融合发展呈常态，对外文化贸易的进出口结构得到进一步优化。数字技术在物质和非物质文化遗产保护传承领域的开发应用等持续推进，民族文化资源和特色文化资源的开发利用途径得到进一步拓展。

3. 探索中国特色文化科技发展道路取得重大突破

立足提高文化科技自主创新能力，构建文化技术支撑体系，实施国家文化科技创新工程和国家文化科技提升计划等科研专项，有效引导和支持了文化科技创新要素向文化建设集聚。立足形成推动文化科技创新合力，提高科技成果转化应用水平，遴选与认定34个国家级文化与科技融合示范基地，有力推动了新兴文化业态的形成和发展，促进区域产业结构调整和优化升级。立足提升文化创新能力，遴选与认定了一批文化科技领域的省部级重点实验室,开展文化科技领域应用基础研究,培育和发展我国文化科技服务力量。

4. 数字科技引领的新浪潮已全面影响文化发展的路径

全球已经融入大数据、工业4.0、网络智能化三大潮流中,信息通信技术、计算机技术、视听表达技术、仿真技术、新材料技术、人工智能技术是推动潮流发展的六大技术。这些技术为文化发展植入了创新基因,已对当今及未来的生产生活方式产生革命性影响,加速了文化生产方式及发展模式的变革,开创了文化传播传承方式的新革命,促进了文化消费与接受方式的新变革。以科技为核心竞争力的一大批新兴文化业态应运而生,革命性地改变了我们所处时代的日常文化存在形态,正在持续助推文化服务运营和文化产业链整合的大繁荣。

5. 文化与科技融合呈现加速推进态势,有力推动了文化创新

我国文化科技已从"选择性介入"走向"整体融合",为文化创新驱动力奠定了坚实基础。文化发展不断提出更高的科技诉求,科技发展在文化领域寻找到广泛的应用空间,文化科技整体融合在推进文化创新的同时,不仅形成对文化科技基础研究和科技创新的倒逼机制,而且为文化创新发展提供了可持续驱动力量。经过多年持续积累,我国文化科技实力实现整体跃升,与发达国家差距明显缩小,呈现领跑、并跑、跟跑"三跑"并存格局。文化与科技融合发展在文化管理、文化创意、文化生产、文化展示、文化传播、文化交流、公共文化服务、文化遗产保护等领域,将越来越发挥出解放文化生产力和改变文化发展方式的巨大作用。

6. 文化科技的杠杆倍增功能和平台托举功能,加速驱动了文化创新向协同发展迈进

我国文化科技的跨越式进步正在助推各级文化行政管理部门积极深化文化科技体制改革,加快实施创新驱动发展战略,加快转变政府职能,不断提高政府文化行政治理效率,推进文化制度运行和文化政策落实的长效化、规范化、精密化和可操作化。以科技创新和模式创新为核心竞争力的各类文化平台正在大量涌现,使文化创意、文化生产、文化消费、文化传播、文化贸易获得了强大的平台托举支撑，资金、技术、人才、信息、项目以及创意环境等关键性要素，获得了超过预期的协同效应、聚集效应、漫溢效应、提升效应以及优化配置效应。文化科技的引擎牵引功能进一步放大，在协同创新的文化发展道路上充分显示了其主动性、能动性、导向性和可持续性，以源源不断的牵引力量拉动中国文化建设的各个具体领域。

（三）文化科技发展存在的不足与面临的挑战

文化科技经过近40年的发展与实践，尽管取得了显著的成绩，但仍存在一些关键问题，主要表现在如下几个方面。

1. 文化科技工作的体制有待进一步改革完善

文化科技工作还不能完全适应文化建设的形势和需要，国家科技与文化分割的体制性问题还没有从根本上解决，科技与文化建设之间脱节的问题虽有所改善但也尚未根本解决，科技成果转化为文化生产力与文化竞争力的渠道尚不够通畅，无论是科技体制还是文化行业内部体制，都有待进一步改革完善。

2. 尚未形成科技支撑文化持续健康发展的长效机制

文化科技与现代科学技术的迅猛发展及广泛应用还不相适应，文化科技竞争力相对较弱，文化部门与科技部门在战略层面对科技发展的规划、组织、引导、调控等方面的手段还不够丰富，科技队伍整合、科技资源和成果共享问题尚没有很好解决。

3. 文化领域关键技术自给率和科技成果转化率较低

面向文化领域的关键技术自给率和科技成果转化率相对较低；公共文化事业与文化产业中的高新技术比重较小，具有自主知识产权的核心技术的数量和质量都落后于其他行业，文化科技自主创新能力与核心技术供给对文化发展的贡献虽有提高但仍有限。

4. 文化科技投入总量有待大幅度提高

全国文化科技发展还处于不平衡状态，不同区域文化科技水平差别较大，科研力量分散、低水平重复现象仍较严重，文化科技创新平台的综合性、交叉性以及国际化程度普遍较低，科技转化与服务平台不够完善。各级文化与科技部门的科技投入总量相对不足，科技资金短缺的矛盾依然突出。

5. 文化科技复合型人才匮乏

文化科技的研发力量尤其是高层次创新型科技人才匮乏，成为制约文化科技创新的重要因素。文化科技机构可持续发展能力有待提高，吸引与凝聚全社会文化科技力量的工作有待进一步加强。

6. 文化与科技的融合程度还相对较低

主要表现在三个方面。一是文化科技领域原始创新能力不足。尽管取得了一批基础前沿和高科技单点技术研究成果，但文化科技领域仍缺乏引领性的原始创新和系统性的技术集成创新，影响了依靠技术进步和模式引领驱动的文化发展。二是文化科技相关技术研究与集成应用脱节。由于我国文化和科技两条腿走路，相关科技成果与文化领域实际需求结合不够紧密，使得目前支撑文化领域所采用的专门技术、系统平台及高端装备不足，制约了艺术创作、生产、传播、消费支撑力与保障力的提高。三是面向文化产业发展的共性服务技术支撑平台短缺。亟须建立支撑其转型升级发展的产业共性服务技术集成平台和系统解决方案，但由于技术转移转化渠道不畅，技术资源分散，面向专业应用的共性服务技术集成度不高，也间接影响了文化产业转型升级的进程。

五 新时代文化科技的发展愿景

当前，文化与科技融合发展正处在一个新的历史起点上，文化科技创新在国家发展全局中的战略地位更加突出，文化科技创新迎来了一个空间更加广阔的跨越发展期。

（一）新时代文化科技发展的基本思路

1. 主要思路

紧紧围绕实施创新驱动发展战略，引导和支持创新要素向文化领域集聚，努力实现文化领域的科技进步，进一步构建完善以企业为主体、市场为导向、产学研结合的文化技术创新体系建设，着力加强文化科技创新体系建设，精心组织实施文化科技创新工程和文化科技重点专项，促进科学技术在文化领域的应用与创新，进一步提高文化资源和文化内容形式的协同运用能力，完善文化领域基础、技术和服务标准，推动文化与科技融合向纵深发展。

到2035年，形成推动文化事业进步、文化产业融合创新、文化管理有序的文化科技创新体系，形成以企业为主体、市场为导向、政产学研用相结合的文化科技技术支撑体系。

2. 指导思想

贯彻党的十九大精神，按照坚定文化自信和建设社会主义文化强国与增强国家文化软实力的总体要求，牢固树立以人民为中心的工作导向，发挥科技对文化创新的驱动作用，加强文化与科技融合，深化文化科技体制机制改革，促进创新资源的合理配置，培育创新主体，增强创新动力，优化创新环境，切实提高科技对现代文化产业体系、现代文化市场体系建设、现代公共文化服务体系构建和文化开放水平提升的驱动支撑能力，推动社会主义文化大繁荣大发展。

3. 基本原则

需求牵引，持续提升。文化是民族凝聚力和创造力的重要源泉，以人民需求和市场需求为导向，充分发挥政府在文化科技创新体系和文化技术支撑体系建设中的积极作用，有效聚集、整合和利用相关创新要素资源，推进文化与科技深度融合，着力提升国家文化软实力。

系统规划，统筹推进。加强文化科技创新发展的顶层设计，优化配置文化资源、科技资源和人力资源，强化文化部门与科技部门的联合，统筹项目、基地、人才、政策以及文化科技创新体系建设，从主要依靠科技项目推动转向从工作层面系统全面推动文化科技创新发展。

创新驱动，融合发展。充分调动社会各方面积极性，促进技术创新、业态创新、内容创新、模式创新和管理创新，持续提升中国文化的生产力、创作力、感染力、表现力、传播力和影响力，充分发挥科技进步对文化繁荣发展的支撑驱动作用。

4. 发展目标

（1）在文化资源领域，加速各类民族文化资源的数字化、信息化、网络化进程，形成支持文化资源采集、加工、获取、整备、管理、保护、保存、应用的系列技术与标准，研发与创新一批文化资源的转化技术、表现技术、呈现技术和传播传承系统平台，让中华优秀传统文化活起来。

（2）在文化产业领域，研发一批共性关键技术，创新一批新产品、新服务、新装备和新模式，培育一批文化与装备制造、消费品工业设计、城乡建筑、信息服务、旅游等跨界深度融合的新型业态，提高文化产业整体实力和核心竞争力。

（3）在公共文化服务领域，数字技术支撑文化信息资源共享、数字图书馆、数字博物馆、数字美术馆的作用更加强化，研发一批公共数字文化资源的加工、供给、分发、保护等关键技术，形成一批面向互联互通及应用的系统化技术解决方案和网络化运营服务平台，创新一批公共文化服务新业务、新渠道、新模式，促进基本公共文化服务标准化、均等化、便捷化。

（4）在文化科技管理领域，文化产业科技方面实现从以投资驱动为主的模式向以创新驱动为主的模式转变，公共文化服务科技方面实现以政府投入为主的模式向多元化投融资转变；技术进步方面实现以引进为主的模式向以二次创新和自主创新为主的模式转变；管理模式方面从以政府具体管理为主的格局向以宏观管理为主的格局转变。

5. 主要愿景

（1）共性支撑技术取得重要突破。重点围绕文化资源互联互通、文化内容版权保护、文化安全监管、文化诚信服务等共性瓶颈技术问题，攻克20~50项关键支撑技术，制定100项以上文化服务技术与管理标准规范，构建5~10个网络化管理和科技服务平台。

（2）文化科技驱动支撑作用明显提高。聚焦现代文化市场秩序和现代公共文化服务重点领域，全链条布局，有针对性地研发一批文化产品创意、生产、传播、运营、展示、消费等环节的关键技术和集成应用技术，研制一批文化专用装备，提出一批面向应用的系统化集成解决方案，形成50项以上系统软件和系统平台，构建10个左右文化科技创新服务运营平台，创新一批服务模式，培育一批新兴文化业态，在典型文化领域开展一批应用示范，打造10家左右文化服务运营品牌，扶持200家以上规模化文化科技创新型企业。

（3）文化科技创新体系不断完善。积极培育发展以国家重点实验室、工程技术研究中心、企业技术创新中心和技术创新战略联盟为主体的文化科技创新体系；培育10家左右文化科技领域国家重点实验室和国家工程（技术）研究中心，统筹建设一批各具特色的文化与科技融合示范基地，统筹培育一批各具特色的文化科技融合产业化基地（示范园区），加强文化科技产业发展载体建设。形成文化科技发展良好环境。

（二）新时代文化科技发展的主要任务

1. 塑造数字文化资源新优势

支持数字文化资源在采集、加工、获取、整备、管理、保护、保存、应用、传播、表现等全过程链条中相关技术和装备的研发，构建文化资源相关技术支撑平台和基础研发平台，加速文化资源数字化、信息化、网络化进程。支持图书馆藏资源、博物馆藏资源、美术馆藏资源的数据化专用技术研发，加强现代人文艺术学科研究的基础数据支撑；支持形成民族文化素材的创建、描述、组织、检索、服务与长期保存的技术、标准和装备研发；鼓励记录保存展现中国传统生活文化的新方法、新手段、新模式的研究，推动传统文化生活方式在现代生活中的有效保存和二次创新；支持数字文化资源记录与保存介质材料的研发，鼓励传统文化介质的现代复原工艺研究；推动文化资源与信息产业有效对接的模式创新，加快技术层面的文化资源整合与互联互通，着力打通数字化文化资源访问的关键技术环节，实现文化价值与产业应用的有效结合。

2. 推动新型文化业态融合创新

充分运用数字技术、网络技术、智能技术、材料技术，加快文化产业重要装备、材料、工艺、系统、平台的开发和利用，加快传统文化企业的转型升级步伐；推动新兴科技企业向文化领域的渗透，实现传统文化产业领域的颠覆式创新；推动大数据、云计算、虚拟现实、"互联网+"、人工智能等新兴战略科技在文化领域的创新试点，形成由点带面的示范性应用，强化文化产品（服务）的互动性和体验性，触发文化产业的深刻变革；推动众筹、众包、O2O、社交聚合等互联网成熟商业模式向文化产业领域的渗透，促进文化产业的业务融合创新；支持文化与相关产业双向或多向融合发展。

3. 拓展公共文化服务新空间

加快公共文化服务的数字化建设步伐，结合智慧城市、智慧社区、宽带中国等国家重大战略举措，建立起技术先进、覆盖广泛、方便快捷的数字化公共文化服务网络与载体；研究制定一批公共文化领域标准规范和服务模式；支持流动文化工作站、移动文化方舱、数字农家书屋等文化下乡的专用设备与装备的研发；鼓励对符合社会主义核心价值观的公共文化内容进行新呈现、新揭示的相关技术和标准研发；支持一站式文化服务相关技术、装备、系统与平台的研发；针对博物馆、美术馆、文化馆等重要公共文化设施，开展相应的虚拟化、数字化、智能化特种体验装备研究；鼓励公共文化服务手段创新和新兴公共文化服务业态创新。

4. 培育文化艺术新形态

推动文化艺术创作的集约化、专业化步伐，鼓励创作手段创新，催生与培育文化艺术新形态；支持动漫游戏编辑制作、影视编辑、特效生成处理等专业生产工具和系统的研发；支持舞美、布景、道具、灯光、音响、机械、视效、观演互动等领域的技术与系统研发，鼓励虚拟现实、人机交互、自动控制等先进技术在演艺舞台中的集成应用；支持艺术创作与观众情感间的定量化分析研究；鼓励舞蹈、音乐、美术等编排数字化专用工具和创作工具的研发。

5. 提升政府文化行政治理效率

支持文化施政管理过程中的数据采集、交汇、存储、处理和分析等相关技术与系统的研发；鼓励文物鉴定相关标准规范、参数指标、标准物质、装置装备的研究；开展艺术品的量化估值方法研究，建设相应数据库；针对演出场所、娱乐场所、公共文化设施建设，制定相应规划、验收、评估、公共安全、运营维护等相应强制性技术标准；推进文化行业相关计量检测和检验技术的研究；展开文化市场监管、文化市场诚信评估、文化内容版权保护等文化管理共性技术研究；支持对文化工作统计制度、指标体系、调查方法的研究，展开文化科技领域的软科学研究。

第十二章　中国设计与工艺美术发展40年

于　炜*

导　读：改革开放40年，中国设计的发展历程是传统技艺和国际思潮碰撞融合的结果。由最初以解决人民温饱问题和为国出口创汇等为目的，发展到今天以不断满足人民日益增长的美好生活需要和全面提高人民群众的幸福指数为使命，中国设计通过与工艺美术融通迭代、交互推进，成为驱动社会经济发展、提升人民生活质量的一个全新业态，并且日渐成为中国文化创意产业的重要组成部分。中国设计以其知识密集、高附加值、高整合性的优势，不断提升中国产业的发展水平，成为中国经济转型发展的强力引擎，也将为人类命运共同体的美好明天作出新的贡献。

引　言

改革开放40年，中国设计与工艺美术融通迭代、交互推进，成为驱动社

---

* 本文由"中国设计与工艺美术发展40年"课题组完成，课题组组长：于炜；课题组成员：张新新、金杉。于炜，博士，上海交通大学城市科学研究院研究员；华东理工大学艺术设计与传媒学院副院长兼艺术设计系主任、交互和服务设计研究所负责人，研究生导师；美国IIT设计学院（新包豪斯）客座研究员；荣获2010上海世博会邀约设计专家及杰出设计奖等；主要研究领域为艺术设计、工业设计、城乡设计、整合设计、设计管理等。张新新，华东理工大学博士研究生。金杉，华东理工大学硕士研究生。

会经济发展、提升人民生活质量的一个全新业态。

40年来中国设计所取得的成就是改革开放后传统技艺和国际思潮相融合的结果，是中国不断走向世界的必然。中国设计已发展成为以服务为导向、以创意为灵魂、以数字为手段、以产业为支撑，融汇工业设计、视觉传达、环境设计、数字媒体等学科跨界融合的创意智造新领域。

中国工艺美术涵盖传统工艺美术、民间工艺美术和现代工艺美术等几个方面，包括经过装饰加工的日用工艺生活实用品和专供欣赏的陈设工艺品等11个大类、65个种类、1881个品种。

经过40年改革创新的中国设计和工艺美术在新时代焕发出勃勃生机与活力。

一 中国设计与工艺美术40年发展历程

（一）中国设计40年发展历程

改革开放40年中国设计已发展成为专业门类齐全的创新学科与创意产业，包括中国工业设计、中国视觉传达设计、中国环境设计、中国城市规划设计等都不断发展壮大。

1. 中国工业设计40年发展历程

中国工业设计40年的发展历程可归纳为如下四个阶段。

（1）启蒙探索期（1978~1987年）。1982年，《对外经贸研究》刊发《关于工艺品国际市场及扩大我国工艺品出口问题的探讨》，文章认为，我国工艺品"产品质量低，加工技术差""款式陈旧，设计单调""产品结构不完全适应国外市场需要"等。此时的工业设计更多地强调对产品外观做图案美化，仅把设计视为对产品进行美术装饰。

钱学森适时提出了"技术美学"，强调为科技注入艺术的元素。后来李政道、吴冠中也呼吁"艺术与科学"相结合。

1978年，广州美术学院设计专业成为中国设计教育启蒙地之一。1979年夏，尹定邦邀请"香港设计家暨设计教育家代表团"来内地访问讲学。同年，中央工艺美术学院邀请香港大一艺术学院院长吕立勋讲授源自包豪斯的基础教学体系的平面设计基础和立体设计基础，对当时中国设计界接受西方现代设计观念起到了推动作用；辛华泉等人随后则进行了三大构成的中国化系统实践。①

1981年4月，全国高等院校工艺美术教学座谈会在北京召开，这是新中国成立30多年来中国设计及教育发展的里程碑。

20世纪80年代初，柳冠中、王明旨、张福昌、吴静芳等分别从德、日留学回国。②柳冠中归来后提出具有前沿性且对中国设计具有本土价值的"设计至上"（功能主义的提倡）、"生活方式意义"和"设计事理学"等学术思想。③他筹建国内第一个工业设计系，奠定了我国工业设计学科的理论基础和教学体系，成为我国最著名的工业设计学术带头人和理论家，培养了大批专业教学和设计精英。王受之撰写的《世界现代设计史》等著作产生了巨大影响。1983年，英国皇家设计师协会顾问汤普逊来华讲学，为中外设计教育界交流合作起到了示范作用。

1985年，中央工艺美术学院开办全国工业设计研修班，学员日后成为了中国工业设计领域的中坚与骨干。同年，全国高校工业设计学会成立暨第一次全国工业设计教育学术交流会在北京召开，包豪斯设计理念与模式被引入艺术院校，对中国的设计艺术理念与实践产生了启蒙和推动作用。

1987年10月14日中国工业设计协会的成立是中国现代设计崛起的一个重要标志。

（2）成长发展期（1988~2007年）。1989年，中国代表被第16届世界工业设计协会联合会名古屋年会邀请作大会发言。④

1991年，华东化工学院举办国际工业设计研讨会（见图12-1），国际工

---

① 陈瑞林：《中国现代艺术设计史》，长沙：湖南科学技术出版社，2002。
② 何晓佑：《引进·消化·创造——中国工业设计教育浅谈》，《装饰》2003年第10期，第90~91页。
③ 柳冠中：《设计方法论》，北京：高等教育出版社，2011。
④ 柳冠中：《中国工业设计首次进入世界》，《装饰》1990年第2期，第2页。

业设计联合会主席日本 GK 设计公司荣久庵宪司等大师与会并发表演讲。这次新中国成立 42 年来首次在中国大陆举办的跨国设计研讨会标志着我国消费品工业将基于工业设计开始实现由速度型向质量效益型的转变。

图 12-1　1991 年举办的国际工业设计研讨会（图片来源于网络）

1995 年在广州召开的全国设计艺术教育理论研讨会是中国设计走向新世纪、开始新一轮快速发展的里程碑。

20 世纪 90 年代，许多设计人在环境艺术设计、CI 设计、广告设计等领域拓展实验。沿海发达地区企业在市场竞争中意识到原创品牌产品设计的必要性，开始尝试组建自主设计团队。

进入 21 世纪，越来越多的企业每年举办工业设计大赛，以征集设计作品、挖掘和储备设计人才。同时，引进外国设计师，以实现设计与国际的接轨。伴随中国改革开放的不断深入，一批设计新锐脱颖而出。

2007 年 2 月，温家宝总理在中国工业设计协会理事长朱焘呈送的《大力发展工业设计的建议》中作出重要批示："要高度重视工业设计！"一批设计团体成为推动中国设计和区域经济发展的主力军，如光华设计基金会、深圳设计联合会、上海设计之都促进中心等。

（3）成熟繁荣期（2008年至今）。2009年，张福昌在《中国设计教育的现状与展望》中认为中国已成为世界的制造大国和设计教育大国。上海将现代服务业、先进制造业、创意产业确定为上海产业重点、优先发展的方向；深圳率先成为中国第一个"设计之都"。中国元素逐渐被世界熟知并应用于设计中。

2010年8月26日，工业和信息化部等11部门联合印发的《关于促进工业设计发展的若干指导意见》指出，到2015年，要培育3~5家具有国际竞争力的工业设计企业，形成5~10个辐射力强、带动效应显著的国家级工业设计示范园区。

中共十八大以来，中国设计迎来高速发展期。2015年12月17日，中国工业设计协会设计知识产权交易中心成立。

当今，随着新一轮科技革命和产业变革的兴起，信息网络、大数据、智能制造等高新技术广泛渗透到创作、生产、传播、消费的各个层面和环节，加速了文化生产方式的变革，成为文化发展的重要引擎和不竭动力。工业设计成为经济增长和推进国家创新战略的重要手段。国内许多产品荣获国内国际知名设计奖项，创造巨大价值。中国工业设计产业正积极借鉴国外先进经验，以"互联网+"加为契机，在物联网、人工智能、现代智能装备等新兴设计领域实现突破，找出适合我国发展的模式，实现我国设计创意产业的腾飞。

2017年4月26日，为贯彻落实《文化部"十三五"时期文化发展改革规划》，强化顶层部署，构建文化科技创新体系，切实推动科技创新引领文化发展，文化部编制了《文化部"十三五"时期文化科技创新规划》。

改革开放以后，尤其是十八大以来，我国大力实施创新驱动发展战略，创新型国家建设成果丰硕，"天宫"、"蛟龙"、国产航母、"天眼"、"悟空"、"墨子"、国产大飞机等重大科技成果相继问世。2017年5月，"一带一路"沿线20国的青年评选出了中国的"新四大发明"：高铁、支付宝、共享单车和网购。

一批具有国际影响的设计活动、机构、事件不断涌现，如深圳文博会已成为我国国家级、国际化、综合性的文化产业博览交易会，良渚世界工业设计大会是中国政府举办的设计国际盛会。中国光华奖、中国红星奖、中国好设计评选定期举办。王晓红、于炜、张立群主编的《工业设计蓝皮书》《中国创新设计发展报告》等把握国际国内工业设计发展趋势和动态、评估工业设计区域发展成效、分享企业设计创新经验。设计行业蓬勃发展，如木马设计、洛可可设计机构充满活力，最大的设计师网络平台"烩设计"、中国工业设计博物馆影响日增等。这些活动、奖项、研究成果等都对推动中国工业设计的发展具有重要意义。

2. 中国视觉传达设计40年发展历程

"视觉传达设计"术语始于1960年在日本东京举行的世界设计大会，视觉传达设计的理念与实践是19世纪中叶欧美印刷美术设计的扩展与延伸。

中国视觉传达设计40年发展可归纳为三个阶段。

（1）催生萌芽阶段（1977~1988年）。改革开放初期，外商经常把中国原有产品重新包装赚钱，中国政府和企业家们强烈地认识到必须高度重视商品包装和广告设计。①

①包装设计的新生

20世纪80年代初，国家、各省区市包装技术协会及下属的包装装潢委员会、包装总公司先后成立，创办《中国包装》、编纂出版《包装年鉴》等，使中国的包装工业进入一个新的历史时期。

1981年新中国成立以后举办的首次包装展览"全国包装展览会"展出了24个省、自治区、直辖市的展品36000多件。展览设置的"进口商品包装样品馆"展出近20个国家与地区选购的各类包装样品3500余件，展示了国外先进的包装材料和工艺技术。

1983年1月3日，中国第一家超市在北京市海淀区开业，超市商品的展示方式和激烈的竞争，倒逼生产厂商重视包装装潢设计。同年，在新中国成立后举办的第一届包装装潢评比中，结合出口商品"科学、经济、牢固、美观、适销"10字方针，评选出优秀包装装潢设计奖作品100件。这些获奖作品集中反映了改革开放以来我国包装装潢设计的最新水平。

---

① 中华人民共和国国家经济贸易委员会：《中国工业五十年：新中国工业通鉴》（第六部），北京：中国经济出版社，2000，第138页。

1986年，"贵州茅台酒""安徽名茶"等6件包装获得亚洲包装联盟包装设计评比的"亚洲之星"称号。此后历届均有中国的优秀包装作品获得亚洲之星和世界之星荣誉。

这一时期包装设计趋向于关注消费者实用体验，画面简洁，重点突出，商品信息直观。包装结构趋于合理，采用先进工艺，科学测量包装容量和安全措施。包装装潢上采用传统民族图案的现代构成方法，民族化、商品性和时代感不断加强。①

②广告设计的复兴

1979年1月14日，丁允朋在《文汇报》发表《为广告正名》，为改革开放之初广告存在的合法性首先呐喊。1月28日，上海电视台播出我国"文革"后首个电视广告"参桂补酒"广告，宣布"即日起受理广告业务"。同时上海街头竖起了外商户外广告。同年，中央电视台播放日本"西铁城"手表广告和美国威斯汀豪斯的电器广告。8月，北京市广告艺术公司率先成立。

1981年2月25日，全国25家广告公司在北京成立中国广告联合总公司。8月21日，经国务院批准，中国对外贸易广告协会成立，这是中国第一个外贸系统广告组织。同年，在上海创刊的《中国广告》杂志是20世纪50年代以后中国大陆第一家广告专业杂志。

1982年，中国举办"第一届全国广告装潢设计展览"。尽管是用传统绘画中的"意境"来衡量广告设计水平（见图12-2），但也有少数作品突破了传统模式，如北京市广告艺术公司冯慧清设计的"双菱牌拉链"广告借用影星刘晓庆的形象来做广告，是中国当代广告史上最早出现的名人广告之一（见图12-3）。②

1983年12月，中国广告协会正式成立。以从事进出口商品广告业务为主的中国对外贸易广告协会和以从事国内商业广告业务为主的中国广告协会成为中国广告行业的两大组织。

---

① 张道一：《论包装装潢的民族化和现代化》，《包装装潢》1984年第1期，第6页。
② 余虹、邓正强：《中国当代广告史》，长沙：湖南科学技术出版社，2000，第39页。

图 12-2 第一届全国广告装潢设计展览作品

资料来源：张思遥《中国平面设计 30 年——回顾改革开放后中国平面设计发展的历程》，江南大学硕士学位论文，2009。

图 12-3 "双菱牌拉链"广告

资料来源：张思遥《中国平面设计 30 年——回顾改革开放后中国平面设计发展的历程》，江南大学硕士学位论文，2009。

国际广告交流方面也创造了许多"首次":1979年日本广告代表团首次来到上海和北京并签订合作协议。1984年10月,中国广告代表团首次应邀赴日本参加"国际广告协会第29届世界广告大会"。1986年6月,日本电通公司、美国电扬公司与中国国际广告公司首次合作成立第一家中外合资广告公司——电扬广告有限公司。1986年10月,中国广告协会首次派团参加在澳大利亚举行的第42届世界广告主联合会大会。1987年6月,中国广告协会与中国对外贸易广告协会首次举办第11届第三世界广告大会。1987年中国首个国际广告组织——国际广告协会中国分会和首个亚洲广告组织——亚洲广告协会联盟中国国家委员会在北京成立。专业协会组织的成立形成了最初的广告市场机制。

但20世纪80年代初仍把广告看做装饰性的工艺美术。因此,1984年,《中国广告》连载广州美术学院尹定邦等人撰写的《现代设计讲座》,讲座系统介绍了现代设计的平面造型、设计色彩、商标、字体设计等问题。尹定邦、王受之撰写了《什么叫现代设计》[①]。中国现代设计开始从传统的工艺美术领域化蝶而出。

20世纪80年代中期,广告创意随着观念的转变而不断创新,如1985年《文汇报》刊登的上海牌手表广告不再有任何有关产品的特性等说明性文字,而是以中国乒乓球队员人人佩戴为说服点,来暗示上海牌手表品质的优良,创意新颖。

(2)发展壮大阶段(1988~2000年)。20世纪80年代末处于改革开放前沿的广东,出现了具有引领意义的新境界设计群、白马广告等一批从事现代商业视觉传播设计机构。随后众多私人广告、传媒公司纷纷成立,现代化和国际化的多元设计思想和观念不断加强。

20世纪90年代,深圳成为中国乃至亚洲现代设计的重镇,会聚了龙兆曙、王粤飞、陈绍华、韩家英等大批优秀设计精英,现代设计思潮由此波及全国。1992年,深圳优秀设计师策划发起中国大陆第一个平面设计专业大

---

① 尹定邦、王受之:《什么叫现代设计》,《中国广告》1984年第1期,第32页。

展"平面设计在中国92展"。此展是由海峡两岸暨香港联合主办的设计门类最齐全的首次平面设计展评活动,参展内容包括包装设计、CI、标志、广告、版面、装帧、插图、海报和招贴等设计以及邮票、贺卡等各种平面设计形式,主办单位共收到各地报送的5000多件作品。此次展评活动也廓清了平面设计的基本外延。

此时期北京的设计教育与设计理论实力强劲;在具有海派文化背景和商业美术传统的上海,现代设计观念也快速导入。①

①品牌意识觉醒下的标志设计

改革开放前后,中国标志设计形式陈旧。随着改革开放的深入,中国的标志设计开始变得单纯、明快和悦目,给人留下深刻印象。著名的标志设计师陈汉民设计的中国人民银行的标志用三个古钱币形象构成阴阳皆成"人"字的图形表达"人民银行"的基本概念(见图12-4)。开放要敢于冲破传统桎梏,寻找国际性语言,抽象标志和英文标志正好具有这种跨国通用性和文化共鸣性,广东华宝空调率先采用英文作为企业商标。②

图 12-4 中国人民银行标志

资料来源:中国人民银行网站,http://www.pbc.gov.cn/。

---

① 严仕华:《清末民国时期上海工艺美术研究(1843~1937)》,华东师范大学硕士学位论文,2015。
② 李书志:《CI战略中商标设计的新趋势》,《攀枝花学院学报》2001年第18(3)期,第14~15页。

20世纪90年代的商标设计担负着传播企业理念与企业文化的重任，标志设计更加贴近市场，发挥着塑造品牌、开拓市场的功能，已从商品记号的点思维拓展为表达企业理念与文化载体的系统思维。

②CIS战略导入

1974年，袁维青先生在《包装装潢》杂志上发表文章，介绍了国外的CI设计理论。1984年，浙江美术学院在教学中引入企业形象设计课程。1988年，民营企业广东新境界广告公司为"太阳神"口服液导入形象设计，使一个普通小厂在随后的三年中获得了超常发展。广东新境界广告公司创始人潘殿伟（1986年从广州美术学院毕业）和他的设计团队也成为当时中国CI设计的领军人物。之后广东新境界广告公司又相继推出了以"科龙""浪奇""TCL"等为代表的VI设计。

1987~1993年，健力宝、李宁、乐百氏等企业以富有冲击力形象产生了极大的市场反响，从而使CI设计迅速成为20世纪末期中国艺术设计的重要展现。①

1992年，中国首届企业形象战略研讨会在北京召开。一些国有大企业如银行、电信等很快认识到CI设计的价值和作用，并且聘请了一些著名的设计师为他们进行视觉形象的整体设计，因此出现了一些优秀的CI设计作品。

1994年甚至被人们称为"CI年"。正处在经济转型期的中国，多种经济成分并存的企业形态多样。调查发现，导入CI但真正将CI贯彻到位的企业不到五分之一。不过CI设计对于中国广告的意义十分重大，它在根本上改变了广告的性质、基础与功能，将广告变成整体的、长远的、多元统一的、科学与艺术相结合的行为。

③招贴画设计的快速发展

20世纪80年代，招贴画多是政治宣传画，且带有明显的工艺美术特点。陈绍年创作的招贴画《绿，来自您的手》获得第六届全国美术展招贴画金奖（见图12-5）。之后，中国举办了一些国际性大型活动，成为招贴画繁荣的重要

---

① 林磐耸：《CI实战手册》，长沙：湖南科学技术出版社，1997，第2页。

契机。1990年，北京举办了第十一届亚运会，以此为主题的一些作品虽然题材重复、技法单一，但也涌现了一些非常优秀的招贴画作品（见图12-6）。1992年，原无锡轻工学院造型系学生舒波设计的申奥招贴画《开放的中国盼奥运》，被张贴在巴塞罗那奥运会的会场（见图12-7）。

1983年，中国美术家协会和中国出版工作者协会联合举办全国招贴画展，同时，决定以后每两年举办一次全国广告节（包括招贴画）。1984年开始每届全国美术作品展中都有招贴画种类，有效地推动了招贴画创作水平迅速提高。

图 12-5　招贴画《绿，来自您的手》

资料来源：http://whis.cssn.cn/st/st_whcs/201402/t20140225_972497.shtml.

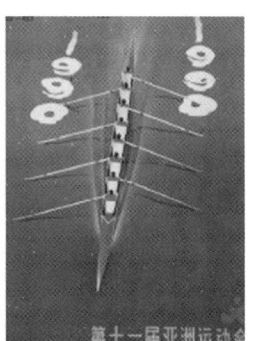

图 12-6　第十一届亚运会宣传招贴画

资料来源：张思遥《中国平面设计30年——回顾改革开放后中国平面设计发展的历程》，江南大学硕士学位论文，2009。

图 12-7 招贴画《开放的中国盼奥运》

资料来源：张思遥《中国平面设计 30 年——回顾改革开放后中国平面设计发展的历程》，江南大学硕士学位论文，2009。

随着经济的发展和中外文化的频繁交流，20 世纪 90 年代，中国招贴画不仅内容题材广泛，而且创意和形式风格也多种多样，成为经济建设和社会发展成就的重要展示和传播手段。

1995 年，中国平面设计师为联合国第四次世界妇女大会创作了标志和招贴画（见图 12-8）。1997 年，国家禁毒委员会组织创作发行以"珍爱生命、拒绝毒品"为主题的招贴画。1997 年香港回归以及 1999 年澳门回归，多家机构还专门举行主题招贴画创作比赛（见图 12-9）。20 世纪末和 21 世纪初中国两次申办奥运会，许多优秀招贴画起到了积极的宣传作用，这些国内外大型赛事和活动进一步促进了中国招贴画设计的发展繁荣。进入 20 世纪 90 年代中后期，招贴画空前繁荣。

图 12-8 联合国第四次世界妇女大会宣传画

资料来源：张思遥《中国平面设计 30 年——回顾改革开放后中国平面设计发展的历程》，江南大学硕士学位论文，2009。

图 12-9 澳门回归宣传画

资料来源：张思遥《中国平面设计 30 年——回顾改革开放后中国平面设计发展的历程》，江南大学硕士学位论文，2009。

④书籍装帧设计再创辉煌

文化的繁荣带来出版业的快速发展。

1990 年，中国出版工作者协会、日本国际文化交流中心等在北京联合主办中日书籍装帧艺术展。其间举办了中国书籍艺术设计家邱陵、日本书籍艺术设计家杉浦康平等的学术讲座，促进了中日两国书籍装帧艺术的学术交流。

1992 年，全国出版社已达 519 家，出版书籍 92148 种、报刊 8143 种。1995 年 11 月 7 日，第四届全国书籍装帧艺术展展出 1500 种书籍的封面、版式、整体设计、插图作品，汇集了近 10 年书籍装帧艺术界的优秀作品。电脑技术的应用使书籍装帧令人耳目一新,一批具有浓郁中国民族风格的作品脱颖而出。1996年,青年设计师吴勇与吕敬人、宁成春、朱虹共同举办了书籍设计四人展,并出版了《书籍设计四人说》。吕敬人把传统的书籍装帧推到了书籍形态价值建构的高度,1997年他编辑出版的《书籍形态学探议》获全国第三届书籍装帧研究成果金奖,在书中他提出只有植根于本土文化土壤,并吸取西方现代设计意识与方法,才能构建中国现代书籍形态设计的理念与实践体系。

1997年,全国共出版图书12万种、71万册,名列世界第一,对书籍设计的要求也进入一个新层面。1999年召开的第五届全国书籍装帧艺术展反映了当时中国书籍装帧艺术的实力和水平:纸张材料和精装面料日渐丰富,出现了各类可供选用的品种;突飞猛进的印制工艺使原先在用色、层次等特殊效果上被严重制约的设计被彻底解放。20世纪90年代中后期;设计师们致力于书籍装帧文化内涵的时代与文化、形态与色彩、神与韵、民族化与国际化等的有机融合。

⑤港台地区平面设计对中国大陆(内地)的影响

20世纪70年代香港经济持续快速发展,新一代设计家吸收东西方观念并加以发挥,努力探索民族艺术设计的港式风貌,已在国际上享有声誉。[①]香港设计师协会主席石汉瑞,平面设计师靳埭强、陈幼坚、刘小康等将西方的设计理论和东方的文化符号融为一体,他们的作品成为20世纪八九十年代内地学习的主要范本。特别是靳埭强对中国的设计教育及平面设计的推广和企业形象的发展都作出了巨大贡献。水墨是他的海报创作的最为重要的表现形式和文化内涵,而且亦强调"天和""人和"与"心和"的和谐关系,如图12-10所示。

陈幼坚被看做把中西方元素完美融合的杰出代表,他深爱中国传统文化,能够把博大高深的中国文化及传统的工艺元素用明快清晰的现代设计

---

① 陈瑞林:《中国现代艺术设计史》,长沙:湖南科学技术出版社,2002,第170页。

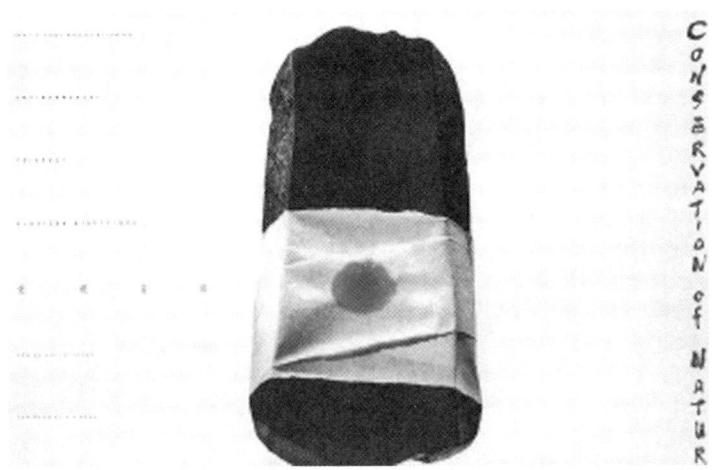

图 12-10 靳埭强"爱护自然"主题海报

资料来源：http://art.china.cn/huodong/2013-07/04/content_6088354.htm。

技巧再现，作品充满令人惊喜的创意，达到中外雅俗共赏的效果。1996年，陈幼坚设计公司被设计界视为"圣经"的 *Graphis* 杂志评选为世界十大最佳设计公司之一，是唯一获此殊荣的华人设计公司（见图12-11）。

 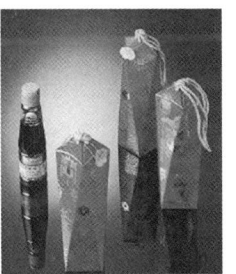

图 12-11 陈幼坚设计的作品

资料来源：张思遥：《中国平面设计30年——回顾改革开放后中国平面设计发展的历程》，江南大学硕士学位论文，2009。

理念与实践均受到日本影响的台湾地区设计教育兴起于20世纪60年代。80年代，台湾广告业迅速发展。通过与国外广告公司的合作学习，台湾地区广告业迈向经营多元化，有外商、本土、个人工作室、代理商等多种形式。台湾是中国最早引入日本CI的地区，随着CI在台湾企业品牌设计中的成熟，这股CI浪潮也对中国最初的CI设计理论的引进和实践起到了一定的推动作用。1985年台湾CIS理论家林磐耸出版了《企业识别系统（CIS）》，他是第一个沟通海峡两岸现代设计、促成海峡两岸CIS学术交流的CIS专家，为推进中国的企业、产业和城市CI的发展作出了贡献。

⑥计算机数字设计的兴起

20世纪80年代中期，中国开始出现电子计算机图形设计软件。80年代末期，电脑三维动画制作软件传入中国，设计界开始用其制作电视节目的片头和电视广告。进入90年代，电脑设计应用到视觉传达设计、工业设计、环境艺术设计等领域之中，展示出全新的视觉体验。①

⑦20世纪末中国视觉设计的时代特征

20世纪90年代的设计师在接受外国设计思潮的同时，也思考着如何探索现代设计的中国风格，让传统设计重获新生，如1999年获得第四届华北包装设计大赛实用设计金奖的津牌（扁风壶）津酒包装，可谓传统文化与现代时尚的完美组合。

（3）繁荣成熟阶段（2001~2017年）。清华大学教授何洁认为，20世纪以来，数字化媒体的出现使社会环境发生了质的变化，静态的媒体时代已经不能满足21世纪的需求，网络技术、数码艺术设计等相继出现。进入21世纪信息时代，视觉设计已经远远超出传统二维平面范围，向多维多媒领域发展，传统平面设计概念已无法涵盖一些新的信息传达媒体，因此视觉传达设计全面取代平面设计。②2012年新版专业目录将部分专业进行了调整，艺术设计专业被细分为视觉传达设计、环境艺术设计、产品设计等专业。从报纸到杂志、从电视到网络、从品牌到包装、从广告到形象设计，视觉传达设计的功能和作用不断放大。据不完全统计，此时从事视觉传达设计的从业人员

---

① 陈晓华：《工艺与设计之间》，重庆：重庆大学出版社，2007。
② 何洁：《视觉传达设计的发展趋势》，《装饰》2002年第3期，第4~5页。

达30多万人,从事视觉传达设计人才培养的院校和机构近千家。

中国数媒艺术和AR/VR/MR等虚拟现实交互设计艺术也异军突起,蓬勃发展。

3. 中国环境设计40年发展历程

40年来,我国环境艺术设计从园林建造和室内装饰阶段逐步向以室内外景观为标志的阶段转变,并随着新技术、新材料以及低碳环保等现代技术的运用逐步走向国际化之路。

(1)工艺装饰开创初步发展。20世纪70~80年代人类的环境意识开始觉醒,"环境设计"概念崛起,可持续发展之路已成为全人类社会的共同选择。我国不少环境艺术设计师、建筑设计师将这一战略思想确定为指导思想,积极投身于可持续发展的研究与实践中。

1979年,由张仃主持的首都国际机场壁画群的创作是中国装饰艺术运动影响最深远的一次活动(见图12-12)。它首先展现了艺术形式美的独立价值,成为20世纪80年代中国现代美术运动的先声和最早的启蒙;同时,它所传导的"公共艺术"观念,也以壁画这种形式迅速影响到全国。

图 12-12 哪吒脑海(重彩画)

资料来源:http://www.997788.com/10232/auction/152/941905/.

20世纪80年代初期,室内设计主要针对的是大型建筑物的内部设计。80年代中后期经济飞速发展,中国室内环境设计出现"三热":居家装饰热、办公装饰热、商店装饰热。

1985年，中国建筑学会在北京召开座谈会，我国环境艺术设计作为一门学科和一个行业从此起步。

1987年，《中国美术报》专门召开以环境艺术为主题的座谈会。与会的建筑、美术、哲学等领域专家开始筹建中国环境艺术学会，会长为周干峙先生。同年，建设部召开专业论证会，决定在建筑院校增设室内设计专业；次年，同济大学建筑系室内设计专业开始招收学生。

1988年，在天津召开了"全国城市环境美"大型学术研讨会，与会著名学者李泽厚、吴良镛等很多专家，从多方面研讨环境艺术理论与实践问题。随后出现了深圳"世界之窗""民俗文化村"等环境艺术佳作。同年，室内设计专业拓宽改名环境艺术设计专业。① 建筑院校室内设计专业侧重建筑空间关系与工程技术教育，美术院校的室内设计专业更多地侧重空间艺术造型、陈设艺术及装饰艺术教育。

1994年举办了中国当代环境艺术优秀作品评选活动，编辑出版了全国校园环境文化艺术建设先进单位集锦——大型画册《绿色的旋律》。国外多元的设计观念、文化强有力地推动我国的环境艺术设计前所未有地迅速发展。

截至1995年底，我国已有室内装饰企业达6.5万家，从事该行业的人员达400多万人，所产生的经济效益超过100亿元。同年8月，建设部颁布了《建筑装饰装修管理规定》，为我国室内设计行业的正常发展提供了有力的制度保障。

1996~1999年，全国室内设计与装修工程的产值大约分别为1100亿元、1500亿元、2000亿元、2400亿元，分别比上年增长30%、36%、33%和20%。从事室内设计与装修的人员分别为450万人、500万人、550万人和600万人，分别比上年增长了13%、11%、10%、9%。全国从事室内设计与装修的企业分别为8万家、20万家、30万家和35万家。2001年，全国建筑

---

① 霍维国、霍光编《中国室内设计史》，北京：中国建筑工业出版社，2007，第96页。

装饰工程总产值近6600亿元,从业人数已经超过850万人。

20世纪90年代末,随着住房制度的改革,专业人士开始将室内装饰转向普通百姓的居住空间。室内设计逐步摆脱了模仿传统室内设计和西方装饰风格的束缚。在作品中更多采用新材料、新工艺,使用科技含量较高的材质来创造内部空间形态和结构造型,给人以全新的视觉感受和鲜明的时代感。同时,设计师们也注重将传统文化融入现代设计中。

21世纪的室内设计思想更注重节能和生态保护,并针对不同类型的服务对象建立相应的资料库和咨询机制,具有可持续性、灵活性和适应性等特征。

(2)公共艺术稳步推进。进入21世纪,生态、和谐、共生成为时代热点。人们对城市的需求不再只是居住,而是在居住的同时满足心理的需求和生态的需求。

随着人类对人地关系认识的不断深化,如何以更加"生态"的方式进行城市建设和发展,实现人与自然协调统一,已成为城市规划中需要认真考虑的问题。建设和发展生态城市已成为国际社会的共识,建设生态城市是我国城市发展的基本模式和要求。

(3)地标性与国际化全面发展。地标性和国际化的环境艺术设计已成为当下环境艺术设计发展的趋势。2008年北京奥运会场馆的建筑景观设计、国家大剧院、中央电视台办公大楼、上海世博园等景观设计淋漓尽致地展现了这种趋势。

2008年北京奥运会,同时也是一次中国现代设计盛会,从"鸟巢"等场馆规划设计到具体的上百万个环境标识系统设计,从吉祥物、奖牌设计到开闭幕式舞台设计,无不美轮美奂。

2010年上海世博会,无论是对"城市让生活更美好"的现代聚居理念的策划演绎,还是各个国家和省区市的场馆设计,乃至志愿者服务亭和志愿者徽章设计等都充满创意。[①] 中国馆——东方之冠(见图12-13)的设计方案是

---

① 曹晓玲:《从上海世博会看地域性景观建筑的未来发展趋势》,第三届中国环境艺术设计国际学术研讨会,2010。

图 12-13 上海世博会中国馆建筑景观（图片来源于网络）

典型的中国风格，"东方之冠，鼎盛中华，天下粮仓，富庶百姓"。中国馆的空间秩序由"规"与"回"两部分组成，它们都源于中国传统城市建筑的原型。在象征自然本质的中心对称空间模式中引入人的步行，从而使单个空间演变为有层次递进感的空间序列。

全球化的发展趋势尤其是东西方文化的差异，以及不同地区在文化教育等方面的投入的差异，使得东西方环境艺术设计的交流与对话不可避免出现"文化霸权"的现象。

1996年，首届环境艺术展在深圳举办。随后，全国各地具有影响力的展览、演讲和国际交流活动陆续举办，使我国的环境艺术在国际化视域下开始形成自己独有的内涵和形式。

1999年，荷兰设计公司携手澳大利亚设计公司与我国的王序设计公司首次合作，拓展国际和亚洲市场。国内也出现了许多与国际公司合作的经典作品，如国家大剧院以及2008年奥运会主场馆"鸟巢""水立方"等。

由我国国内设计师独立完成的青岛奥运景观雕塑园（见图12-14），总体雕塑风格呈现多元化，参展的雕塑中90%以上是由青铜、铁、铝、不锈钢等金属材料制成的，奥运理念、奥运精神等得到了充分体现。

近年来，随着我国城市化狂飙突进，城市规模和整体面貌发生了深刻变

图 12-14 青岛奥运雕塑景观（图片来源于网络）

化。但在我国城市发展过程中，城市规划和城市建设忽视各个地区的文化特色、历史文脉，导致"千城一面"。城市建设中的文化挖掘和总体设计成为我国城市发展的短板。

4. 中国城市规划设计40年

20世纪80年代开始，都市化浪潮席卷全球，城市数量飞速发展，带动了我国经济社会的转型发展和国家的复兴。城市总数已经由1978年的193个上升到2014年的661个。中国城市规划设计可分为以下四个阶段。[①]

（1）第一阶段是1978年到1992年。

1980年召开了第一届全国性城市规划工作会议，1984年颁布了《城市规划条例》，1989年颁布了《城市规划法》，我国城市规划工作的法制基础初步建立。

1980年8月，深圳特区正式成立。

（2）第二阶段是从1992年到2002年。

1992年，邓小平发表"南方谈话"。

[①] 张兵:《改革开放以来我国城乡规划发展的回顾与反思》，《小城镇建设》2015年第10期，第25~27页。

1990年4月18日,中共中央、国务院决定开发浦东,1993年1月1日浦东新区管委会成立。

(3)第三阶段是2002年到2012年。

在此期间,城镇化上升为国家战略,《城乡规划法》取代了《城市规划法》。新城新区建设如火如荼。

(4)第四阶段是2012年至今。

按照十八大"五位一体"布局,提出"四化"同步的发展战略,2013年,中央城镇化工作会议明确了城镇化的指导思想和重点任务。2014年,《国家新型城镇化规划(2014~2020年)》发布,标志着我国城乡建设发展迎来新的历史时期。2015年12月,中央召开城市工作会议,中国新型城镇化建设和特色小镇发展驶入快车道;京津冀、"长三角"和"珠三角"三大城市群实施差异化发展。

2017年4月1日,中共中央、国务院决定设立雄安新区。

5. 走向创新设计新业态

中国科学院原院长路甬祥教授从人类文明、时代发展、国家战略及学科融合的宏大视野指出:"设计是人们对于产品制造、工艺与装备、经营管理和服务创新的创意设想、计算和计划,是将信息、知识和技术转化集成为系统解决方案、实现价值的创新创造,是决定创新创造方向、目标、路径和价值的关键环节,是创新型企业和创新型国家竞争力、可持续发展能力、引领行业与全球能力的关键。设计创新引领推动人类社会文明进步。"[①]

(二)中国工艺美术40年发展历程

改革开放40年,中国工艺美术的发展历程可以划分为以下四个时期。

1. 生机焕发复苏期(1978~1989年)[②]

1978年,全国工艺美术展在中国美术馆举行,参展作品达1万多件。时

[①] 路甬祥:《机械设计国际会议暨第19届机械设计学术年会上的报告》,2017年11月20日。
[②] 李金领、侯双庆:《改革开放下的传统工艺美术发展形态(1978~1988)》,《设计艺术研究》2012年第6期,第60~64页。

任国务院副总理邓小平、李先念等观看展览，对传统工艺美术的保护、发展作出了重要指示。同年1月，国务院批转了轻工业部《关于大力发展日用工业品生产的报告》。

1979年中共中央会议积极调整生产服务对象，扩大日用工业品生产，调整产品结构，以适应国内外市场需要。

1980年7月，国家经济委员会颁布《旅游纪念工艺品生产和经营若干问题的暂行规定》，提出"加强科学研究和产品的设计力量，大力发展具有民族风格和游览区特色的产品……把旅游产品搞得丰富多彩"，产品包装装潢要"具有民族风格，精巧轻便，方便携带，适合送礼"，"要不断改进设计、提高包装水平"等。下半年，又提出了"日用品工艺化，工艺品日用化"的指导方针。这些规定和要求促进了传统工艺美术品的生产和开发并促使其生产向大工业生产的方向转变。

1981年，五届全国人大四次会议指出，要把消费品工业的发展放到重要地位。

改革开放后，传统工艺美术出口量倍增，1978~1981年，出口创汇每年增长22%。工艺美术同时也形成了庞大的国内市场，全行业产值从1978年的30多亿元增长到1980年的47多亿元，出口额达34亿元，比1952年增长近47倍。1981年，产值达53亿元；1983年，产值达53.4亿元。

1982年，轻工业部召开全国轻工业优秀新产品评选和经验交流会，会议总结出轻工业产品的开发方向：日用品要在造型新颖、结构先进、安全可靠、独具风格、质优价廉、效益良好等方面下功夫；食品要携带开启方便，包装装潢精美等。伴随市场的繁荣，人们对产品的审美需求也逐渐被激发出来。

改革开放之前，"工艺美术事业"作为发展的主线；改革开放之后，"工艺美术产业"（文化创意产业）则成为新的发展主题。

改革开放初期，传统工艺美术经营体制有所变革，涌现了具有现代企业性质的工艺美术企业，东南沿海城市则兴起了现代首饰和现代礼品产业群。

这一时期，我国的文化政策、产业发展、机构调整、部门管理等出现了不少昙花一现的做法，甚至有些政策未及实施就被废除。

1982年春，文化部、轻工业部联合召开了新中国成立以来第一次全国高等院校工艺美术教学座谈会，总结交流教学经验，讨论工艺美术教育特点以及各专业基础课设置、任务及其与专业设计课的关系。据1982年初不完全统计，当时工艺美术专业在校生约1600人，并培养了一批研究生，向国外选派了一批留学生；许多院校还为轻工、纺织、机械及商业等部门举办了各种培训班。截至1983年底，全国有工艺美术学院1所，设有工艺美术学科的美术学院6所、艺术学院5所、工科学院5所。①

1989年，李砚祖撰写《工艺美术概论》，这是第一本较为系统、全面地对转型时期的工艺美术学科建构了理论框架的理论著述。杭间《中国工艺美学思想史》是第一部系统整理、研究中国古代设计思想的专著。尚刚对中国工艺美术断代史的研究，建立起工艺美术史与考古学、历史学和社会学的联系。

2. 百花齐放腾飞期（1990~1997年）②

20世纪90年代中期，一些集体甚至国有工艺美术企业转制成为民营企业，不少技术工人创业，从而产生了一批新型的民营企业。一些传统产区，如景德镇，陶瓷从业人员超过10万人，2005年陶瓷总产值近25亿元，比2000年增长90%，出口创汇2200万美元。传统工艺美术行业随着体制改革已进入了一个新的发展时期。

1997年，国务院颁发的《传统工艺美术保护条例》强调，"国家对传统工艺美术品种和技艺实行保护、发展、提高的方针"，极大地促进了传统工艺美术的保护和发展。

---

① 周静：《传统工艺美术与现代设计基础课程的回顾与思考》，《美术大观》2009年第6期，第194~195页。
② 王丽丹：《中国传统工艺美术体制集谈录——建国60年文化改革与发展回眸》，《艺术百家》2009年第2期，第144~148页。

3. 设计融合提升期（1998~2009年）[①]

从20世纪90年代中后期至2009年，传统工艺美术行业进入发展新阶段，从"十一五"起每年的产值以23%的速度快速增长，规模以上企业有5600多家（占87%的小企业未统计在内），从业人员约1800万人。

1997年，国务院颁布《传统工艺美术保护条例》，从法制上加强了对传统工艺美术的保护。

21世纪初，中国工艺美术企业的体制、机制不断改革与完善，过去扭曲的生产关系得以理顺，极大地解放了生产力。民营工艺美术企业逐步成为工艺美术行业的主力军，形成新中国成立以来工艺美术生产的新格局。

2002年，中国启动非物质文化遗产普查保护工作，将工艺美术列入重点保护对象。

2003年，文化部推出《非遗保护规则条例》；国家对非遗项目和传承人、对工艺美术需要保护的品类都给予了资金、土地、政策方面的支持；2005年3月，国务院办公厅发布《关于加强我国非物质文化遗产保护工作的意见》，提出了我国非物质文化遗产保护工作的目标。从2005年起恢复中国工艺美术大师的评选。

2006年，《国家"十一五"时期文化发展规划纲要》明确将工艺美术列入文化创意产业。

2009年，国务院通过第11个产业振兴规划即《文化产业振兴规划》，使工艺美术产业迎来新的发展机遇。

4. 文化创新转型期（2010~2017年）

2010年，中国工艺美术协会受文化部、工业和信息化部委托，调研工艺美术行业"十一五"期间的发展成果，并为制定"十二五"发展规划作准备。十七届五中全会和《国家"十二五"时期文化发展规划纲要》均明确提出推动文化产业成为国民经济支柱性产业。十七届六中全会，进一步审议通过

[①] 韩焦：《20世纪90年代以来中国工艺美术行业研究文献综述》，山东工艺美术学院硕士学位论文，2014。

《中共中央关于深化文化体制改革推动社会主义文化大发展大繁荣若干重大问题的决定》，为我国文化事业和文化产业的发展指明了方向。2012年，文化部推出《"十二五"时期文化产业倍增计划》，将工艺美术列入11个重点发展产业。2012年，国家统计局修订了《文化及相关产业分类标准》，将工艺美术产业从过去的外围层提升为十大类中的第七大类，确立了工艺美术在文化产业中的重要地位。发展工艺美术产业成为提升中国文化软实力的重要发展战略。

2011年的政府工作报告和2012年2月发布的《国家"十二五"时期文化改革发展规划纲要》均明确提出，推动文化产业成为国民经济支柱产业。[1]

2014年3月，国务院下发《关于推进文化创意和设计服务与相关产业融合发展的若干意见》和《国务院关于加快发展对外文化贸易的意见》，明确了文化产业与整体经济发展之间的关系。

2014年5月，工业和信息化部出台《关于工艺美术行业发展的指导意见》，全面推进行业转型升级，促进大中小微型企业协同发展。2014年7月，文化部、工业和信息化部、财政部共同发布了《关于大力支持小微文化企业发展的实施意见》，制定了给予包括工艺美术文化企业在内的小微企业的具体扶持政策。同年，《中国制造2025》发布，从低端加工到工业设计介入，再到创造性的制造业发展，明确提出了中国制造转型升级的路线图和时间表。2014年，由世界手工艺理事会、中国轻工业联合会等单位主办的世界工艺文化节在东阳木雕城隆重举行，这是世界手工艺理事会有史以来规格最高、规模最大的一次活动。

各领域改革的深入推进以及人们消费能力的提高和消费结构的升级为工艺美术文化产业造就了更大的市场需求。市场对于传统工艺美术大件、要件、高端产品的需求明显下降，但对于实用性、日用型、产业化的工艺美术产品需求旺盛。一些地区和企业在前几年及早调整，在新的经济周期中站稳了脚

---

[1] 刘建清：《艺术品和工艺美术行业可望走进"春天里"——解读〈文化部"十二五"时期文化产业倍增计划〉》，《文化月刊》2012年第3期，第114~117页。

跟。现代设计与工艺美术融合发展更趋紧密。

2017年，中共中央办公厅和国务院办公厅发布《关于实施中华优秀传统文化传承发展工程的意见》，将振兴传统工艺置于重要地位。2016年，工业和信息化部、财政部联合发布《关于推进工业文化发展的指导意见》，首次把工艺美术列为工业文化产业，积极引导企业运用新技术、新工艺、新材料、新设计，创新发展工艺美术产业。

近五年来，中国全面深化改革进入实施阶段，相继将发展工艺美术文化产业作为培育经济增长点、转变经济发展方式、调整经济结构的重要举措，一大批"具有浓郁特色""内涵丰富""品质优越""形象优秀""生态环保"的工艺美术产品成为对外宣传交流的亮丽名片。一系列政策体现了中国政府对发展工艺美术产业发展的高度重视和大力支持。

二 中国设计与工艺美术40年发展动因与观念演进

（一）中国设计与工艺美术40年发展动因

改革开放是中国设计与工艺美术发展的总动力。李砚祖在《设计之道——20世纪中国设计理论的形成与发展》[①]中谈到，20世纪中国现代设计的发展除内在性要求驱动之外，外力的影响也很大。其内在性要求指中国社会生产、生活等方面以及中国设计本身的要求；外力的影响主要指来自国外设计的影响。

1. 内因——国内政治、经济、社会、文化的全面改革

（1）政治、经济动因

①管理机构改革和政策法规调整

长期主管工艺美术生产和教育的轻工业部建制不断变迁：1970年4月，第一轻工业部、第二轻工业部、纺织工业部合并为轻工业部；1978年1月，

---

① 李砚祖：《设计之道——20世纪中国设计理论的形成与发展》，《南京艺术学院学报（美术与设计）》2008年第3期，第48~52页。

轻工业部与纺织工业部分开;"合并""合署""分开"……到20世纪90年代后半叶,轻工业部作为国务院机构之一的行政实体消失。1980年,经国务院批准,国家经济委员会、轻工业部、国家旅游局共同设立中国旅游产品生产供应公司,为工艺美术品进入旅游市场发挥了积极作用。1987年成立中国工业设计协会和中国工艺美术协会,标志着中国设计和工艺美术行业由政府管理转向行业自律。2003年机构改革之后,传统工艺美术保护工作职能划归国家发展和改革委员会,工业设计归工业和信息化部。中国现代设计和工艺美术主管机构的变迁折射了现代中国产业结构调整和上层建筑的关系。

②经济体制改革与发展模式重组

20世纪80年代,传统生产关系和生产方式的变化、体制的变革带来新的发展形式,传统工艺美术的经营方式和发展途径增多,一些诞生于农耕文明时代的民间工艺美术走出乡村,积极吸纳现代文化素养;一些有悠久历史的家族式工艺美术作坊大胆融合现代技术和现代经营管理思想,在数年间扩张成为大工业企业;也有不少企业、研究所因不适应市场而倒闭。1981年,全国工艺美术出口陷入困境,国内很多企业和研究所纷纷改制成中小型作坊式有限责任公司和个体经营的私营企业。许多国家级大师自己开设公司或工作室,如杭州朱炳仁(铸铜)、上海李游宇(瓷器)等。

20世纪90年代,中国工艺美术行业脱离计划经济体制,逐渐向现代企业转变,全国范围内形成了工艺美术产业化的新格局,中国艺术品市场进入全面复苏时期。文化部2012年春季发布的《2011中国艺术品市场年度报告》显示,到2011年底,中国艺术品市场的整体规模继续快速增长,名列世界第一。

(2)新兴业态推动

改革开放之后,中国文化发展新业态在国际形势和国内政策推动下开始兴起。

①工艺美术"文化产业"兴起

1991年,"文化经济"概念在国务院批准的《文化部关于文化事业若干经济政策意见的报告》中被提出，我国文化创意经济从此有了"名分"。

2000年，中共中央十五届五中全会正式提出了"文化产业"概念，并把发展文化产业提上日程。

2003年，党的十六届三中全会从国家政策层面将文化产业作为国家的战略目标提出，我国的文化产业开始全面启动，并力图发展成为新的经济增长点。

2012年，国家统计局修订《文化及相关产业分类标准》，确立了工艺美术在文化产业中的重要地位。

此后，我国出现了"文化产业热"，而工艺美术产业作为国家经济发展的组成部分被纳入文化产业。

②工艺美术保护引入"非遗"概念

进入21世纪，特别是2004年以后，"非物质文化遗产"概念被频繁使用。2004年8月，中国政府宣布，正式加入联合国教科文组织《保护非物质文化遗产公约》。2005年3月，国务院办公厅颁布的《关于加强我国非物质文化遗产保护工作的意见》第一次在中国政府文件中采用了"非物质文化遗产"这一术语。2006年、2008年、2011年公布了3批共1530项国家级非物质文化遗产名录。其中2006年6月公布的第一批518项国家级非物质文化遗产名录中有140项属于工艺美术行业。

③举办文化赛事活动

大型学术、展会等活动的举办，展示了中国传统手工艺的精湛技艺，也反映了中国工艺美术发展的良好趋势及其重大成果（见图12-15、图12-16）。

2. 外因——西方现代设计理念和全球化浪潮的推动

（1）西方现代设计思想启蒙

改革开放后，西方世界的各种设计理念进入中国，学术界也积极采取"走出去"和"请进来"两种方式与西方进行艺术设计交流。

（2）全球化浪潮推动

1981年，工艺美术出口达到15.1亿美元，占当年轻工业系统出口总额的

图 12-15　中国工艺美术代表团出访俄罗斯（图片来源于中国工艺美术协会官网）

图 12-16　第十七届中国工艺美术大师作品暨手工艺术精品博览会在青岛举行（图片来源于中国工艺美术协会官网）

30%。中国与各个国家的贸易也进入了持续增长阶段，20世纪90年代以来，中国的对外贸易大部分时间处于顺差的状态。

取得这些成绩和进步的根本原因就是对外开放。

（二）中国设计与工艺美术40年观念演进——理念转变与升华

1. 设计教育观念的改变

1981年，中央工艺美术学院教授祝大年发表的《漫谈"造型观"》介绍了包豪斯思想的造型观，此后的1982年，美术界和设计界译介包豪斯的文章迅猛增多。

中国现代设计经历了"图案—工艺美术—美术设计—设计艺术—设计学"的观念转变过程。

（1）以"工艺美术"为概念的前期阶段

1982年春，由文化部、轻工业部联合召开的全国高等院校工艺美术教学座谈会总结交流了教学经验，讨论了工艺美术教育的特点。1983年，中央工艺美术学院成立了全国第一个工艺美术史论系（图12-17为该系第一届本科生与本系教师的合影），此后，中国美术学院、广州美术学院等院校也相继设立了"工艺美术学""设计学"系或专业。

图12-17　中央工艺美术学院工艺美术史论系第一届本科生与庞薰琹先生及本系教师合影（图片来源于艺术中国）

1984年,《当代中国工艺美术》将中国工艺美术分为3个门类,除了传统工艺美术、民间工艺美术外,还提出了"现代工艺美术设计"概念与分类。在新的历史时期,一批海外留学归来人士展开了关于"工业设计"与"工艺美术"的大讨论。1986年10月,《中国美术报》发表了杭间题为《对"工艺美术"的诘难》的文章,"编者按"认为实现中国现代化需要以"现代设计"代替"工艺美术"。然而基于社会现实,中国的产业结构、经济结构还不足以催生中国自己的设计。

(2)以"美术设计"为概念的过渡阶段

随着中国工业化、城市化进程的加速,城市环境改造、房地产开发的力度不断提高,传统工艺美术中图案设计、陶瓷美术设计等专业已不能满足社会发展的需要,出现了一些如环境设计、工业设计等新学科,"美术设计"取代了"工艺美术"。1998年,教育部在新颁发的大学本科学科目录中明确将"艺术设计学"和"艺术设计"两个学科并列,取消了"工艺美术学",正式完成了由认识层面向制度层面的转变,这实际上是中国社会文化和中国人生活观念的改变,标志着我们在设计观念的更新、设计学科的建设方面,适应了我国工业化和市场经济的发展,并逐渐向世界前沿靠拢,我国的设计艺术发展进入"美术设计"的过渡阶段。①

(3)设计教育观念的深化革新阶段

为适应社会主义市场经济发展,设计学界不断细分衍生出新的专业类别,初步建立了设计学一级学科体系。

20世纪90年代中期,电脑设计融入传统的设计方式,给设计领域带来深刻变革和重构。同时,网络时代的非物质社会全球化、数字化的特征及更加灵活的合作模式,使得原来在大工业形态下没有解决的设计教育问题又增加新的难题。数字时代的到来为当时设计的发展起到了推波助澜的作用。

(4)以"设计学"为概念的多元化阶段

在此阶段,设计艺术观念已经从有形的物质的设计向非物质的设计转

---

① 杨先艺:《改革开放30年中国设计学学科的演进与发展》,《艺术百家》2013年第2期,第49~54页。

变，设计艺术也从实物产品设计向虚拟服务系统的设计转变。数字化、集成化、网络化、智能化是21世纪设计艺术发展的必然方向，大力发展设计创意产业是我国可持续发展战略思想的集中体现，现阶段的设计艺术已成为创造"绿色产业"的核心手段，推动着我国产业从"加工制造型"向"产品创新型"转变。①

伴随设计观念的转变和全球教育资源的共享，全球同步进行的互联网教学也成为一种新颖的模式，原有的专业化、单向度的教育模式面临综合跨界创新人才新需求的考验。②

2. 消费审美观念的转变

改革开放使人们求新、求异、求美的消费心理因为有了物质基础而显得更为强烈。同时，伴随西方的现代设计思想的涌入，人们重新思考自我和个性的关系。企业和设计师逐步意识到商品在人们心理上的差别比物理上的差别更加重要。20世纪80年代中期以后，大众审美需求由关心政治的"红、光、亮"向关心生活环境的"清爽、舒适"转变，抒情的、象征性的、抽象的手法代替了政治的、写实的手法。③大众开始注重审美需求，也促使社会充分认识到美术设计的社会职能。人们消费观念、生活方式的转变对设计发展起到了推动作用。

3. 国家发展观念的转变

从"中国制造"观念向"中国智造"观念转型。国际金融危机后，许多国家纷纷制定制造业发展战略，如美国的《先进制造业国家战略计划》、德国的"工业4.0计划"和日本的《制造业白皮书》等。面对新的全球发展趋势和各国重大战略的调整，中国出台《中国制造2025》，明确提出把智能制造作

---

① 杨先艺：《改革开放30年中国设计学学科的演进与发展》，《艺术百家》2013年第2期，第49~54页。
② 杭间、曹小鸥：《设计，另一种启蒙——改革开放30年设计述评》，《中国美术馆》2009年第9期，第100~103页。
③ 张思遥：《中国平面设计30年——回顾改革开放后中国平面设计发展的历程》，江南大学硕士学位论文，2009。

为"两化"深度融合的主攻方向,加快从"中国制造"向"中国智造"的转型。中国有望于 2020 年初步完成从"工业革命 2.0"向"工业革命 3.0"的升级,并奠定"工业革命 4.0"的重要基础(见图 12-18)。

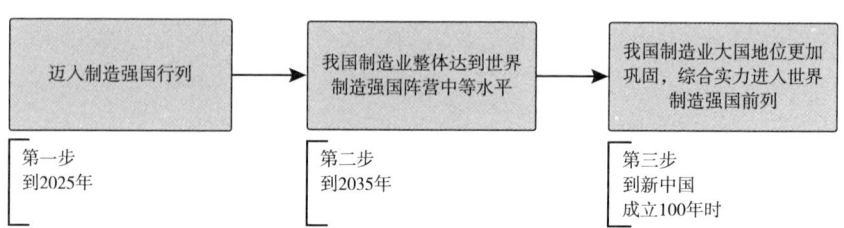

图 12-18 《中国制造 2025》"三步走"实现制造强国战略目标

从产品观念向品牌观念转型。自主品牌从量变到质变,是中国设计发展过程中的跨越式提升。中国制造的产品溢价能力低,原因在于品牌的影响力低。全球化造就了品牌经济时代,品牌既是企业的标志和根基,也是企业出奇制胜、抢占市场的强大武器。

4. 走向创新设计

两院院士路甬祥从设计进化理论(设计 3.0)的宏大视野指出,在第三次工业革命浪潮中,创新设计必然会引领以网络化、智能化和绿色低碳可持续发展为特征的文明走向。中国设计须增强创新设计意识、提升创新设计能力,加快引领促进实现向"中国创造"转变,从更新理念、优化环境、强化基础、改革教育、培育文化等多方面入手加强中国创新设计,通过创新设计引领中国创造和转型发展。

三 中国设计与工艺美术 40 年发展态势与问题

中国设计和工艺美术 40 年发展,从工艺美术一枝独秀到中国设计脱颖而出,从二者泾渭分明到如今融通中外、迭代创新,成为中国创意产业和社会发展的强劲引擎。

（一）中国设计与工艺美术40年发展态势

1. 历史维度上的量变与突变

在时间轴向和历史维度上，中国设计与工艺美术40年发展受政策和机制的影响巨大。

20世纪70年代末至90年代初，改革开放推动工艺美术行业快速发展，经济效益逐年提升。20世纪90年代中期，公有制企业改革推动工艺美术企业改制转型，工艺美术步入了历史的转折时期。90年代至今，工艺美术在出口创汇的同时，也在促进国际交流、传承民族文化等方面发挥了重要作用。同时，工艺美术产业还积极开拓国内市场和旅游商品市场，民间手工艺制作渐趋活跃。[①]

进入21世纪以来，工艺美术产业成为各省市的支柱产业。各地工艺美术从业人员不断增加，产业规模不断扩大，工艺美术品有传承有创新，社会需求大增，收藏家、企业家、文化艺术人士纷纷涉足工艺美术行业。2006年，工艺美术与广告创意设计等现代设计一起在《国家"十一五"时期文化发展规划纲要》中被国家明确为促进国民经济发展的文化创意产业，成为国家文化产业的重要组成部分。[②]

伴随国家发展战略的转型和"双创"政策的推进，中国设计与工艺美术共同迎来高速发展期。

2. 地理维度上的反差与失衡

在空间轴向或地理维度上，中国设计与工艺美术40年发展受人文地理和自然地理影响巨大。

中国设计发展也暗合"胡焕庸线"规律。胡焕庸先生曾提出"胡焕庸线"两侧出现巨大反差的三个原因：自然环境不同、经济发展水平不同和社会历

[①] 韩焦：《20世纪90年代以来中国工艺美术行业研究文献综述》，山东工艺美术学院硕士学位论文，2014。
[②] 胡惠林：《对"创意产业"和"文化产业"作为政策性概念的一些思考》，《学术探索》2009年第5期，第33~34页。

史条件不同。[1] 由于这些不同，我国改革开放总体上呈现东快西慢的特点。中国设计与工艺美术40年发展中大部分时间也呈现东快西慢的格局。

3. 虚拟现实（网络信息）维度上的此起彼伏

众筹设计、微商营销……面对以信息网络技术创新引领的智能化制造新趋势，推动物联网、大数据技术在工业领域的集成创新和应用，推进制造方式的互联网化，鼓励制造业创新销售和服务模式，大力推动互联网与制造业深度融合成为打造中国智造和工艺美术升级版的必然选择。

现代设计和工艺美术的先天优势，在虚拟现实（网络信息）维度上此起彼伏，在多元需求、个性化定制的时代变化和传承创新中重新洗牌。

4. 本质属性维度上的殊途同归

中国现代设计和工艺美术一路走来，虽然分分合合，路径各异，但两者在创新本质属性上的天然联系使二者最终走向融合发展，形成文化创意新业态。

（二）中国设计与工艺美术40年问题分析

1. 中国设计发展中的问题

关键的问题是原始创新的不足和文化自信心的不足。

改革开放后快速发展的中国设计也暴露一些问题，如商品包装过度追求奢华、广告设计粗制滥造、现代制造业设计创新不足、城市设计"千城一面"、传统村镇文脉断裂等。在经济全球化、文化多元化时代，好设计必将根植于民族文化之厚土，用简练、易懂的形式去表现丰富的民族文化内涵。

2. 传统工艺美术发展中的问题

关键的问题是传承保护和创新发展的关系处理不当。

（1）工艺美术产业与文化事业的关系处理不当

工艺美术产业吸引外资不够；内销产品市场竞争无序，产业龙头企业不多，不少企业依赖思想严重；工艺美术企业长期处于以外贸为主、以包销为

---

[1] 戚伟、刘盛和、赵美风：《"胡焕庸线"的稳定性及其两侧人口集疏模式差异》，《地理学报》2015年第4期。

主、以生产为主的经营局面，对于自主应对市场变化缺乏经营及营销手段。

（2）技术更新与非物质文化遗产保护的矛盾

传统工艺美术是最重要的非物质文化遗产之一。在技术层面上，工艺美术行业以机械加工工艺取代不少传统手工技艺，由此形成了非物质文化遗产保护中技术更新与传统工艺技术保护的矛盾。工艺美术行业本身如何处理技术更新与传统技艺传承的关系成为关键所在。

（3）文化变迁与传统工艺美术传承的矛盾

目前，传统工艺美术处于一个以现代科技为主导、快速多变的外部环境中。外在的文化变迁与工艺美术内在文化的稳定传承之间在一定程度上存在冲突与矛盾。固守传统技艺，忽视工艺美术作品的样式、风格、工艺材料以及技术的创新和多元文化的挖掘会影响工艺美术的长远发展。

（4）技艺传承和后继无人的矛盾

20世纪90年代体制转型后，后继乏人的现象已经开始制约行业的发展，不少传统工艺美术技艺已经失传。[1] 如漆艺方面，明代黄成《髹饰录》记载的数百种漆工艺，至今很多已失传。国家应重视工艺美术教育和工艺美术人才的培养。1997年国务院颁布《传统工艺美术保护条例》迄今，北京（2002年）等多个省市先后制定或颁布了相应的地方工艺美术保护条例或办法。[2]

（5）工艺美术品知识产权等意识淡漠

目前工艺美术行业还缺乏完整的保护、扶持和促进工艺美术发展的政策体系。在市场规范、价值保证、收藏和保护等方面，缺乏有力的规范、调节、引导、激励的制度和方法。

（三）对策思考

促进中国现代设计和工艺美术的可持续发展，应在以下几点加强与完善。

---

[1] 王露：《浅谈中国传统工艺美术》，《散文百家》2015年第6期，第125页。
[2] 周卫民：《解读民间工艺美术》，《艺术生活》2003年第2期，第33~36页。

1. 深入挖掘传统工艺美术的当代价值

产业转型价值：传统工艺美术投资少、收效快、能耗小，可以充分利用各类社会资源，工艺美术品（主要是手工艺品）在历史上形成了许多重要产区，大多数已经成为地方传统工业的支柱或城市的象征（地域名片），如景德镇陶瓷、宜兴紫砂、苏州刺绣、南京云锦、东阳木雕、扬州漆器、北京景泰蓝等。

就业价值：工艺美术是劳动密集型产业，主要靠人工和技艺，对生产场所和生产条件要求不高，有的还适合家庭生产或加工，成为家庭副业。

文化审美价值：传统工艺美术是民族传统文化的重要组成部分，是传统文化的物质载体；其工艺的技术和艺术亦是重要的非物质文化；作为民族文化，历史性与现代性兼具，是现代生活文化的表现；在世界性的文化交流中具有不可替代的重要作用，它是民族文化和艺术的形象大使。①

2. 加强政策层面对技艺人才的保护

一些继承传统技艺的大师和技术人员作为传统工艺美术的直接传承者，是"活文物"，要加强对这些人才和技艺的保护和研究。制定《文化财产保护法》，将传统工艺作为无形文化财产加以保护，在全国普查的基础上，制定相应的认定和指定办法。政府要组织力量对有消亡危险的技艺、高龄艺人和重要无形文化财产采用各种方式进行调查记录，并进行保护、传播。真正从组织上、制度上保障人员安排及资金等落实到位。

3. 完善知识产权保护体系

加强知识产权创造、管理、运用和保护的战略力度。在大力发展文化创意产业的过程中，要特别重视知识产权的质量和效益，加强文化创意衍生产品的开发与保护力度。

4. 制定工艺美术文化产业的发展策略

重视中国工艺美术文化产业分类命名，要协调统一工艺美术品的繁多种

---

① 张亚宁：《古风与新潮——台湾现代工艺美术发展及其特征》，《现代装饰》2012年第12期。

类；降低中国工艺美术文化产品税率；应组织建立中国工艺美术文化产业基金，主要用于重要海外市场的文化推广，加强行业品牌建设和标准化建设，推动工艺美术行业市场化、国际化。

5. 推进设计创新

改革开放以来，中国设计和工艺美术发展的核心就是创新。李克强总理在 2014 年 9 月夏季达沃斯论坛上提出，要在 960 万平方公里土地上掀起"大众创业""草根创业"的新浪潮，形成"万众创新"的新势态。创新对提高中国设计的质量，实现工艺美术传承战略具有不可忽视的作用。坚持创新发展，把创新摆在国家发展全局的核心位置。工艺美术设计在作品构思上的创新要与时代发展相适应；充分利用先进技术提升创新水平；坚持把调整优化、创新驱动作为工艺美术行业和企业的"立业之本"。

6. 加强文化全球化与文化安全意识

源于中华文化的中国工艺美术代表了中华民族历史传承的艺术凝聚和文化形象，① 既是一个具有鲜明中国特色的文化产业，又是一个随着人民生活水平不断提高的朝阳产业，具有巨大的经济、社会、文化、艺术、历史价值。同时，作为中国与世界各国之间文化贸易的重要载体，中国工艺美术成为沟通东西方文明的桥梁。

（1）文化全球化

在全球化背景下，应将传统的工艺美术与现代设计理念相结合，这不仅能够加深人们对我国传统文化的理解，也能够提高我国传统文化在全球范围的话语权和吸引力。我国民族文化传统中的优秀成分要转化为具有人类命运共同体意义的文化价值资源，跟上文化全球化前进的步伐，进而对世界文化作出独特的贡献。

（2）文化安全与设计伦理并重

传承保持好中国设计和工艺美术的文化独特性与先进性，增强文化自信

---

① 李庆锋：《促进当代工艺美术产业发展的战略思考》，《教育科学》2016 年第 4 期。

和安全意识，强化设计伦理底线。积极推动人类先进文化融入民族文化之中，积蓄文化势能与创新力。以文化建设引领文化产业发展，增强文化传播力。运筹国际文化战略，推动建立国际文化新秩序和人类命运共同体。

（3）进一步加强对工艺美术品的立法保护，完善著作权自愿登记制度。行政司法机关应加强协调配合，切实加大力度保护好工艺美术品知识产权。

四 中国设计与工艺美术未来展望

中国工艺美术承载了中华民族的造物智慧，在造型语言、工艺技法、民俗内涵等方面必将为中国设计走向世界提供不竭的创新源泉。中国设计将从物质设计向非物质的服务设计转变，全球设计资源将进一步开放共享，国际间同步进行的"互联网+"设计也将成为趋势。

从以人为本到"天人合一"的专业跨界融合进一步加强。伴随新兴科技发展起来的设计科学在满足人们物质生活需求的同时，对人性的深层关怀、对人类可持续发展的理性思考必将成为未来设计发展的基本选择。以"天人合一"、与自然界和谐相处等理念为核心的生态设计、绿色设计正成为中国设计发展的主流。与此同时，微观层面的专业融合与产业链接也会更加紧密，未来设计必将打破"专业"的局限。

科技进步对设计的影响进一步加剧。科技进步导致设计不再是单纯的设计艺术，现代科技对中国设计和工艺美术的影响既是全方位的，也是深刻的，甚至是颠覆性的。

40年来，中国设计与工艺美术的内涵外延随着时代发展而不断发展，并不断演绎着时代赋予的角色价值。中国特色社会主义进入了新时代，我国社会的主要矛盾已经转化为人民日益增长的美好生活需要和不平衡不充分发展之间的矛盾，如何更好地面对与适应人民对美好生活的需求和审美体验将是中国设计和工艺美术未来发展的神圣使命。

推荐阅读书目

(按出版时间排序)

编者按：在筹划本套改革开放研究丛书之初，谢寿光社长就动议在每本书后附相关领域推荐阅读书目，以展现中国改革开放以来本土学术研究广度和深度，并以10本为限。在丛书编纂和出版过程中，各位主编和作者积极配合，遴选了该领域的精品力作，有些领域也大大超过了10本的限制。现将相关书目附录如下，以飨读者。

祁述裕：《中国文化产业发展战略研究》，北京：社会科学文献出版社，2008。

陈少峰、张立波：《文化产业商业模式》，北京：北京大学出版社，2011。

张瑞才、范建华：《中国特色社会主义文化建设的理论与实践》，北京：社会科学文献出版社，2012。

费孝通：《中国文化的重建》，上海：华东师范大学出版社，2014。

孙隆基：《中国文化的深层结构》，北京：中信出版社，2015。

梁漱溟：《中国文化的命运》，北京：中信出版社，2016。

魏鹏举：《文化产业与经济增长——文化创意的内生价值研究》，北京：经济管理出版社，2016。

熊澄宇：《中国文化产业政策研究》，北京：清华大学出版社，2017。

许嘉璐：《中华文化的前途和使命》，北京：中华书局，2017。

胡惠林：《文化产业发展的中国道路》，北京：社会科学文献出版社，2018。

索 引

（按音序排列）

C

城市规划设计　305，325

传统文化　004，013，016~019，022~024，042，051，076，078，085，086，093，096，098，099，111，121，136，154，159，161，164，169，173，178，186，191，213，230，236，244，249，253，269，270，274，279，283，292，295，300~302，318，320，323，331，342，343

D

电影　005，006，018，022，025，029，030，034，035，038~040，042，044，052~054，057，079，108，109，111，115~117，119，122，124，126，134，139，143，144，147~149，151~154，158，159，173，174，176，181，182，186，190，191，199，221，225~229，236~238，252，264，265，267，273，274，280，282~286，288~290，292

对外文化交流　020，021，034，049，055，106，122~124，129，226，248~253，255，257，260，261，263~271

对外文化贸易　016，019，020，050，052，055，056，084，122~124，126，129，130，136，144，146，147，183，194，224~226，228，229，233，236~238，241~246，248，270，295，330

对外文化投资　125，240

F

非物质文化遗产　019，120，257，284，295，329，333，341

G

革命文化　004，013，038，173，270

工业设计　024，156，300，304~309，320，330，332，336

工艺美术　019，127，137，143，166，228，283，304~306，312~314，326~336，338~344

公共文化服务　004，010，011，013~016，024，026，038，039，047，049~052，054，055，058~065，067~074，076~084，101，108，166，168，171，276，284，295，296，299，300，302

广播电视　001，006，015，018，025，030，034，036，037，041，074，094，108，115~117，143，151~153，158，164，176，182，189，190，194，212，273，274，283，284，286~289，292

H

环境设计　305，321，336

S

社会主义先进文化　004，012，013，048，049，270

数字文化　015，073，079，127，137，166，290，300，301

W

文化产品　007，008，010，016，017，019，020，022，024，028，034，036，040，045，049，053，056，061，064，065，069，071，079，082，083，107，108，111，113，123~126，128~131，135，137，139，141，143~147，160，174，176，185，187，190~192，194，202，208，213，214，224，225，227，228，230，231，233~238，240~242，244~248，269，270，276，279，281，295，301，302，343

文化产业　001，003，004，008~012，014~016，018，020，023~027，029，

032~051，053，054，056~058，068，069，082，086，091，101~114，121~141，143~160，162，164~172，178，180~196，204，208，213，214，219~223，225~230，233，234，236~243，245，246，263，266，267，269，270，274，276，278，279，284，292~300，302，308，329~333，339，342~344

文化传播　013，052，123，148，193，263，279，287，294，296，344

文化服务　003，004，008，010，011，013~016，020，021，023，024，026，028，029，032，038，039，047，049~052，054，055，058~065，067~074，076~084，101，102，107，108，124~126，129，134，139~147，157，166，168，171，190，194，195，199，202，214，220，221，223~225，228，230，233~238，245，248，270，273，274，276，279，284，285，295，296，299~302

文化福利　059，061~065

文化共性技术　279

文化建设　003，004，008~014，021，024，026~028，030，033，034，036，038，040~043，046~051，055，058，070，071，077，079，080，082，100，104，107，122，123，125，134，164，165，178，179，182，189，229，239，246，268，273，278，295，297，344

文化经济　027，036，037，043，044，046，047，050，052，057，104，105，133，137，158，171，172，178~180，182，184，185，193~195，221，224，226，229，261，332

文化科技　110，121，122，151~153，156，159，169，272~279，293~301，303，308

文化旅游　039，107，127，137，161，162，164，166，229，284

文化企业　017，018，020，023，035，038，039，043，048，050~052，054，056~058，065，082，106，108~110，114，123~126，128~138，140，142~151，154~170，180，187~189，191~193，225~227，229，238~242，244~246，266，267，302，330

文化权利　039，040，059~061，063~065

文化软实力　003，004，009，011，012，024，026，040，047，050，057，086，

101，108，122，125，129，137，248，249，266，278，299，330

文化市场　002~004，006，008~010，013，016，017，020，022~025，029，031~036，038~043，045，047，048，050，053，054，067~069，102，104，106，107~110，123，125，129，132~135，147，149，150，154，165，167，171~174，176~183，185~194，196，201~203，208，210，214，224~227，229，230，234，237~245，274，276，287，288，299，300，303

文化事业　002~012，014~017，023，025~027，030~033，035~043，046，047，051，052，058~062，065~072，086，103，104，107，108，131，133~135，171，172，178~182，185，186，194，196，208，239，261，270，278，294，297，299，330，332，340

文化体制　003~018，022，024~029，031~034，036~052，056~058，103~110，121，123，131，133~135，137，139，143，150，154，171~173，176~183，186~189，193，196，207，213，220，223，227，239，240，242，274，294，330

文化体制改革　003~013，015~018，022，024~029，031~034，036~048，050~052，056~058，103~110，121，123，131，133~135，137，139，143，150，154，171~173，176~183，186~189，193，196，207，213，220，223，227，239，240，242，274，294，330

文化消费　024，029，054，082，095，098，102，109，146，164，169，176，185，195~224，229~231，241，246，296

文化演出　029，102，285

文化遗产　018，019，049，085~090，092~100，119~121，127，143，162，257，263，266，276，283，284，290，291，295，296，329，333，341

文化政策　006，008~010，013，025~027，034，042，101，134，171，179，182，189，208，220，296，327

文化治理　059~061，064，065，068，069，081

文化资源　023，024，033，038，041，049，054，055，079，082，096，

098，104，121，128，129，137，164，165，167，179，183，185，229，243，244，267，270，279~281，284，290，295，299~301

文化自觉　011，013，071，123，248，268

文化自信　004，012，013，059，060，065，069，083，084，101，102，107，109，110，123，124，128，129，196，248，255，268，269，273，299，340，343

X

新闻出版　030，033，037~039，041，042，057，103，106，108，111~115，119~121，134，147，148，158，169，173，177，178，180，181，184，188，190，192，194，221，274，287~289，293，294

Z

中国设计　304~308，331，332，335~340，343，344

中国特色社会主义文化　001~007，010，012~014，021，023，025，026，049，050，058，122，172，178，183，270

图书在版编目(CIP)数据

中国文化发展.1978~2018/胡正荣等著.--北京：
社会科学文献出版社,2018.12
(改革开放研究丛书)
ISBN 978-7-5201-3467-5

Ⅰ.①中… Ⅱ.①胡… Ⅲ.①文化事业-建设-研究
报告-中国-1978-2018　Ⅳ.①G12

中国版本图书馆CIP数据核字（2018）第215515号

·改革开放研究丛书·

中国文化发展（1978~2018）

丛书主编 / 蔡　昉　李培林　谢寿光
著　　者 / 胡正荣　等

出 版 人 / 谢寿光
项目统筹 / 蔡继辉
责任编辑 / 蔡继辉

出　　版 / 社会科学文献出版社（010）59367026
　　　　　　地址：北京市北三环中路甲29号院华龙大厦　邮编：100029
　　　　　　网址：www.ssap.com.cn
发　　行 / 市场营销中心（010）59367081　59367083
印　　装 / 三河市东方印刷有限公司

规　　格 / 开　本：787mm×1092mm　1/16
　　　　　　印　张：22.75　字　数：333千字
版　　次 / 2018年12月第1版　2018年12月第1次印刷
书　　号 / ISBN 978-7-5201-3467-5
定　　价 / 98.00元

本书如有印装质量问题，请与读者服务中心（010-59367028）联系

▲ 版权所有　翻印必究